Karl-Rudolf Korte

GESICHTER DER MACHT

ÜBER DIE GESTALTUNGSPOTENZIALE
DER BUNDESPRÄSIDENTEN

EIN ESSAY

Campus Verlag
Frankfurt/New York

Meinen Enkelkindern gewidmet:
Leni, Mirja, Johann, Juna

ISBN 978-3-593-51038-5 Print
ISBN 978-3-593-44079-8 E-Book (PDF)
ISBN 978-3-593-44080-4 E-Book (EPUB)

Das Werk einschließlich aller seiner Teile ist urheberrechtlich geschützt.
Jede Verwertung ist ohne Zustimmung des Verlags unzulässig. Das gilt
insbesondere für Vervielfältigungen, Übersetzungen, Mikroverfilmungen
und die Einspeicherung und Verarbeitung in elektronischen Systemen.
Trotz sorgfältiger inhaltlicher Kontrolle übernehmen wir keine Haftung für die
Inhalte externer Links. Für den Inhalt der verlinkten Seiten sind ausschließlich
deren Betreiber verantwortlich.
Copyright © 2019 Campus Verlag GmbH, Frankfurt am Main
Umschlaggestaltung: Guido Klütsch, Köln
Umschlagmotiv: Bundespräsident Frank-Walter Steinmeier bei der Ernennung
der Ministerinnen und Minister des neuen Bundeskabinetts im Schloss Bellevue
in Berlin (14. März 2018) © picture alliance/Geisler-Fotopress
Redaktion: Arno von Schuckmann (NRW School of Governance, Universität
Duisburg-Essen)
Lektorat: Christoph Roolf, Düsseldorf
Satz: Campus Verlag GmbH, Frankfurt am Main
Gesetzt aus: Scala und Scala Sans
Druck und Bindung: Beltz Bad Langensalza GmbH
Printed in Germany

www.campus.de

INHALT

1. Prolog. 7

2. Gestaltungsoptionen. 21
   2.1 Präsidentenpoker und stereotype Erwartungen 21
   2.2 Möglichkeiten und Wirklichkeiten 41
   2.3 Präsidiale Gesichter der Macht 76

3. Gestaltungswissen. 81
   3.1 Aufgaben und Prägungen 83
   3.2 Rollensuche und Kompetenzgerangel 89
   3.3 Das Bundespräsidialamt als Machtressource. 101

4. Gestaltungsräume 123
   4.1 Der Bundespräsident als Kanzlermacher. 123
   4.2 Der Bundespräsident als Gesprächsinstanz 164
   4.3 Der Bundespräsident als internationaler Türöffner 210

5. Epilog. 259
   5.1 Selbstbilder der Präsidenten: Vier Antworten 264
   5.2 Rollenmuster präsidialer Gestaltungsmacht 274

Dank. 281
Anmerkungen 285
Literatur und Quellen 335
Anhang. 355
Bildnachweis. 383
Personenregister 385

1. PROLOG

Warum unterschreibt der Bundespräsident hier? Als Schüler wunderte ich mich über die Unterschrift von Bundespräsident Walter Scheel. Ich entdeckte sie auf meiner Ehrenurkunde für die Bundesjugendspiele.[1] Keineswegs hatte Scheel persönlich unterschrieben. Seine Signatur war aufgedruckt. Empfand ich das als eine Aufwertung der Urkunde? Ich weiß es nicht mehr. Manches hat das Gedächtnis an meine gymnasiale Zeit verwischt und verschoben. Auf jeden Fall »begegnete« ich so erstmals »meinem« Staatsoberhaupt.

Bleibende Eindrücke an den Bundespräsidenten Karl Carstens, dem Nachfolger von Scheel, verbinden sich bei mir mit seiner Rolle bei der sogenannten »geistig-moralischen Wende«, die Bundeskanzler Helmut Kohl 1982 ausrief. Carstens schien hier besonders gefordert. Sollte er den Bundestag für Neuwahlen auflösen? Ob der Bundespräsident – nach einer von Bundeskanzler Kohl (CDU) gestellten auflösungsorientierten Vertrauensfrage – den Bundestag auflösen konnte oder wollte, hatte für mich politischen Erlebniswert. Die Umstände des Sturzes von Helmut Schmidt (SPD) führten im familiären Kreis zu heftigen politischen Debatten, die in der Qualität an die Kontroversen um den NATO-Doppelbeschluss heranreichten. Mir ist durch die damalige mediale Berichterstattung in Erinnerung, dass Bundespräsident Carstens als Staatsrechtslehrer offenbar sehr lange mit sich selbst rang, ob er einer Auflösung des Bundestages seine präsidentielle Zustimmung geben sollte oder nicht. Die von Kanzler Kohl beantragte Vertrauensfrage nach Art. 68 des Grundgesetzes war unecht, denn die Regierungskoalition aus CDU/CSU und FDP verfügte über eine Mehrheit im Bundestag. Sie hatte den Haushalt des nachfolgenden Jahres mit Kanzlermehrheit verabschiedet. Es existierten ganz offensichtlich Handlungsspielräume für das Staatsoberhaupt. Carstens hatte Optionen, mithin sogar Gestaltungsmöglichkeiten. Er begründete am 6. Januar 1983 in einer Rundfunk- und Fernsehansprache[2] die Auflösung des Bundestages und ordnete für den März 1983 schließlich Neuwahlen an.

Mein Déjà-vu folgte 22 Jahre später. Ich stand am 21. Juli 2005 gegen Abend mit der Moderatorin und Journalistin Bettina Schausten in Berlin in einem Senderaum des ZDF-Hauptstadt-Studios. In der geplanten Sondersendung sollte ich als Politik-Experte zum angekündigten TV-Statement des Bundespräsidenten Horst Köhler erste Einschätzungen und Einordnungen vornehmen. Sollte auch Köhler einer instrumentalisierten Vertrauensfrage mit der Parlamentsauflösung folgen? Denn auch der damalige Bundeskanzler Gerhard Schröder (SPD) konnte sich – ebenso wie Kohl Jahre zuvor – noch auf eine stabile, absolute Mehrheit im Bundestag faktisch stützen, bat aber die eigene Fraktion, sich bei der Vertrauensabstimmung der Stimme zu enthalten.

Auch Bundespräsident Köhler hatte sich sehr viel Zeit genommen und reagierte erst am rechtlich letztmöglichen Tag auf die drei Wochen zurückliegende (und »unecht« gescheiterte) Vertrauensfrage von Kanzler Schröder. Das ZDF-Team und ich warteten im Studio gespannt und waren unsicher, um welche Uhrzeit Köhler seine Anordnung öffentlich machte und in welcher Weise er argumentieren würde.[3] Schließlich gab das Bundespräsidialamt die Aufzeichnung der Köhler-Ansprache frei, die inhaltlich und bildlich wie ein düsteres Melodrama des Untergangs daherkam: »Unsere Zukunft und die unserer Kinder stehen auf dem Spiel.«[4] Auch szenisch konnte die lang erwartete Stellungnahme nicht die Aura einfangen, die integrierend und stabilisierend in so einer Situation vom Staatsoberhaupt hätte ausgehen können. Während Carstens strikt juristisch argumentiert hatte, stellte Köhler vor allem politische Gründe ins Zentrum seiner Rede. Köhler folgte schließlich dem Antrag des Bundeskanzlers und löste den Bundestag auf.[5]

Die verfassungsrechtlichen Voraussetzungen waren in der Argumentation von beiden jeweils gegeben. Wieder spielte das Staatsoberhaupt im Hinblick auf Gewaltenteilung und das Ensemble der Verfassungsorgane eine sichtbar herausgehobene Rolle. Doch waren diese Ereignisse in meinem damaligen politischen Leben eher spektakuläre Ausnahmen, keine Regel. Meine rückblickenden Fäden der Erinnerung: Sehr punktuell kam es wohl auf den Bundespräsidenten an, der ganz offenbar in einer wichtigen Frage politischen Gestaltungsspielraum besaß.

Die meisten, die ich auf mein Forschungsprojekt zum Bundespräsidenten ansprach, reagierten mit Erinnerungen an bestimmte Reden. Immer wieder tauchte dabei die Ansprache von Richard von Weizsäcker auf, der am 8. Mai 1985 vom »Tag der Befreiung« sprach, oder auch die sogenannte »Ruck«-Rede (»Durch Deutschland muss ein Ruck gehen«[6]) von Bundespräsident Roman Herzog. War es Zufall, dass die Erinnerungen in der Regel mit Rückbezügen zu Reden zusammenhingen? Kann man heute mit Reden noch etwas erreichen? Verewigt man sich als Bundespräsident mit einer prägnanten Redepassage? Wie kann das gelingen?

In das Bedauern um das Ende der Amtszeit des überaus beliebten Bundespräsidenten Joachim Gauck mischte sich 2017 – bei meinen Recherchen für dieses Buch – die wiederkehrende Nachfrage, ob man einen Bundespräsidenten überhaupt noch brauche. Schließlich hatten Horst Köhler und Christian Wulff ihr Amt vorzeitig und unerwartet aufgegeben, ohne den politischen Betrieb damit zum Erliegen zu bringen. Ebenso wie in den Bundesländern könnte der Präsident des Bundestages – statt des Bundespräsidenten – auch die Gesetze ausfertigen und in Kraft setzen. Landen die wirklich wichtigen Prüfungen von Gesetzen nicht ohnehin immer in Karlsruhe beim Bundesverfassungsgericht? Ist der offizielle Besuch von Bundeskanzlerin Angela Merkel im Ausland nicht ähnlich glanzvoll wie der eines Präsidenten und zugleich politisch viel bedeutsamer? Keine dieser Fragen ist neu. Denn die Amtsausstattung der Bundespräsidenten ist überschaubar. Reicht die »Sehnsucht nach dem Erhabenen«[7] aus, um sie durch die Institution des Staatsoberhauptes zu befriedigen?

In den zurückliegenden Jahren konnte ich meine persönlichen Eindrücke von Amt und Amtsinhabern intensivieren. Ich begegnete den Bundespräsidenten in sehr unterschiedlichen Runden, in informellen oder institutionalisierten Gesprächskreisen oder auf Reisen.[8] Jeder Präsident formte mit seiner Persönlichkeit auch ein anderes Amtsverständnis: Sie wurden mit je unterschiedlichen Erwartungen konfrontiert und füllten ihr Amt verschieden aus. Aber es brauchte Zeit, um das zu verstehen. Denn ein Politikwissenschaftler kann sich dem Amt des Bundespräsidenten nur unvorbereitet nähern.

In meinem Studium der Politikwissenschaft spielte der Bundespräsident oder das Bundespräsidialamt keine Rolle. In den Standardeinführungen zur Regierungslehre findet sich überall ein Kapitel zum Staatsoberhaupt. Es ist Pflichtteil der Abhandlungen, spielt in den Klausuren aber praktisch nie eine Rolle.[9] Kein einziges Seminar konnte ich an verschiedenen Universitäten zum Bundespräsidenten besuchen, unabhängig davon, ob mich das damals – zu Beginn der 1980er Jahre – als Student überhaupt interessiert hätte. Es waren eher Exoten unseres Faches, die sich mit dem Bundespräsidenten wissenschaftlich auseinandersetzten, im Gegensatz zu den Staatsrechtslehrern, die sich intensiv in ihren Grundgesetz-Kommentaren und den wissenschaftlichen Abhandlungen darum kontrovers tummelten.[10] Bundespräsident Steinmeier ironisierte diesen Befund bei der Eröffnung des Kongresses der Deutschen Vereinigung für Politikwissenschaft 2018: »Der Bundespräsident fristet in der politikwissenschaftlichen Betrachtung eher ein Schattendasein.« Weiter zitierte Steinmeier aus der Fachliteratur: »›die weitgehende politikwissenschaftliche Missachtung und Geringschätzung des Amtes des Bundespräsidenten‹ [sei] ›nicht gerechtfertigt‹, da der Bundespräsident, jedenfalls ›situations- und kontextabhängig‹, eben doch ›ein hochinteressanter politischer Akteur‹ sein könne – dann denkt man doch: immerhin!«[11]

Mein wissenschaftlicher Neid – bei gleichzeitiger großer Bewunderung – gilt bis heute dem Zeithistoriker Arnulf Baring. Sein Buch *Machtwechsel*,[12] das er zusammen mit Manfred Görtemaker 1982 vorlegte, war für mich pure Inspiration. Er schilderte in diesem monumentalen Zeitdokument die Ära Brandt-Scheel, die von der Wahl des Bundespräsidenten Gustav Heinemann (5. März 1969) bis zum Rücktritt Willy Brandts als Bundeskanzler und dem Amtsantritt des neuen Bundespräsidenten Walter Scheel (1974) reichte. Man erfährt, wie das Zusammenspiel von Bundeskanzler und Bundespräsident ablief. Man erahnt, welche Zäsuren Bundespräsidentenwahlen für die Bonner Republik bedeuteten. Mein wissenschaftlicher Neid gilt den einmaligen Rahmenbedingungen der zeitgeschichtlichen und politikwissenschaftlichen Analyse Barings. Er erhielt einen dreijährigen Forschungsfreiraum, hatte sein Dienstzimmer im Palmenhaus, einem Anbau der Villa Hammerschmidt (dem Bonner Dienstsitz des Bundespräsidenten), volle Akteneinsicht und vor allem permanenten Gesprächszugang zu Bundespräsident Scheel.[13] Es waren traumhafte Bedingungen, aus denen das Team Baring/ Görtemaker das Optimum herausholte. Auf jeden Fall gehörte dieses Buch, in dem der Parteien- und Koalitionswettbewerb, das Ringen um Kanzlerschaften, das Innenleben der Bonner Republik im Zentrum stehen, zu meiner ganz persönlichen Inspirationsquelle.[14]

Seit 2004 habe ich als Kommentator für das ZDF fünf Bundesversammlungen aus nächster Nähe beobachten können.[15] Bundesversammlungen erzeugen eine außergewöhnliche Stimmungslage, die absolut unvergleichbar mit allen anderen Wahlakten ist. Eindrucksvoll waren nicht nur die unterschiedlichen Längen der Wahlen zwischen drei und neun Stunden, je nach Anzahl notwendiger Wahlgänge. Die Wahlfrauen und Wahlmänner repräsentieren in ihrer Heterogenität exakt das politische Kräfteverhältnis in Deutschland: Sie sind ein Abbild des Parteienwettbewerbs im Bund und in den Ländern. Die Wahl des Staatsoberhauptes scheint dabei für viele eine ehrenvolle Aufgabe zu sein, für die meisten auch eine Demonstration politischer Macht. Dabei kommt das Amt des Bundespräsidenten eher machtarm daher.

Das Grundgesetz ist eindeutig. Die Grenzen der formalen Macht sind weitgehend ausbuchstabiert. Wenn die Möglichkeiten begrenzt sind, gilt das ganz offensichtlich nicht für die Erwartungen. Verlangt eine schwache Ausstattung des Präsidentenamtes – im Vergleich zu den anderen vier Verfassungsorganen (Bundesregierung, Bundesrat, Bundestag, Bundesverfassungsgericht) – nicht automatisch nach einer starken Persönlichkeit im Schloss Bellevue?[16]

Solche Widersprüchlichkeiten und ambivalenten Befunde fielen mir auch immer wieder auf, wenn ich Veranstaltungen mit dem Bundespräsidenten besuchte. Alle Gäste erhoben sich, wenn er als letzter den Raum betrat. Als Bürger fremdelt man mit dieser Geste. Es erinnert an Relikte monarchischen Gebarens. Wird hier eine obrigkeitsstaatliche Symbolik gepflegt? Rechtfertigt die Bedeutung des Amtes eine derartige protokollarische Geste? In welchem Kontext stehen die Befugnisse des Amtes zu diesen Konventionen?

Als Politikwissenschaftler treiben mich Fragen an, die mit der Steuerung und Vermittlung von Politik sowie der Macht in Ämtern einhergehen. Im Begriff der Gestaltungspotenziale stecken alle drei Zugänge: also wie man als politischer Akteur organisiert, kommuniziert und Ziele durchsetzt. Wie, wodurch und mit was kann man ein Präsidentenamt gestalten? Kann man von Gestaltungsmacht sprechen, wenn man den Bundespräsidenten meint: »Wie Sie sicherlich aus Ihren Gesprächen mit dem Bundespräsidenten und seinen Vorgängern entnehmen konnten, hat uns diese Frage (nach der Gestaltungsmacht; d. Verf.) in der täglichen Arbeit immer beschäftigt.«[17] So formulierte es David Gill, der ehemalige Chef des Bundespräsidialamtes in der Präsidentschaft von Joachim Gauck.

Was steckt an Potenzialen in einem solchen Amt, das angesichts der extremen persönlichen Prägungen durch die jeweiligen Amtsinhaber immer wieder neu erfunden werden kann? Als ich meinen Zeitkorridor ab Herbst 2017 überblickte, um mich mit dem Thema intensiver auseinanderzusetzen, war klar, dass sich die Bundestagswahlen – auch mit ihren Nachwehen – geradezu räuberisch auf Recherche- und Schreibphasen auswirken würden. Noch konnte ich nicht ahnen, dass nach fast 70 Jahren die erste ernsthafte Krise der Regierungsbildung nach Bundestagswahlen anstand. Plötzlich hatte ich den Ernstfall der Anwendung vor mir: die Reservemacht des Staatsoberhauptes. Sie schlummert für den Fall parlamentarischer Instabilität. Die historische Konstellation rief im Dezember 2017 und den Folgemonaten den Bundespräsidenten Frank-Walter Steinmeier auf die Entscheidungs- und Gestaltungsbühne – als Manager der Instabilität.

Steinmeier lud abwechselnd alle Parteivorsitzenden ins Schloss Bellevue ein. Er nutzte dabei auch die Aura des Amtes als eine besondere Option, die ihn von anderen Verfassungsorganen unterscheidet, mit mehr Würde, Harmonie und Exklusivität, manchmal auch Singularität. Denn wer zu Einzelgesprächen ins Kanzleramt oder ins Schloss Bellevue geladen wird, erkennt den krassen Unterschied sofort am protokollarischen ›Chic‹:[18] glanzlos-nüchtern im Kanzleramt vs. inszenierte Eleganz im Schloss Bellevue. Der Zugang über das Hauptportal, der obligatorische Eintrag ins Gästebuch, der von den Mitarbeitern spannungsvoll wartend, angekündigt inszenierte Auftritt des Bundespräsidenten im Amtszimmer, das gemeinsame Foto vor der Bundesflagge, das sind klassische Inszenierungen, die das Besondere festhalten: wertschätzende Choreographie, ritualisierte Symbolik, personalisiertes Staatszeremoniell. Und es wirkt: Den herrschaftlichen Konnotationen kann man sich auch emotional kaum entziehen. Wie mussten sich die Parteivorsitzenden an gleicher Stelle, mit gleichem Zeremoniell empfangen, vorkommen, die der Bundespräsident, nach dem Scheitern der Regierungsbildung wenige Wochen zuvor, zum Gespräch »gebeten« hatte? Präsidialer Druck sollte die Parteivorsitzenden daran erinnern, dass zum Wählerauftrag die Regierungsbildung dazugehört.

Der Bundespräsident hat offenbar Gestaltungsoptionen, um als politischer Präsident Einfluss zu nehmen. Nicht um selbst Probleme operativ zu lösen, aber um diejenigen zusammenzuführen, die die Entscheidungen auch zu legitimieren haben. Wer als Präsident dem Gemeinwohl besonders verpflichtet ist, dem kommt zudem eine wachsende Rolle zu, wenn das Gemeinwohl erodiert.[19] Fliehkräfte polarisieren unsere Gesellschaft. Ein Indiz lieferte die Bundestagswahl von 2017, bei der sich erstmals seit den 1950er Jahren wieder sieben Parteien in sechs parlamentarischen Fraktionen zusammenfanden. Die Zentripetalkräfte verbreitern nicht mehr automatisch die politische Mitte. Was früher in der Mitte auf dem Wählermarkt gewonnen wurde, verlieren die Parteien heute an den Rändern. Parteien sind ein Abbild der Gesellschaft. Wächst dem Bundespräsidenten mit besonderer Dringlichkeit eine Rolle zu, wenn sich die

Berliner Republik außeralltäglich, instabil, fragmentiert und unsicher zeigt? Zumindest liegt es nahe, die Rolle des Staatsoberhauptes in einer Demokratie unter besonderem Druck neu zu verorten, ohne sie zu überfordern.

Die liberale Demokratie ist unter Druck geraten – auch in Deutschland. Die Erfolge der rechtspopulistischen AfD seit 2015 zeigen, dass Identitätskonflikte aufgebrochen sind. Wieviel Diversität verträgt, wieviel Diversität braucht die Demokratie?[20] Antworten sind darauf nur schwer zu finden. Manche drücken sich auch um Antworten herum. Beschwichtigend liest sich in diesem Kontext der vorletzte Satz der Präambel des Koalitionsvertrages der Großen Koalition 2018: »Wir wollen eine stabile und handlungsfähige Regierung bilden, die das Richtige tut.«[21] Dass Große Koalitionen meinen, feststellen zu müssen, dass sie handlungsfähig sind, ist an sich schon ein Unikat. Doch die Große Koalition von 2018 hat, anders als sämtliche Vorgänger, nur noch eine Mehrheit von 53 Prozent der Wählerstimmen. »Das Richtige« zu tun banalisiert alle Vorhaben. Welche Regierung würde mit Absicht das Falsche tun wollen? Euphemistisch verpacken die Autoren ihre eigene Unsicherheit.

Welche Rolle könnte, sollte, müsste das Staatsoberhaupt spielen, wenn die »Demokratie ins Rutschen«[22] gerät? Er trägt die Leitverantwortung dafür, über was und wie dieses Land politisch sprechen sollte. Kann er dieser Verantwortung gerecht werden? Steckt hier gerade für den amtierenden Bundespräsidenten als »Retter der Demokratie« eine besondere Aufgabe?

Das vorliegende Buch ist für politisch interessierte Leser gedacht, die auf Antworten auf diese Fragen warten. Vorwissen über das Gefüge des politischen Systems in Deutschland ist willkommen und sicherlich für das Verständnis des Buches hilfreich.[23] Im Mittelpunkt stehen die folgenden Leitfragen: Haben Bundespräsidenten politische Gestaltungspotenziale? Welche Gesichter präsidialer Macht existieren, um politisch zu gestalten? Weder Wirkung noch Einfluss messe ich hier. Vielmehr interessieren mich die Möglichkeiten des Handelns. Meine empirischen Leitmotive folgen der Beobachtung, der Beurteilung, der Einordnung, der dichten Beschreibung. Komplementär schließen sich für mich das Erklären und das Verstehen nicht aus. Erklärende sozialwissenschaftliche Theorien kommen dann zum Einsatz, wenn sie das Verstehen übersetzen können. Anschaulichkeit, Illustration, Anwendung leiten den Essay. Die Textgattung ist bewusst gewählt. Der systematische Vergleich von Präsidentschaften liegt mir fern. Auch der historische Längsschnitt, von Heuss bis Steinmeier, fehlt. Mein Zugang bleibt bei der Auswahl sowohl der Fragestellungen wie auch bei der Illustration mit Beispielen stets persönlich-politikwissenschaftlich. Dies ist eine subjektive Beobachterperspektive. Drei zentrale Aufgabenprofile des Präsidenten gliedern das Hauptkapitel von der Reservemacht, der Repräsentations- und Integrationskontexte bis zur außenpolitischen Profilierung. Der Schwerpunkt der zeitgeschichtlichen Auswahl liegt eindeutig auf den Präsidentschaften von Gauck und Steinmeier. Ich gehe davon aus, dass die Leserschaft damit viele eigene Erfahrungen und Eindrücke verbinden kann.

Ich suche exemplarisch und problemorientiert nach den Formen präsidialer Macht. Dabei kommen Innenansichten zum Vorschein: Instrumente, Stile, Praktiken. Welche Muster und persönlichen Prägungen lassen sich analysieren? Welche »Gesichter der Macht« erkennt man hinter den Kulissen des Präsidialamtes und des Schlosses Bellevue? Eine sensationsorientierte rabiate Diagnostik liegt mir fern. Das »Wozu«, also warum wir einen Bundespräsidenten brauchen, sollte am Ende der Lektüre, durch die Vielzahl an illustrierten Möglichkeiten, deutlich geworden sein. Was an Erkenntnissen und Forschungsbeiträgen bereits vorliegt, habe ich in den Text mit aufgenommen. Der kundige Leser bewegt sich insofern nicht nur auf Neuland.

Mit der Suche nach den Machtsorten, den Ausprägungen von Macht im Maschinenraum des Präsidenten würde sich vermutlich kein Historiker und kein Staatsrechtler dem Thema nähern. Staats-, Verfassungs- und Verwaltungswissenschaftler interessiert die formale Mitwirkung des Präsidenten bei der politischen Willensbildung, etwa im Bereich des Prüfungsrechts bei Gesetzen oder bei der Auflösung des Bundestages nach Artikel 68 – der Vertrauensfrage. Ganz offensichtlich liegt in der Möglichkeit, als Bundespräsident den Bundestag aufzulösen, Gestaltungsmacht. Mir ist das jedoch zu offensichtlich. Zudem sind diese Themenfelder bereits intensiv wissenschaftlich bearbeitet.[24] Bei Zeithistorikern tauchen die Bundespräsidenten in den jeweiligen geschichtlichen Kontexten auf, aber eher als beschreibende Größe, die pflichtschuldig in den politischen Geschichten vorkommen müssen.[25] Publizisten wiederum laufen alle fünf Jahre zur Bestform auf, wenn eine neue Präsidentenkür ansteht. Wer wird unter welchen Bedingungen Kandidat der Parteien? Es würde sich zweifelsfrei politikwissenschaftlich lohnen, eine Analyse der zurückliegenden Bundesversammlungen seit 1949 zu beginnen.[26] Doch mich treiben eher die Strukturmuster von Gestaltungspotenzialen als die jeweiligen Phasen eines präsidentiellen Machtpokers alle fünf Jahre an.

Mein konzeptioneller Hintergrund drückt sich in drei Zugängen aus:

- »Gestaltungsoptionen« (Kapitel 2) spürt den Möglichkeiten und den Quellen präsidialer Macht nach. Welche verschiedenen Gesichter der Macht verbergen sich dahinter? Worin unterscheidet sich präsidiale Macht von anderen Machtsorten? Wenn dieses Amt formal so machtlos daherkommt, warum erleben wir dennoch alle fünf Jahre einen Präsidentenpoker um dieses Amt? Welche Möglichkeiten bestehen für Präsidenten, die in der politischen Wirklichkeit der Berliner Republik genutzt werden? Das Kapitel erarbeitet die Möglichkeiten einer präsidialen »Als-ob-Macht«: Darstellungspolitik, Benennungsmacht, Resonanzerwartungen, Wissensaneignung, Kompensations-, Kontingenz- und Inszenierungsstrategien.
- »Gestaltungswissen« (Kapitel 3) sucht nach den Kompetenzen, der »hard power«, den Aufgaben, Befugnissen und Prägungen der Amtsinhaber. Das Ringen um politische Überschreibungen der Textur des Verfassungsauftrages zeigt sich hier. Rollensuche und Kompetenzgerangel – von Heuss bis Steinmeier – markieren den Weg der Bundespräsidenten in der Auseinandersetzung mit

anderen Verfassungsorganen. Das Bundespräsidialamt bleibt eine wichtige Machtressource des Bundespräsidenten.
- »Gestaltungsräume« (Kapitel 4) beschreibt schwerpunktmäßig drei Anwendungsbeispiele für präsidiale Gestaltung:
    a. Wie und durch was konnte Steinmeier zum Kanzlermacher der Großen Koalition werden? Das Kapitel erarbeitet die Gestaltungspotenziale im Bereich präsidialer Reservemacht.
    b. Das zweite Teilkapitel widmet sich den präsidialen Instrumenten, um Integrations- und Repräsentationsaufgaben aus dem Schloss Bellevue heraus wahrzunehmen. Welche besondere Rolle nahm Bundespräsident Gauck integrierend und gestaltend in der Flüchtlingsdebatte ein? Wie arrangierte er sich dabei mit der Kanzlerin? Steinmeier hat im Rahmen seines Demokratie-Projektes innenpolitisch einen Gestaltungsanspruch formuliert. Was geschieht operativ, wenn der Bundespräsident Bürgergespräche führt?
    c. Das dritte Teilkapitel geht der Frage nach, wie Bundespräsidenten in den internationalen Beziehungen gestaltend eingreifen können. Zur besonderen deutschen Verantwortung in der Welt ermunterte Bundespräsident Gauck. Wie kam es dazu? Wie hat seine Münchener Rede vom 31. Januar 2014 die Außenpolitik verändert?
    Außerdem: Nach 30 Jahren können erstmals Akten ausgewertet werden, die zum Staatsbesuch des Bundespräsidenten Richard von Weizsäcker in der Sowjetunion angelegt wurden. Wie sah dabei die Arbeitsteilung zwischen Kanzleramt und Bundespräsidialamt aus? Der Dualismus Kohl–Weizsäcker lässt sich auch an diesem Beispiel nachzeichnen. Wodurch und wie gestaltete Weizsäcker in Moskau?
- Der »Epilog« (Kapitel 5) porträtiert vor dem Hintergrund des ausgebreiteten Materials meine vier Gesprächsszenarien mit vier Bundespräsidenten. Abschließend zeigt eine Typologie von Reden, wie sich Gestaltungsmacht inhaltlich und strukturell manifestiert.

Als Untersuchungsmaterial haben sich außer der wissenschaftlichen Literatur die Materialien bewährt, die durch die Auswertung der Zeitungsarchive zu Tage befördert wurden. Akten aus dem Bundesarchiv in Koblenz und Berlin, Handakten von Akteuren sowie Dokumente aus den Parteiarchiven ergänzen eine quellenkritische Herangehensweise. Zahlreiche längere Interviews und Gespräche[27] zum Gegenstand meiner Gestaltungsfrage, auch mit den Bundespräsidenten Köhler, Wulff, Gauck und Steinmeier, sicherten Einschätzungen ab und erweiterten die Vorannahmen: »Die Auskünfte derer, die als politisch Handelnde – oder besser noch: als deren gut platzierte Beobachter – an den Ereignissen beteiligt waren, sind ganz unentbehrlich, durch nichts zu ersetzen.«[28]

Die Leserschaft soll sich schließlich selbst ein Bild machen, ob die Spur des Buches trägt. Aus meiner Sicht ist die Perspektive klar: Mit den verschiedenen Gesichtern der Macht kann der Bundespräsident politisch gestalten. In einer von außen und innen angegriffenen Demokratie muss er als Staatsoberhaupt eine besondere Rolle wahrnehmen. Warum das so sein sollte, zeigen die nachfolgenden Kapitel und der Blick hinter die Kulissen.

2. GESTALTUNGSOPTIONEN

Beginnen wir mit den Chancen für politische Gestaltung, die sich aus der Wahl von Bundespräsident Steinmeier im Jahr 2017 ableiten lassen. Vom Konkreten führt schließlich der Weg zum Abstrakten, den Möglichkeiten, die Amtsinhaber nutzen könnten.

2.1 Präsidentenpoker und stereotype Erwartungen

Was stand für die politischen Parteien bei der Bundesversammlung 2017 auf dem Spiel? Kann man aus den Mechanismen der Kandidatenkür Rückschlüsse ziehen, wie auch für die Gestaltungsmacht der Bundespräsidenten? Haben möglicherweise die Umstände, wie man ins Amt kommt, Auswirkungen auf die Möglichkeiten, die sich als Präsident ergeben könnten? Diese Fragen sind zunächst zu klären und zu beantworten. Dabei sind verschiedene Gesichter der Macht zu behandeln,[1] was in Kapitel 2.2 geordnet geschieht.

Da Bundespräsidentenwahlen häufig als Vorboten des Wandels für den Parteienwettbewerb interpretiert werden, kam dem 12. Februar 2017 eine besondere Bedeutung zu. Der innere Zusammenhang zwischen dem Ausgang der Bundesversammlung und dem die damalige Bundesregierung tragenden Parteienbündnis ist evident: zumal wenn, wie nur selten zuvor, lediglich sieben Monate beide Wahltermine voneinander trennen. Als legendär gilt die Bundesversammlung von 5. März 1969, im Vorfeld und am Tage selbst. Mit Gustav Heinemann (SPD) wählten die Wahlleute im dritten Wahlgang den ersten sozialdemokratischen Bundespräsidenten in der Bonner Republik. Zusammen mit den Stimmen der FDP strahlte ein halbes Jahr vor der Bundestagswahl 1969 ein koalitionspolitisches Signal – von der ersten Großen Koalition in Richtung sozial-liberal, dem »Stück Machtwechsel«, wie es Heinemann in einem Zeitungsinterview interpretierte.[2] Von der Parteienforschung wird eine generelle koalitionspolitische Signalfunktion jedoch bestritten oder eher relativiert.[3] Doch Anfang 2017 sah es, nach der zugesagten Unterstützung des Unionslagers für den SPD-Kandidaten Frank-Walter Steinmeier, durchaus nach einer vorweggenommenen Neuauflage der Großen Koalition für die Bundestagswahlen im September aus.

Der Jahresstart 2017 hätte für die SPD nicht besser sein können: Ein sozialdemokratischer Frühling schien zu erblühen. Es war eine Stimmungskonstellation, die bereits im Sommer surreal wirkte. Und das hing ursächlich an den Personalrochaden, die im Umfeld der Bundespräsidentenwahl eintraten. Hans-Peter Schwarz formulierte als Zeithistoriker und Politikwissenschaftler zum Kontext Präsident und Kanzlerwahlen zielsicher:

> »Zu den Eigentümlichkeiten des deutschen Regierungssystems gehört die Tatsache, dass das Amt des Bundespräsidenten politisch wenig Gewicht hat, gleichzeitig aber die Präsidien aller Bundestagsparteien schon ein gutes Jahr vor jeder fälligen Wahl durch die Bundesversammlung in knisternde Erregung versetzt werden.«[4]

Der SPD-Parteivorsitzende und amtierende Bundeswirtschaftsminister Sigmar Gabriel löste diese »knisternde Erregung« aus, als er im November 2016 den damaligen Außenminister Steinmeier als Kandidaten für das Amt des Bundespräsidenten präsentierte.[5] Vorausgegangen war zunächst die Ankündigung des Bundespräsidenten Joachim Gauck am 6. Juni 2016, nicht mehr für eine zweite Amtszeit zu kandidieren. In einem Interview mit dem Deutschlandfunk Ende April 2016 hatte Gauck, nachdem es galt, den öffentlichen Druck auf ihn zu kanalisieren, bereits angedeutet, dass er aufgrund seines Alters wohl nicht mehr zur Verfügung stehen werde. Die Folgemonate waren dadurch gekennzeichnet, dass mögliche Kandidaten für die Nachfolge ein kräftiges Dementi artikulierten – vom Präsidenten des Bundesverfassungsgerichts Voßkuhle bis zum Bundestagspräsidenten Lammert, was Heribert Prantl (Süddeutsche Zeitung) als »grassierende Verantwortungsvergessenheit«[6] zum Schaden des Amtes kritisierte. Die vielen Absagen lagen sicher nicht nur an den unklaren Mehrheitsverhältnissen in der Bundesversammlung.

Eine klare Mehrheit für den ersten Wahlgang in der 16. Bundesversammlung hatten nur zwei Konstellationen: Union/SPD und Union/Grüne. Die erste Option wäre ein Zeichen für die Fortsetzung der Großen Koalition gewesen, was im Frühjahr 2017 die jeweiligen Parteiführungen angesichts der Kampagnenfähigkeit für das laufende Superwahljahr ausschlossen. Ende 2016 wollte niemand ein großkoalitionäres Zeichen setzen.

Die zweite Option wäre als sichtbare Ansage für eine schwarz-grüne Bundesregierung gewertet worden, was in beiden Lagern kontrovers diskutiert wurde. Unklare Mehrheiten ließen keine Favoriten aufkommen, aber offenbar eine Angst vor unkalkulierbaren Niederlagen. Gleichwohl sollte daran erinnert werden, dass es ehrenvolle Niederlagen gab – von Johannes Rau (1994 gegen Herzog), von Richard von Weizsäcker (1974 gegen Scheel) und von Joachim Gauck (2010 gegen Wulff). Beide kamen bei späteren Wahlen zum Zuge. Andere dynamische Zeittaktungen geben mehrmaligen Kandidaturen heute keine Chance mehr. Jede Wahl erfordert offenbar jeweils neue Kandidaten. Auch deshalb zögerten »richtige« Kandidaten, als sogenannte »Zählkandidaten« benannt zu werden. Ebenso gehört zur zeithistorischen Erinnerung, dass es in der Geschichte der Bundespräsidentenwahlen auch offensive Eigenbewerbungen gab: mehrfach Richard von Weizsäcker und ebenso Walter Scheel und Johannes Rau.

Schließlich ging Gabriel im Oktober 2016 in die Offensive und verkündete, dass Steinmeier der Kandidat der SPD sei. Bundeskanzlerin Merkel musste kontern, denn die Union verfügte über die meisten Sitze in der Bundesversammlung und konnte nicht erneut ohne einen eigenen Kandidaten ins Rennen gehen.

Sie spielte dabei ganz offensichtlich zwei Optionen hinter den Kulissen.[7] Ein Gespräch mit dem grünen Ministerpräsidenten von Baden-Württemberg, Winfried Kretschmann, fand im Kanzleramt statt.[8] Die grüne Karte hätten Merkel und Kretschmann gerne gespielt. Die CSU widersetzte sich jedoch diesem Vorschlag. Der Ministerpräsident und CSU-Parteivorsitzende Seehofer sympathisierte zwar mit dieser Idee, konnte sich damit jedoch nicht in der eigenen Partei durchsetzen. So suchte Merkel weiter. Mit Marianne Birthler, der ehemaligen Leiterin der Stasi-Unterlagen-Behörde, wollte Merkel den SPD-Vorschlag Steinmeier kontern. Doch Birthler sagte nach einer Bedenkzeit ab. Sie hätte die Mehrheit von Union und Grünen klar hinter sich bekommen. Merkels Suche nach weiteren Kandidaten blieb vertraulich. Erst nachdem diese abgesagt hatten, legte sie sich öffentlich auf die Unterstützung des in der Bevölkerung überaus beliebten Außenministers Steinmeier fest, was durchaus als großkoalitionäres Signal wahrgenommen wurde.[9] Wie so häufig, wenn sie ihre Ziele nicht durchsetzen konnte, stellte sich Merkel urplötzlich an die Spitze der Gegenbewegung und tat so, als wäre sie schon immer von dieser Idee begeistert gewesen. Viele Unionsmitglieder in der Bundesversammlung grollten und ließen sich nur widerwillig zum zweiten Mal hintereinander auf einen Kandidaten ein, den die Union nicht selbst auserkoren hatte.

Es sah nach einem SPD-Coup aus, ein Glanzstück von Gabriel, der sich durchgesetzt hatte. Steinmeier erhielt im ersten Wahlgang schließlich 931 von 1.239 gültigen Stimmen. Drei Viertel der Delegierten votierten für ihn.[10] Steinmeier war sich gleichwohl im Vorfeld keinesfalls sicher, dass er eine ausreichende Mehrheit hinter sich versammeln würde.[11]

Volker Zastrow, der für das »Politik«-Ressort der *Frankfurter Allgemeinen Sonntagszeitung* verantwortliche Redakteur, erinnerte an die Pokerkonstellation der Vorgeschichte:

> »Gabriel hat ein überaus riskantes Spiel gespielt. Viele haben ihm vorhergesagt, dass er verlieren (und dadurch auch noch Steinmeier beschädigen) werde. Er hat gewonnen, nun stand Merkel dumm da. Eine Woche später sieht das anders aus. Wie jetzt herausgekommen ist, hatte sie eine Kandidatin, und sie hatte auch die nötigen Truppen hinter sich [...] Oberdrein hatte Merkel es geschafft, ihren Plan geheim zu halten, nicht zuletzt vor Gabriel. [...] Weil Merkel ihr Blatt bis zu-

letzt verdeckt hielt, konnte sie sogar noch der Steinmeier-Lösung zustimmen, ohne das Gesicht zu verlieren.«[12]

Ohne an alle Wendungen und tagestaktischen Scharmützel dieses Nominierungsprozesses zu erinnern, wird der Kontext der Präsidentenwahl für den Parteienwettbewerb und den Wählermarkt unmittelbar sichtbar. Einmal mehr wurde auch die 16. Bundesversammlung zum Testgelände für politische Experimente und der Präsidentenpoker ein Katalysator für mögliche neue und alternative Bündnisse. Dass es anders kam, war ebenso ein Zeichen, wie man rückblickend aus der Perspektive des Jahres 2018 erkennen kann. Das großkoalitionäre Signal war nicht nur wirkungsmächtig, sondern führte auch zu einer historischen Sonderkonstellation: Nachträglich dankte Steinmeier Merkel indirekt für seine Wahlunterstützung durch die Union mit einer souveränen und aktiven Rolle bei der Regierungsbildung nach der Bundestagswahl.

Nach der Nominierung von Steinmeier setzte sich der Personal-Hurrikan bei der SPD fort. Gabriel verzichtete am 24. Januar 2017 auf den Parteivorsitz, empfahl sich für das Amt des Bundesaußenministers und sorgte für die Nominierung von Martin Schulz als Spitzenkandidat für die Bundestagswahl 2017 sowie für den Parteivorsitz. Nach der Nominierung von Schulz als Kanzlerkandidat und seiner Wahl zum Parteivorsitzenden der SPD entwickelte sich ein Strom aus Hoffnung und Euphorie. Nach vielen Jahren der Stagnation lagen die Sozialdemokraten im Februar und März 2017 in den Sonntagsfragen der Meinungsforschungs-Institute gleichauf mit der Union. Das waren zwar Momentaufnahmen, aber dennoch deuteten sie auf eine Veränderungsdynamik hin, die im Frühjahr vor den Landtagswahlen im Saarland, in Schleswig-Holstein und in Nordrhein-Westfalen auf ein Kopf-an-Kopf-Rennen zwischen Schulz und Merkel hindeuteten. Es kam anders. Die Bundespräsidentenwahl war Teil der Turbulenzen im Superwahljahr 2017. Und von ihren Rahmenbedingungen gingen wichtige Akzente für die Gestaltungsmacht der Amtsinhaber aus.

Rückblick: Es ist der Tag der Bundesversammlung 2017.

Er weiß es. Man sieht es ihm an. Norbert Lammert (CDU), Bundestagspräsident, tänzelt von Stufe zu Stufe im Treppenhaus nach oben. Zumindest wirkt es so, als ich ihn auf der Ebene der Fraktionen im Reichstagsgebäude treffe. Es ist ein besonderer Tag: Die 16. Bundesversammlung tagt in Berlin. Man spürt die Aura des Besonderen. Nicht nur die festliche Kleiderordnung der 1.260 Wahlfrauen und Wahlmänner unterstreicht das. Die Komplexität des Parteienwettbewerbs ist im Plenum zu besichtigen: eine Momentaufnahme der akuten politischen Machtverteilung im föderalen System. Einziger Anlass dieses außergewöhnlichen Gremiums ist die Wahl des Nachfolgers von Joachim Gauck. Es ist Sonntag, der 12. Februar 2017, 11 Uhr. Die Delegierten treffen sich in den Fraktionssälen des Bundestages zur letzten Vorbesprechung entlang der verschiedenen Parteifamilien. Die Union zählt 539 Delegierte. Lammert ist einer von ihnen. Eine Stunde später muss der Bundestagspräsident die Bundesversammlung eröffnen. Lammert ist als Mitglied des Bundestages auf dem Weg zum Fraktionssaal der CDU/CSU. Er hat seine Anzugsjacke noch nicht an. Sein Outfit und die Szenerie im Treppenhaus signalisieren Fitness, sportliche Dynamik, aber auch Angriffslust. Seine fast schalkhafte Mimik verrät ein kommendes Fest der feinen Ironie. Nicht zufällig verzeichnet der stenographische Bericht später an mehreren Stellen »Heiterkeit und Beifall bei der weit überwiegenden Mehrheit der Mitglieder der Bundesversammlung«[13]. Lammert gilt als Inbegriff parlamentarischer Souveränität. Seine Ausstrahlung an diesem Sonntagmorgen ist selbstsicher. Er freut sich auf seine Rede und den geplanten Clou.

Ich frage ihn, ob er mit Schwierigkeiten bei der Leitung der kommenden Bundesversammlung rechne. In seiner Antwort liegen das Wissen einer guten Vorbereitung, die Erfahrung im Amt und die fröhliche Lust am intellektuellen Disput. Und er weiß um die große Macht des Wortes, die von Präsidenten ausgehen kann, der Taten folgen können. Kein Vorgänger hat so viele Bundesversammlungen geleitet wie er. Innerhalb von acht Jahren kam es, durch die vorzeitigen Rücktritte von Köhler und Wulff, zur vierten Wahl des Staatsoberhauptes, die Lammert vorzubereiten und zu leiten hatte.[14]

Weil Lammert seit 1980 dem Bundestag angehört, war es die neunte Bundesversammlung, an der er insgesamt teilnahm. Zur Ironie des Geschehens gehört, dass der sehr präsidial auftretende Lammert auch zu den Kandidaten gehörte, die die Nachfolge von Gauck hätten antreten können.[15] Ob er nicht wollte oder nicht ausreichend angemessen von Merkel gefragt wurde, bleibt bis heute unklar. Es kann auch daran liegen, dass ihm das »Herz der Demokratie«, der Deutsche Bundestag, wie er es in seiner Abschiedsrede als Bundestagspräsident benannte, wichtiger erschien als das Amt des Bundespräsidenten.[16] Wäre es ein Abstieg gewesen? Eine Mehrheit hätte Lammert in der Bundesversammlung sicher erreicht, wenngleich kein Parteilager in der 16. Bundesversammlung über eine ausreichende, absolute Mehrheit verfügte. Spätestens im dritten Wahlgang – der eine einfache Mehrheit erfordert – hätte die Union, die das mit Abstand größte Parteilager innerhalb der Delegierten stellte, ihren Kandidaten durchbekommen. Lammert genoss fraktionsübergreifend Ansehen und Respekt, weil er sich vehement für die Vorrechte des Parlaments, dem Souverän, und auch für die besonderen Rechte der Minderheiten im Parlament unverzagt einsetzte.

Lammert hatte Erfahrungswissen angehäuft, um diese besondere Konstellation des Superwahljahres 2017 angemessen zu moderieren.

Denn die Zusammensetzung der Bundesversammlung hatte bereits Signalfunktion für die Bundestagswahl im September 2017. Im Plenum saßen Vertreter von insgesamt zehn Parteien. Die Bundesversammlung repräsentiert an diesem einen Tag die politischen Kräfteverhältnisse in Deutschland. Insofern ist die Vielfalt der Parteien nicht ungewöhnlich bei Bundesversammlungen, die sich aus den Abgeordneten des Bundestages und durch gewählte Mitglieder der Landtage sehr heterogen zusammensetzen. Die besondere Aufmerksamkeit an diesem Tag galt aber den 35 Mitgliedern, die von der AfD über die Bundesländer entsandt worden waren. Einzelne Delegierte rechter Parteien, auch Kandidaten für den Bundespräsidenten, waren auch in den zurückliegenden Bundesversammlungen durchaus präsent. Aber besonders aufgrund der Wahlerfolge der AfD bei den vielen Landtagswahlen 2016 herrschte große Unsicherheit, ob sich der Rechtspopulismus von der Landesebene auf die Bundesebene ausweiten und sich somit erstmals seit 1961[17] wieder eine Partei rechts von der Union nach der Bundestagswahl im Plenum wiederfinden würde. Ebenso aufmerksam wurde verfolgt, wie sich die FDP (36 Delegierte) an diesem Tag darstellte. Denn sie war nach 65 Jahren ununterbrochener Mitgliedschaft 2013 aus dem Bundestag ausgeschieden. Deutete dies alles im Frühjahr bereits auf das kommende Sechs-Fraktionen-Parlament hin, wie es sich durch die Bundestagswahlen am 24. September 2017 bestätigte?

Zu einem großen Demokratieerlebnis der besonderen Art verwandelte Lammert die Bundesversammlung durch seine Rede, die unterschiedliche Reaktionen hervorrief. Eine staatsbürgerliche Predigt mit hoher Resonanz. Heribert Prantl urteilte später pathetisch:

> »Lammert machte die Bundesversammlung zu einem Festtag für die Demokratie. Die Republik braucht solche Stunden des glücklichen Stolzes, weil es (das ist die Erfahrung aus der Weimarer Republik) ohne ein solches Erleben schwer ist, die Republik und ihre Grundwerte zu verteidigen. Es war gut, dass am Sonntag die Giftigkeiten des beginnenden Wahlkampfes für ein paar Stunden in den Hintergrund traten.«[18]

Nach der Wahl des US-Präsidenten Trump in den USA und den bevorstehenden Präsidentenwahlen in Frankreich verfestigte sich öffentlich der Eindruck, dass unser liberales Gesellschaftsmodell von innen und von außen unter Druck geraten war. Lammert sah sich in der Rolle, dies mit Klarheit zu thematisieren. Dies sollte ein Hauptmotiv seiner Rede sein. Weder die Bundeskanzlerin noch der Bundespräsident konnten offen formulieren, welche Befürchtungen sie mit der Wahl des amerikanischen Präsidenten verbanden. Lammert sah sich als Sprachrohr der Abgeordneten. Für die Volksvertreter wählte er ein drastisches Vokabular:[19]

»Wer Abschottung anstelle von Weltoffenheit fordert, wer sich sprichwörtlich einmauert [gemeint war die geplante Mauer zwischen Mexiko und den USA; d. Verf.], wer statt auf Freihandel auf Protektionismus setzt und gegenüber der Zusammenarbeit der Staaten Isolationismus predigt, wer zum Programm erklärt ›Wir zuerst!‹, darf sich nicht wundern, wenn es ihm andere gleichtun – mit allen fatalen Nebenwirkungen für die internationalen Beziehungen, die uns aus dem 20. Jahrhundert hinreichend bekannt sein sollten. (Langanhaltender Beifall bei der weit überwiegenden Mehrheit der Mitglieder der Bundesversammlung – die weit überwiegende Mehrheit der Mitglieder der Bundesversammlung erhebt sich).«[20]

Nur die wichtigsten Reden von Lammert, wie beispielsweise die bei Staatsakten (z. B. Holocaust-Gedenktage), sind vorher ausformuliert. Sie entstehen in enger Abstimmung mit dem Team der Redenschreiber. Ansonsten spricht er entlang von einzelnen Stichworten und Versatzstücken. Bei der Bundesversammlung lag ein exakt ausformulierter Text vor, den er aber situativ anreicherte.[21] Die Szenerie, die er mit seiner Rede offenbar stimulierte, berührte auch ihn. Niemals zuvor in seinen 37 Jahren hatte Lammert so etwas erlebt wie an diesem 12. Februar 2017. Das Plenum erhob sich nach den eben zitierten Sätzen, und zwar in einer Wellenbewegung von hinten nach vorne. Die letzten, die aufstanden, waren Merkel und Seehofer, was Lammert exakt von seinem Präsidentenplatz stehend beobachtete. So etwas ist extrem ungewöhnlich für den Bundestag, eine Akklamation, die sich stehend verstärkt und sich von den hinteren Reihen nach vorn weiterentwickelt. Eine parlamentarische Choreographie, die ein lauter Applaus unterstützte. Mit einer zentralen Ausnahme: Die Wahlfrauen und Wahlmänner der AfD standen nicht auf und applaudierten auch nicht. Deshalb wählte Lammert, abweichend von seinem Manuskript, den Zusatz, als sich das Wahlgremium wieder setzte: »Noch schöner wäre, wenn wir dieser Botschaft selber auch gerecht würden.«[22]

Stehende Ovationen erhielt der scheidende Bundespräsident Gauck, als Lammert ihm seinen Dank begründet übermittelte. Der stenographische Bericht verzeichnet auch hier: »Langanhaltender Beifall bei der weit überwiegenden Mehrheit der Mitglieder der Bundesversammlung. Die weit überwiegende Mehrheit der Mitglieder der Bundesversammlung erhebt sich.«[23] Wenn sich mehr als tausend Personen zeitgleich spontan erheben, umdrehen in Richtung der Diplomatentribüne, auf der Gauck Platz genommen hatte, und dabei aufbrausend klatschen, dann hinterlässt das absichtsvoll einen großen Eindruck – im Plenum und bei allen Zuschauern. Sichtbar aufgestanden war nämlich die politische Mitte, die große Mehrheit im Plenum. Erkennbar machte sich diese Mitte wechselseitig auch physisch sichtbar Mut: kämpferisch mit den Extremen auseinandersetzen und gleichzeitig demokratisches Zusammengehörigkeitsgefühl ausleben. Es gab im Verlauf der Lammert-Rede mehrere solcher besonderen historischen Momente, die offenbar an die Demokratiegefühle der Mitte appellierten. Auch bei anderen Beobachtern, Experten und Journalisten war dieses besondere Demokratie-Momentum erkennbar.[24] In den Minuten der zelebrierten Rede zeigten sich anschaulich die übereinstimmenden Koordinaten der politischen Mitte. Sie drückten sich auch einige Monate später in den satten 73 Prozent aus, die mit Union, SPD, FDP und Grünen in den Bundestag einzogen. Im Plenum der Bundesversammlung blieben während der markanten Redepassagen Lammerts jeweils die Vertreter der Linken und der AfD[25] sitzen: immer dann, wenn Gefährdungen der Demokratie oder Dankadressen an Gauck thematisiert wurden; eine sichtbare, im Plenum sitzende Minderheit von links und von rechts.[26] Die Bundesversammlung war ein treffendes Alltags-Abbild der wachsenden Unsicherheit und Unentschiedenheit bei den zentralen Fragen zur Sicherheit und Identität. Anfang 2017 war unklar, wie sich der politische Protest als heterogene Empörungsbewegung (gegen die Flüchtlingspolitik ebenso wie gegen eine Elite, antipluralistisch und antielitär zugleich) bei den kommenden Wahlen manifestieren würde.[27] In der Bundesversammlung bündelten sich diese Unsicherheiten. Sie war einmal mehr politisch-atmosphärischer Seismograf. Gleichzeitig schien demokratischer Trotz durch, einen Anti-Trump der politischen Mitte als neues Staatsoberhaupt an diesem Tag selbstbewusst zu wählen. Bundesversammlungen sind besondere Inszenierungen der Demokratie.

Die Bundespräsidentenwahl ist ein komplexes politisches Ereignis, wie die vorangestellte Geschichte belegt: Verschiedene Akteure und Institutionen (Parteien, Politiker, Ministerien, Präsidien etc.) interagieren unter nicht-linearen Bedingungen wechselseitig (z. B. die Rolle der Grünen im Prozess der Mehrheitsbildung) bei hohem Risiko (mit Birthlers Ja wären Gabriel, aber auch Steinmeier extrem beschädigt worden, und es wäre keine Personalrochade in den Bundesministerien eingetreten), mit kalkuliertem Nicht-Wissen (Merkels Nominierungsideen blieben geheim) und verdeckten Rückkopplungen (reziproke Konstellation, ohne die Steinmeier nie Kandidat von Merkel geworden wäre). Details (Timing, Vertraulichkeit) lösten Mechanismen aus, die nicht vorhersehbar waren. Insofern kann man für Gabriel und für Merkel unterstellen: Sie besaßen beide hohe Strategiefähigkeit, gemessen am Führungspotenzial zur Antizipation von Erwartungsunsicherheit. Beide lieben das Probehandeln im Geiste, das antizipierte Durchspielen von Möglichkeiten, ohne Prognose-Gewissheiten. Antizipation bedeutet auch immer, mit der Dialektik von Nebenfolgen und potenziellen Kollateralschäden zu rechnen.

Politische Gestaltung kann sich nur in diesem Raum von Strategiefähigkeit, einer Handlungsfähigkeit für offene Problemsituationen, entwickeln. Beide Parteivorsitzenden, Gabriel und Merkel, besaßen zwar die Macht, Kandidaten vorzuschlagen, konnten sie aber nicht automatisch auch durchsetzen. Parteimacht und politische Führung sind darauf angewiesen, täglich Mehrheiten aus sehr unterschiedlichen Interessengruppen zu schmieden. Es gilt dabei die Sachrationalität der geplanten Maßnahmen – hier die Durchsetzung eines Kandidaten für die Präsidentenwahl – mit der politischen Vermittlungs- und Durchsetzungsrationalität abzuwägen. Politische Führung ist in diesem Sinne eher pragmatische Moderation als hierarchische Steuerung. Die Machtausübung geschah unter komplexen Einflüssen, als permanente vertrauliche Kommunikation und Koordination. Steinmeier war Teil dieses kommunikativen Machtprozesses. Er fuhr nach München, um mit Seehofer, dem CSU-Vorsitzenden und bayerischen Ministerpräsidenten, persönlich abzuklären, ob die CSU den SPD-Kandidaten wählen würde – noch bevor er offiziell seine Kandidatur bestätigte.[28] Da Steinmeier offensichtlich keine verlässliche Antwort von Seehofer erhielt, hielt Steinmeier seine Kandidatur weiterhin offen. Seehofer signalisierte, dass Merkel einen eigenen Kandidaten haben könnte. Der Konjunktiv begleitet jedes Machtspiel. Die parteipolitische Macht, als Spiel zwischen Einfluss und täglicher Machtabsicherung, kennzeichnete jede vorausgegangene Vorbereitung einer Bundesversammlung. Daran war nichts Ungewöhnliches. Gestaltungsvielfalt und verschiedene Machtsorten wurden im Umfeld der Bundespräsidentenwahl sichtbar: Ämterrochaden, koalitionspolitische Signale, Nominierungsmacht, parteipolitische Karrierepfade, kalkulierte Nachrichtenwerte, Aufbau von Vertrauens- und Loyalitätsbindungen.

Der nominierte und schließlich gewählte Bundespräsident Steinmeier war in den Wochen vor der Bundesversammlung nur ein Akteur unter wenigen potenziellen Kandidaten. Doch im Moment seiner Wahl wird aus der parteipolitischen – immer relationalen Macht zu anderen Akteuren – eine präsidiale Macht, die (wie noch zu zeigen sein wird) andere Quellen hat als diejenigen, die der Machtlogik von Parteien zuzuordnen sind. Die Machtquellen unterscheiden sich zwischen den parteipolitischen Ämtern und dem Präsidialamt. Präsidiale Macht erkennt man nicht an einer weltmeisterlichen Tagesintegrationsleistung. Diese muss die Kanzlerin täglich aufbringen. Bundespräsidenten setzen keine Regeln durch, verteilen kein Geld und lösen operativ keine Probleme. Wer nicht regiert, braucht die Gefolgschaft nicht permanent zu zählen. Das macht unabhängig und gestaltungsfrei.

Die Unabhängigkeit eines Bundespräsidenten gipfelt im einzigen Eigeninteresse, *bella figura* im Amt zu machen. Der Blick auf die zweite Amtszeit bleibt sicher auch ein leitendes Motiv, manchmal sogar eine Frage des Prestiges. Die Resonanz auf die jeweiligen zweiten Amtszeiten von Heuss, Lübke, von Weizsäcker und Köhler war bescheiden, gemessen an den ersten. Viel spricht insofern dafür, die Amtszeiten der Bundespräsidenten zu verlängern – ohne Wiederwahl-Option. Der Ausbau der persönlichen Autorität im Amt hängt unmittelbar auch mit der ausstrahlenden Unabhängigkeit und Souveränität des Amtsinhabers zusammen. Wie frei, unabhängig, mahnend, ermunternd, kritisierend fallen die Reden aus, wenn jede Aussage auch auf ein Wiederwahlszenario ausgerichtet sein könnte?[29] Die mögliche Wiederwahl ist in der Regel machtstrategisch abgesichert, also schlicht durch Mehrheiten der Parteifarben, die den Amtsinhaber ins Amt gehievt hatten.[30] Dennoch bleibt ein Verdacht: Könnte eine Antizipation der spezifischen Gestimmtheit der Bundesversammlung Auswirkungen auf die Redevorbereitung als Bundespräsident haben? »Antizipationen sind Ausgriffe ins Unsichere«,[31] wie uns die Systemtheorie lehrt. Die berühmte Schere im Kopf könnte der Formulierung des Konsenses Vorschub leisten und das Widerständige vernachlässigen. Keiner der von mir interviewten vier Bundespräsidenten ist auf diesen Gedankengang näher eingegangen, zumal sich die Wiederwahl aus je unterschiedlichen Gründen nur für Köhler stellte – nicht für Wulff, nicht für Gauck und noch nicht für Steinmeier. Machterhalt mit Wiederwahlabsicht gehört sicher nicht zu den Hauptantriebsmomenten der Bundespräsidenten. Ihnen geht es mehr um den Erhalt von Autorität, Aura und Prestige als um parteipolitisch motivierte Machterneuerung.

Präsidiale Macht als Gestaltungspotenzial hängt keineswegs von der Höhe der Zustimmung in der Bundesversammlung oder gar der Anzahl der Wahlgänge ab. Eher sind langfristige Loyalitätsbindungen an diejenigen, die einen ins Amt gebracht haben, zu berücksichtigen. Das Potenzial bleibt darüber hinaus immer abhängig vom politischen Aktualitätsdruck, der beispielsweise bei instabilen Mehrheiten den Präsidenten unweigerlich auf den Plan ruft.

Stereotype und Gestaltungsannahmen

Einige Gestaltungsoptionen lassen sich, wie bislang gezeigt wurde, bereits aus den Prozessen der Präsidentenkür ableiten. Sie sind aber auch an die unterschiedlichen Erwartungen gekoppelt, die mit der Person und dem Amt des Bundespräsidenten verbunden sind. Einige dieser Erwartungen und Projektionen sind in den letzten 70 Jahren aber zu Stereotypen verkommen. Drei dieser Stereotype sollen kurz vorgestellt werden:

1. »*Wir haben Glück gehabt mit unseren Bundespräsidenten. Sie waren alle gut.*«

Dieses Stereotyp gilt in der veröffentlichten Literatur und den Medien über die vergangenen 70 Jahre[32] mit zwei Ausnahmen: Lübkes zweite Amtszeit stand gegen Ende krankheitsbedingt[33] und angesichts der gefälschten, lancierten Vorwürfe, er sei ein »KZ-Baumeister« gewesen, unter keinen guten Vorzeichen. Das politische Bonn zeigte sich sehr erleichtert, als er im September 1968 gegenüber Bundeskanzler Kiesinger seinen Rücktritt zum 1. Juli 1969 ankündigte.[34] Die zweite Ausnahme bezieht sich auf den Bundespräsidenten Christian Wulff. Er schreibt selbst dazu:

»Meine Amtszeit als zehnter Bundespräsident der Bundesrepublik Deutschland dauerte vom 30. Juni 2010 bis zum 17. Februar 2012. Das sind 598 Tage, keine zwei Jahre. Die Amtszeit ist durch die 67 Tage am Schluss, als ich mich in einer von der Bild-Zeitung am 12. Dezember 2011 eröffneten über zwei Monate dauernden Treibjagd zum Rücktritt gezwungen sah, in den Nebel gerückt. Nicht nur in der Wahrnehmung der Bürger hat sich seither ein Schatten über meine Präsidentschaft gelegt. Auch ich selber kann mich, wenn ich über meine Amtszeit nachdenke, nicht ohne weiteres von den Erinnerungen freimachen, die mit den entwürdigenden Umständen verbunden sind, die zu meinem Rücktritt geführt haben.«[35]

An dieser Einschätzung hat sich bislang auch wenig gerändert, obwohl er »uneingeschränkt unschuldig« aus der gegen ihn erhobenen Anklage herauskam.

Das Ende von Wulffs Amtszeit erleichterte den Anfang von Gauck. Nachdem zwei Bundespräsidenten vorzeitig das Amt verlassen hatten, sah sich Gauck mit den Erwartungen konfrontiert, nicht nur eine volle Amtszeit durchzuhalten, sondern dem Amt auch neue Würde und Bedeutung zu geben. Diese Projektion resultierte konkret aus der doppelten Demission der Vorgänger. Gaucks Amtszeit musste – dem Stereotyp zufolge – gut werden. Die Öffentlichkeit räumte dem unerfahrenen kleinen, neuen Team großzügigen Kredit ein.[36] Auch die Medien intonierten von Beginn an einen »Goodwill«-Sound und zeigten sich – gemessen an den Maßstäben der Jahre zuvor – extrem nachsichtig: in der Beurteilung des Agenda-Settings und in der Personalpolitik von Gauck. Er schien angesichts der zurückliegenden öffentlichen Auseinandersetzungen um das Amt schier immunisiert im Amt.

Bei einer rückblickenden Verklärung erinnern uns die Bundespräsidenten an gute alte Zeiten. Das kann jedoch eine Selbsttäuschung sein:

> »So umstritten die Kanzler in ihrer Amtszeit jeweils waren, so unbestritten ist nahezu jedem im Rückblick Größe zugewachsen. Mit den Bewohnern von Bellevue verhielt es sich umgekehrt. Je länger ihre Amtszeit zurückliegt, desto unbedeutender scheint sie gewesen zu sein.«[37]

Der Bedeutungsverlust kann jedoch auch damit zusammenhängen, dass es sich bis zur Jahrtausendwende um ältere Herren handelte, von denen ausdrücklich erwartet wurde, dass sie sich keine neue politische Vita aufbauten. Doch Bedeutung ist nicht identisch mit dem Urteil über die jeweiligen zeitadäquaten Leistungen der Präsidenten. Die Popularität der Präsidenten ist ungetestet. Sie feiern den Konsens, nicht die Kontroverse. Das sorgt nicht für bleibende Nachrichtenwerte. Eher reichern die quasi-monarchischen Privilegien der Bundespräsidenten den Variablenschatz der Heldentheorie an.[38] Harmonie-Idole haben es strukturell einfacher, mit »gut« bezeichnet zu werden, als andere Inhaber von Verfassungsorganen. Bundespräsidenten sind auch Umfragehelden.[39] Ihre Popularität ist stets hoch.

Die meisten Bundesbürger bringen ihnen viel Vertrauen entgegen. Der ideale Bundespräsident sollte nicht mehr Kompetenzen haben. Die Mehrheit empfindet die Wirkungsmöglichkeiten als gerade richtig. Zugleich haben sich die Erwartungen an den Amtsträger im Zeitverlauf verändert. Früher wünschten sich viele ein »väterliches« und »gütiges« Staatsoberhaupt, heute eher, dass er ein guter Redner ist und über den Parteien steht. Das Image des »Guten« haftet ihm immer an.

2. »*Alle Bundespräsidenten pflegten eine überparteiliche Amtsführung.*«
Ist der Bundespräsident notorisch neutral? Solche Fragen lösen Assoziationen in einer Richtung aus: »Über den Parteien stehend« ist gleichbedeutend mit Machtlosigkeit. Faktisch ist das Amt des Bundespräsidenten ein hoch politisches Amt, über dessen Besetzung immer die Parteipolitiker entscheiden.[40] Die in diesem Kapitel skizzierte Vorgeschichte der 16. Bundesversammlung zeigt die parteipolitischen Rekrutierungsmechanismen der Kandidaten. Das galt auch für alle sogenannten Seiteneinsteiger, die parteipolitisch nicht oder nur am Rande zu verorten waren, wie beispielsweise Köhler und Gauck.[41] Der Mythos »überparteilich« soll die Sehnsüchte kanalisieren, die mit einem Amt des Staatsoberhauptes gerne verbunden werden, eine mythische Verwandlung und Unangreifbarkeit durch den Amtseid.[42] Herzog schrieb in seinem Grundgesetzkommentar dazu:

> »Wenn es zutrifft, dass es zu den Aufgaben des Bundespräsidenten gehört, den Staat als Ganzes [...] zu repräsentieren [...], dann hat der Gedanke viel für sich, das er sich in mehr als einer, insbesondere aber auch in parteipolitischer Hinsicht größtmöglicher Neutralität oder Unparteilichkeit zu befleißigen hat [...].«[43]

Die Begriffe »überparteilich« oder »unparteilich« finden sich nicht im Grundgesetz. Es ist eher eine Erwartungshaltung, die sich auf die Amtsführung als Staatsoberhaupt bezieht. Für viele gilt parteipolitisch als parteiisch und damit einseitig. Steinmeier nahm diesen Gedankengang für seine Inaugurationsrede am 22. März 2017 folgendermaßen mit auf:

> »Vor einigen Monaten fragte mich ein prominentes Mitglied dieses Hauses – wohlgemerkt ganz wohlwollend: ›Herr Steinmeier, nach so vielen Jahren in der Politik – können Sie da eigentlich neutral sein?‹ Die ehrliche Antwort ist: Nein, ich bin nicht neutral. Überparteilich ja, wie es das Amt verlangt. Aber ich glaube, neutral darf ich gar nicht sein, wo es um das Grundsätzliche geht. Deshalb sage ich Ihnen: Ich werde parteiisch sein – parteiisch, wenn es um die Sache der Demokratie selbst geht!«[44]

Einen konkreten partei- oder koalitionspolitischen Zusammenhang zwischen der Kür des Kandidaten, seiner Wahl und der Amtsführung ist schwer nachzuweisen, wenngleich in Zeiten der parlamentarischen Instabilitäten eine parteipolitische Vertrautheit auch im Bereich des Politikmanagements sicher hilfreich sein kann.[45] Torsten Oppelland kommt in seiner Analyse zu einem ambivalenten Ergebnis.[46] Er kann koalitionspolitische Ambitionen in der Amtsführung von Lübke – man könnte aktuell vermutlich Steinmeier ergänzen – und auch bei Heuss erkennen. Ideologische Übereinstimmungen mit den Parteien oder Koalitionen, die sie gewählt hatten, weist er bei Heinemann, Carstens, Herzog und Rau nach. »Das heißt zwar nicht, dass Überparteilichkeit unmöglich wäre, aber sie ist auch keineswegs so verbreitet, wie die herrschende Lehre den Anschein erweckt.«[47] Die Bundespräsidenten sind politische Präsidenten, nicht jedoch im Hinblick auf parteipolitische Aktivitäten. Politische Präsidenten wirken an der politischen Willensbildung mit, weil sie idealerweise Erfahrungen aus dem Bereich des Politikmanagements mitbringen. Das Erkennen von politischen Möglichkeiten hängt auch am Wissen über den Parteienwettbewerb, was gerade Steinmeier zugutekam, als er sich mit der ersten großen Krise der Regierungsbildung nach der Bundestagswahl 2017 konfrontiert sah.

Das Stereotyp der Überparteilichkeit lässt sich auch überdehnen. Dann verleitet es dazu, den Bundespräsidenten als Garanten gegen den sogenannten Parteienstaat ins Feld zu führen. Einige Präsidenten haben den Abstand zu den Parteien kultiviert, obwohl sie ihre Kür der Protektion der Parteien verdankten.[48] Letztlich orchestriert die unterschiedlich legitimierte Zusammensetzung der Bundesversammlung diese parteiferne Stellung des Staatsoberhauptes. Richard von Weizsäcker hat wohl aus Enttäuschung über seine echolose Kritik am Parteienstaat 1992 eine besonders scharfe Parteienschelte formuliert. Zeitweise entstand in der Öffentlichkeit der Eindruck, dass er zum Chefankläger der politischen Klasse wurde, einer Art APO im Präsidialamt.[49] Was der Präsident forderte, hielt sich im Rahmen des Üblichen: mehr alternative Auswahlmöglichkeiten bei den Wahllisten, mehr Partizipation durch Volksbegehren und Volksentscheide. Die Parteien seien »machtversessen auf den Wahlsieg und machtvergessen bei der Wahrnehmung der inhaltlichen und konzeptionellen politischen Führungsaufgaben«.[50] Die Resonanz war riesig, vor allem gemessen an den Möglichkeiten präsidialer Öffentlichkeitsarbeit. Das lag sicher nicht an den Vorschlägen, sondern eher an der unterstellten persönlichen Kritik an Kanzler Kohl.[51]

Auch Horst Köhler artikulierte eine Parteienschelte. Er wirkte zeitweilig wie der Anwalt der Empörten und der Parteipolitik-Verdrossenen. Seine hohen Sympathiewerte in der Bevölkerung korrespondierten mit dem deutlichen »Fremdeln« gegenüber, wie er es selber immer wieder formulierte, »den Politikern«.[52] Die Sehnsucht nach einer unpolitischen Politik – gemeint ist im Kern der Ausstieg aus dem täglichen Parteihader – ist in Deutschland weit verbreitet. Köhler befriedigte diese Sehnsüchte. Als Nicht-Politiker – zuletzt Chef des Internationalen Währungs-Fonds (IWF) – war er ins Amt gekommen. In Berlin wirkte er politisch isoliert. Manche nahmen ihn als zunehmend empfindlicher, »untouchable«, wahr, wie es einige in der Berliner Medienrepublik umschrieben.

Köhlers Kritik an den Parteien hatte einen gänzlich anderen Hintergrund als die Schelte von Weizsäckers. Seine Selbsteinschätzung dazu: »Mir wurde manchmal vorgeworfen, mich auf Kosten der Politik zu profilieren, ein ›Anti-Politiker‹ zu sein. Ich habe das nie so gesehen oder betrieben.«[53] Das Überparteiliche hatte bei Köhler stets Facetten des Zuschauens. Was er dabei im Parteienwettbewerb sah, überzeugte ihn nicht. Der Parteienwettstreit blieb ihm fremd. Köhler sagte dazu:

»Der Bundespräsident steht über der Parteipolitik – das heißt aber nicht, dass er unpolitisch sein darf. Aber er braucht sein eigenes politisches Urteil – unabhängig von der parteipolitischen Willensbildung –, um Orientierungen zu langfristigen Herausforderungen zu geben. Damit werden Zusammenhänge über die Tagespolitik hinaus aufgezeigt.«[54]

Köhler zielte mit seiner Kritik an den Parteien nicht auf die Kanzlerin. Das war bei Weizsäcker gänzlich anders, der den Parteipolitiker Kohl häufig bloßstellen wollte.[55] Köhler grenzte sich defensiv von den Parteien ab, von Weizsäcker dagegen offensiv.

Steinmeier ist als integraler Bestandteil der Parteiendemokratie in das Amt des Bundespräsidenten gekommen. Seine Ermutigungen, Gestaltungsspielräume des Politischen zu nutzen, sind offensiv und im Bereich der Reservemacht auch operativ. Nie käme er auf die Idee, sich vermeintliche Ressourcen zu erschließen, die nur auf Kosten und in Abgrenzung zu den Parteien wirksam würden. Er verweist im Interview auf seine Laudatio zur Verleihung des Marion-Dönhoff-Preises an die *New York Times*.[56] Darin trifft er die ihm wichtige Unterscheidung zwischen Kritik, die man im, aber nicht gegen das demokratische Gefüge wirksam artikulieren kann. Steinmeiers Standpunkt wird sich immer in die Politik – gemeint war die Parteiendemokratie – und nicht gegen die Politik richten. Parteienschelte liegt Steinmeier nicht nur fern, sondern wäre aus seiner Sicht kontraproduktiv für Gestaltungsoptionen, die er im Amt hat.

3. »*Die Bundespräsidenten waren immer besonders auserwählte Persönlichkeiten des öffentlichen Lebens.*«

Die Rekrutierungsmechanismen der Kandidaten fielen in den zurückliegenden Jahrzehnten höchst unterschiedlich aus. Daraus lässt sich kein Muster ableiten – mit einer Ausnahme: der Diskiminierung von Frauen als Zählkandidatinnen. Die Kür lief immer über die Parteivorsitzenden, folgte jedoch keinem besonderen Persönlichkeitsprofil. Die parteipolitische Aushandlung und das koalitionspolitische Kalkül – nicht zuletzt auch im Ringen der Bundesversammlung über acht bis neun Stunden und drei Wahlgängen erkennbar – sind kein Krönungsprozess, in dessen Mittelpunkt eine Person mit besonders verdienstvollem öffentlichen Werdegang, gar einer »überdemokratischen Größe«, steht.[57] Sieht man sich die Kandidaten näher an, dann fällt auf, dass sich Walter Scheel konkret für das Amt bewarb. Es war Teil des Deals, der 1974 zwischen SPD und FDP im Umfeld des neuen Kabinetts Schmidt/Genscher geschmiedet wurde. Schon damals war Richard von Weizsäcker der aussichtslos unterlegene Gegenkandidat. Helmut Kohl zitiert ausführlich in seinen *Erinnerungen* einzelne Briefe von Richard von Weizsäcker, in denen dieser »den lieben Helmut« geradezu flehentlich bittet, ihn für die Bundespräsidentenwahl 1984 zu nominieren.[58] An gleicher Stelle finden sich konkrete Bewerbungsschreiben Weizsäckers, die Kohl jedoch über viele Monate ignorierte, weil er nicht vollends von der Kandidatur überzeugt war.[59] Letztlich erfolgte die Kandidatur ohne nachdrückliche Unterstützung von Kohl.[60] Das ohnehin schwierige Verhältnis zwischen Kanzler und Präsident war also schon durch den Nominierungsprozess beschädigt.

Auch Johannes Rau zählt zu den Kandidaten, die auf das Amt hingearbeitet haben. Er unterlag Roman Herzog 1994 im dritten Wahlgang. Als er sein Amt als Ministerpräsident von Nordrhein-Westfalen an Wolfgang Clement übergeben hatte,[61] zielte er auf die erneute Kandidatur in der Bundesversammlung von 1999 – mit Rückenwind des rot-grünen Regierungswechsels von Kohl zu Schröder. Rau erreichte seinen politischen Traum, wie Wegbegleiter es beschrieben:

»Er wollte Bundespräsident werden [...]. Ministerpräsident hatte er seit 1978 gemacht. Er gab für ihn nicht mehr Vieles in diesem Land, was man ihm noch hätte erklären können, oder was für ihn hätte eine Überraschung sein können. Mein Gefühl war, und nicht nur meines, das war sein Blick zu anderen Weihen.«[62]

Auch Steinmeier ist das Amt sicher nicht nur zugefallen, sondern durchaus mit Unterstützung des eigenen Engagements.[63]

Die Auserwählten hatten insofern häufiger einen Bewerbungsmarathon hinter sich. Drei von zwölf Bundespräsidenten haben sich aktiv auf dieses Staatsamt hinbewegt. Andere absolvierten Wahlkämpfe, um sich die Mehrheit der Bundesversammlung zu sichern. Auch dieser Prozess entspricht nicht der Vorstellung einer außergewöhnlichen Auserwähltheit für dieses Amt. Roman Herzog war Kohls Ersatzkandidat, als sein eigentlicher Favorit, Steffen Heitmann, seine Kandidatur zurückziehen musste.[64] Herzog blieb nichts anderes übrig, als in der verbleibenden Zeit in den Landesparlamenten um Zustimmung bei den Wahlleuten zu werben. Ebenso erging es Horst Köhler, der den allermeisten Bürgern in Deutschland völlig unbekannt war.[65] Auch er startete eine mediale und parlamentarische Offensive, um die Wahlleute 2004 hinter sich zu bringen.

2.2 Möglichkeiten und Wirklichkeiten

Um die Gestaltungsmacht der Bundespräsidenten zu beschreiben, können ganz offensichtlich viele Faktoren herangezogen werden. Die Umstände der Präsidentenkür gehören ebenso dazu wie die Erwartungen, die mit diesem Amt – durchaus klischeehaft – verbunden sind. Um weitere Ausformungen von potenziellen Möglichkeiten an den realen Wirklichkeiten des Amtsalltages aufzuzeigen, ist zunächst für den Leser eine Einordnung nötig: Über welche Art von Macht reden wir?

Meine Konzeption der Gestaltungsmacht orientiert sich an verschiedenen Gesichtern der Macht.[66] Die Metaphorik folgt der Einteilung von drei unterschiedlichen Machtquellen, die ich sehr vereinfacht zur besseren Orientierung und Ordnung unterschiedlicher Arten von Gestaltungsmacht nachfolgend verwende.[67]

Das erste Gesicht der Gestaltungsmacht rekurriert auf die instrumentellen Möglichkeiten, die für den Bundespräsidenten laut Grundgesetz existieren. Er hat selbständige Entscheidungs- und Prüfungsbefugnisse. Das gilt beispielsweise für die Ausfertigung der Gesetze, die Verträge mit auswärtigen Staaten oder besondere Kompetenzen in Krisen- und Ausnahmesituationen (Reservefunktion). Das erste Gesicht der Gestaltungsmacht ist die »hard power«. Hier kann er – ganz im klassischen Sinne des Machtbegriffs von Weber – Macht gegen andere durchsetzen.[68] Im folgenden Kapitel 3 (»Gestaltungswissen«) gehe ich näher darauf ein.[69]

Das zweite Gesicht der Gestaltungsmacht widmet sich den strukturellen Dimensionen der Macht, die nicht unmittelbar sichtbar sind. Dies sind sogenannte »non-decisions« (Nicht-Entscheidungen). Dabei kann es sich um Festlegungen handeln, die verhindern, dass bestimmte Themen auf die politische Tagesordnung gelangen. Mit »soft power« kann der Bundespräsident hinter den Kulissen Politik betreiben. Er kann beispielsweise widerstreitende Akteure zusammenführen. Durch Androhung von Öffentlichkeit kann er Druck ausüben. Reisepläne im In- und Ausland lassen viel Spielraum zur inhaltlichen Gestaltung. Im Umkehrschluss greift »soft power«, wenn bestimmte Reisen oder Aktivitäten nicht initiiert werden, um Festlegungen zu verhindern. Weiche Macht entfaltet Wirkungen auch ohne Handlungen. Die nachfolgende Skizze unterschiedlicher Potenziale von Gestaltungsmacht – von der Darstellungspolitik bis hin zur Macht-Kompensation – vermittelt einen Eindruck der »soft power«.

Das dritte Gesicht der Gestaltungsmacht kommt als diskursive Dimension der Macht daher. Es ist »smart power«. Die diskursive Macht wirkt durch Normen und Ideen. Sie spiegelt sich in den Reden, den Kommunikationsformaten, den produzierten Bildern, dem protokollarischen Design, aber auch grundsätzlich in den unterschiedlichen persönlichen Praktiken der Bundespräsidenten wider. Idealerweise zielt »smart power« auf Benennungs-, Deutungs- und Erklärungsmacht, die vom Bundespräsidenten ausgehen könnte. Mit »smart power« kann er als Staatsoberhaupt eine Leitverantwortung für das Setzen von Präferenzen wahrnehmen. Wenn er quer zu den Erwartungen spricht, nutzt er »diskursive Reservemacht«.[70] Er kann auf diese Weise »die Entwicklung von Gedanken zu einer Möglichkeit des Einflusses«[71] machen. Diese dritte Machtsorte ist latent, nur potenziell und substanziell kommunikativ ausgerichtet. Viele der nachfolgenden Potenziale der Gestaltungsmacht gehen näher auf dieses dritte Gesicht der Macht ein.[72] Machtvolle Einflussmöglichkeiten erwachsen dem Bundespräsidenten dabei nur, wenn alle davon ausgehen, dass er über das dritte Gesicht der Macht verfügt, so als ob er diese diskursive Machtsorte potenziell einsetzen könnte, wenn er wollte.

Alle drei Gesichter der Macht prägen das Amt des Bundespräsidenten. Die jeweilig gezeigte Dosis der einzelnen Gesichtsausprägungen variiert. Das Besondere der Gestaltungspotenziale liegt darin begründet, dass sich die drei Machtsorten nicht einfach potenzieren. Eine Überdehnung einzelner Varianten führt zur Erosion der Macht in anderen Bereichen. Könnte es nicht paradoxerweise so sein, dass durch den Verzicht auf alle möglichen verfassungsrechtlichen Kompetenzen am Ende eher Unabhängigkeit und persönliche Autorität für das Staatsoberhaupt erwachsen?[73] Machtgebrauch ohne Machtdemonstration ist präsidial. Die kluge Balance der Machtsorten eröffnet Handlungskorridore für Gestaltungen, wie im weiteren Verlauf mit Beispielen nachzuweisen sein wird.

Diese konzeptionelle Herangehensweise – drei Gesichter (»hard«/ instrumentell,[74] »soft«/strukturell, »smart«/diskursiv) der Macht – ist nachfolgend mit Beispielen aus der Amtspraxis der Bundespräsidenten zu illustrieren. Ich starte mit sechs Optionen von Gestaltungsmacht, die strukturell (»soft«) und diskursiv (»smart«) angelegt sind:

1. Optionen durch Darstellungspolitik
2. Optionen durch Resonanz-Erwartungen

3. Optionen durch Entschleunigung
4. Optionen aus Kontingenz
5. Optionen durch Wissensaneignung
6. Optionen durch Kompensation.

Optionen durch Darstellungspolitik

Demokratien legitimieren sich durch Kommunikation. Politische Kommunikation macht Politik öffentlich. Sie ist das kontinuierliche Bemühen um ein politisches Mandat. Politik ist in Demokratien immer zustimmungsabhängig, begründungsnotwendig und rechenschaftspflichtig. Alle drei Aspekte sind nur mit Kommunikation erreichbar. Die Sprache ist dabei die wichtigste Quelle der Wirksamkeit. Dolf Sternberger hat in seiner Studie zum Amt des Bundespräsidenten den Satz geprägt, auch Reden seien Taten.[75] Man müsste heute unter den Bedingungen der Instagramisierung der politischen Kommunikation ergänzen: Worte und Bilder sind Taten. Begriffe schaffen Realitäten. Bilder projizieren Evidenzen auf einen Blick. Bundespräsident Steinmeier veröffentlichte ein Foto, auf dem er sich zusammen mit den beiden Fußball-Nationalspielern Mesut Özil und Ilkay Gündogan vor dem Schloss Bellevue unterhält. Beide für den deutschen WM-Kader 2018 nominierte Fußballer hatten zuvor ein Foto mit dem türkischen Präsidenten Erdogan beim Trikottausch in London veröffentlicht. Beide sagten beim Treffen in London kein Wort. Das Bild genügte, um wütende Proteste deutscher Fans und auch »Ratlosigkeit«[76] beim deutschen Staatsoberhaupt auszulösen. Steinmeier konterte mit einem ikonografischen Gegenmittel. Das selbstredende, erklärende Gesprächsfoto, das aufklärend und brückenbauend wirken sollte, kittete die Identitätskonflikte allerdings nur sehr kurzfristig.

Wer die Dinge benennt – sprachlich oder visualisiert –, beherrscht sie auch. Politische Kommunikation ist intentional angelegt. Die Rede, die Mitteilung, das Statement, das Foto geschehen absichtsvoll, und selbst unbedachte Äußerungen werden vom politischen

Gegner machtpolitisch-verdachtsbestimmt interpretiert. Jede Äußerung ist in der Politik eine Willensbekundung. Selbst wenn etwas für bedeutungslos erklärt wird, heißt das nicht, dass es bedeutungslos ist. Sprachgewinn bedeutet kommunikativen Machtgewinn, und umgekehrt gilt: Sprachverlust führt zum Machtverlust. Doch wie verschafft sich ein Bundespräsident Sprachgewinn im Chor synchroner Dauerredner der Berliner Republik?

Es war sicher kein Zufall, dass Bundespräsident Gauck gleich zu Beginn unseres Interviews beim Thema »Gestaltungsmöglichkeiten eines Bundespräsidenten« spontan und als erste Erinnerungsidee auf den von ihm absichtsvoll verwendeten Begriff des »Völkermords« einging.[77] Seine Definition der historischen Wirklichkeit sollte nichts verschleiern, sondern Realitäten benennen. Gemeint war der Völkermord an den Armeniern, den die Bundesregierung und vor allem auch Außenminister Steinmeier als Begriff, aus diplomatischer Zurückhaltung gegenüber der Führung der Türkei, nicht explizit verwenden wollten. Würde der Bundespräsident während des Gottesdienstes im Berliner Dom (am 22. April 2015) deutliche Worte zum Massaker an den Armeniern vor 100 Jahren finden? Würde er die Taten des damaligen Osmanischen Reiches gar als Völkermord bezeichnen? So fragten die Beobachter damals. Joachim Gauck war der Einladung der Evangelischen Kirche in Deutschland, der Deutschen Bischofskonferenz, der armenischen Apostolischen Kirche und der Arbeitsgemeinschaft Christlicher Kirchen gefolgt. Allein diese Tatsache war bereits ein Signal – trug der ökumenische Gottesdienst doch in seiner Ankündigung die klare Botschaft vom »Völkermord an Armeniern, Aramäern, Assyrern und Pontos-Griechen«.[78]

Das Staatsoberhaupt wurde an drei Stellen seiner Rede deutlich.[79] Zunächst wiederholte er wortgetreu jene Passage, auf die sich nach längerem Ringen in einem Antrag CDU/CSU und SPD geeinigt hatten.[80] »Das Schicksal der Armenier steht beispielhaft für die Geschichte der Massenvernichtungen, der ethnischen Säuberungen, der Vertreibungen, ja der Völkermorde, von der das 20. Jahrhundert auf so schreckliche Weise gezeichnet ist«, sagte Gauck in seiner Rede. An zwei weiteren Stellen nahm er den Gedanken auf und variierte ihn auf seine eigene Art: Im Osmanischen Reich habe sich »eine genozidale Dynamik« entwickelt, der das armenische Volk zum Opfer gefallen sei. In einer dritten Passage ging er auch auf die Mitschuld des Deutschen Reiches ein, das im Ersten Weltkrieg Verbündeter des Osmanischen Reiches war. Auch die Deutschen müssten sich insgesamt »noch der Aufarbeitung stellen, wenn es nämlich um eine Mitverantwortung, unter Umständen sogar Mitschuld, am Völkermord an den Armeniern geht«.[81] Tage zuvor hatte es zwischen dem Kanzleramt, Auswärtigem Amt und Bundespräsidialamt Telefonate wegen der Armenien-Frage gegeben. Gauck wollte mit dem Begriff »Völkermord« konkret das benennen, was es auch aus seiner Sicht faktisch war.

Anders als die Bundesregierung sah der Bundespräsident einen wesentlich größeren Spielraum bei seinen Meinungsäußerungen. Er interpretierte seine Rolle als Repräsentant der Zivilgesellschaft, was ihm Gestaltungsspielraum verschaffte. Andererseits war es nie seine Absicht, der Bundesregierung »ins Gehege zu kommen«.[82] Die innere Kraft sei wichtig, so Gauck, um sich immer wieder klar zu werden, wen man in so einem Amt zu repräsentieren habe. Das eigene Selbstbewusstsein fördert die politische Klarheit. Aus diesem Bewusstsein heraus sollte der Abstimmungsprozess mit den anderen Staatsorganen erfolgen. Das Auswärtige Amt sprach anschließend diplomatisch davon, im Sinne der neuen Formulierung habe es »Impulse« des Bundespräsidenten gegeben.[83] Gauck telefonierte einige Tage nach seiner Rede auch mit dem Bundestagspräsidenten. Weil Gauck davon ausging, dass Lammert ebenso deutlich von »Völkermord« sprechen würde wie er selbst, hatte er ihn nicht vorab informiert. Gauck rechnete dabei stillschweigend antizipativ mit der Zustimmung Lammerts. Zu Recht, wie sich im Telefonat bestätigte.

Ein Bundespräsident ist zunächst Herr der Worte. In dieser Rollenzuteilung nehmen ihn die meisten Bürger über die Medien oder bei Veranstaltungen wahr. Kaum ein anderer Politiker kann prinzipiell so viele Reden halten wie der Inhaber des ranghöchsten Amtes der Bundesrepublik: Gedenkfeiern, Einweihungen, besondere Anlässe, organisierte Interessen, Zivilgesellschaft etc.[84] Er betreibt nicht nur durch die besondere Inszenierung der ranghohen Stellung idealerweise Darstellungspolitik. Darstellungspolitik ist medienvermittelte Politik, die sich dem Gesamtkomplex der symbolischen und öffentlich inszenierten Politik zuordnen lässt. Hier gelten die Wettbewerbsregeln der medialen Öffentlichkeit, um Aufmerksamkeit, Resonanz, Wirkung zu erzielen. Entscheidungspolitik zielt dagegen primär auf die Verfahrensmerkmale der Politik, auf den konkreten Prozess der Gesetzgebung. Weitgehend unbeeinflusst von den Aufmerksamkeitsregeln der Medien erfolgt Entscheidungspolitik zumeist im Rahmen der Routine-Gesetzgebung. Wenngleich es naheliegt, den Bundespräsidenten als Dauer-Redner vor allem im Bereich der Darstellungspolitik zu verorten, legen die verschiedenen Gesichter der Macht es nahe, dem Bundespräsidenten auch Ausgriffe in den Bereich der Entscheidungspolitik zuzugestehen.

Darstellungspolitik stellt ein wichtiges Potenzial der Gestaltungsmacht des Bundespräsidenten dar. Aber die Möglichkeiten, damit auch ein mediales Echo zu erreichen, sind unter den Bedingungen der Berliner Medien- und Aufregungsdemokratie schwieriger geworden. Wie sich Wirkung entfaltet, hängt – wie weiter zu zeigen sein wird – von sehr vielen Faktoren ab: der strategischen Planung, dem besonderen Momentum, der treffenden Formulierung, dem rhetorischen Talent, den Nachrichtenwerten, dem Ort und Zeitpunkt, der begleitenden Inszenierung, der konzeptionell vor- und nachbereiteten medialen Übersetzung und nicht zuletzt vom Zufall, um nur einige der wichtigsten Erfolgsbedingungen zu nennen.

Darstellungspolitik ist auch deshalb beschwerlich für den Bundespräsidenten, weil der präsidiale Rededuktus diplomatisch in alle Richtungen glattpoliert, oft papieren daherkommt. Bundespräsidenten reden zum Gemeinwohl, sie betreiben keine interessengeleitete Kommunikation. Diplomaten-Talk hat keinen Aufmerksamkeitswert. Andererseits steckt hinter der Idee einer Gestaltungsmacht auch ein Führungsanspruch, der angesichts der besonderen Kompetenzen des Staatsoberhauptes vor allem kommunikativ zu erreichen ist. Führung hat heute in allen Bereichen des öffentlichen Lebens viel höhere Kommunikationsanteile als früher. Bundespräsident Köhler scheiterte oft daran. Das hatte mehrere, unterschiedliche Ursachen. Er sagte von sich selbst, dass er »aus Gründen der eigenen Unabhängigkeit keine Netzwerke zu den Medien suchte«.[85] Seine kommunikativen Fähigkeiten waren, gemessen an den Erfordernissen der Berliner Republik, nicht besonders ausgeprägt. Die Gestaltungsmöglichkeiten seiner Agenda, »die Zukunftsfähigkeit Deutschlands in einer Welt des Wandels«,[86] litten insgesamt darunter. Köhler wollte die Reformbereitschaft der Deutschen wecken. Doch dazu war eine spezifische Kommunikation erforderlich, die politisch-kulturelle Grundbefindlichkeiten der Deutschen ansprach und die Risiko-Unlust minimierte.

Die Deutschen wählen in der Regel keine »Change-Maker«. Wähler favorisieren in Deutschland eher das Bekannte, nicht das Unbekannte. Sie setzen auf den Amtsadel, suchen nicht den Furor des versprochenen Neuanfangs. Nur so sind die über Jahrzehnte große Stabilität des Parteiensystems, die Langzeit-Kanzlerschaften und die große Sehnsucht nach Sicherheit plausibel zu erklären. Rapide Machtwechsel als abrupte Änderungen der Politik sind in Deutschland die große Ausnahme. Modernisierung, Veränderung und mithin Gestaltung erwachsen in Deutschland eher von oben als von unten. Die Weltmeister in Resilienz, einer großen Reaktions- und Veränderungsfähigkeit, sind Debütanten in der Veränderungsbereitschaft.[87] Politisch-kulturell haben wir uns vom Obrigkeitsstaat und seinen Untertanen lange verabschiedet. Doch er wirkt im Politikverständnis vieler Deutscher immer noch nach. Bundestagswahlen sind deshalb häufig nachgelagerte Plebiszite über grundlegende Politikentscheidungen, die ein Kanzler oder eine Bundesregierung vorgegeben haben und die sie im Nachhinein den Bürgern zur Abstimmung stellen.

Wie die Forschungen zur Reform von Wohlfahrtsstaaten zeigen, sind Modernisierungschancen an diese bestimmten Bedingungen und Vorverständnisse geknüpft. Ohne einen positiven systematischen Bezug zum politisch-kulturellen Umfeld (einer Stabilitäts-, Sicherheits- und Status-quo-Sehnsucht) scheitern Reformen. Gerade unpopuläre Maßnahmen bedürfen eines bestimmten Reformsensors, um mehrheitsfähig zu bleiben. Zentrales Ergebnis dieser Szenarien: Es kommt entscheidend auf die Kommunikation des politischen Prozesses an. Transparenz, Vertrauen und Informationsvermittlung gegenüber verschiedenen Zielgruppen sind wichtig und nicht mit PR zu verwechseln. Wer die falsche Formulierung wählt, sollte sich nicht über ausbleibende Resonanz wundern. Bundespräsident Köhler entwarf mit seinem TV-Statement zu den Gründen der Auflösung des Bundestages im Juli 2005 ein unangemessen düsteres Bild von Deutschland. Sehr viele können sich noch heute an die vom Teleprompter abgelesene Rede erinnern. Er schilderte in seiner Rede die Zustände in Deutschland so drastisch »wie ein General, der einen Putsch rechtfertigen muss«.[88] Köhler würde heute diese Rede anders halten.[89] Sein Appell zu mutigen Reformen, um den Abstieg des Wohlfahrtsstaates zu verhindern, ging unter. Seine Fernsehrede besaß den authentischen Grundsound eines sehr besorgten Staatsoberhauptes. Ralf Dahrendorf hat kurze Zeit später die Gelegenheit genutzt und die zentralen Aussagen von Köhler in eine positive Botschaft übersetzt.[90] Köhler formulierte: »Unser Land steht vor gewaltigen Aufgaben. Unsere Zukunft und die unserer Kinder stehen auf dem Spiel [...]. Die Haushalte des Bundes und der Länder sind in einer nie dagewesenen kritischen Lage. Die bestehende föderale Ordnung ist überholt.«[91] In Dahrendorfs neuer, positiver Formulierung heißt es:

> »Unser Land steht vor gewaltigen Aufgaben. Unsere Zukunft und die unserer Kinder liegen in unserer Hand [...]. Die Regierung kann und wird denen helfen, die sich nicht selbst helfen können; aber wir werden unsere Kinder nicht mit Schulden belasten, um uns ein bequemes Leben zu verschaffen [...]. Auch in der Politik gilt es, Entscheidungen dort, wo die Menschen leben, also dezentral, zu treffen; darum werden wir die föderale Ordnung modernisieren.«[92]

Die Wirkung der Begründungen von Köhler wäre anders gewesen, hätte er eine andere Sprache gewählt. Darstellungspolitik ist eine Ressource, aber eine ambitionierte, voraussetzungsvolle.

Optionen durch Resonanz-Erwartungen

Gestaltungsmacht braucht Resonanz, um sich zu entfalten. Zur größten Demütigung in der Politik gehört die Nicht-Beachtung. Wer gestalten möchte, sollte wahrgenommen werden. Aber Resonanz meint mehr als Beachtung. Potenziale des Gestaltens sind unmittelbar mit Resonanzräumen verbunden. Der Soziologe Hartmut Rosa diagnostiziert als das Übel einer modernen Gesellschaft die gestörte Resonanzbeziehung der Bürger zu ihrer jeweiligen Umwelt.[93] In der Politikwissenschaft sprechen wir eher von einer Gesprächsstörung zwischen Bürgern und Politikern bzw. der Politik.[94] Klassisch kann dies dem Topos der Politik- und Politikerverdrossenheit zugeordnet werden. Rosa schreibt:

> »Der Resonanzdraht zwischen Politik beziehungsweise Politikern und Bürgern erweist sich damit als wechselseitig blockiert: Die beiden Seiten beeinflussen, behindern und manipulieren sich gegenseitig, aber sie erreichen, bewegen oder berühren sich in aller Regel nicht: Das Repräsentationsverhältnis ist ein starres, verhärtetes und kennt kaum noch Formen der Verflüssigung.«[95]

Wenn Resonanz nicht über Harmonie, Einklang oder Konsonanz herstellbar sein soll, dann verbleiben prozesshaftes Antworten und politische Berührung im übertragenen Sinne. Die Resonanzsehnsucht in der Demokratie kann – folgt man Rosa weiter – durch Anerkennung und Schutz von Differenz befriedigt werden.[96] Der Bundespräsident hätte demnach auch die Aufgabe, die Resonanz zwischen Bürgern und Politik wieder herzustellen, ganz im Sinne seiner Repräsentations- und Integrationsaufgaben. Die Gestaltungspotenziale könnte er nutzen, wenn er als Resonanzverstärker agiert. Letztlich verläuft die Wiederherstellung oder die Erhaltung einer demokratischen Resonanzbeziehung zwischen Regierten und Regierenden, indem Vertrauen gebildet wird.[97] Der Aufbau von Bindungen zwischen dem Staatsoberhaupt und den Bürgern sichert Resonanz und Vertrauen. Ohne Bindungen kann sich keine Kommunikation entfalten, die auf Resonanz aus ist. Sich auf den Bundespräsidenten verlassen zu können, wäre ein Ausdruck des Vertrauens. Er wäre die Vertrauensperson, die sich für das Gemeinwohl einsetzt. Ob ein Bundespräsident Vertrauen genießt, ist von vielen Komponenten abhängig, vorrangig aber sicher von der Autorität seiner Person, wenn er sich einen Amtsbonus erwirbt. Er genießt einen Handlungskredit,[98] wenn er im Amt startet. Wann er ihn nutzt, weiter vergibt oder anhäuft, hängt von seinem politischen Geschick entscheidend ab. Idealerweise könnte der Bundespräsident »Kapital« vom Personenvertrauen auf das Systemvertrauen transferieren. Denn Vertrauen führt.[99]

Die Politikverdrossenheit als Resonanzstörung korrespondiert häufig mit einer Medienverdrossenheit. Viele Bürger fühlen sich nicht mehr von ihren politischen Vertretern und von ihren Medienvertretern angemessen repräsentiert. Gegenöffentlichkeiten entstehen sowohl durch Protestparteien als auch durch Rückzüge in soziale Medien. Verstärkend kommt hinzu, dass sich seit längerer Zeit die Medienempörung von der Publikumsempörung unterscheidet. Was die Leitmedien auch aus moralischer Überhöhung antreibt, verfängt oft nicht beim Publikum und *vice versa*. Die Mobilisierung von Wählern ist von der medialen Vermittlung von Politik abhängig, die sich strukturell verändert hat und auf sehr unterschiedliche Generationen von Öffentlichkeit trifft.

Denn die neuen Medien leben vom Verdacht. Sie füllen Echokammern von Gleichgesinnten. Politische Autisten bleiben unter sich. Wer so lebt, ist nicht mehr zugänglich für Argumente, sondern nur noch für Bestätigung. Das Verlangen nach vermeintlichen Gewissheiten nimmt zu, wenn alles global undurchschaubar und unsicher erscheint. Irgendjemand sollte dann Schuld haben – idealerweise die etablierte Politik mit all ihren Strukturen, Formaten, der besonderen Sprache und den bekannten Politikern. Empirische Fakten haben das Weltbild solcher Wähler noch nie gestört. Unter den Voraussetzungen moderner Kommunikation scheint das Zeitalter der Fakten problembeladen. Die Herrschaft der inneren Widersprüche dominiert auf dem Wählermarkt. Die Wahlforschung kennt schon lange kognitive Dissonanzen beim Wähler, der versucht, unterschiedliche

Einstellungen und Meinungen, die nicht miteinander zu vereinbaren sind, in Wahlstimmen zu übersetzen. Protestparteien eignen sich hervorragend, um solche stabilen Ambivalenzen auszuleben. Die AfD ist eine zukunftsängstliche Empörungsbewegung, die es geschafft hat, soziale Unzufriedenheit und kulturelles Unbehagen zu bündeln. Die Flüchtlingsthematik ist der Begriffscontainer dieser Protestpartei.

Auf Protest kann man reagieren. Er ist existenziell für die Dynamik von Demokratien. Aber wie erreicht man mit Argumenten existierende Echokammern? Wie rational lässt sich der neuen Irrationalität begegnen? Die Qualität der Öffentlichkeit ist ein Maßstab für die Qualität der Demokratie, die sich wandelt, wenn sich die Dosis und die Struktur von politischer Öffentlichkeit verändern. Interpersonale Kommunikation ist wahlentscheidend.[100] Sie formt sich durch das, was wir sehen, hören, lesen und dann verstärkend oder abschwächend im Kreise der Vertrauten kommunizieren. Wenn hier nur noch kognitive Konsonanz vorherrscht, vergrößern sich die Spielräume für eine Manipulation des Wählermarktes.

Viele Teilöffentlichkeiten beschleunigen die Fragmentierung der Gesellschaft. Wer nimmt welche Wirklichkeit heute wahr? Es ist kein Zufall, dass der Wert von demokratischen Kompromissen schwindet. In den virtuellen Gesinnungsgemeinschaften lebt die Mehrheitsillusion: »Wir sind viele.« Faktisch wird dort die Bestätigung und nie das Argument gesucht. Wo ist der Ort, an dem sich Gemeinwohl ausdrücken kann? Wo wächst die gemeinsame Sicht auf die Politik, die eine demokratisch gefundene Mehrheitsentscheidung auch akzeptiert?

Der Bundespräsident ist Akteur in den politischen Teilöffentlichkeiten. Als symbolische Figur repräsentiert er gleichsam auch immer »als Erinnerung an einen Monarchen die Spitze des Staates«,[101] die er als Einheit zu repräsentieren hat. Er sollte die Teilöffentlichkeiten zusammenfügen oder doch zumindest zusammenhalten: ein Garant der imaginären Mitte. Er sollte Mittel finden, um die Gesprächsstörungen zu minimieren. Aber wie und wodurch? Ob ein Facebook-Account sich dazu eignet? Einen Facebook-Auftritt hat Bundespräsident Steinmeier im Bundespräsidialamt erstmals eingeführt.

Hierdurch sollen vor allem jüngere Zielgruppen medial erreicht werden. Es war viele Jahre im Bundespräsidialamt umstritten, ob und in welcher Dosis die sozialen Medien »bespielt« werden sollten. Erst die Steinmeier-Administration votierte für den digitalen Auftritt.[102] Will der Bundespräsident präsidiale Gestaltungskraft entfalten, ist er auf mediale Resonanz extrem angewiesen. Wer dies nicht nur an der Skala von Nachrichtenwerten (Skandalisierung, Überraschung etc.) ausrichtet, hat es schwer vorzukommen. Allein der Auftritt eines Bundespräsidenten hat keinen Nachrichtenwert an sich. Eine sogenannte »Gestaltungsöffentlichkeit«[103] erreicht er damit nicht von alleine. Daraus ergeben sich Dilemma-Situationen. Einerseits muss er als Symbol des Staates die Einheit betonen. Doch die Resonanzerwartung ist gerade dann gering, wenn er den Mainstream bedient und für alle spricht. Andererseits findet er in der Medienlandschaft Gehör, wenn er quer zu Erwartungen und quer zum normalen Takt seine Rede platziert. Das Überraschende, das Abweichende sichert auch dem Bundespräsidenten Gehör. Um Überraschungen wahrzunehmen, gehen wir von Projektionen aus. Wir glauben als Bürger den Repräsentanten zu kennen. Dabei ist zunächst die Biografie eine Folie der Amtsführung. Man glaubt deshalb auch Reden und Gesten und anderes zu verstehen, wie sie medienvermittelt daherkommen. Die jeweilige Vita gibt den Auftritten Kontur. Was davon abweicht, irritiert und hat Chancen auf besondere Resonanz.

Zum barocken Typus von Bundespräsident Herzog passte überhaupt nicht, wie er zum Reform-»Ruck« aufrief. Ein Teil der nachhaltigen Wirkung der Rede hing aber gerade damit zusammen. Dass Köhler wiederum sachkundig, detailliert, erklärend Reden zur Weltfinanzkrise hielt, war erwartbar und resonanzlos. Dass Gauck letztlich eine Art von restriktiver Obergrenze für die Aufnahme von Flüchtlingen formulierte (»Unsere Möglichkeiten sind endlich«), sicherte ihm große Resonanz, weil es nicht zum Seelsorger-Typus oder seinem Image des Demokratie- und Freiheits-Missionars passte. Wo könnten die größten Resonanzoptionen für Steinmeier liegen? Wenn er abweichend-überraschend agiert? Sicher nicht in den Bereichen, in denen er beheimatet ist, als Retter der Institutionen der repräsentativen Demokratie.

Das erinnert an Phänomene, die wir als Politik-Paradoxon charakterisieren und aus der Parteienforschung kennen.[104] Linke wie rechte Regierungskoalitionen sahen sich oft gezwungen, Politik zu exekutieren, die jeweils aus dem Überzeugungsreservoir der anderen Seite stammte. Rot-Grün setzte unter Schröder die deutsche Beteiligung an zwei Kriegen durch und reformierte das Sozialsystem. Der bürgerlich-konservative Kohl lud SED-Chef Honecker nach Bonn zu einem protokollarisch aufgewerteten Arbeitsbesuch ein. Merkel exekutierte gesellschafts-, familien- und integrationspolitische Modernisierungssprünge – samt Ausstieg aus der Atomenergie. Gestaltungsmacht der Bundespräsidenten könnte insofern aus der Anwendung des Politik-Paradoxons erwachsen.

Der Auftritt ist zunächst Ausdruck symbolischen Handelns. Fast alle seine öffentlichen Aktivitäten, wie etwa Reden, Einweihungen, Ordensverleihungen, Staatsbesuche und Empfänge, verweisen auf eine dahinter liegende Realität. Die Kraft des Amtes entwickelt sich auch durch symbolische Akte. Der Politikwissenschaftler Michael Jochum spitzt dies folgendermaßen zu:

> »So erscheint die notorische Machtlosigkeit des Bundespräsidenten nicht als Nachteil, sondern als entscheidendes Privileg. Während man andere Politiker an Taten statt an Worten misst, genaugenommen sogar am Erfolg dieser Taten, macht dieses Kriterium beim deutschen Staatsoberhaupt keinen Sinn. Denn der Bundespräsident ist kraft Verfassung zur Tatenlosigkeit verurteilt. Genauso gut könnte man sagen: Er ist wie kein zweiter im Lande zum straflosen Nur-Reden befugt.«[105]

Er setzt symbolische Zeichen, die in den verschiedenen Öffentlichkeiten auf Resonanz stoßen müssen. Sie sollten dort verstanden werden.

Die mediale Begleitung ist insofern nicht nur für die Berichterstattung bei Staatsbesuchen relevant, sondern immerwährend wichtig. Journalisten sorgen professionell für Asymmetrien der

Sichtbarkeit und Aufmerksamkeit. Ob der Bundespräsident darin auftaucht, ist immer schwerer zu kalkulieren. Die persönliche Autorität des Amtsinhabers transportiert sich über öffentliche Auftritte, über Begegnungen, über Berichterstattung und auch über Resonanzprojektionen zu Beginn der Amtszeit. Bundespräsident Gauck erinnerte im Interview gleich zu Beginn daran, dass auch er sich mit der grundsätzlichen Frage konfrontiert sah: Braucht man so ein Amt heute noch?[106] Nach der vorzeitigen doppelten Demission der Vorgänger musste er sich damit auseinandersetzen. Er sah seine Rolle darin, als Anwalt des politischen Systems aufzutreten. Seine Resonanz speiste sich aus affirmativen symbolischen Akten. Denn trotz der stetig vorgetragenen Kritik an Fehlentwicklungen sah er sich immer als Unterstützer der politischen Interessenvertreter. Für ihn war es kontraproduktiv, sich als vermeintlicher Bürgerpräsident zu den Bürgern zu gesellen, aber gegen die Parteien zu stellen. Das hätte ihm bestimmt mediale Resonanz gebracht. Gauck fand es geradezu »töricht«,[107] davon auszugehen, dass seine Souveränität zur Gestaltung größer sein könnte, wenn er sich gegen die politischen Eliten gestellt hätte. Im Gegenteil, er sah sich immer als Ermutiger für die Parteien.[108]

Im Zeitverlauf haben sich die medialen Rahmenbedingungen und die politischen Öffentlichkeiten strukturell verändert. Der Hinweis auf den neuen Facebook-Auftritt von Steinmeier unterstreicht dies. Einerseits ist es sicher schwieriger geworden, unter den Bedingungen der modernen Mediendemokratie die präsidiale Aufmerksamkeitsökonomie zu steuern. Andererseits kommen die telegenen Bedingungen der Fernsehdemokratie den Chancen, persönliche Autorität als Bundespräsident zu erwerben, eher entgegen.[109] Von diesen Gestaltungspotenzialen waren Heuss und Lübke noch meilenweit entfernt.

Die mediale Resonanzerwartung auf das Amt des Bundespräsidenten hat sich zudem von der Bonner zur Berliner Republik komplett gewandelt.[110] In der Bonner Republik spielte der Bundespräsident für die Parlamentskorrespondenten vor Ort keine politische Rolle. Die Frage, was der Bundespräsident zu diesen oder jenen Ereignissen als politische Einschätzung zu sagen pflegte, stellte sich überhaupt nicht. Es fand kein automatischer Abgleich an Stimmen aus dem politischen Bonn statt, zu dem der Bundespräsident dazugehört hätte. Die Berliner Republik schärfte und weitete den Blick auf alle Verfassungsorgane. Auch der Bundespräsident – vor allem als zeitliche Zäsur in der Nachfolge der problematischen vorzeitigen Rücktritte von Köhler und Wulff – avancierte zum wahrgenommenen Protagonisten in der Tagespolitik, ganz unabhängig davon, dass sich ein politischer Präsident der Tagespolitik funktional zu entziehen hat. ›Was sagt der Bundespräsident zu dem Thema?‹, fragen heute tagesroutiniert die Berliner Journalisten. Der journalistische Blick auf das Präsidialamt ist genauer, tagesbezogener, fordernder, schärfer als früher. Der Aufwand für präsidiale Kommunikation wächst. Die in meinen Gesprächen mit den Präsidenten wiederkehrend thematisierte Unsicherheit des Auftaktjahres im Bundespräsidialamt kulminierte – sicher jeweils aus unterschiedlichen Erfahrungsgründen – durchaus in dieser Einschätzung: einer Vermessung jeder Geste und jeder Äußerung des Bundespräsidenten im Hinblick auf tagespolitische Verwertbarkeiten. Während Köhler und Gauck das neue Gelände eher offensiv abtasteten, mussten sich die Politikprofis Wulff und Steinmeier zunächst extrem zurücknehmen, damit keine unbedachte öffentliche Äußerung zu präsidialen Diskreditierungen führte.[111] Der Resonanzraum für den Präsidenten hat sich vergrößert, was die Arbeitsbedingungen für Öffentlichkeitsarbeit im Präsidialamt ebenfalls maßgeblich verändert hat.[112]

Aber was sind hierbei die Maßstäbe? Resonanz bei wem? Dazu Horst Köhler:

»Die Geschwindigkeit der Medienarbeit, die im Laufe meiner Amtszeit so richtig an Fahrt aufnahm, macht es einem Amt wie dem des Bundespräsidenten, der sich klassischerweise in Form von mit langem Vorlauf geplanten öffentlichen Reden äußert, nicht immer einfach. Es wäre aber auch ein Fehler, die Resonanz oder Wirkmächtigkeit eines Bundespräsidenten lediglich anhand der medialen Reaktion zu messen: Für diejenigen, die der Bundespräsident trifft oder vor denen er spricht, ist das immer wichtig, oftmals eine Erinnerung fürs Leben. Ich habe das ernst genommen, auch wenn am nächsten Tag nichts davon in den überregionalen Zeitungen stand.«[113]

Manchmal entwickelt sich Resonanz nicht durch Inhalte, sondern durch Rituale. Interviews mit Bundespräsidenten führen in der Regel die Chefredakteure selbst. Das Blatt schmückt sich primär mit dem Präsidenten, nicht mit dem, was der Amtsinhaber zu sagen hat. Die Aufmachung ist groß und mehrseitig, weil die Chefs miteinander sprechen.

Optionen durch Entschleunigung

Das zweite Gesicht der Macht, die instrumentelle »soft power«, wirkt subtiler und indirekter als Darstellungspolitik oder mediale Resonanzen. Gleichwohl entfalten sich ebenso Potenziale von latenter Gestaltungsmacht. Allseits Erwartetes nicht zu tun, kann Aufmerksamkeit erzeugen – aber auch zugleich Zeit-Taktungen verändern. Ein anschauliches Beispiel lieferte Bundespräsident Gauck. Durch einen *Spiegel*-Bericht lancierte er seine Nicht-Teilnahme an den Olympischen Winterspielen 2014 im russischen Sotschi.[114] Joachim Gauck wollte seine Absage nicht als Boykott verstanden wissen. Beobachter werteten die Entscheidung dennoch als Reaktion auf Moskaus rigiden Umgang mit Menschenrechten. Die Olympischen Sommerspiele und die Paralympics in London 2012 hatte Gauck besucht. Er wollte auch die deutschen Olympia-Teilnehmer aus Sotschi am 24. Februar 2014 bei ihrer Rückkehr in München empfangen.

Gaucks Sprecherin wies darauf hin, dass es keine feste Regel gäbe, dass Bundespräsidenten zu Winterspielen reisten. Auch der ehemalige Bundespräsident Horst Köhler habe 2010 im kanadischen Vancouver nicht teilgenommen.[115] Gauck betonte im Interview mit mir, dass er die Absage weder offiziell bekannt geben noch kommentieren musste, denn seine Haltung zur russischen Führung sei klar gewesen. Sein Thema der Menschenrechte hätte er bei den Olympischen Spielen keineswegs ansprechen können. Gauck schwieg auf Anraten seiner Sprecherin und erfuhr in der politischen Öffentlichkeit große Zustimmung durch sein Schweigen und seine Nicht-Teilnahme. Die Lesart der Nicht-Teilnahme sei durch das Umfeld damals klar gewesen. Hätte er sich erklärt oder eine andere zeitgleiche Reise angesetzt, wäre die Wirkung weniger eindrucksvoll gewesen. Die nicht angetretene Reise war entschleunigtes Handeln, eher eine stille Teilnahme.

Bundespräsidenten sind – einmal im Amt – der Rationalität einer parteipolitischen Macht- und Mehrheitslogik entzogen. Doch auch sie agieren im Raum der Politik und wirken am Stoff der Politik mit. Alle politischen Akteure handeln zweckgerichtet. Sie sind sich ihrer Interdependenz dabei durchaus bewusst. Sie agieren und reagieren reziprok, versuchen mithin die Schritte anderer Spitzenakteure bereits zu antizipieren. Sie gestalten so stets absichtsvoll. Das Absichtsvolle bezieht sich auf den politischen Kontext der Aktion, in der jede politische Handlung – auch die Nicht-Handlung, das Abwarten, die fehlende, die aufschiebende, die verweigerte Entscheidung – als intentionale Interaktion interpretiert werden kann. Das macht die Essenz des politischen Raumes aus. Jede Handlung, mithin jede Gestaltung, wird interpretiert. Das ist das Spezifische der Politik – auch für das Amt des Bundespräsidenten.

Gestalten und Gestaltung haben insofern mehrdimensionale Konturen. Gestalten bedeutet demnach abstrakt gesehen, Optionen und Möglichkeiten zu haben. Jede Entscheidung polarisiert. Bei fluiden und stimmungsflüchtigen Machtgrundlagen der parteipolitischen Elite gehört es deshalb zur Rationalität der Machtsicherung, möglichst Entscheidungen hinauszuzögern, wenn sie nicht komplett zu verhindern sind. So sichert man sich über den Tag hinaus Mehrheiten im eigenen Lager.

Der Bundespräsident unterliegt funktional – wie entlang der Aufgabenbeschreibung durch das Grundgesetz im Kapitel 3.1 (zur »hard power«) näher zu klären sein wird – keinem »Sollen« und keinem »Müssen«, sondern eher einem »Können«.[116] Der Bundespräsident ist dem politischen Entscheidungsdruck nicht ausgesetzt, da er operativ-exekutiv nichts zu entscheiden hat. Darüber hinaus genießt er das Privileg, weder selbst gesetzgeberisch tätig zu werden noch für Entscheidungen einstehen zu müssen. Selbst von öffentlicher Kritik seitens führender Politiker bleibt er weitgehend verschont.[117] Zumindest galt das noch in der frühen Berliner Republik.

Der präsidiale Gestaltungsraum – »das Können« – ist insofern auch immer ein Möglichkeitsraum. Seine Gestaltungskraft ergibt sich über Gestaltungsmöglichkeiten bzw. Gestaltungsoptionen. Das setzt Gestaltungswissen (siehe Kapitel 3) und einen Möglichkeitssinn beim Amtsinhaber voraus. Bundespräsident Steinmeier formulierte dazu profan, aber strategiebewusst einige Zeit vor der Bundestagswahl 2017: Er sei in das Amt in der Gewissheit gegangen, »dass neue Herausforderungen kommen – auch neue Möglichkeiten, für die ich meine Erfahrungen nutzen kann.«[118] Die »neuen Möglichkeiten« kamen mit der Krise der Regierungsbildung infolge unklarer Mehrheiten nach der Bundestagswahl 2017 schneller auf ihn zu, als er wohl selbst für möglich gehalten hätte.

Gestaltungspotenziale stecken auch im retardierenden Momentum, welches ein Staatsoberhaupt schaffen kann. Es muss nicht atemlos, umtriebig, getrieben regieren. Es kann seine Privilegien nutzen und das Schloss Bellevue als stillen Ort reflektierter Analyse nutzen und ausbauen.[119] Als Repräsentation des Ganzen könnte es als ruhender Pol ohne globalen Termindruck im politischen Ereignisgewitter der Berliner Republik agieren. Nicht als getriebener »Manager des Moments«,[120] als Pragmatiker des Augenblicks, sondern als Akteur mit Zeit und Muße. So wären die Fragen der Zukunft frühzeitig in die Diskurse der Gegenwart hineinzuholen. Auch protokollarisch lässt der Bundespräsident sich Zeit. Alle Zuhörer müssen auf ihn warten, denn er betritt als letzter den Saal. Das Bundeskanzleramt sieht ebenso im Mechanismus des Entschleunigten ein zentrales Privileg des Bundespräsidenten – im Vergleich zur Kanzlerin. Der Bundespräsident kann mit republikanischen Bildern der Macht beruhigend und besonnen im Berliner Betrieb seine spezifische Autorität einbringen. Das zeitlose Innehalten gehört zur würdigen Repräsentation. Auch die strikte Diskretion der vielen ruhigen Gespräche zwischen dem

Präsidenten und der Kanzlerin ist nicht nur ein Wert an sich, sondern Teil einer entschleunigten, weichen Machtgestaltung.

Diesen Gedankengang kann man weiter verfeinern. Entschleunigen als Gestaltungsmacht? Eine systematische Entschleunigung von politischen Prozessen ist kein genereller Ausweg aus den komplexen Entscheidungszumutungen, denen Politiker täglich ausgesetzt sind. Moderne politische Systeme und Gesellschaften können sich nur erhalten und stabil bleiben, wenn sie permanent wachsen und schneller werden: »Sie stabilisieren und reproduzieren sich dynamisch.«[121] Entscheidungsgesellschaften können den Status quo nur wahren, wenn sie sich dauernd verändern. Dennoch helfen attentistische Formate, um mit Entscheidungszumutungen unter Komplexitätsbedingungen umzugehen. Langsamkeit im Sinne bewusst retardierender Momente deliberativ angelegter parlamentarischer Verfahren zu nutzen (rund 270 Tage dauern im Schnitt die Verfahren bei einer Gesetzgebung), kann nicht nur die Legitimation von Entscheidungen erhöhen (viele werden umfänglich beteiligt), sondern auch die Wahrscheinlichkeit, zu guten – problemlösenden – Entscheidungen zu gelangen. Auch das zeremonielle Protokoll des Bundespräsidialamtes entschleunigt ordnend die Dramaturgie jeder Handlung oder Begegnung.[122] Ebenso macht das Grundgesetz den Bundespräsidenten zum Meister der Zeit. »Soft power« macht den Bundespräsidenten zum Ermöglicher von Politik. Denn nur er macht den Vorschlag für die Kanzlerwahl – aber ohne Fristsetzung.[123] Da er keiner Frist folgen muss, generiert er Macht. Er ist in dieser Zeit mächtig, weil er als mächtig gilt. Die Zuschreibung von Potenzialen macht ihn machtvoll, nicht die Umsetzung. Würde man eine Fristsetzung neu einführen, gingen präsidiale Spielräume verloren. Weiche Macht entfaltet Wirkungen auch ohne Handlungen. Warum sollten die Parteien auf die Avancen hinter den Kulissen eingehen, wenn eine Entscheidungsfrist für den Bundespräsidenten bestehen würde?

Wenn Bundespräsidenten dennoch Fristsetzungen folgen müssen, wie im Falle der Auflösung des Bundestages, dann sind es mit 30 Tagen sehr lange Zeitkorridore. Die entschleunigend längsten Fristsetzungen kennt das Grundgesetz nur beim Staatsoberhaupt.

Der Bundespräsident kann sich dem »Sofortismus« des Berliner Betriebs entziehen, er gewinnt Gestaltungsmacht durch das Aussetzen und Ausdehnen von Geschwindigkeitsgrenzen. Er ist ein machtvoller Premium-Abwarter. Zeit ist eine wichtige Machtvariable – für alle Verfassungsorgane. Medien räumen dabei dem Staatsoberhaupt keine besondere Schonzeit ein. Geradezu wiederkehrend müssen alle Präsidenten damit rechnen, dass die Medien wenige Monate nach dem Amtsantritt des Staatsoberhauptes unruhig nachfragen, wo und welches gut inszenierte Wort gesetzt wird. Wo bleibt der Bundespräsident?[124] Beim Maßstab differenzieren die Medien nicht, welche Gesichter der Macht gemeint sein könnten.

Zeitpolitik hat auch immer eine strategische Seite. Bundeskanzlerin Angela Merkel (CDU) formulierte die Zeitbedingungen für Regierungshandeln einmal folgendermaßen: »Das Amt des Bundeskanzlers verlangt eine unglaubliche Komplexität von Entscheidungen und Einschätzungen pro Zeiteinheit.«[125] Der Rohstoff Zeit ist elementar für jede Strategie. Zeitarmut ist eine wichtige Einschränkung von Strategiefähigkeit. Politische Planung und Strategiebildung setzen die Antizipation von Zeitstrukturen und zeitlichen Dynamiken voraus. Zeitstrukturen sind wiederkehrende, zum Teil rechtlich fixierte Handlungsgelegenheiten und Entscheidungssituationen, z. B. Legislaturperioden, Wahlkampfphasen, parlamentarische Entscheidungsverfahren, Regierungserklärungen und Parteitage. Zeitliche Dynamiken vergrößern oder verkleinern über kurz- bis mittelfristige Zeitspannen die Handlungskorridore einer Regierung. Abhängig von medialen Themenkonjunkturen, der Meinungsbildung in Partei und Koalition oder dem Problemdruck auf einem Politikfeld öffnen oder verschließen sich Gelegenheitsfenster: Entscheidungsprozesse beschleunigen oder verlangsamen sich, demoskopische Zustimmungswerte sinken oder steigen, die Folgebereitschaft in Partei und Parlament wird stärker oder schwächer.

Das lässt sich auch auf die weiche Als-ob-Macht der Präsidenten übertragen. Bundespräsident Steinmeier sagte dazu:

»Auch die Tatsache, dass der Bundespräsident nicht in der Taktung der Alltagspolitik oder im Rhythmus von Agenturmeldungen agieren muss, schafft die Möglichkeit, meine Erfahrung zu verbinden mit einem etwas längeren und nicht von Alltagshysterie geprägten Blick auf die Gegenwart und Zukunft. Das macht einen guten Teil meines Glücks aus.«[126]

Die Entdeckung der präsidialen Langsamkeit schafft Möglichkeitsmacher. Entschleunigung heißt Priorisierung und auch Mut zu »Entmüllung« und geduldiger Reflexion. Die nicht zu unterschätzende Herausforderung für politische Strategien – auch für Grundsatzabteilungen des Bundespräsidialamtes – besteht darin, Zeitstrukturen und zeitliche Dynamiken zusammenzuführen (was weiter unten noch erörtert wird).

Das präsidentielle Zaudern, das entschleunigte Agieren wirkt wie eine Auszeit für einen historischen Möglichkeitssinn. Es bedeutete keinesfalls Nichtstun, sondern eine substanzielle Langsamkeit, die in Zeiten von Komplexität und Unsicherheit ein Machtreservoir sein kann. Dieses Zaudern, um zu entschleunigen, kann eine Komponente von Risikokompetenz sein. Zaudern unterbricht Handlungsketten, verschafft Zeitgewinn. Schon Adorno wusste zu benennen, dass Zeit eine Messgröße der Freiheit sei. Zeit verschafft, systemtheoretisch argumentiert, Dispositionsmöglichkeiten, also Optionen, die wiederum den Stoff der Politik ausmachen. Machtressourcen erwachsen aus der Ungewissheit in der Zeitlücke zwischen dem »Nochnicht-Gestalten« und dem »möglicherweise zu Gestaltenden«.

Friedrich Schiller hat im *Wallenstein* diese Macht des Zögerns aufgegriffen. Die Macht, an der Wallenstein im Zögern festhält, ist die Fülle der Möglichkeiten vor der Entscheidung. Rüdiger Safranski hat dies literarisch auf den Punkt gebracht:

»In der Welt der Möglichkeiten gibt es ein vor und zurück, hier ist man noch nicht der irreversiblen Zeit ausgeliefert. Im Handeln und Entscheiden aber liefert man sich der Zeit aus und beraubt sich seiner Möglichkeiten, die nichts anders sind als die Möglichkeit einer

Freiheit von der Zeit. Wallenstein jedoch will in der Zeit wirken und über die Zeit herrschen, mit anderen Worten: Er will beides zugleich sein, Machtmensch und Möglichkeitsmensch. [...] Der Wille zur Macht krümmt sich in sich selbst zurück und wird grüblerisch.«[127]

Ein hilfreich erklärendes Begriffspaar: Machtmensch und Möglichkeitsmensch. Je mehr Macht die Person beansprucht, desto weniger Möglichkeiten verbleiben. Kann der Rollenverzicht, im Sinne einer verfassungsrechtlichen Ausschöpfung oder Ausweitung der Potenziale der Bundespräsidenten – als quasi regierender Präsident –, letztlich paradoxerweise politisch mehr Macht sichern? Das ist jedenfalls die Prämisse aller Thesen über die weiche Macht des Bundespräsidenten. Philosophisch angewendet bedeutet das Paradoxon auch, dass man die politische Wirklichkeit nur erkennt, wenn man die Möglichkeiten überschaut.[128] Aus Optionen erwachsen Blickwinkel und Perspektiven, die ohne Optionen nicht sichtbar wären.

Optionen durch Kontingenz

Bundespräsidenten als prädestinierte Nutzer der Optionen, eines Möglichkeitsraums? Voraussetzungsvoll wäre auch dies. Denn Möglichkeitsräume erkennt man nur mit einem Möglichkeitssinn. Robert Musil widmet sich im *Mann ohne Eigenschaften* diesem Phänomen: »So ließe sich der Möglichkeitssinn geradezu als die Fähigkeit definieren, alles, was ebenso gut sein könnte, zu denken und das, was ist, nicht weniger zu nehmen als das, was nicht ist.«[129] Um daraus machtvolle Chancen abzuleiten, bedarf es einer besonderen politischen Sensibilität. Könnten Bundespräsidenten diesen Möglichkeitssinn als Möglichkeitsmenschen mit einbringen? Der Schriftsteller Robert Musil antwortet eindeutig:

»Wenn man gut durch geöffnete Türen kommen will, muss man die Tatsache achten, dass sie einen festen Rahmen haben: dieser Grundsatz [...] ist einfach eine Forderung des Wirklichkeitssinns. Wenn es aber Wirklichkeitssinn gibt, und niemand wird bezweifeln, dass er seine Daseinsberechtigung hat, dann muss es auch etwas geben, das man Möglichkeitssinn nennen kann. Wer ihn besitzt, sagt beispielsweise nicht: Hier ist dies oder das geschehen, wird geschehen, muss geschehen; sondern er erfindet: Hier könnte, sollte oder müsste geschehen; und wenn man ihm von irgendetwas erklärt, dass es so sei, wie es sei, dann denkt er: Nun, es könnte wahrscheinlich auch anders sein.«[130]

Nicht das Lavieren mit der Kontingenz macht den Möglichkeitsmenschen aus, sondern die Erhaltung der Möglichkeiten (Entscheiden und Nicht-Entscheiden), der Spielräume des Gestaltens, um sich den Wirklichkeiten zu stellen.[131] Gestaltungsfreiheit ist eine konstitutive Bedingung demokratischen Regierens. Kontingenz sichert Gestaltungsfreiheit.

Auch Bundespräsidenten nutzen Kontingenz für ihre jeweilige gesellschaftliche Konstruktion von Wirklichkeiten. Indem sie sich der Kontingenz versichern, erwächst ihnen Orientierungs- und Erklärungsmacht, um die Deutung von politischer Realität zu gestalten. Welches politische Thema greift der Bundespräsident mit welchen Formulierungen zu welchem Zeitpunkt auf? Am Beispiel der Flüchtlingspolitik möchte ich in Kapitel 4.2 diesen Mechanismus erläutern und zeigen, wie aus dem Sprachgewinn durch den Bundespräsidenten auch ein Machtgewinn werden kann, wie aus der präsidialen Arena Wirkungen auf die parteipolitische Arena ausstrahlen. Dem »Wir schaffen das« der Kanzlerin stellte Bundespräsident Gauck verschiedene Varianten gegenüber. Ein »Wir schaffen das nicht« kam dem Präsidenten nicht über die Lippen. Aber diesen Möglichkeitsraum (es nicht zu schaffen) zu vermessen, sicherte präsidiale Macht in Krisenzeiten. »Kontingenztoleranz«[132] wäre ein möglicher Programmanspruch, den Bundespräsidenten daraus ableiten könnten. Kontingenz bedeutet allgemein, dass etwas »zwar möglich, aber nicht notwendig ist«.[133] Möglichkeitsmacher benötigen diskursive Macht, um für kontingente Sichtweisen in einer komplexen Gesellschaft zu werben. Etwas kann, muss aber nicht der

Fall sein – Bundespräsidenten könnten für fundamentale Unbestimmtheit werben – sicher immer entlang des ethischen Kanons des Grundgesetzes.[134] In Zeiten der populistischen Vereinfachung komplexer Probleme könnte Kontingenz-Kompetenz ein Angebot für Auswege darstellen. Thomas Bauer weist zudem darauf hin, wie unter den Bedingungen der Globalisierung Mehrdeutigkeit und Vielfalt schwinden.[135] Der Verlust der Fähigkeiten, Kontingenz als Teil von Ambiguität auszuhalten, fördert Fundamentalismus oder Gleichgültigkeit. Bundespräsidenten könnten smarte Macht einsetzen, um für Vielfalt in all ihren Erscheinungsformen zu werben. Gestaltungsmacht drückt sich dann darin aus, verschiedene Perspektiven zu thematisieren. Bundespräsidenten könnten Ambiguität als urrepublikanisch feiern. Sie widersetzen sich den Angeboten, Erlösung von allen gesellschaftlichen und politischen Widersprüchen zu versprechen. Sie nutzen ihre Souveränität, um für die Bedingtheiten zu werben.

Ein politischer Präsident stellt keine exekutiven Forderungen, aber präsentiert unterschiedliche Sichtweisen. Idealerweise stärkt er damit die Urteilsbildung über politische Prozesse. Maßstäbe zur Urteilsbildung sind essentiell für die Qualitätssicherung einer Demokratie. Es ist deshalb kein Zufall, dass viele Reden der Bundespräsidenten reflektiert, räsonierend, fragend, offen, multi-perspektivisch angelegt sind. Gauck machte daraus auch besondere Stilmerkmale des bilateralen Gesprächs. Häufig eröffnete er es mit neugierigen Fragen zum Sachverhalt. Allmählich wandelte sich die Perspektive: ›Erlauben Sie mir als der deutlich Ältere von uns beiden – im klaren Bewusstsein der großen vor Ihnen liegenden und schwer zu bewältigenden Aufgaben – eine Nachfrage zu stellen?‹ In der Regel leitete Gauck mit dieser Demutsgeste Nachfragen zur Lage der Menschenrechte und dem Grad der Freiheit ein. Gaucks eigene Diktaturerfahrungen, seine Behördenerfahrungen im Umgang mit Unrecht und seine Kenntnisse über den realsozialistischen Alltag verengten die erwartbaren Ausweichmanöver der gegenübersitzenden Staatsoberhäupter. Die Fragen zielten auf das, was sein könnte, ohne zu behaupten, dass es so sei.

Kontingenz treibt den Zweifel in jede Sichtweise, denn alles, was ist, könnte auch anders sein.[136] Der differenzierte Blick auf das Geschehen öffnet Möglichkeiten einer eigenständigen Urteilsbildung, die nicht nur dem Mainstream folgt und den momentanen Konsens festhält. Möglichkeitsräume entsprechen den kontingenten Wirklichkeiten. Bundespräsidenten haben die Aufgabe, für die Einheit des Staates zu wirken und sie zu repräsentieren. Das beinhaltet die Gestaltung eines »repräsentativen Zusammenhalts des Gemeinwesens und der Gesellschaft«.[137] Dies tun sie sicher im Bewusstsein, dass Politik im Sinne von Hannah Arendt immer vom »Zusammen- und Miteinander-Sein der Verschiedenen« handelt. Präsidiale Deutungshoheit muss deshalb keineswegs in der Eindeutigkeit einer Gestaltungsidee liegen. Deutungshoheit kann angesichts sehr unterschiedlicher Konstellationen mit einem variierenden Möglichkeitshorizont gerade darin bestehen, auf andere Sichtweisen, auf plurale Perspektiven hinzuweisen. Der Gestus des präsidentiell Kontingenten nimmt die vermeintliche Eindeutigkeit, die im parteipolitischen Wettbewerb der Spitzenakteure den Duktus der Problemlösung oder der Problemanzeige markiert. Bundespräsidenten verfügen in Fülle über Kontingenz-Kompetenz. Smarte Gestaltungsmacht kann aus der Priorisierung von Themen-Ambiguität Einfluss ausüben und so für Pluralität werben.

Optionen durch Wissensaneignung

Wovon sind die potenziellen Möglichkeiten zur politischen Gestaltung durch den Bundespräsidenten außerdem abhängig? Was braucht er noch, um sich durch die verschiedenen Gesichter der Macht auszudrücken? Er muss die potenziellen Möglichkeiten zunächst einmal selbst erkennen. Das setzt Wissen (Verfügungs- und Orientierungswissen) ebenso voraus wie interne und externe Politikberatung. Er braucht Ressourcen zur Wissensaneignung, um die Möglichkeiten zu nutzen. Er sollte strategiefähig bleiben. Das ist wiederum elementar von der jeweiligen politischen Lageeinschätzung abhängig, die vom strategischen Zentrum des Präsidialamtes zu verantworten ist. Strategiefähigkeit bedeutet Handeln für offene Problemsituationen, ein Handeln als präsidialer Möglichkeitsmensch. Zu einem solchen Strategiearsenal gehören die Kenntnisse über alle drei Gesichter der Macht, die jeweils lagebezogen spezifisch andere Ressourcen zur Gestaltungswirkung bringen können. Im Zentrum steht das Instrument der öffentlichen Rede. Normen und Ideen füllen das smarte Gelegenheitsfenster des Bundespräsidenten. Definitionen schaffen Realitäten. Diskurse lassen Taten zu.

Wulff verewigte seine kurze Präsidentschaft mit einem besonderen Satz: »Aber der Islam gehört inzwischen auch zu Deutschland.«[138] Der Satz polarisierte, hatte einen extrem hohen Nachrichtenwert und führte – in der Selbsteinschätzung des Präsidenten – auch mit zur Demission vom Amt. Gehört auch der Islam zur kollektiven Identität der Deutschen? Indem der Bundespräsident das so prägnant – wenngleich undifferenziert im Vokabular – am Jahrestag der deutschen Einheit formulierte, konstruierte er, kraft seines Amtes, die Wirklichkeit neu. Die Ungewissheit vieler offener Aspekte der Integration drehte Wulff offensiv in die Gewissheit eines neuen Wir. Sozialwissenschaftlich agierte Wulff als Konstruktivist. Danach ist die Wirklichkeit nie objektiv gegeben, sondern wird vom jeweiligen Beobachter – also immer beobachterabhängig – »konstruiert«.[139] Die Wirklichkeit wird nicht nur unterschiedlich wahrgenommen, sondern kann und wird durch Akteure neu und fortlaufend geformt.[140] Ob der Satz von Wulff empirisch stimmt, ist dabei nicht relevant, sondern die Konstruktion einer Realität, auf die man sich danach berufen konnte. Die veränderte Wahrnehmung trat durch den Akt der Benennung ein. Davon bleibt unberührt, ob ein Bundespräsident, der normalerweise zum Gemeinwohl sprechen sollte, mit dem Satz zum Islam eher spaltend als integrierend wirkt. Oder hätte Bundespräsident Wulff über fünf Jahre im Amt gerade diesen polarisierenden Satz als Aufgabe begriffen, um in der Rolle des Staatsoberhauptes den zivilisierten Streit zu diesem Thema zu orchestrieren?

Zu welchem Thema rede ich als Bundespräsident? Welche Konsequenzen haben solche Sätze? Wie kann ich was mit welchen

Inhalten erreichen? Antworten setzen spezifisches Wissen voraus. Horst Köhler formulierte in diesem Kontext äußerst selbstkritisch bei der Tischrede vor dem Orden Pour le Mérite am 30. Mai 2005:

»Ich habe ja als Bundespräsident [...] nur die Macht des Wortes. Da ich kein Germanist bin, kein Literat, frage ich mich immer: werde ich diesem Anspruch gerecht? Ich will gleich hinzufügen: Ich habe keinerlei Komplexe oder Minderwertigkeitsgefühle [...] Aber ich will Ihnen doch sagen: Ich habe erlebt, dass niemand – ob er Ökonom ist oder Bundespräsident, Wissenschaftler oder Politiker – darauf verzichten kann und sollte, auf andere zu hören und sich immer zu fragen: Vielleicht gibt es noch andere, die mehr wissen. Ich bin ein bisschen besorgt, wenn ich mit Menschen zusammentreffe, die den Eindruck erwecken, sie wüssten alles.«[141]

Wissensaneignung kann im Bundespräsidialamt als dem angesehenen Think Tank mit einem »One Man House of Lords«[142] erfolgen. In den Hierarchien der Glaubwürdigkeit rangiert der Bundespräsident weit oben. Seine versammelnde, einladend-berufende Kraft lässt sich für alle drei Gesichter der Macht einsetzen: Es kommt einem Ritterschlag gleich, im Präsidialamt eingeladen zu sein, um Expertise dort vorzutragen. Dem entzieht sich niemand.[143] Das erweitert gleichzeitig die Netzwerke des Präsidenten. Gestaltungsmacht beruht auch auf dem Wissen der bestehenden Netzwerke. Gestaltungsmacht verfügt über potenzielle Zugänge. Präsidiale Macht als Überblick über Möglichkeiten setzt viele und vielfältige Kontakte voraus, zu »Wissenden«, »Erfahrenen« oder »Engagierten«.

Köhler machte allerdings die spezifisch rationale Art der Wissensaneignung zu einem Teil seines Entscheidungshandelns. Er lebte eine andere Rationalität seines Handelns. Der Stoff der Politik, der ihn als Präsident erreichte, schloss in seinem Politikverständnis politische Parteien systematisch aus. Interne und externe Politikberatung hatten seinem Verständnis nach einem technokratischen Modell zu folgen. Die Beratung diente als Legitimationsquelle der Politik, aber sie folgte der Spur von vermeintlichen Sachzwängen.

Zur Grundlage der Rationalität seines politischen Handelns vertraute Köhler auf die technokratische Expertise, die epistemisch-robust, d.h. wissenschaftlich überprüfbar (im besten Falle evidenzbasiert) sein will.[144] Wissenschaftliches Wissen sollte für ihn das Dilemma zwischen »sachlich gebotenen und demokratisch vertretbaren Entscheidungen«[145] überbrücken. Der nüchterne Anspruch deklamiert Politik als alternativlosen Vollzug objektivierbarer Handlungszwänge, woraus Köhler durchaus auch öffentliche Gefolgschaft oder zumindest Popularität ableiten wollte. Als Legitimationsressource seiner Meinungs- und Urteilsbildung im Amt hätte Köhler keine Argumentation gewichtet, die primär aus der parteipolitischen Arena stammte. Sah er aus sachlogischer Betrachtung Gestaltungsspielräume verstellt, mischte er sich auch aktiv tagespolitisch ein.[146]

Im Berliner Milieu fiel das Fremdeln des Bundespräsidenten Köhler mit den Parteien schnell auf. Doch die Ursache der Distanz bestand nicht in einer machtpolitischen Auseinandersetzung, nicht im versteckten Neid der Tagesmeinungsführerschaft, nicht in der Arroganz des Besserwissenden. Sie war auch nicht in seinem Blick auf die Oligarchisierungsprozesse in den Parteien und schon gar nicht in einer Konkurrenz zu Schröder oder Merkel zu finden. Köhlers Distanz und seine Logik des Politischen hatten vielmehr ihren Ursprung in seiner Einsamkeit im beruflichen Werdegang. Er kam über die Mitgliedschaft in der CDU in das Amt eines beamteten Staatssekretärs.[147] Seine politische Wirklichkeit orientierte sich daran, dass er ein Leben für die Politik (immer ernannt) und nicht von der Politik (nie gewählt) führte.[148] Als Berufspolitiker erschien es legitim, Machterwerb zum Zwecke politischer Ziele einzusetzen. Als Beamter folgte er der rationalen Sachlogik der jeweiligen Verwaltungsaufgaben, die eigenständiges Agieren, wie bei der deutsch-deutschen Währungsunion, nicht grundsätzlich ausschlossen. Solch ein Grundverständnis brachte er in wichtige politische Aushandlungsprozesse mit ein, die er für Kanzler Kohl auch international organisierte.[149] Dieser Hintergrund ist wichtig, um einzuschätzen, mit welcher Akribie und Ernsthaftigkeit Köhler im Amt alle Vorgänge intensiv persönlich und langwierig prüfte – mit besonderer Gewichtung bei der Ausfertigung von Bundesgesetzen.[150] Gleichzeitig rückten andere Optionen für politische Gestaltungsaufgaben dabei in den Hintergrund. Köhlers jeweilige Lageeinschätzung – als Startbahn für Strategieideen – ordnete sich entlang sachlogischer politischer Rationalität. So sah er sich selbst: »Manchmal fühlte ich mich wie das arme Schneiderlein, das volle Kraft von jenen verlangen musste, die glaubten, sie hätten keine mehr.«[151] In der Berliner Republik machte dieses Politikverständnis den Bundespräsidenten zum Exoten, der als bürokratischer Amtsinhaber und nicht als Staatsmann galt. In der Bevölkerung erhöhte es seine Popularität als »Präsident der Bürger«, weil sein Stil als »elitenkritisch« interpretiert wurde.

Auch für den Bundespräsidenten und das Präsidialamt gilt: Informelle Kontakte sichern Informationsvorsprünge.[152] Macht zu besitzen bedeutet, Kontaktstellen zu haben und Netzwerke zu pflegen. Potenziale entstehen dabei auch durch Informationen, die beim Mix unterschiedlicher, disparater Wissensbestände neu entstehen. Das könnte auch die Basis für riskantes Denken sein, zumindest ein Sensorium für gesellschaftliche Entwicklungen, die im Berliner Tagesgeschäft ansonsten keine Beachtung finden. Aus diesem Wissensschatz könnte eine Leitverantwortung dafür gewonnen werden, über was dieses Land sprechen sollte. Die optimalen Rahmenbedingungen zur Wissensaneignung könnten – pathetisch formuliert – den Bundespräsidenten zum Produzenten von Weisheit machen.[153] Weisheit sollte dabei die Fähigkeit umfassen, mit Komplexität prozedural klug umzugehen.[154] Existentielle und komplexe Probleme wären anzusprechen. Wie müssten insofern die Bedingungen beschaffen sein, die dazugehören, Weisheit in einem derartigen Amt umsetzen zu können? Die Kombination aus Wissensgenerierung[155] und einer Leitverantwortung für Integration sowie Repräsentation könnte aus dem Schloss Bellevue einen Ort entspannter Exzellenz machen. Zumindest existieren unter den potenziellen Bedingungen Gelegenheitsfenster dazu.

Wissenssuche könnte den Bundespräsidenten auch mit den neuen Strukturen der Politik konfrontieren. Sie scheinen in den Worten von Steinmeier »aus den Fugen«[156] geraten zu sein. Das demokratische

Politik- und Gesellschaftsmodell des Westens ist von innen und außen unter Druck. Reicht die Weisheit des Bundespräsidenten aus, um als Demokratie-Missionar breite Bevölkerungskreise mit zuversichtlichen Gestaltungsideen zu erreichen? Oder degradiert ihn gerade die Wissensaneignung zum Staatsnotar, der ungehört mahnt und nur seine verfassungsrechtlichen Pflichten zu erfüllen hat? Die Suche nach Sicherheit und Identität, die die Bundestagswahlen 2017 maßgeblich prägte, hat tiefer reichende Ursachen. Bernd Ulrich (Leiter des Politik-Ressorts der Wochenzeitung *Die Zeit*) pointiert dies folgendermaßen:

»Was die Menschen im Westen und auch in Deutschland so irritiert, ist, dass der Westen die Kontrolle über die Folgen der von ihm selbst erfundenen, betriebenen und immer neu verschärften Globalisierung nicht mehr unter Kontrolle hat. In Gestalt von ernst zu nehmender ökonomischer Konkurrenz, von schwer steuerbaren Fluchtbewegungen, von ökologischen Problemen, aber auch von Terrorismus kehren die Folgen westlicher Expansion gewissermaßen heim. Auch beträchtliche moralische Fragen liegen nun auf dem Tisch, einfach weil neuerdings fast alle auf der Erde mit fast allen kommunizieren können [...] Daraus resultiert moralische Verunsicherung, auch moralische Gegenaggression.«[157]

Politische Führung – auch für das Staatsoberhaupt – wird im Zeitverlauf extrem schwierig: verflochtener, anspruchsvoller, responsiver, unsicherer, kommunikationsabhängiger, zeitaufwendiger, unkalkulierbarer. Welche Möglichkeiten erwachsen dem Bundespräsidenten aus diesen Wirklichkeiten an neuen Gestaltungspotenzialen?

Optionen durch Kompensation

Kann Gestaltungskraft auch daraus erwachsen, dass man Lücken, die sich ergeben, klug ausnutzt? Nicht als »Lückenbüßer«, sondern als Kompensation, als Ergänzung einer Politik, denen sich andere Verfassungsorgane entziehen? Die Kompensation hat mehrere Seiten, die alle Gesichter der Macht betreffen.

Die instrumentellen Möglichkeiten ergeben sich aus den Treffen des Bundespräsidenten mit den Spitzen der Verfassungsorgane (Bundeskanzlerin, Bundesratspräsident, Bundestagspräsident, Bundesverfassungsgerichtspräsident). Sie finden regelmäßig im Schloss Bellevue statt – maximal einmal jährlich. Gauck lud alle paar Monate zum gemeinsamen Gespräch ins Schloss. Die Treffen folgten einer informellen Besprechung ohne Tagesordnung über aktuelle politische Probleme. Sie dienten aber auch häufig dazu, intern abzustimmen, wer von den Verfassungsorganen bei den bevorstehenden Staatsakten spricht, so z. B. am 3. Oktober, dem Tag der Deutschen Einheit, mit jährlich rotierender Abfolge von Rednern der Verfassungsorgane. Der Bundestagspräsident wurde zudem frühzeitig persönlich informiert, wenn der Bundespräsident im Rahmen des Prüfungsrechts beim Zustandekommen von Gesetzen, konkret der Ausfertigung eines Gesetzes, Probleme sah. Horst Köhler hat gleich mehrere Gesetze nicht ausgefertigt. Lammert sah hier ein »Gentleman Agreement« zwischen beiden Verfassungsorganen wirksam: »Wir möchten euch im Bundestagspräsidium frühzeitig darüber informieren, dass wir im Präsidialamt verfassungsrechtliche Probleme sehen und deshalb eine Ausfertigung im Moment nicht infrage kommt.«[158] Dies galt auch für das Gesetz zur Neuregelung der Flugsicherung,[159] was damals (2006) hohe Wellen schlug. Die verfassungsrechtlich garantierte Aufgabenteilung zwischen Bundestag und Bundespräsident blieb von den informellen Vorabinformationen vollkommen unberührt. Das Prüfungsrecht verblieb im Präsidialamt. Doch die Abweichungen von Unterschriftsroutinen kündigten sich vertraulich an.

Indem ein Bundespräsident die Reservemacht aktiviert, wie bei der Regierungsbildung 2018, nutzt er nicht nur »hard power«, sondern kompensiert zugleich das, was andere Verfassungsorgane bei instabilen Mehrheitsverhältnissen (vorübergehend) nicht leisten können. Bundespräsidenten können ihre Entscheidungsbefugnis auch so auslegen, dass sie sich innenpolitisch aktiv einbringen. Als beispielsweise die Arbeit der Föderalismuskommission 2004, die eine Neuaufteilung der Zuständigkeiten zwischen Bund und den Ländern vorbereiten sollte, spektakulär scheiterte, mischte sich Bundespräsident Köhler ein.[160] Er forderte kurz vor Weihnachten 2004 alle Beteiligten auf, noch vor der regulären Bundestagswahl 2006 einen neuen Anlauf zu versuchen. Er nutzte dazu seinen Antrittsbesuch im Saarland, um dort zu sagen, dass die Reform »kein Ruhmesblatt für die Politik«[161] sei. Er empfing Anfang 2005 die Vorsitzenden der Föderalismuskommission Franz Müntefering (SPD) und Edmund Stoiber (CSU) im Schloss Bellevue, um die Chancen für einen zweiten Anlauf der aus seiner Sicht dringend benötigten Lösung der Staatskrise auszuloten.[162] Köhler mischte sich ein und kompensierte so die Gestaltungslücke.

Wann wird aus der Kompensation eine Rivalität? Hängt das an der Nutzungsintensität? Konflikte zwischen Präsident und Kanzler sind selten, aber durchaus vorhanden. Sie haben im Sinne der Rollensuche einen historischen Vorlauf. Keine Präsidentschaft kann in diesem Sinne als konfliktfrei bezeichnet werden.[163] Sollte der Bundespräsident aktiv die politischen Spielräume suchen, die die anderen Verfassungsorgane ihm lassen, könnten sie sich schnell verengen. Bleibt am Ende dann eher die nicht-öffentliche Intervention, um den eigenen Einfluss zu vergrößern, der bei öffentlicher Einmischung schwinden würde? Wie weit trägt die sogenannte »diskursive Reservemacht« (Oliver Schmolke)? Bundespräsidenten müssen eher für alle Bürger sprechen. Bundestagspräsidenten und Kanzler eher für einzelne Interessengruppen? Können andere Verfassungsorgane »kantiger« formulieren als der Bundespräsident? Könnte so eine kompensatorische Arbeitsteilung aussehen?

Trotz seines ausgeprägten Selbstbewusstseins und seiner »inneren Kraft« wollte Joachim Gauck nicht die »alternative Regierung«[164] sein. Er wollte sich nicht gegen die Kanzlerin oder den Außenminister mit Reden oder Reisen profilieren, zumal vor dem Hintergrund seiner Kandidatur, als alle Beobachter mit Argusaugen darauf achteten, ob er gegenüber Merkel abweichende politische Positionen besetzen würde. Es entsprach dem Gauck'schen Selbstbewusstsein und seiner

Grundhaltung, dass er dem Kanzleramt oder anderen Ressorts vereinzelt wichtigere Reden vorab übermittelte. Der Bundesregierung wollte er nie »ins Gehege«[165] kommen. Er war sich bewusst, dass Dritte versuchten, eine Rivalität zur Kanzlerin, vor allem in der Flüchtlingspolitik, zu konstruieren. Je mehr er aber selbst offensiv eine Rivalität angestrebt hätte, umso wirkungsloser wären seine Einlassungen gewesen.

Bundestagspräsident Norbert Lammert, selbst zweimal öffentlich gehandelter Kandidat für das Amt des Staatsoberhauptes und viermaliger Vorsitzender von Bundesversammlungen, verzichtete auf die ihm angetragene Kandidatur. Das hatte viele Gründe. Ein wichtiger Grund war, dass er die Kompensationsrolle des Staatsoberhauptes, seinem politischen Naturell folgend, offensiv hätte wahrnehmen wollen. Eine besondere Solistenrolle erarbeitete er sich als Bundestagspräsident (Kollektivorgan Bundestagspräsidium), der für die Mehrheit der Parlamentarier, häufig vor Eintritt in die Tagesordnung, klare politische Stellungnahmen formulierte. Menschenrechtsverletzungen, Wahlrechtsreformen, Verurteilung von demokratieschädlichem Verhalten und vieles mehr artikulierte er, stellvertretend für die Mehrheit der Parlamentarier, vom Sitz des Präsidenten aus. Als Bundespräsident wären solche Äußerungen unmittelbar in Rivalität und Konkurrenz zur Bundeskanzlerin eingeordnet worden. Er hätte dort nicht für die Abgeordneten, sondern für sich als Solitär gesprochen. Aus einem ergänzenden Verhältnis beider Verfassungsorgane wäre ein Dualismus entstanden, bei dem jede Wortmeldung von Lammert auf die Kritik an der Bundesregierung abgeklopft worden wäre. Der präsidiale Wirkungsraum hätte sich zusehends verengt.[166] Aus der diskursiven Macht wäre Ohnmacht geworden. Die Gestaltungsräume hätten sich durch eine Überdosis an Kompensationswillen verengt. Lammert sah im gesetzgeberischen Rahmen den Bundespräsidenten auf seine klassische notarielle Rolle reduziert: eine Aufgabe, die er persönlich – mit stets operativem Anspruch – nicht hätte ausfüllen wollen.

Für Steinmeier existieren in seinem Amtsverständnis kein Konkurrenz- und kein Kompensationsverhältnis zu anderen Verfassungsorganen. Wenn dies unterstellt wird, dann liegt das an den

Erwartungen der Medien, die gerne eine Konkurrenz zwischen dem Bundespräsidenten und der Kanzlerin konstruieren. Pikant bleiben außenpolitische Tageseinlassungen, weil seine Positionen auch sogleich mit früheren Äußerungen aus seiner eigenen Zeit als Außenminister verglichen werden. Gestaltungsspielräume sieht Steinmeier in seinem Amt »durch die Erwartungen der Medienöffentlichkeit berührt, die das Amt zu beeinflussen suchen. Sie verlangt ungeduldig permanente Positionsbestimmungen zu Tagesereignissen und klopft jede Artikulation auf mögliche Differenzen zu Äußerungen anderer Verfassungsorgane ab.«[167]

Kompensationsleistungen können aber auch strukturell anders angelegt sein, mit veränderten Gestaltungsmöglichkeiten. Wenn es Situationen gibt, in denen keiner redet oder sprachloses Entsetzen herrscht, sollte der Bundespräsident sprechen. »Eigentlich muss ein Bundespräsident in Momenten der sprachlosen Stille sprechen.«[168] Das kann nach Terroranschlägen ebenso sein wie bei allen anderen Grausamkeiten, die Bürgern angetan werden könnten.[169]

Noch schwieriger, als eine solche Rolle des nationalen Seelentrösters einzunehmen, bleibt das Füllen der Gestaltungslücke, in der der Bundespräsident als bewusst parteiferner Adressat, abseits der Sachzwänge der operativen Politik, agieren kann.[170] Bürger verbinden mit ihm auch etwas Anti-Etabliertes, einen Zuhörer und Adressaten, dem politikverdrossene Wähler vertrauen können. Weizsäcker und auch Köhler errangen Bürgerpopularität in Abgrenzung zur politischen Klasse. Ihre politischen Gestaltungsräume verengten sich gleichwohl dadurch. Chancen für Politikermöglicher existieren, aber nicht auf Kosten der Parteien. Dann droht der Verlust der Gestaltungslücke. Dann wird es auch schwierig für den Präsidenten, notwendigerweise »vergiftete« Themen aufzugreifen, die die Parteien absichtsvoll nicht thematisieren, sei es, weil sie sich dabei bereits verkämpft haben oder weil es politisch nicht korrekt erscheint oder sei es, weil man mit einigen Themen nicht mobilisieren kann. In einer Neuauflage des Herzog-Kommentars zu den Grundgesetzartikeln, die das Staatsoberhaupt betreffen, formulierte Herzog als Staatsrechtslehrer – zugespitzt paternalistisch: Zu solchen Fragen, die der Präsident bei allgemeinen Themen der Staatspolitik aufgreifen dürfe, gehören diejenigen, die von der politischen Führung nicht ausreichend berücksichtigt oder vom Volk nicht ausreichend verstanden würden, »man denke etwa an Fragen des gesellschaftlichen Zusammenlebens (Heinemann, Rau) oder an Fragen wie Reformstau bzw. technische Weiterentwicklung (Herzog, Köhler)«.[171] So hätten etwa »der Verfasser [gemeint ist hier Herzog selbst; d. Verf.] und Bundespräsident Köhler« die Anpassung an die neue Weltlage in den Vordergrund gestellt.[172]

Unterschiedliche Gestaltungsoptionen und Gesichter der Macht kamen zum Vorschein. Die Möglichkeiten scheinen vielfältig und unbegrenzt, wenn man sie klug nutzt. Andererseits können die Möglichkeiten solch ein Amt auch systematisch überfordern. Ausgerechnet das einzige nicht-kollektive Verfassungsorgan soll die Einheit des Ganzen symbolisieren. Held, Provokateur, Mutter Courage der Nation, Seelentröster zugleich? Mehr als nur administrative Hilfestellung leistet dabei das Bundespräsidialamt. Auch institutionelle Macht kann mit unterschiedlichen Gesichtern auftreten, was nachfolgend zu zeigen sein wird.

2.3 Präsidiale Gesichter der Macht

Der Bundespräsident hat vielfältige Gestaltungsoptionen. Davon war in diesem Kapitel die Rede. Vor allem die vorgestellten Instrumentarien und die Beispiele von struktureller (»soft«) und diskursiver (»smart«) Macht lassen latent und potenziell viele Gesichter der Macht zu. Die präsidiale Macht führt dazu, dass die Bundespräsidenten mit anderer Verbindlichkeit als beispielsweise Kanzler reden. Ob und wie man auf sie hört oder sie folgenreich begleitet, ist davon unabhängig. Die Währung der Bundespräsidenten ist die Unabhängigkeit und Distanz zur operativen Tagespolitik. Je größer die Unabhängigkeit wahrgenommen wird, desto mehr Spielraum erwächst jenseits formaler Befugnisse: Machtgebrauch ohne Machtdemonstration. Das entbindet den Präsidenten nicht von der Maßgabe, tagespolitisch Position zu beziehen. Immer dann, wenn Maßstäbe des Grundgesetzes wanken, wenn er als Demokratiewächter Autorität einzubringen hat: zu rügen, zu mahnen, aufzuklären. Gestaltungsmacht ist dabei von der Dosis abhängig. Das »unverantwortliche Ratgeben«[173] wirkt nur, wenn er sich vom Chor der Dauerredner absetzt. Wo liegt die Balance zwischen dem Optimum und dem Maximum? Präsidiale Macht ist eine Macht *sui generis*. Das hängt mit der verfassungspolitischen Konstellation des Staatsoberhauptes ebenso zusammen wie mit der spezifischen Aufhängung als »Ein-Mann-Organ«.[174] Gestaltungsmacht ist, wie in den vorgestellten Zugängen dokumentiert, weitgehend Kommunikationsmacht.[175] Die Gesichter der Macht entfalten sich im Schatten der Hierarchie des Staatsoberhauptes. Es ist eine »Als-ob-Macht«. Entscheidend ist bei der Alltagsarbeit des Präsidenten weniger, ob er tatsächlich Macht hat; entscheidend ist vielmehr, ob allgemein angenommen wird, dass der Bundespräsident über spezifische Macht verfügt. Auch Autorität speist sich häufig aus Mutmaßungen. Macht lebt gerade beim Amt des Bundespräsidenten mehr von der Zuschreibung als von der Ausübung. Er wird mächtig dadurch, dass er als mächtig gilt. Der Gestaltungsspielraum ist demnach größer, als es die Grundgesetz-Artikel erahnen lassen, was nachfolgend zu präzisieren ist.[176] Wie anders ist zu erklären, dass die jeweiligen Parteivorsitzenden für die Präsidentenkür in all den Jahrzehnten so viel Wert auf einen Kandidaten legten, den sie nicht nur vorschlagen, sondern der am Ende auch eine Mehrheit der Bundesversammlung findet.[177] Warum hat sich Merkel zweimal gegen den Kandidaten Gauck gewehrt? Fürchtet(e) Merkel am Ende doch eine Interventionsoption aus dem Schloss Bellevue? Wäre das Amt primär symbolisch-repräsentativ, wie es das Grundgesetz nahelegt, warum beginnt dann alle fünf Jahre aufs Neue der machtpolitische Zirkus einer Kandidatensuche? Ist der Bundespräsident einmal im Amt, kann man ihn an fast nichts hindern.

Die Gestaltungspotenziale folgen performativen Akten. Über die Worte hinaus soll etwas geschehen. Aus dem Gespräch, aus der Rede, der Geste, der Praktik, aus dem Arrangement der nicht-öffentlichen Verhandlungen folgt Legitimitätspolitik.[178] Die Gesichter der Macht strukturieren die Gestaltungsräume des Bundespräsidenten, die ich im vierten Kapitel an jeweils drei Beispielen konkret illustriere. Die Gestaltungsmacht gilt im Bezug nach außen, um mit Einfluss zu verändern. Sie gilt aber auch nach innen, um im kommunikativen Miteinander Selbstbindungen und Selbstermächtigungen des Bundespräsidenten und seines Teams vorzunehmen.[179] Die Gesichter der Macht machen aus dem Bundespräsidenten einen Machtjongleur: geringe exekutive und legislative Machtbefugnisse, hohe Potenziale für Gestaltungsmacht.

Die »soft« und »smart power« des Bundespräsidenten, die bisher eine entscheidende Rolle spielten, sollen im nachfolgenden Kapitel »Gestaltungswissen« angereichert werden, konkret um die instrumentelle Machtlandschaft, die formalen Machtbefugnisse, wie sie das Grundgesetz buchstabiert.

3. GESTALTUNGSWISSEN

Am Anfang war Heuss. Erste Amtsinhaber verfügen immer über ein Präge-Privileg. Das ist nicht ungewöhnlich, insofern sollte man Theodor Heuss in seiner Rolle als ersten Bundespräsidenten auch nicht überhöhen. Gleiches gilt für Konrad Adenauer, den ersten Kanzler. Nicht ohne Grund beginnt Arnulf Baring seine Habilitationsschrift bibelfest: »Am Anfang war Adenauer.«[1] Ebenso wie Adenauer die Bonner Republik als Kanzlerdemokratie[2] formativ prägte, gestaltete Heuss das Präsidentenamt als nationalen Identitätsanker.

Die prägenden Gestalten Adenauer und Heuss suchten im politischen Alltag ihren jeweiligen Weg, den das Grundgesetz präzise beim Kanzler und vage beim Präsidenten beschreibt. Baring degradiert in seiner mitschwingenden Begeisterung für einen cleveren und entscheidungsstarken Kanzler den Bundespräsidenten auch sprachlich zum »Gefolge«.[3] Ein Präsident, der kontemplativ, zeitlos daherkam und kein Mann der Tat war:

> »Wer Heuss je hat reden hören, weiß, wie er die Menschen anzusprechen, zu lösen, im Gespräch zusammenführen vermochte; wer ihn nicht mehr erlebt hat, spürt noch auf den gedruckten Seiten die sanfte Gewalt seiner Reden, in denen er – wie Golo Mann sagt – ›auf beispielhafte Weise‹ die Aufgabe erfüllte, ›seinem Amt, dem neu geschaffenen, unbewährten, einen Stil zu geben und durch sein Amt der Nation‹.«[4]

Das klingt heute sehr pathetisch, damals tat es dies nicht. Karl Dietrich Bracher hatte in seiner ersten umfangreichen Würdigung der Leistungen von Heuss seine tagespolitische Abstinenz betont,[5] die Heuss selbst als »patriotische Notwendigkeit«[6] ansah: »Aber die eigentliche politische Wirkung und Leistung der Ära Heuss lag im Bemühen um die Erneuerung des Vertrauens nach innen und außen, das nichts von den harten Tatsachen deutscher Schuld einfach zudecken sollte.«[7] Heuss präzisierte: »Die äußere Macht ist verspielt, die moralische muss gewonnen werden.«[8]

Die Amtsauffassung des ersten Präsidenten prägte nicht nur die Amtspraxis, sondern auch das Bild der Öffentlichkeit von diesem Amt. Vorbilder können anstrengend sein: »Er setzte in seiner personellen Repräsentation Maßstäbe für die Amtsführung, die durchaus zu Bürden für die Nachfolger werden können, hat doch jeder Präsident seine eigene persönliche Auffassung von dem ihm übertragenen Amt.«[9] Es lohnt sich, nochmals einen Blick auf die Antrittsrede von Theodor Heuss zu werfen, als Prägestempel der Startphase. Er sprach am 12. September 1949, unmittelbar nach seinem Amtseid, vor den Mitgliedern der ersten Bundesversammlung. Die Gelegenheit zu einer kurzen, pointierten Ansprache nach dem Wahlakt – ergänzt durch längere Reden nach der offiziellen Vereidigung einige Tage später – hat Heuss auch für seine Nachfolger geprägt:

> »Was ist denn das Amt des Präsidenten der Deutschen Bundesrepublik? Es ist bis jetzt ein Paragraphengespinst gewesen. Es ist von dieser Stunde an ein Amt, das mit einem Menschentum gefüllt ist. Und die Frage ist nun, wie wir, wir alle zusammen, aus diesem Amt etwas wie eine Tradition, etwas wie eine Kraft schaffen, die Maß und Gewicht besitzen und im politischen Kräftespiel sich selber darstellen will. Es ist nicht meine Aufgabe und kann nicht meine Vermessenheit sein, in dieser Stunde so etwas wie ein Regierungsprogramm Ihnen vorzutragen. Das ist nicht meines Amts. Aber Sie haben einen Anspruch darauf, Auffassungen von mir kennenzulernen.«[10]

Heuss wählte eine vornehme Umschreibung dafür, dass ihm alle zuhören müssen, weil er nach der Verfassung so wenig zu sagen hat. Keine tagespolitische Agenda treibt ihn an. Er will kein regierender Präsident sein. Er setzt auf präsidiale Meinungsbildung, um »Auffassungen« von ihm kennenzulernen. Und er ist sich durchaus bewusst, dass er eine »Tradition« begründet, die sich im Kräfteparallelogramm der Staatsorgane einfügen und bewähren muss. Seine Tradition wird zwangsläufig stilbildend.

3.1 Aufgaben und Prägungen

Um angemessen zu beurteilen, welche Maßstäbe Heuss aus dem Amt heraus setzte, sind die Befugnisse, wie sie sich aus den wenigen Hinweisen des fünften Kapitels des Grundgesetzes[11] – Artikel 54 bis Artikel 61 – ergeben, kursorisch-knapp für die Leser in Erinnerung zu rufen. Das Grundgesetz markiert das erste Gesicht der Macht: instrumentelle Möglichkeiten – Macht, die man gegen andere durchsetzen kann. Die Artikel enthalten das notwendige Gestaltungswissen. Die »hard power« als Gestaltungsmacht umfasst acht Grundgesetzartikel. Das Grundgesetz verwendet rund 1.100 Wörter, um die Kompetenzen zu umreißen. Das sind – erstaunlich – mehr Wörter als beim Bundeskanzler (650) und fast so viele wie beim Bundesverfassungsgericht (1.150).[12] Denn gemeinhin gelten die Kompetenzschwäche und öffentliche Nischenresonanz, gerade im Verhältnis zu den anderen Verfassungsorganen, als Kennzeichen des Bundespräsidenten. Vielleicht hängt es damit zusammen, dass dieses Amt im Unterschied zu allen anderen obersten Staatsorganen kein Kollegialorgan ist, sondern aus einer einzigen – die Juristen nennen es »natürlichen« – Person besteht.[13] Das Amt ist insofern ein Solitär. Der Bundespräsident hat niemanden über sich, auch nicht neben sich, was das Gewicht deutlich auf den jeweiligen Amtsinhaber zuspitzt. Der Köhler-Biograf Gerd Langguth zog daraus seine psychologischen Schlussfolgerungen:

> »Hatte Köhler in seinem früheren Leben immer Menschen neben, über und unter sich, so hatte er im Präsidialamt niemanden mehr über sich, der ihm Weisungen erteilen und ihm Sicherheit vermitteln konnte. Im Grunde ist Köhler nicht nur ein scheuer, sondern ein sehr unsicherer

Mensch, vor allem in politischen Fragen. Das wusste er in früheren Positionen zu verbergen, weil er dort ihn lenkende Strukturen vorfand.«[14]

Letztentscheider sollten Freude daran haben, sonst liegt das Scheitern nahe. Man kann es positiv wenden: Das Staatsoberhaupt lebt strukturell begünstigt wie kein anderes Verfassungsorgan von Person und Persönlichkeit des Amtsinhabers. Das Amt ist wenig, die Person ist alles – so könnte man es auf eine Kurzformel bringen.

Zunächst fällt auf, dass das Amt in der politikwissenschaftlichen Fachliteratur zur Regierungsforschung primär über Negativlisten definiert wird.[15] Das lässt sich aus der Entstehungsgeschichte ableiten. Das Staatsoberhaupt erscheint als »Mann ohne Möglichkeiten«.[16] Die »Unschärfe«[17] des Grundgesetzes in der Aufgabenzuschreibung des Präsidenten hängt damit zusammen, was der Bundespräsident nicht ist und auch nicht sein sollte: ein regierendes Staatsoberhaupt mit entscheidender exekutiver Gewalt. Die Erinnerungen an die totalitären Erfahrungen mit dem Reichspräsidenten Hindenburg in der Weimarer Republik führten zur Ausgestaltung eines »unselbständigen Staatsoberhauptes«[18] als ranghöchstes Verfassungsorgan in (West-)Deutschland. Bundespräsident Wulff sagte insofern zu den Möglichkeiten seiner Entfaltung: »Die Gestaltungsmacht ist in unserem Land aus guten, vor allem historischen Gründen begrenzt.«[19]

Der Bundespräsident hat als Staatsoberhaupt legislative, exekutive und auch judikative Aufgaben.[20] Strohmeier unterscheidet die Kompetenzinterpretationen nach Prüfungskompetenzen und Gestaltungskompetenzen.[21] Zu den Prüfungskompetenzen: Der Bundespräsident ist Mit-Hüter der Verfassung. Köhler sah sich als »Hüter der Verfassungskultur«.[22] Seine Beispiele dazu bezogen sich auf sein Prüfungsrecht im Rahmen der Gesetzgebung: »Ich habe dies stets ernst genommen, der Bundespräsident ist kein Unterschriftenautomat.«[23] Außerdem erinnerte er an seinen Streit mit Bundeskanzler Schröder aus dem Jahr 2004. Schröder wollte den Tag der Deutschen Einheit als Regelfeiertag abschaffen und ihn als Nationalfeiertag auf den jeweils ersten Oktober-Sonntag legen.[24] Die bisherige Staatspraxis legte es jedoch nahe, dass für Fragen der nationalen Symbolik der Bundespräsident zuständig war. Köhler setzte sich durch und entschied die Feiertagskontroverse gegen den Kanzler für sich.

Der Bundespräsident ist bei den Prüfungskompetenzen zur Ausführung verpflichtet. »Anordnungen und Verfügungen des Bundespräsidenten bedürfen zu ihrer Gültigkeit der Gegenzeichnung durch den Bundeskanzler oder durch den zuständigen Bundesminister«, lautet der Artikel 58 des Grundgesetzes.[25] Der Bundespräsident kann mit rechtlichen Bedenken die routinemäßige Gegenzeichnung verweigern, wenn er verfassungsrechtliche Bedenken hat. Gegenzeichnungen als Contra-Signatur gelten in beide Richtungen.

Wichtige Prüfungskompetenzen, die in den zurückliegenden Jahrzehnten auch eine besondere Rolle spielten, beziehen sich auf folgende Schwerpunkte:

– Die Gesetzesprüfung durch den Bundespräsidenten im Rahmen der Ausfertigung (Unterzeichnung) und Verkündung nach Art. 82 GG: Er hat das materielle, also inhaltliche Prüfungsrecht ebenso wie das formale, im Hinblick auf das verfahrensmäßige Zustandekommen von Gesetzen.[26] Der Bundespräsident handelt insofern im Gesetzgebungsverfahren mit der Regierung. Anordnungen und Verfügungen des Bundespräsidenten bedürfen grundsätzlich der Gegenzeichnung durch die Regierung. Die Verfassungsjuristen haben sich intensiv mit den verweigerten Ausfertigungen bzw. den »Bedenken« der Bundespräsidenten bei der Ausfertigung von Gesetzen beschäftigt.[27] Sie konstatieren übereinstimmend, dass sich der Bundespräsident in fast 70 Jahren bei geringer Interventionsdichte politisch extrem zurückgehalten hat. Die Unterschriftspraxis folgt danach keinem politischen Programm oder einer eigenen politischen Agenda. Von elf Amtsinhabern haben bislang sechs ihre Unterschrift unter ein bis zwei Gesetze verweigert.[28] Dabei stand jeweils der Konflikt mit dem verfassungsrechtlich vorgegebenen Gesetzgebungsprozess im Zentrum, der nach Auffassung des Bundespräsidialamtes nicht ordnungsgemäß eingehalten wurde. Die Bundespräsidenten nutzten

hier durchaus individuelle Spielräume, aber eben »nur« im Rahmen der Prüfungskompetenzen. Politisch brisant wäre die Nichtausfertigung von Haushaltsgesetzen, weil beispielsweise die Schuldenbremse des Grundgesetzes nicht beachtet wurde.[29] So eine Intervention kam jedoch bislang noch nicht vor.
- Der Bundespräsident schließt die Verträge des Bundes mit auswärtigen Staaten. Er kann das Inkrafttreten von auswärtigen Verträgen der Bundesrepublik Deutschland verzögern, wenn er sie für verfassungswidrig hält.
- Auch im Bereich der personellen Zusammensetzung der Bundesregierung und der obersten Gerichte verbleiben Prüfungskompetenzen: Ernennung oder Entlassung der vom Bundeskanzler vorgeschlagenen Bundesminister (Art. 64 GG) und parlamentarischen Staatssekretäre, Ernennung und Beglaubigung der deutschen Botschafter und der Bundesrichter. Er beglaubigt und empfängt auch die Gesandten und Botschafter auswärtiger Länder. Dies macht einen sehr großen Teil der außenpolitischen Aktivitäten des Bundespräsidenten aus.
- Der Bundespräsident vertritt schließlich als Staatsoberhaupt nach Art. 59 GG Abs. 1 Satz 1 den Bund völkerrechtlich.

Die Gestaltungskompetenzen kommen selbständigen Entscheidungsbefugnissen gleich. Das »eigene Entscheidungsermessen«[30] steht dem Bundespräsidenten nur in Krisen- und Ausnahmesituationen zur Verfügung. [31] Die sogenannte Reservefunktion weist dem Bundespräsidenten außerordentliche Kompetenzen zu, wenn das politische System in eine Phase instabiler parlamentarischer Mehrheitsbildung gerät. Der Bundespräsident bildet dann die Reserve. Er aktiviert Mitwirkungsrechte (»hard power«), um aus der Instabilität herauszuführen. Er aktiviert aber auch zeitgleich »soft« und »smart power«, um »diskursive Reservemacht« (Oliver Schmolke) einzubringen. Wichtige Bereiche der Reservemacht sind hierbei:

- Der Bundespräsident kann über die sogenannte Reservefunktion (Art. 63 GG in Verbindung mit Art. 58 GG) die Regierungsbildung

beeinflussen. Er schlägt dem Bundestag einen Kandidaten für die Wahl eines Bundeskanzlers vor.[32]
- Er kann nach Art. 63 GG Abs. 4 Satz 3 (Kanzlerwahl) oder nach Art. 68 GG Abs. 1 (Vertrauensfrage durch den Bundeskanzler) den Bundestag auflösen.[33]
- Er hat in besonders krisenhaften Zeiten durchaus die Möglichkeit, den Bundestag zu Sondersitzungen einzuberufen (Art. 81 GG).
- Der Bundespräsident hat die Option, bei Organstreitigkeiten das Bundesverfassungsgericht anzurufen (Art. 93 GG).

Neben den Prüfungs- und Gestaltungskompetenzen zeigen sich informelle Kompetenzen, die sich mit den Integrations- und Repräsentationsfunktionen des Bundespräsidenten beschreiben lassen.[34] Die präsidiale Integration bedeutet: Er repräsentiert nach innen und nach außen, wofür Deutschland als Ganzes steht.[35] Das ist eine extrem vage Annahme und lässt sehr viel Gestaltungsspielraum. Ob man öffentlicher Meinungsbildner sein möchte, hinter den Kulissen Kontrahenten zusammenbringt, markante Reden hält, Auszeichnungen ausspricht, öffentliches Auftreten zelebriert – die Potenziale sind unendlich. Zumeist verdichten sich diese funktionalen Betrachtungen auf symbolische oder zeremonielle Akte. Oft reduziert es sich auf die Reden. Die »konstitutionelle Kompetenzarmut«[36] prädestiniert den Bundespräsidenten dazu, Repräsentationsaufgaben als Symbol der staatlichen Einheit effektvoll wahrzunehmen. Heuss erfand dafür die Begrifflichkeit der »metapolitischen Aufgabenbereiche«.[37]

Der Amtsinhaber ist mit Erwartungen konfrontiert, die er nicht selbst steuern kann. Das hat zeitgeschichtliche, biografische und systemische Hintergründe. Die Gestaltungsspielräume sind vom jeweiligen Amtsinhaber im Verlauf der Präsidentschaft innerhalb der Projektionen nutzbar und durchaus auch erweiterbar, denn es existieren immer reagierende Erwartungsstrukturen, die sich auf die Anforderungen im Amt beziehen. Sie sind in einem bestimmten Handlungskorridor variabel und zeigen den latent bestehenden Zusammenhang zwischen dem Amt, der Person und dem jeweiligen

Zeitgeschehen. Wie Personen in und durch Institutionen handeln, treibt die Verfechter neo-institutionalistischer Herangehensweisen an. Dabei ist nicht die Nutzung von Amtsressourcen in unserem Zusammenhang allein ausschlaggebend, sondern eher das Bewusstsein über die Möglichkeiten, die sich bieten. Die institutionellen Rahmendaten – das Amt – und das verfassungsmäßige Umfeld sind entscheidend für die Konstituierung von Akteuren. Dabei sind die Institutionen sicher immer nur eine von vielen Quellen des politischen Handelns eines Bundespräsidenten. Der Bundespräsident folgt, nimmt man diese neo-institutionalistische Sichtweise mit auf, bei der Amtsführung der Logik der Angemessenheit: Er orientiert sich an vorgefundenen Routinen, Gewohnheiten und Regeln. Policy-Forscher sprechen von einer Pfadabhängigkeit,[38] Historiker von Tradition,[39] Regierungsforscher von Stilen, Praktiken, Instrumenten und dem Politikmanagement.[40] Gemeint ist eine »eingeübte und anerkannte Praxis, die im Zeitverlauf die Erwartungen und Vorstellungen legitimen Handelns prägt, unabhängig vom tatsächlichen Wortlaut der formalen Regeln, auf die sich der Handelnde berufen könnte«.[41]

Das konnte Heuss nicht, aber alle seine Nachfolger. Die Logik der Angemessenheit führt keinesfalls zu einem starren Korsett. Das wäre beim Amt des Bundespräsidenten nur schwer vorstellbar. Denn die formale Kompetenzarmut würde den Akteur zum stereotypen Staatsnotar machen. Der informelle Kompetenzreichtum lenkt den Blick auf Normen, Praktiken, persönliche Amtsführung, mithin auf Regelanwendungen, die in diesem Umfeld großen Spielraum für softe und smarte Gestaltungsmacht zulassen. Die Bundespräsidenten lernten im Tagesgeschäft das Amt kennen und damit die Möglichkeiten, die sich damit verbinden lassen. Sicher prägt auch das Amt des Bundespräsidenten den Akteur – nach einer gewissen Eingewöhnungszeit. Aber welchen Anteil hat der Akteur bei der Prägung des Amtes?

3.2 Rollensuche und Kompetenzgerangel

Der erste Bundespräsident, Theodor Heuss, musste sich in die Rolle des Staatsoberhaupts vollständig einarbeiten, weil sich die Verfassungsorgane wie der Staat der Bundesrepublik Deutschland komplett neu konstituierten. Das Grundgesetz war mit Leben, mit Praktiken und mit Politikmanagement zu füllen. Ein demokratisches präsidiales Selbstverständnis existierte nicht. Insofern war zu erwarten, dass es zwischen den Verfassungsorganen auch im Bereich der formalen Kompetenzen wechselseitige Versuche gab, den Handlungsspielraum auszuloten. Heuss und auch Lübke – in der ersten Amtszeit – versuchten die Grenzziehungen vor allem in Richtung Bundeskanzler und Bundeskanzleramt zu testen. Offene Konflikte, gar öffentliche Auseinandersetzungen zwischen Heuss und Adenauer wurden jedoch vermieden. Stattdessen dominierte der gegenseitige Wille zur Zusammenarbeit. Die Regierungsgeschäfte in Adenauers Kanzlerdemokratie waren arbeitsteilig mit dem Repräsentations- und Integrationsamt des Bundespräsidenten verzahnt. Die moralische Autorität des Bundespräsidenten konnte nur wirken durch die Abstinenz in der praktischen Politik. Diese geradezu reziproke Beziehung (verfassungsrechtlich über das Instrument der Gegenzeichnung sichtbar) kam einer »Win-win«-Situation gleich. Voraussetzung war, dass sowohl Adenauer als auch Heuss diese Arbeitsteilung anerkannten.

Eberhard Pikart hat in einer Detailstudie die Rolle des Bundespräsidenten in der Kanzlerdemokratie nachgezeichnet – am Beispiel des Kompetenzarrangements zwischen Heuss und Adenauer.[42] Danach ergaben sich folgende »Beziehungskrisen«, die nachfolgend kurz in Erinnerung gerufen werden. Es sind Beispiele, die auf Kompetenzstreitigkeiten zurückzuführen sind. Wie sah das machtpolitische Testgelände aus Sicht der Bundespräsidenten aus?

Die Vorlage der Kabinettsliste sowie Verweigerung von Ernennungen und Entlassungen

Reichhaltige Kontroversen boten die Vorschläge für die Mitglieder der Bundesregierung.[43] Noch bevor der Bundespräsident im September 1949 – gemäß den Regierungsbildungskompetenzen – dem Deutschen Bundestag Konrad Adenauer als ersten Bundeskanzler vorschlug, bat Heuss ihn um die Vorlage der Kabinettsliste.[44] Da Adenauer diesen Brief von Heuss ignorierte, verzögerte sich auch nicht die angesetzte Kanzlerwahl. Adenauer wehrte sich dagegen, Gewohnheitsrecht durch Übermittlung der Listen zu konstituieren. Heuss erhoffte sich ein Mitspracherecht bei der Auswahl der Kabinettsmitglieder. Adenauer hingegen pochte auf die Ausgestaltung seiner Richtlinienkompetenz auch bei Personalfragen. Heuss verhinderte zwar später 1953 die erneute Nominierung des Justizministers Thomas Dehler (FDP), was Adenauer aber durchaus politisch passte. Daraus wurde kein Präzedenzfall.[45] Nach 1965 büßte der Bundespräsident seinen Einfluss auf die personelle Zusammensetzung der Regierung ein.[46] Die Organisationsgewalt des Kanzlers lässt seither bei der Kabinettsbestimmung keinen Spielraum mehr für die Bundespräsidenten. Die Kanzlermacht ist wiederum durch die Koalitionsmacht überlagert.[47] Die Personalhoheit über die Auswahl der Ressortminister geht von den jeweiligen Parteivorsitzenden aus. Die Kanzler mischen sich hier keineswegs in die Personalpolitik ihrer Koalitionspartner ein. Im Gegenteil, sie stehen – wie im Falle der Regierungsbeteiligung durch die SPD in einer neuen Großen Koalition nach der Bundestagswahl 2017 – am Spielfeldrand und warten ab.

Bei der Ernennung und Entlassung von Bundesrichtern, Bundesbeamten und Offizieren blieben hingegen Spielräume für die Bundespräsidenten bis in die heutigen Tage erhalten, die alle Bundespräsidenten nutzten. Ein Beispiel findet sich in der kurzen Amtszeit von Wulff. Er kritisierte öffentlich indirekt am 1. September 2010 das kurz zuvor erschienene Buch *Deutschland schafft sich ab* (2010) von Thilo Sarrazin (SPD). Darin hatte das Vorstandsmitglied der Deutschen Bundesbank und ehemalige Finanzsenator von Berlin die – aus seiner Sicht – Lebenslügen der deutschen Integrationsdebatte pointiert gebündelt. Der Bundespräsident sagte nach einem Besuch in Dresden: »Ich glaube, dass jetzt der Vorstand der Deutschen Bundesbank schon einiges tun kann, damit die Diskussion Deutschland nicht schadet, vor allem auch international.«[48] Wulff agierte hier noch ganz als Ministerpräsident, der sich mit aktuellen politischen Geschehnissen der Tagespolitik auseinanderzusetzen hat. Aus seiner heutigen Sicht war es in mehrfacher Hinsicht falsch, so zu handeln.[49] Es war die Unwissenheit der ersten Tage im Amt, dass er als Bundespräsident für die Ernennung und Entlassung des Vorstandsmitglieds Sarrazin zwar kein politisches Prüfungsrecht[50] besaß, aber letztlich als Bundespräsident die Entlassungsurkunde aushändigen musste.[51]

Teilnahme an Sitzungen des Bundestages

Heuss ließ gutachterlich prüfen, ob er an Fraktionssitzungen teilnehmen könne, ob ein generelles Rederecht im Plenarsaal für ihn bestehe und ob er in einer Präsidentenloge grundsätzlich bei den Sitzungen des Bundestages dabei sein könne.[52] Der Geschäftsordnungsausschuss des Bundestages lehnte all dies ab. Aus heutiger Sicht stellen sich potenzielle Kandidaten für das Amt des Bundespräsidenten im Vorfeld der Bundesversammlung in den Bundestagsfraktionen den Fragen der Abgeordneten. Der Bundespräsident nimmt auch ohne Ehrenloge an Sitzungen des Bundestages teil – entweder auf der sogenannten Diplomatentribüne oder aus Anlass von besonderen staatlichen Gedenkstunden auch im vorderen Bereich des Plenarsaals. Lammert erinnerte daran, dass er den jeweiligen Bundespräsidenten, wenn er einmal zugegen war, zu Beginn der Bundestagssitzungen als Zuschauer ausdrücklich begrüßt hat. Gauck hat relativ häufig als Gast an Plenarsitzungen teilgenommen. Eine Systematik als Regelteilnahme hat sich historisch jedoch nicht durchgesetzt. Es war Bundespräsident Carstens, der erstmals an der Konstituierung eines Bundestages teilnahm und auch bei der Regierungserklärung des Bundeskanzlers im Plenarsaal zuhörte.[53] Die

Nachfolger im Amt haben diese Praxis weitgehend übernommen. Ansprachen des Bundespräsidenten im Plenarsaal, etwa aus Anlass besonderer staatlicher Gedenkstunden wie beispielsweise der 17. Juni oder runde Geburtstage des Grundgesetzes, sind besondere Ausnahmen. An den Sitzungen der Bundestagsausschüsse, insbesondere bei der Beratung von Gesetzesentwürfen, sind allerdings die Mitarbeiter des Präsidialamtes als Beobachter intensiv eingebunden.

Teilnahme an Kabinettssitzungen

Auch in diesem Fall lehnte es Adenauer ab, dass sich der Bundespräsident in die Tagespolitik über die Teilnahme an Kabinettsitzungen einbringt. Heuss wollte auch das Recht erhalten, sogenannte Informationssitzungen des Kabinetts selbst zu leiten. Heuss insistierte, weil er bei Themen von grundsätzlicher Bedeutung mit dabei sein wollte, zumal er in der Frühphase im Amt immer noch mit dem Modell der französischen Staatspraxis kokettierte, die als semipräsidentielles System allerdings gänzlich anders strukturiert ist.[54] Herzog machte in seinem Grundgesetz-Kommentar an dieser Stelle nochmals darauf aufmerksam, dass der Bundespräsident keinesfalls zur Bundesregierung gehört.[55] Das Grundgesetz ist offen für die Teilnahme. Doch die vom Bundespräsidenten genehmigte Geschäftsordnung der Bundesregierung sieht nach Art. 65 Satz 4 eine Teilnahme des Staatsoberhauptes weder generell noch für den Einzelfall vor.

An weiteren Themenfeldern kann gezeigt werden, wie sich infolge der Demokratie- und Staatswerdung der jungen Bundesrepublik auch die Rollensuche des Bundespräsidenten im Verfassungsgefüge veränderte. Stilbildend bleibt auch hier das politische Gespann Heuss–Adenauer. Wie entwickelte sich die Logik der Angemessenheit bei einem Amt, das außeralltäglich konstruiert ist? Ein Amt im Werden führt auch zu Häutungen im politisch Persönlichen. Was macht man aus dem Spielraum, den der Journalist Johannes Gross negativ umschrieb: »Im Grunde ist der Bundespräsident funktionslos: eine Spitze, auf die nichts zuläuft.«[56]

Es lohnt bei der Prüfung der machtpolitischen Vermessungen und Praktiken, den Blick auf ein historisch einmalig prägnantes Ereignis zu werfen. Gemeint ist die kurzzeitige Kandidatur von Adenauer zum Bundespräsidenten – als Nachfolger von Heuss. Dieser konnte nach zwei Amtszeiten nicht mehr antreten, andernfalls hätte man das Grundgesetz ändern müssen.[57] Am 7. April 1959 erklärte Adenauer seine Bereitschaft zur Kandidatur, die er am 4. Juni 1959 wieder zurücknahm. Am 1. Juli 1959 wurde schließlich Heinrich Lübke zum Nachfolger von Heuss in der Bundesversammlung gewählt.[58] Die Gründe für Adenauers Überlegungen, die als »Präsidentenposse« in die politische Geschichte eingingen, sind vielschichtig und unterliegen komplexen Deutungen.[59] Es ist daran zu erinnern, dass Adenauer erst als es ihm nicht gelungen war, Ludwig Erhard in den »goldenen Käfig« des Bundespräsidialamtes zu komplimentieren, die eigene Kandidatur ins Blickfeld nahm. Nur als Bundespräsident hätte Adenauer im Rahmen der Möglichkeiten der aktiven Beteiligung an der Regierungsbildung[60] Erhard als Bundeskanzler verhindern können. Wenn dies nicht möglich gewesen wäre, wollte Adenauer mittels extensiver Interpretation des Grundgesetzes die großen politischen Linien mitgestalten, zumal Adenauer seinen Konkurrenten Erhard vor allem wegen fehlender außenpolitischer Erfahrungen strikt ablehnte. In einem Vortrag vom 7. April 1959 vor dem »Wahlmännergremium« der CDU/CSU über die Rechte des Bundespräsidenten warnte Adenauer vor dem von der SPD als Bundestagspräsidenten nominierten Carlo Schmid.[61] Adenauer konstruierte in seinem Vortrag eine außenpolitische Richtlinienkompetenz für den Bundespräsidenten, die keinesfalls in Widerspruch zum Kanzler geraten sollte. Da Schmid und Adenauer in den zentralen außenpolitischen Fragen der 1950er Jahre sehr unterschiedlicher Meinung waren, pochte Adenauer darauf, dass der Kanzler auf jeden Fall Einvernehmen mit dem Präsidenten bei außenpolitischen Grundsatzaspekten herzustellen hätte. Ebenso schien für Adenauer die Teilnahme an Kabinettssitzungen – wenn auch ohne Stimmrecht – für den zukünftigen Bundespräsidenten plötzlich möglich.

Zum Vorschlagsrecht des Präsidenten für den Bundeskanzler sagte er:

»Die Regelung des Grundgesetzes lässt alle möglichen Eventualitäten offen, dass sich also möglicherweise eine Mehrheit im Bundestag zusammenfindet auf dem Boden des Vorschlags, den der Bundespräsident macht, auch wenn die stärkste Fraktion des Bundestages damit nicht übereinstimmt. Die stärkste Fraktion ist nicht entscheidend, sondern die Mehrheit.«[62]

Faktisch kam es 1969, 1976 und 1980 zu entsprechenden Kanzlervorschlägen für einen SPD-Kandidaten durch den Bundespräsidenten, obwohl die CDU/CSU die jeweils stärkste Fraktion im Bundestag stellte. Die Logik folgte der Koalitionsbildung, nicht der Fraktionsstärke.

Man staunt, welches Potenzial Adenauer plötzlich im Amt des Bundespräsidenten, besonders im Verhältnis zum Kanzler, schlummern sah. Sichtbar wird hier ein Interpretationskorridor über Potenziale von Gestaltungsmacht, kein Verfassungskonflikt. Was Adenauer mit Heuss »freundschaftlich besprochen« hatte und von Fall zu Fall informell entschieden wurde, könnte unter neuen personellen Konstellationen Konflikte auslösen, wenn neue Praktiken die zeitgemäße Anwendung des Grundgesetzes und der Geschäftsordnungen überformen würden.[63] Adenauers Probierbewegungen, um die Kompetenzen der Amtspraxis des Bundespräsidenten auszuweiten, waren nach dem zehnjährigen bilateralen Miteinander von Heuss und Adenauer überraschend weitreichend. Man erkennt, wie sich Auslegungsfragen des Grundgesetzes unter den Bedingungen neuer politischen Lageeinschätzungen und veränderter Praktiken neu stellen können. Anders formuliert: Adenauer wollte seine Macht als Bundespräsident entlang der Grauzonen des Grundgesetzes maximal ausschöpfen. Er sah die Möglichkeiten für einen mitregierenden Bundespräsidenten.[64] Gleich zu Beginn seines Vortrags sagte er: »Die Stellung, die Aufgabe und die Arbeit des Bundespräsidenten wird in der deutschen Öffentlichkeit und damit auch international zu gering eingeschätzt. Sie ist viel größer, als man schlechthin glaubt.«[65]

Adenauer glaubte, in dem neuen Amt einige noch nicht erschlossene Reserven nutzen zu können.[66] Die schließlich von ihm benannten Möglichkeiten widersprachen keineswegs dem Grundgesetz, allerdings der bis dahin gelebten Amts- und Staatspraxis. Adenauer zog schließlich seine Kandidatur zurück, weil die Unionsfraktion Erhard als seinen Nachfolger benannt hatte, was Adenauer wiederum, angesichts der internationalen Dramaturgie 1959, nicht akzeptieren konnte. Die Gründe für den Rückzieher sind vielschichtig, hängen aber ganz sicher nicht damit zusammen, dass Adenauer die Machtpotenziale des Bundespräsidentenamtes damals falsch einschätzte.

Über die Macht des Bundespräsidenten entbrannte erst viele Jahre später wieder eine öffentliche Kontroverse, die nicht so heftig daherkam, aber eben gerade die kompetenztesten Probierbewegungen der Bundespräsidenten betraf. Es war bezeichnenderweise der Außenminister Walter Scheel, der sich im Amt des Bundespräsidenten als Kompetenzrivale zu Kanzler Schmidt sah – und dies vor allem in außenpolitischen Fragen. Scheel wollte, dass die »verfassungsgemäße Außenvertretung des Bundes durch den Bundespräsidenten wirklich ausgeschöpft« wird.[67] Laut Theodor Eschenburg wollte Scheel keinesfalls eine Erweiterung der Kompetenzen des Staatsoberhauptes, aber innerhalb des Verfassungsrahmens offenbar die Europapolitik stärker beeinflussen.[68] Vorausgegangen war ein Testballon, den der Staatssekretär und Chef des Bundespräsidialamtes, Paul Frank, im Gespräch mit dem *Spiegel* starten ließ.[69] Frank entwickelte vier Vorschläge: stärkere außenpolitische Mitwirkung, Mitsprache in der Innenpolitik, tiefere Ausschöpfung der Rechte bei der Ernennung und Entlassung von Ministern und politischen Beamten sowie eine neue Rolle bei der Regierungsbildung, wenn knappe Bundestagsmehrheiten vorliegen.[70] Die angeblich oder tatsächlich schlummernden Machtreserven des Bundespräsidenten tauchen bei diesem Forderungskatalog wieder auf. Scheel zog die Initiative auch aufgrund des verheerenden Medienechos zurück, ohne allerdings jemals als möglicher Auftraggeber dieses Testballons in Erscheinung getreten zu sein.

Fehlende Eingriffe in die laufenden Regierungsgeschäfte durch den Bundespräsidenten haben bei vielen Bundespräsidenten zu mehr oder weniger lautstarken Leidensbekundungen geführt. Bedenkt man jedoch die Konstruktion des Grundgesetzes, dann ist klar, dass nur die Bundeskanzler parlamentarisch für ihr politisches Handeln zur Rechenschaft gezogen werden können, nicht die Bundespräsidenten, die deshalb auch abseits des Tagesgeschäfts politische Kompetenzen wahrnehmen und ausfüllen können.[71] Karl Carstens, der ebenso wie Roman Herzog als Staatsrechtslehrer sich vor Amtsbeginn wissenschaftlich mit den Grundgesetz-Artikeln zum Bundespräsidenten auseinandergesetzt hatte, schrieb unverfänglich zum einordnenden Rahmen der geltenden Staatspraxis:[72]

»Zwischen Bundespräsident und Bundesregierung besteht nach der Vorstellung des Grundgesetzes ein wechselseitiges Führungsverhältnis. Im Zeitpunkt der Regierungsbildung und in Krisensituationen, wenn das parlamentarische Regierungssystem versagt, fällt dem Bundespräsidenten eine Führungsrolle zu. In normalen Zeiten während der Amtsdauer einer Regierung überwiegt die Führungsfunktion der Regierung auch gegenüber dem Bundespräsidenten.«[73]

Wir sollten uns abschließend in diesem Kapitel noch ein weiteres Beispielfeld ansehen, auf dem sich Kompetenzgerangel zwischen Kanzleramt und Bundespräsidialamt zeigte und die frühe Amtspraxis die nachfolgenden Praktiken mehr oder weniger prägte. Gemeint sind die Reden des Bundespräsidenten. Müssen sie vorab dem Kanzler gezeigt werden? Spielt hier Contra-Signatur möglicherweise eine Rolle? Könnte man noch von diskursiven Gesichtern der Macht sprechen, wenn Reden zu autorisieren wären? Immerhin zählt die öffentliche Rede zu den zentralsten Wirkungsmöglichkeiten des Bundespräsidenten.[74] Wie frei ist der Bundespräsident, wenn er Reden hält?

Carstens verwahrte sich im Gespräch mit einem Journalisten dagegen, dass jede politische Äußerung des Bundespräsidenten der Gegenzeichnung durch den Kanzler oder den zuständigen Minister bedürfe.[75] Zur Begründung fügte er an:

»Wenn man davon ausgeht, dass der Bundespräsident verhältnismäßig geringe Kompetenzen besitzt und dass das Schwergewicht seiner Wirkungsmöglichkeiten in seiner moralischen Autorität liegt, dann kann man nicht die Ausübung seiner moralischen Autorität nun wieder binden an die Zustimmung sei es des Kanzlers, sei es der Bundesregierung. Ich habe gesagt: Der Bundespräsident soll sich nach Möglichkeit nicht zu tagespolitischen Fragen äußern. Wohl aber kann und darf und sollte er sich zu Grundsatzfragen äußern. Und er sollte dies niemals in einer polemischen Form tun, aber doch schon in der Sache deutlich.«[76]

Mit seinem Hinweis auf die Vermeidung von Polemik bezieht er sich auf die Zurückhaltungspflicht des Bundespräsidenten. Das Mäßigungsgebot hat Herzog in seinem Grundgesetz-Kommentar folgendermaßen beschrieben:

»Er [der Bundespräsident; d. Verf.] hat sich [...] – jedenfalls im Normalfall, den die Verfassung vor allem im Auge hat – bei politischen Äußerungen so weit wie möglich zurückzuhalten und insbesondere auch den Schein einer parteipolitischen Stellungnahme so weit wie irgend möglich zu meiden.«[77]

Sollte er »gemäßigte« Reden dennoch dem Kanzler vorlegen?
Zwischen Heuss und Adenauer entwickelte sich eine arbeitsteilige Amtspraxis, die auch kein späterer Präsident infrage stellte. Die Äußerungen, Interviews, Reden etc. des Bundespräsidenten bedürfen keiner offiziellen Gegenzeichnung, was einen informellen Austausch allerdings nicht ausschließt.[78] Heuss schuf die Tradition, dass Reden des Bundespräsidenten nicht vorher vorgelegt werden.[79] Durch diese Praxis ist das potenzielle Recht des Kanzlers verbraucht worden, was von den präsidentiellen Nachfolgern ebenso gehandhabt wurde. Der Bundespräsident sicherte sich im historischen Längsschnitt individuelle Spielräume für kommunikative Akte ab.

Gauck hob im Interview klar hervor, dass er als »forcierter Realo«[80] keine Grenzüberschreitungen zu anderen Verfassungsorganen austesten wollte. Man müsse im Amt »leicht demütig sein – auch gegenüber anderen Institutionen, aber eigenständig und nicht ichschwach«.[81] Er fühlte sich stark und in seinen Grundhaltungen sicher genug, um seine Reden auch anderen vorab zu zeigen. Das entsprach seinem Selbstbewusstsein, aber nicht der Überlegung, durch frühzeitigen transparenten Austausch eventuell Änderungen vorzunehmen.[82] Die Regel blieb: Konsultationen zwischen Präsidialamt und Kanzleramt waren möglich, eine formale Billigung von Reden oder Stellungnahmen durch das Kanzleramt hingegen war und ist nicht notwendig. Gleichwohl: An die Stelle einer formalen Regel tritt auch hier wieder eine eingeübte informelle Praxis, die der »Logik der Angemessenheit« folgt.[83] Bei allen Themen der Außenpolitik – ein überaus filigranes, sensibles und mit vielen politischen Tretminen übersätes Politikfeld – stimmt sich der Bundespräsident mit der Bundesregierung sorgfältig ab. Das gilt sowohl bei Staatsbesuchen im Inland als auch bei Reisen im Ausland. Die ersten Bausteine für Redeentwürfe stammen, in zurückliegenden Zeiten, in der Regel vom Auswärtigen Amt.[84] Schon allein dieser Entstehungshintergrund zeigt den informellen Abstimmungsprozess, der keiner offiziellen Gegenzeichnung mehr bedarf. Der Bundespräsident formuliert in diesen Reden als Staatsoberhaupt den politischen Willen der Bundesrepublik Deutschland, der von der Regierung formuliert wird. Das Auswärtige Amt ist federführend bei der Planung der Auslandsreisen, und der Außenminister ist häufig bei den Reisen mit dabei. Dennoch bleibt im Hinblick auf die Formulierung und Schwerpunktsetzung ein großer persönlicher Spielraum für den Bundespräsidenten, zumal die Interessen des Auswärtigen Amtes keinesfalls immer deckungsgleich mit den Planungs- und Gestaltungsideen der Präsidenten waren.

Das Urteil des Bundesverfassungsgerichts »Zur Äußerungsbefugnis des Bundespräsidenten in Bezug auf politische Parteien«[85] von 2014 geht noch darüber hinaus. Zwar hebt das Urteil nicht das »Mäßigungsgebot« des Bundespräsidenten auf, doch es erweiterte nochmals den Freiraum des Bundespräsidenten bei Reden und öffentlichen Äußerungen bis hin zur möglichen Diffamierung von politisch Radikalen.[86] Zentrale Passagen aus der Urteilsbegründung sollen zitiert werden, weil sie explizit den »weiten Gestaltungsspielraum«[87] beschreiben, die der Bundespräsident »grundsätzlich autonom«[88] wahrnimmt.

Konkret heißt es:

»In Erfüllung seiner Repräsentations- und Integrationsaufgaben obliegt es dem Bundespräsidenten, im Interesse der Wahrung und Förderung des Gemeinwesens das Wort zu ergreifen und die Öffentlichkeit durch seine Beiträge auf von ihm identifizierte Missstände und Fehlentwicklungen [...] aufmerksam zu machen sowie um Engagement bei deren Beseitigung zu werben. [...] Entsprechend diesen Grundsätzen kann der Bundespräsident auch weitgehend frei darüber entscheiden, bei welcher Gelegenheit und in welcher Form er sich äußert und in welcher Weise er auf die jeweilige Kommunikationssituation eingeht. Er ist insbesondere nicht gehindert, sein Anliegen auch in zugespitzter Wortwahl vorzubringen, wenn er dies für angezeigt hält.«[89]

Liest man den Urteilsspruch, dann erscheinen die Versuche, eine formale Gegenzeichnung der Reden des Bundespräsidenten historisch vorzusehen, als »absurd«.[90] Heuss prägte stilbildend auch diesen Standard.

Der Überblick über die verfassungsrechtlichen Kompetenzpotenziale des Bundespräsidenten erhellt die Möglichkeiten im Amt. Wer sie kennt, verfügt über Gestaltungswissen. Die »hard power« als instrumentelles Machtgesicht von Entscheidungs- und Prüfungsbefugnissen ist grundgesetzlich vorgezeichnet. Im Bereich der Reservemacht changiert die Gestaltungsmacht zwischen der Chance zur Durchsetzung von Macht und den beiden anderen Machtgesichtern (strukturell und diskursiv). Übergänge sind latent vorhanden und spielen in den folgenden Kapiteln mit den jeweiligen Anwendungsbeispielen eine Rolle. Zu viel Machtgebrauch schafft keine zusätzliche Macht, im Gegenteil: Der Präsident verwirkt seine präsidialen Möglichkeiten, wenn er in Serie Ausfertigungen von Gesetzen blockieren oder wenn er stakkatohaft über Tagesmeldungen ins Krisengeschehen eingreifen würde. Gestaltungsmacht bedeutet oft, Macht mit präsidialen Instrumenten zu verteilen bzw. zu vollziehen, aber eher selten, selbst Macht zu schaffen. Von Heuss bis Steinmeier sind die Machtsorten immer wieder überschrieben worden. Die jeweils gelebte Amtspraxis veränderte die Optionen, die historisch Heuss vorformte. Neue Auslegungen des Grundgesetzes waren auch Probier- und Suchbewegungen der Präsidenten.

Das erste Gesicht hat auch Potenziale, die durchaus noch ausreizbar sein könnten, folgte man dem Verfassungsjuristen Hermann Butzer:

»Die Verhinderungs- bzw. Blockadekompetenzen (etwa bei Ernennungen, Entlassungen oder Gesetzesausfertigungen) und die Handlungskompetenzen des Bundespräsidenten (etwa in der Außenpolitik oder bei Reden und Interviews) stellen somit gewissermaßen das Faustpfand dar, mit dem ein Bundespräsident, der eine aktive politische Rolle spielen will, den Einstieg in Gespräche mit der Regierung über Regierungspolitik austragen kann. Da [...] juristische Gegenwehr schwierig, zumindest aber mühsam und langwierig ist, wird die Bundesregierung, wenn der Bundespräsident Widerstand signalisiert und mit einem Gebrauchmachen von seinen (ggf. streitigen) Kompetenzen droht, voraussichtlich fast immer in vertrauliche Gespräche mit ihm eintreten und nach einer einvernehmlichen Lösung suchen.«[91]

Bundespräsident Wulff sah im Gespräch die Spielräume eines Bundespräsidenten, angesichts der formalen Kompetenzarmut, durchaus in einer systemverändernden Perspektive.[92] Sollte eine Zufallsmehrheit in der Bundesversammlung für einen Populisten zustande kommen, könnte dieser durchaus zum regierenden Präsidenten werden und das Ensemble des Machtmobiles zwischen den Verfassungsorganen fundamental durcheinanderbringen. Warum sollte ein Bundespräsident nicht selbst an Kabinettssitzungen teilnehmen und Rederecht beanspruchen? Instrumente sanfter Macht könnte er hierbei einsetzen. Auch in der »hard power« sind Eventualitäten angelegt. Der legendäre Kolumnist Fritz René Allemann schrieb zurecht bereits in den 1950er Jahren, dass durch das Grundgesetz kein regierender Präsident vorkonstruiert war, aber es gibt auch »keine einzige Bestimmung des Grundgesetzes [...], die eine Politisierung des Präsidentenamtes von vorneherein ausschließt«.[93] Hätten wir heute ein grundlegend anderes Verständnis vom Präsidentenamt, wenn Heuss der erste Kanzler und Adenauer der erste Bundespräsident gewesen wäre? Vermutlich hätten die vertauschten Rollen die Kanzlerdemokratie relativiert, aber sicher nicht aufgehoben. Das bleibt jedoch spekulativ. Doch die Ausnutzung des Rollenpotenzials und der Handlungsräume durch die beiden sehr unterschiedlichen Protagonisten hätte mit Sicherheit politische Spannungen zwischen den Ämtern forciert.

3.3 Das Bundespräsidialamt als Machtressource

Das Bundespräsidialamt ist eine institutionelle Machtressource.[94] Welchen Anteil die dienende Behörde an der Gestaltungsmacht der Bundespräsidenten hat, ist schwer zu generalisieren. Im Bereich der »hard power« greifen die administrativen Instrumentarien schwungvoll ineinander. Alle anderen Gesichter der Macht sind potenziell ebenfalls im Bundespräsidentenamt angelegt, müssen aber strategisch erst erobert werden. Das ist abhängig vom Zusammenspiel des Bundespräsidenten mit seinen handverlesenen Beratern und Mitarbeitern im Amt.

Auf der offiziellen Internetseite sind die zentralen Aufgaben als Selbsteinschätzung zusammengefasst:[95] »Das Bundespräsidialamt ist eine oberste Bundesbehörde, die den Bundespräsidenten bei der Wahrnehmung seiner Aufgaben als Staatsoberhaupt unterstützt. An der Spitze steht der Chef des Bundespräsidialamtes als protokollarisch ranghöchster deutscher Staatssekretär.«[96] Weiter heißt es dort: »Das Bundespräsidialamt

– berät den Bundespräsidenten in allen Fragen seiner Amtsführung,

- informiert den Bundespräsidenten über alle wichtigen innen- und außenpolitischen, wirtschaftlichen, sozialen und kulturellen Angelegenheiten,
- bereitet die Entscheidungen, Reden und sonstigen Äußerungen des Bundespräsidenten vor und
- führt die Aufträge des Bundespräsidenten aus oder leitet diese an die zuständigen Ministerien und Behörden weiter.«

Und weiter heißt es:

»Im Gegensatz zu den Bundesministerien, die in Reihen der Bundesregierung jeweils nur für bestimmte Teilgebiete der Politik und Verwaltung zuständig sind, befasst sich das Bundespräsidialamt entsprechend den Aufgaben und Befugnissen des Bundespräsidenten mit allen Bereichen der Politik. Hierzu beobachtet und analysiert es die wesentlichen gesellschaftlichen, politischen und wirtschaftlichen Entwicklungen. Es erarbeitet für den Bundespräsidenten Konzeptionen und Denkanstöße, die er in Reden, Gesprächen und Veranstaltungen zur Diskussion stellen kann. Dabei stützt sich das Bundespräsidialamt auf die zahlreichen Begegnungen des Bundespräsidenten im In- und Ausland ebenso wie auf die Zusammenarbeit mit Stiftungen, zivilgesellschaftlichen Organisationen und anderen Behörden sowie den Austausch mit Expertinnen und Experten. Derzeit arbeiten im Bundespräsidialamt ca. 180 Mitarbeiterinnen und Mitarbeiter, einschließlich der Bediensteten in den Büros der Bundespräsidenten a.D. Horst Köhler, Christian Wulff und Joachim Gauck. Seit 1998 befindet sich das Bundespräsidialamt neben Schloss Bellevue in einem neu erbauten Verwaltungsgebäude am Rande des Tiergartens in Berlin.«[97]

Informationsmanagement und Politikberatung von innen

Jeder Präsident musste sich eingewöhnen. »Man steigt als Präsident in einen breiten, fließenden Strom, ohne genau zu wissen, wohin einen die Strömung führt.«[98] Die Praktiken des präsidialen Alltages kann man erlernen und mit dem eigenen Team in Maßen auch persönlich überformen. Die Präsidenten lernen auch durch ihr Team, »unfallfrei« das präsidiale Parkett zu bespielen. Die Metapher gilt im übertragenen Sinne: »auf dem roten Teppich« also nicht zu stolpern. Solche Eingewöhnungsphasen dauern in der Regel ein Jahr. Schwieriger stellt sich der Umgang mit Projektionen im Amt dar. Wir wissen aus der Forschung, dass die Arten des Betrachtens immer Auswirkungen auf Identitätsbildungen haben. Diese sind nie frei gewählt, sondern konstruiert, zugewiesen und zugeschrieben. »So-sein-wie-die-anderen« und »Nicht-so-sein-wie-die-anderen« markieren die Dialektik von kollektiver und individueller Identität. Die Bilder verwischen dabei: Vorgeschichte des Amtes, Prägungen durch Amtsinhaber, Images des Akteurs, Vorgänger-Stile, eigene politische und administrative Vorerfahrungen. Die Projektionen begleiten jeden Bundespräsidenten. Es gehört zum klugen Politikmanagement aus dem Amt heraus, diese Projektionen für Gestaltungsmacht zu nutzen. Beispielsweise waren die Erwartungshaltungen gegenüber Gauck, der nach zwei vorzeitigen Amtsverzichtsakten von Köhler und Wulff gewählt wurde, ambivalent. Einerseits sollte er dem Amt die Würde zurückgeben. Andererseits überschlugen sich die Debatten, ob man nicht gänzlich auf das Amt des Bundespräsidenten verzichten könnte. Auch die informelle Nominierung von Köhler als potenzielles Staatsoberhaupt in der Privatwohnung des damaligen Außenministers Guido Westerwelle (FDP)[99] trug zu einer spezifischen Projektion des Amtes bei. Hinterzimmer-Politik? Wie leicht fällt ein Start in einem parteipolitisch unabhängigen Amt, angesichts dieser Vorgeschichte? Konnte sich Köhler bei seiner Nominierung durch Merkel/Westerwelle, der in der Öffentlichkeit weitgehend unbekannt war, aus dieser Projektion nur auf Kosten der Parteien befreien? Die Projektionen auf Steinmeier könnten unterschiedlicher nicht sein. Steinmeier war Kanzleramtschef, Minister, Kanzlerkandidat, Fraktionsvorsitzender. Mehr politische und administrative Erfahrung kann man kaum einbringen. Zudem war er öffentlich bekannt und populär. Gleichzeitig gelten Erfahrungen aus dem Nahbereich des

parteipolitischen Wettbewerbs auch als Geschäftserfahrungen im Bereich der »Hinterzimmerpolitik und des Postengeschachers«.[100]
Um mit den Projektionen umzugehen, benötigt der Präsident im Amt ein Team, das ihm tagessensibel zuarbeitet. Politische Seiteneinsteiger wie Köhler oder Gauck mussten sich so ein Team erst mühsam aufbauen.[101] Steinmeier brachte wichtige Akteure aus dem Auswärtigen Amt mit ins Schloss Bellevue.[102] Das Aufgabenspektrum ist dabei vielschichtig. Das administrative Politikmanagement verleiht dem Bundespräsidialamt Steuerungsfähigkeit. Dies gilt für die Koordination der wichtigen politischen Akteure – also die Abstimmung des Bundespräsidenten mit den Präsidenten/Kanzler der anderen Verfassungsorgane – ebenso wie für die Steuerbarkeit der politischen Institution Bundespräsidialamt (Geschäftsführung/Unterrichtung über Aktivitäten der Bundesregierung, Amtshilfe etc.). Dabei sind auch beim Bundespräsidenten Sach- und Machtfragen ineinander verwoben. Das Politikmanagement des Präsidenten orientiert sich nicht an Mehrheiten. Der Blickwinkel des Tagespolitikmanagements gilt der Herstellung der Einheit des Staates, den Repräsentations- und Integrationsaufgaben. Das Präsidialamt hat gegenüber den anderen Bundesbehörden weder Weisungs- noch Unterrichtungsrecht. Es ist der Bundespräsident selbst, der durch seine Autorität, sein Ansehen, seine Amtsführung Türen öffnen kann und andere Institutionen zur Zusammenarbeit animiert: »Je neutraler das Amt ist, desto weiter, offener wird man mit ihm sprechen.«[103]

Die politische Lageanalyse ist auch im Präsidialamt das Fundament jedweder Politiksteuerung. Bestandteile einer solchen Lageanalyse sollten sein: Problemdeutung und Problemerkennung, Informationsverarbeitung, Risikoeinschätzung, Nutzenvermessung, Präferenzordnung der Akteure (wer ist damit zu befassen etc.). Interne Vermerke überführen Lageeinschätzungen in einen dreistufigen Prozess:

a. eigene Interessendefinition (Was haben wir für eine Tagesordnung? Was steht an?);

b. Zieldefinition (Was wollen wir mit welchen Themen wie erreichen? Was werden andere wichtige Akteure wollen?);

c. Einschätzung der Gestaltungsmöglichkeiten (Wo liegen unsere Stärken und wo unsere Schwächen?).[104]

Politikberatung von innen bedeutet kluges und effizientes Wissensmanagement mit den Ressourcen, die einem administrativen Apparat zur Verfügung stehen. Dies setzt einen sich permanent verändernden Informationsfluss voraus. Informationen gelten auch im Präsidialamt als Machtressource. An der Spitze der Informationspyramide sollte der Bundespräsident stehen. Die Informationen, die ihn erreichen, sind bereits durch die hausinternen Prozesse gefiltert und sortiert. Rund zwei Drittel der Nachrichten, die den Bundespräsidenten täglich erreichen, sind öffentlicher Natur. Die Exklusivität solcher Informationen liegt nicht im Inhalt der Nachricht, sondern in der Frühzeitigkeit und Schnelligkeit ihres Zugangs.[105] Wenn die Informationen als Grundlage einer politischen Lageeinschätzung so wichtig sind, dann stellt sich die Frage nach dem Webmuster einer Lageanalyse und Problemdeutung. Nach welchen Kriterien erstellt ein politischer Spitzenakteur eine Risikoeinschätzung? Wie bleibt der kommunikative Apparat – auch im Sinne eines Frühwarnsystems – für die Risiken und Chancen politischer und gesellschaftlicher Prozesse und Ereignisse sensibel? Damit rückt die Thematik des Informations- und Kommunikationsmanagements ins Zentrum der Politikberatung.[106]

Das Bundespräsidialamt – als oberste Bundesbehörde – ist im Vergleich zum Kanzleramt (mit rund 620 Mitarbeitern) oder den Ministerien (z. B. das Bundeswirtschaftsministerium mit genau 1.931 Mitarbeitern) eine kleine Behörde. Dies zeigt sich nicht nur an der Anzahl der Mitarbeiter, sondern lässt sich insbesondere am Haushalt des Bundespräsidenten und des Bundespräsidialamtes im Jahre 2017 ablesen. So hatte etwa der Posten des Bundespräsidenten und des Bundespräsidialamtes zusammen nur einen Anteil von 0,01 Prozent an den Ausgaben des Bundeshaushalts; der Posten »Bundeskanzlerin und Bundeskanzleramt« immerhin schon 0,85 Prozent. Der des

Bundesministeriums für Wirtschaft und Energie besaß sogar einen Anteil von 2,35 Prozent an den Ausgaben des Bundeshaushaltes. Der mit Abstand größte Posten kam jedoch dem Bundesministerium für Arbeit und Soziales zu. Dieser machte ganze 41,81 Prozent der Ausgaben des Bundeshaushaltes im Jahre 2017 aus. Absolut dargestellt wirken die Anteile der Posten an den Ausgaben noch drastischer: Bundespräsident und Bundespräsidialamt ca. 36,5 Millionen Euro, Bundeskanzlerin und Bundeskanzleramt ca. 2,8 Milliarden Euro, Bundesministerium für Wirtschaft und Energie ca. 7,7 Milliarden Euro und das Bundesministerium für Arbeit und Soziales ca. 137,5 Milliarden Euro.[107]

In zwei Richtungen ist das politische Handlungsfeld des Bundespräsidenten präjudiziert. Dies zunächst durch das Präsidialamt: Wegen seiner begrenzten operativen Funktionen tritt die oberste Bundesbehörde, anders als etwa die Ministerien und das Kanzleramt, viel deutlicher hinter dem Amtsinhaber als Staatsoberhaupt zurück.[108] Er ist ständig kommunikativ mit der Regierung verbunden, was die Geschäftsordnung der Bundesregierung regelt.[109]

Um das »korrekte Verhältnis«[110] zwischen dem Bundespräsidenten und dem Bundeskanzler professionell zu stabilisieren, ist die jeweilige Parteifarbe bzw. die mehrheitsbildende Dramaturgie der Bundesversammlung irrelevant. Karl Carstens wies darauf hin, dass mit seiner Wahl zum Bundespräsidenten (1979) zum ersten Mal ein Präsident im Amt agierte, dessen Partei zur Bundesregierung in Opposition stand: »Viele Beobachter nahmen an, dass es daher zu Spannungen kommen würde, zumal Bundeskanzler Schmidt und ich in der Zeit, als ich Oppositionsführer im Bundestag war, heftige Auseinandersetzungen miteinander ausgetragen hatten.«[111] Aber es kam anders. Das »korrekte Verhältnis« konnte bei den zweimonatigen bilateralen Treffen gepflegt werden. Bundeskanzlerin Merkel traf sich mit den Bundespräsidenten ihrer Amtszeit (Köhler, Wulff, Gauck, Steinmeier) etwa im Abstand von rund sechs bis acht Wochen zu vertraulichen Gesprächen.[112] Die Teegespräche zwischen Heuss und Adenauer zeigen die Bandbreite der Themen, die bilateral vorkommen können:[113] »Bundespräsident Dr. Heuss hatte eine engere

Aussprache mit dem Bundeskanzler Dr. Adenauer über aktuelle innen- und außenpolitische Fragen.« Solche kurzen, aussagelosen Mitteilungen fanden sich früher in den Tagesmedien.[114] Die Gesprächsauswertungen belegen, dass sich beide sehr häufig auch – gerade in Zeiten der Regierungsbildung – über viele Personalfragen austauschten. Koalitionsfragen, Vorschläge für Minister, Hintergründe für Aufstieg und Fall von einigen Politikern füllen die dokumentierten Nachfragen und Gesprächsverläufe zwischen den beiden.[115] Warum sollte das heute anders sein? Das Präsidialamt bereitet die Vier-Augen-Gespräche vor. Einen Sprechzettel mit möglichen Themen erhält der Bundespräsident vor dem Treffen mit der Kanzlerin. In der Regel folgen keine konkreten Rückläufe in die Administration aus den Gesprächsverläufen heraus, somit auch keine Arbeitsaufträge für die Mitarbeiter. Doch existieren Ausnahmen von dieser Regel. Die Intensität der Besprechungen hing von der Dramaturgie der Zeitläufte ab. Die Besprechungsdichte zwischen Steinmeier und Merkel nahm nach der Bundestagswahl 2017 deutlich zu, was an der fehlenden Stabilität für eine mögliche Regierungsbildung lag.

An der Spitze des Präsidialamtes steht im Range eines Staatssekretärs der Chef des Bundespräsidialamtes, zurzeit Stephan Steinlein, der auch bereits im Auswärtigen Amt eine herausgehobene Leitungs- und Beratungsfunktion für den Außenminister Steinmeier innehatte.[116] Er hat die Aufgabe, die gesetzgeberische Tätigkeit von Bundesregierung und Bundestag politisch zu verfolgen.[117] Aber nicht nur. Steinlein ist der Machtmakler des Bundespräsidenten: ein enger Vertrauter mit beratender Vermittlungsmacht. Ein solches Vertrauensumfeld ist wichtig für jeden Bundespräsidenten, zumal es kein Kollektivorgan ist: »Ein sehr einsames Amt«.[118] Die Machtmakler gehören zur »Peer Group«, die sich häufig zur Lagerunde treffen. Einflussmessung erfolgt für viele Präsidenten über diese Personen, weniger über Auswertungen von Presse- und Medienspiegel. Rüdiger Frohn erinnert daran, dass Richard von Weizsäcker häufiger beim Nachfolger, dem Bundespräsidenten Rau, anrief, um Resonanzen und Einschätzungen mitzuteilen.[119] Der Bundespräsident ist auf solche besonderen Realitätsspiegelungen angewiesen.

Der Chef des Bundespräsidialamtes ist als Chef der Behörde auch Vermittler zwischen Präsident und Administration.[120] Seit 19 Jahren begleitet Steinlein seinen Chef Steinmeier in allen bundespolitischen Aufgabenfeldern.[121] Er wurde 1999 erst Pressereferent, dann Büroleiter des Chefs des Bundeskanzleramtes unter Bundeskanzler Gerhard Schröder. Solche gemeinsamen Aufstiegswege sind nicht ungewöhnlich. Viele solcher Paarungen trifft man in Berlin. Gemeinsam steigen Spitzenpolitiker und Machtmakler in der politischen Karriereleiter auf. Es hängt am Duo – Chef und Makler –, welches Gewicht der Spitzenakteur den personalen Netzwerken zur wichtigen politischen Lageanalyse beimisst. Zentraler Filter ist dabei immer die Vertrauensperson, der Machtmakler.[122] Logistisch sind Präsidialamt und Dienstsitz Schloss Bellevue voneinander getrennt. Das erschwert die Arbeit des Machtmaklers. Denn angedacht ist metaphorisch der Vorraum zur Macht, den der Machtmakler besetzt – er mehrt so seinen direkten und indirekten Einfluss. Er ist Anlaufstelle für die Vielzahl von Anliegen, die den Chef direkt erreichen sollen. Ohne den Segen des Machtmaklers erreicht nichts den Tisch des Chefs. Machtmakler sind Realitätsbeschaffer.

Wolfgang Schäuble, lange Jahre Chef des Kanzleramtes unter Kohl und auch dessen zentraler Machtmakler, sagte im Interview:

»Wir [gemeint waren Schäuble und Kohl; d. Verf.] haben ja eigentlich immer ein sehr enges Vertrauensverhältnis gehabt, d. h. er hat mich weitgehend machen lassen. Aber natürlich im Rahmen der Grundrichtung. Und die Grundrichtung war deswegen auch nicht problematisch, da ich aus heutiger Sicht – aber mit dem Vorbehalt der Erinnerung – sagen würde, ich habe von Anfang an im Grunde das Prinzip haben können: ich mache das schon richtig, so wie er es wollen würde, wenn er es wüsste.«[123]

Es ist davon auszugehen, dass Steinlein ebenso antizipativ erahnt, was der Bundespräsident denkt. Verlassen kann sich der Bundespräsident auf »sein Haus«, das die Abläufe koordiniert und vorbereitet. Die Präsidialbürokratie hat – wie jede Bürokratie – im Bereich der

Routineabläufe den größten Einfluss und in der tagespolitischen Programmgestaltung den geringsten.

Es sind Hunderte Termine pro Jahr, die von der Inlandsabteilung koordiniert werden und zu sehr differenzierten, vertraulichen Gesprächsformaten im Schloss führen. Dazu gehören auch Treffen mit Künstlern und Schriftstellern, wovon Steinmeier häufig Gebrauch macht, aber auch Treffen mit den Partei- und Fraktionsvorsitzenden, dem Ältestenrat des Bundestages u.v.m. Köhler erinnerte daran, dass es auf seine Einladung hin, infolge der Finanzkrise 2008, zu mehreren Treffen mit dem Finanzausschuss des Deutschen Bundestages kam.[124] Politikberatung von innen, Austausch von Expertisen und Lageeinschätzungen: Man kann davon ausgehen, dass die Präsidenten in solchen Runden ihr weiches Gesicht der Macht intensiv zum Einsatz bringen. Was Köhler in der Öffentlichkeit zur Finanzkrise nicht sagte, was die Medien von ihm als Finanzexperten einforderten, leistete er offenbar zunächst hinter verschlossenen Türen. Öffentliche Meinungsbildung schien ihm zu diesem Zeitpunkt problematisch. Bei extrem volatilen Finanzmärkten, die er kannte, fürchtete er Auswirkungen, die nicht kalkulierbar schienen. Erst sehr spät, im März 2009[125] – zwei Monate vor seiner angestrebten Wiederwahl – formulierte Köhler als Weltökonom, in einer sogenannten »Berliner Rede« in der St. Elisabeth-Kirche, seine Positionen. Er las den Investment-Bankern die Leviten. Er hielt ihnen vor, Freiheit sei »kein Vorrecht, die besten Plätze für sich selbst zu reservieren«.[126] Solidität und Anstand seien wohl in der Branche verlorengegangen. »Bis heute warten wir auf eine angemessene Selbstkritik der Verantwortlichen. Von einer angemessenen Selbstbeteiligung für den angerichteten Schaden ganz zu schweigen.«[127] Da aus den vertraulichen Runden der Schloss-Gespräche zumeist nichts nach draußen dringt, fällt es schwer, die latente Macht-Ressource, die mit diesen Gesprächen einhergeht, einzuordnen. Dennoch hat auch dieses Gesicht der Macht ganz offensichtlich zwei Seiten: eine nicht-öffentliche und eine öffentliche.

Lagebesprechung

Um eine kleine Vorstellung vom Arbeitsalltag zu vermitteln: Frank-Walter Steinmeier bearbeitet täglich einen rund zwei Meter umfassenden Aktenstapel.[128] Darin sind Vermerke, Redeentwürfe, Berichte, Reiseplanungen, Terminkoordinationen, Büronotizen, Zuschriften, Gesprächsmappen, Protokolle und Unterschriftsmappen enthalten. Um die Arbeit zu koordinieren, pflegten alle Bundespräsidenten unterschiedliche Formate von morgendlichen Lagebesprechungen (»Morgenlage«). Diese Lagebesprechung ist kein Entscheidungsgremium, sondern eine Informationsrunde.[129] Sie ist ausschließlich auf den Bundespräsidenten bezogen. Der persönliche Charakter dieser Besprechungsrunde dominiert. Die Lage dient der Einordnung der politischen Tagessituation: Welches Thema steht an? Wie brisant ist die Problematik, dass sich die Lage damit bereits beschäftigen muss? Der Chef des Bundespräsidialamts versammelt allmorgendlich seine Abteilungsleiter zur Lagebesprechung. Die größere Lagebesprechung zusammen mit dem Bundespräsidenten im Schloss findet mindestens einmal wöchentlich statt. So handhaben es alle Bundespräsidenten. Daran nehmen in der Regel von der aktuellen Administration teil:[130] der Chef des Bundespräsidialamtes, Steinlein, die stellvertretende Chefin, Dr. Angelika Schlunck, die Abteilungsleiter Inland (Dr. Oliver Schmolke) und Ausland (Dr. Thomas Bagger), die Sprecherin des Bundespräsidenten (Anna Engelke), die Leiterin des persönlichen Büros (Dr. Dörte Dinger), der Chef des Redenschreiberteams (Wolfgang Silbermann). Die Lagebesprechung beginnt mit dem Pressebericht. Es folgen die zentralen Themen des Tages und ihre Resonanz in den Medien. Die Anliegen aus den Abteilungen folgen auf die Presseerörterung. Eine Entscheidung des Präsidenten wird dazu eingeholt oder interne Meinungsbildung betrieben. Information, Planung, Diskurs prägen das gemeinsame Gesprächsklima.

Als protokollarisch ranghöchster beamteter Staatssekretär nimmt Steinlein montags an der Runde der beamteten Staatssekretäre teil. Er ist der Verbindungsmann zur Bundesregierung. Die Kabinettssitzungen werden in dieser Runde von den Staatssekretären der Bundesministerien unter der Leitung des Chefs des Bundeskanzleramtes vorbereitet. Der Chef des Bundespräsidialamtes nimmt in dieser Runde in der zweiten Reihe Platz. Damit ist sichtbar, dass das Präsidialamt in allen Aspekten der Tagespolitik informationell eingebunden ist. Auch an den Sitzungen des Bundeskabinetts – mittwochs vormittags – nimmt er teil, allerdings eher im Hintergrund platziert und ohne Rederecht. Der Chef des Bundespräsidialamtes ist der Dienstvorgesetzte aller Mitarbeiter. Nicht der Bundespräsident, sondern sein Staatssekretär soll mit internen Fragen (Beförderung, Versetzung, Beschwerden etc.) belastet werden. Die Konstruktion ist in Analogie auch im Bundeskanzleramt so vorzufinden.

Dem Bundespräsidenten ist ein kleiner Stab als »persönliches Büro« zugeordnet: eine persönliche Referentin, Sachbearbeiter, Büroleiter und Sekretärinnen.[131] Hier wird der Terminkalender geführt und die Post gesichtet. Ein weiteres persönliches Büro mit Referentin unterstützt zudem immer auch die Frau des Bundespräsidenten, Elke Büdenbender.[132] Dies gilt für Programmplanungen, Terminkoordinierungen, Korrespondenz. Tausende Briefe und E-Mails von Bundesbürgern erreichen monatlich das Präsidialamt. Auch die Facebook-Kommunikation ist zu pflegen. Sprecherin des Bundespräsidenten ist die Hörfunk-Journalistin Anna Engelke. Die Pressestelle umfasst inklusive der Sekretärinnen maximal acht Mitarbeiterinnen und Mitarbeiter. Für die komplette Öffentlichkeitsarbeit sowie die journalistische Begleitung ist das im Vergleich zu anderen Bundesbehörden extrem wenig Personal.

Für die auswärtigen Beziehungen im Präsidialamt – in sehr enger Koordination mit dem Auswärtigen Amt – ist Dr. Thomas Bagger, der Abteilungsleiter Ausland, zuständig. Er war zuvor langjähriger Chef des Planungsstabes im Auswärtigen Amt. Bagger ist jetzt mit seinen Mitarbeitern zuständig für die Staatsbesuche, Reisen und internationalen Aufgaben des Bundespräsidenten. Die Mitarbeiterzahl variiert zwischen 10 und 15 Personen, da auch befristet abgeordnete Mitarbeiter anderer Behörden, hier vor allem des Auswärtigen Amtes, zeitweise verstärkend mitarbeiten.[133]

Fast alle Bundespräsidenten haben die Dosis an Außenpolitik, die vom Bundespräsidialamt auszugehen hat, unterschätzt. Auf mehr als 60 Prozent der Tagesarbeit bezifferte sie Rau.[134] Wulff, der nach seiner eigenen Einschätzung – gemessen an der Amtszeit – häufiger auf Reisen war als seine Vorgänger, bezeichnete den Aufwand mit rund 50 Prozent.[135] Im Steinmeier-Team entsteht eher der Eindruck, dass 70 Prozent auf die Inlandsarbeit ausgerichtet sind (Post, Termine, Reden) und nur 30 Prozent auf das Ausland.[136]

Die stellvertretende Leitung im Hause Steinmeier hat die Ministerialdirektorin Dr. Angelika Schlunck inne. Sie leitet die Abteilung Z (wie Zentralabteilung), die Verwaltung der Verwaltung. Sie kann in Vertretung von Steinlein auch an den Staatssekretär-Runden und bei Kabinettssitzungen teilnehmen. Ihre Abteilung ist für Haushalt, Personal, Veranstaltungsmanagement, Verfassung/Recht sowie für Protokollfragen zuständig.

Die sogenannte »Hausintendanz-Stelle« hat eine Art Butler-Funktion.[137] Sie begleitet den Bundespräsidenten auf allen Reisen:

»Das Protokoll (Referat Z 4) sorgt für einen reibungslosen Ablauf der protokollarischen Termine und Veranstaltungen des Bundespräsidenten und des Chefs des Bundespräsidialamtes. Ein wichtiges Ziel der protokollarischen Betreuung des Staatsoberhauptes ist es, den jeweils richtigen ›Rahmen‹ der Veranstaltung zu finden. Zum Referat Z 4 gehören auch die Hausintendanz und der Koch des Bundespräsidenten« – so lautet die offizielle Erklärung des Bundespräsidialamtes.[138]

Die Auslandsbesuche werden von der Abteilung 2 »Ausland«, dem Auswärtigen Amt und seinem Protokoll gemanagt. Franz Spath fasst zusammen: »Erforderlich im Protokoll auch des Bundespräsidialamts sind die feste Hand des Managers, Talent im Umgang mit Menschen und Verständnis für die zeremonielle Würde des Staates.«[139] Das klingt abstrakt, hat im Alltag allerdings zentrale Bedeutung. Denn nichts im Bundespräsidialamt ist ohne Protokoll vorstellbar. Jede Begegnung, jede Reise, jede Einladung, jeder öffentliche Termin folgt der übergeordneten Logik des anlassbezogenen, äußerst differenzierten Staatszeremoniells.[140] Symbole, Rituale, Zeremonien strukturieren nonverbal die Kommunikation des Bundespräsidialamtes. Die besonderen Zeichensysteme können nur wirken, wenn sie Dritte auch verstehen oder es ihnen gegenüber entsprechend sinnfällig kommuniziert wird. Das Protokoll übersetzt mit reduziertem Formenkanon die Aura des Präsidenten. Zumindest könnte dies ein hoher Anspruch an das Protokoll sein. Die symbolisch verdichtete Funktion staatlicher Institutionen – überführt in das Protokoll – besteht in einer Steuerungsleistung. Es sind weiche Steuerungsmodi, die mit dem Einsatz von Symbolen einhergehen: das Protokoll als »Watte der Politik«.[141] Die Formgebung und Choreographie durch das Protokoll variieren durchaus im Zeitverlauf.

Das präsidentielle Staatszeremoniell wirkt gerade in den ersten Tagen auf die Bundespräsidenten übergriffig und befremdlich.[142] Kleiderordnung und Essgewohnheiten sind zu überdenken. Wulff wäre auch gerne einmal zur Kanzlerin ins Kanzleramt gefahren, was das Protokoll aber nicht zuließ. Wäre er länger im Amt gewesen, hätte er viele Rituale zeit- und altersgemäß hinterfragt und den Versuch gestartet, sie zu überformen. Zumindest sagte er dies im Nachhinein. Andererseits gaben Gauck und auch seine Lebensgefährtin Daniela Schadt schnell zu erkennen, dass sie ohne die höfliche, sachgemäße, dezente Führung durch das Protokoll überhaupt nicht arbeitsfähig gewesen wären.

Planung und Strategie: Wirkungsoptimierung und strategisches Zentrum

Wiederkehrende Amtshandlungen sind zu organisieren. Und davon gibt es im Kalender des Präsidenten sehr viele. Die jährliche Ansprache zum 3. Oktober, dem Tag der Deutschen Einheit; zum Weihnachtsfest im Fernsehen; Gedenktage, Reden zur Eröffnung von Ausstellungen, Kongressen, Verbandstagen, Ordensverleihungen an Menschen mit vorbildhaften Leistungen; Motto-Veranstaltungen am Amtssitz, Schirmherrschaften. Zu den Routine-Reden gehören u.a. auch die Übergaben der Beglaubigungsschreiben an neue Botschafter sowie Reden bei Preisverleihungen.

Abteilungsleiter des Inlandsbereichs ist Dr. Oliver Schmolke.[143] Seine Planungsreferentin ist Frau Dr. Undine Ruge. Schmolke war Planungschef der SPD-Bundestagsfraktion, als Steinmeier noch ihr Vorsitzender war. Zuletzt arbeitete Schmolke in gleicher Funktion im Bundeswirtschaftsministerium unter Sigmar Gabriel (SPD), um von dort wieder zu Steinmeier zu wechseln. Die Inlandsabteilung ist für »präsidiale Politik«[144] zuständig. Nicht operativ kann der Präsident aktiv ins Tagesgeschehen eingreifen. Aber mahnend, ermunternd, anregend – mit durchaus »gestaltenden politischen Möglichkeiten«[145] – soll er zu den gesellschaftspolitischen Grundfragen, ethisch-moralischen Streitfragen und verfassungs- und gemeinwohlorientierten Themenfeldern agieren. Das setzt eine sehr heterogene, interdisziplinäre Mitarbeiterschaft der Abteilung Inland voraus.

Schmolke besetzt mit seiner Abteilung (rund 40 Mitarbeiter)[146] das innenpolitische Strategiezentrum. Seine reichen parteipolitischen, exekutiven und legislativen Erfahrungen stimulieren den professionellen Netzwerker für wichtige Inszenierungen des Bundespräsidenten. Schmolke kommt als leiser, intellektueller, ideenreicher Gestalter daher, mit einem Blick für konkrete Anwendungen. Er kann planen und handeln und soll in der neuen Rolle im Präsidialamt politische Repräsentation ausdrucksstark umsetzen. Wie und durch was kann der Bundespräsident die liberale Demokratie stärken? Das treibt Schmolke in seiner Rolle besonders um.

In welcher Rede sollte sich das beispielsweise niederschlagen? Mehr als fünf bis sechs Mitarbeiter, die sich ausschließlich den Reden des Bundespräsidenten widmen, gab es nie im Präsidialamt. Bei rund 150 Reden pro Jahr ist das eine kleine Schar. Steinmeier hielt rund 170 Reden im Auftaktjahr, was sicher mit vielen Zusatzterminen im Bereich der Bürgerkontakte und der Kommunalbesuche zusammenhing.[147] Theodor Heuss schrieb die meisten seiner Reden selbst. Alle Nachfolger ließen sich zuarbeiten. Für Bundespräsident Steinmeier verantwortet Wolfgang Silbermann die Redenschreiber-

Gruppe (»Strategische Kommunikation, Reden und Texte«). Er entwickelt gemeinsam mit dem Planungsreferat der Inlandsabteilung strategische Narrative und überführt die strategischen Planungen in Texte.[148] Er schrieb bereits für den Außenminister Steinmeier die Reden. Die Wochenzeitung *Die Zeit* porträtierte ihn und seinen Chef 2017 in diesem Zusammenhang folgendermaßen:

»Der erst 30-Jährige, der in Oxford und Harvard studierte, hat für Steinmeier Wichtiges formuliert, zu Deutschland und Russland, zu Europas Zukunft. Manche Manuskripte lesen sich besser, als sie sich bei Steinmeier anhören. Das Reden kommt Steinmeier nicht so pastoral geübt über die Lippen wie Gauck. Steinmeier, der geborene Diplomat, wird seine Botschaften zuspitzen müssen, wenn er in immer lauterer Umgebung Gehör finden will.«[149]

Je nach Priorität der Rede gestalten sich die präsidialen Akte der Redeentwicklung: längerfristig, intensiver, kontroverser, lernender, dialogischer mit dem Präsidenten. Der »präsidiale Akt« ist die diplomatische Umschreibung für das Gemeinschaftswerk.

Was macht idealerweise ein strategisches Zentrum im Präsidialamt aus? Die Wirkungsmacht hängt, wie in allen Organisationen, von einer klugen Verbindung von inhaltlich planender Steuerung, machtpolitischer Verortung und kommunikativer Übersetzungsleistung ab. Planung sollte sich nach den dramaturgischen Erfordernissen für präsidiales Auftreten in der Mediendemokratie richten.[150] Es ist aber genauso wichtig, nicht nur drauflos zu kommunizieren, sondern auf der Adressatenseite immer die Wirkungsmächtigkeit langfristiger sozialstruktureller und kultureller Einflussfaktoren zu berücksichtigen. Ansonsten verpufft die beste Darstellungspolitik. »Politische Maßnahmen müssen [...] nicht nur so weit vereinfacht und zugespitzt werden, dass sie für das politische Publikum verständlich werden, sie müssen darüber hinaus als Fortschreibungen von identitätsstiftenden Konflikten und Bindungen interpretiert werden können.«[151]

Gerd Mielke hat dazu den Begriff des »Wäscheleinen-Prinzips«[152] geprägt. Gemeint ist ein flexibles Vorgehen: Verschiedene Veranstaltungs- und Aktionsformate kommen aneinandergereiht über einen längeren Zeitraum zum Einsatz. Dahinter steckt kein starres Korsett von Termin- oder Redeverpflichtungen, sondern nur eine themenbezogene Disziplin.[153] Was sollte alle Termine inhaltlich durchziehen? Der Planungschef von Steinmeier, Oliver Schmolke, nannte es »Mantelthema«.[154] Welches Mantelthema ist für Steinmeier angedacht? Die jeweiligen Inaugurationsreden der Bundespräsidenten spielen hierbei eine zentrale Rolle.[155]

Das »Mantelthema« für Steinmeier sollte die Zukunft der liberalen Demokratie sein und die Frage, welche die Erfolgsbedingungen einer offenen Gesellschaft sind.[156] Darüber hinaus blieb er skeptisch, was die Chancen einer eigenen Themen-Agenda anbelangt.[157]

Gauck wiederum war mit der Erwartungshaltung konfrontiert, sein Freiheitsthema (»Die Freiheit der Erwachsenen heißt Verantwortung«),[158] das er als »Handlungsreisender in Sachen Demokratie«[159] vor seiner Präsidentschaft wirkungsvoll intonierte, auch als Bundespräsident zu buchstabieren. Am Ende waren es eher Variationen dieses Freiheits-Themas: Werbung für die liberale Demokratie, Zusammenhalt in der Demokratie stärken. Anne von Fallois, langjährig im Präsidialamt in führenden Positionen beschäftigt (im Zeitraum von Herzog bis Gauck), würde als »Wäscheleinen-Prinzip« für alle Bundespräsidenten normativ Folgendes setzen: »Zukunft zu vergegenwärtigen, Zukunft aus Vergangenheit und Gegenwart zugleich als geronnene Vergangenheit und werdende Zukunft zu erklären; aus dieser doppelten Orientierung einerseits Gestaltungsaufgaben abzuleiten und sie andererseits als Kraft- und Resilienzquelle für das Land zu nutzen.«[160] Doch die besten Planungsvorhaben scheitern, wenn sich der Bundespräsident nicht darauf einlässt.

Gauck war sicher viel weniger programmatisch und strategisch getrieben als Steinmeier. Gauck agierte emotionaler und situativer. Steinmeier arbeitete hingegen immer mit einer Themen-Agenda, unabhängig davon, in welcher Regierungs-, Ressort- und Fraktionszentrale er wirkte. Bei strategischen Überlegungen muss zudem auch immer berücksichtigt werden, dass die Pflichttermine (ein Drittel Halb-Pflicht – wie beispielsweise Antrittsbesuche in allen Bundesländern – und ein Drittel Voll-Pflicht, wie etwa die Akkreditierung der Botschafter) die wenigen »Kür-Termine« überwiegen. Umso schwieriger gestaltet sich die Orchestrierung des leitmotivischen Agenda-Vorhabens. Ob am Ende die internen Ideen sich durchsetzen und zu den Prägemerkmalen der Präsidentschaften avancieren, ist nur begrenzt kalkulierbar. Köhler sprach vom »Land der Ideen« schon bei seiner Antrittsrede. Dieses Thema durchzog durchaus die Präsidentschaft und den Reformgestus von Köhler. In Erinnerung sind jedoch nicht bestimmte Agenda-Vorhaben geblieben, sondern eher die Auflösung des Bundestages und sein spektakulärer Rücktritt.

Herzog sprach in seiner Antrittsrede keineswegs vom »Reformstau« und vom »Ruck«, der durch das Land gehen müsste. Dies inszenierte er erst drei Jahre danach bei seiner erstmalig gehaltenen »Berliner Rede« vom April 1997 im Adlon-Hotel am Pariser Platz.[161] Michael Jochum, der fünf Jahre lang Herzog im Präsidialamt als Referent begleitete, hat in seiner Studie *Worte als Taten* faktenreich beschrieben, wie es zu dieser Rede kam und wie sie gewirkt hat. Er räumt dabei mit Legenden auf. Denn auch im Präsidialamt werden präsidiale Botschaften strategisch und öffentlichkeitswirksam aufbereitet. Der Planungschef von Gauck, Thomas Kleine-Brockhoff, sprach von der Kapazität des »Doppelschlags«.[162] Die Botschaft sollte idealerweise sequenziell getaktet doppelt, kurz hintereinander gesetzt werden – so zumindest die theoretische Herangehensweise. Dazu Jochum:

»Möglicherweise wird sie [die öffentlichkeitswirksame Aufbereitung; d. Verf.] ›diskret‹ übergangen, weil vielen die Würde des Staatsoberhauptes mit aktiver Pressearbeit nicht vereinbar zu sein scheint und die öffentliche Moral in puncto ›Politikinszenierung‹ von einer realitätsfernen Scheinheiligkeit geprägt ist. [Zumindest galt das noch für die Zeit von Herzog in den frühen 1990er Jahren; d. Verf.] In der Praxis kann sich ein Bundespräsident, der durchdringen will, solche Empfindlichkeiten nicht leisten. Viele seiner Botschaften würden unter den

Bedingungen der heutigen Nachrichtenkonkurrenz (mit ihrer strukturbedingten Vorliebe für Unerhörtes und Skandalöses) augenblicklich verpuffen, wäre ihr publizistischer Widerhall nicht professionell vororganisiert. Dass etwa Bundespräsident Herzogs Berliner ›Ruck‹-Rede [...] für monatelange Diskussionen über Art und Ursachen des ›Reformstaus‹ sorgte, war auch das Ergebnis einer die Rede von Anfang an flankierenden PR-Kampagne.«[163]

Hinter verschlossenen Türen sind dazu vor- und nachbereitend Hintergrundgespräche zu führen. Das Politikmarketing des Präsidenten muss sich entwickeln. Es besteht immer auch die Möglichkeit, externe Verbündete zu suchen.[164] Das bleibt wichtig, um die Wirkung auch zu streuen oder zu verstetigen. Beispielsweise stieg die Bertelsmann-Stiftung in der Amtszeit von Köhler unterstützend ausdrücklich auf das Demografie-Thema ein und initiierte eigene Forschungsvorhaben – ebenso die Nixdorf-Stiftung.

Die Wirkungsoptimierung erfolgt zum einen lernend (Phase 1), indem man sich Sachverstand organisiert. Das ist klassische Politikberatung, die jeder Präsident aktiv in Anspruch nimmt. Bei Gauck dominierte der Lernbedarf im Umgang mit dem Integrationsthema.[165] Steinmeier hatte sich zu Beginn dem Bereich der verfassungsrechtlichen Spielräume der Reservemacht (bei der Regierungsbildung) zu widmen.[166] Er kannte durch seine Vita die politischen Implikationen, die auf ihn zukommen könnten. In seiner Antrittsrede hatte er den Fokus bereits auf Demokratie- und Systemfragen gelenkt. Für die Wirkungsoptimierung war das Sensorium in den aufgeregten Wochen und Monaten der Regierungsbildung 2017/18 zu schärfen und die zeitlichen Dispositionen im Bundespräsidialamt zu schärfen.

Spitzenvertreter aus den unterschiedlichsten Bereichen der Wissenschaft, der Wirtschaft, der Interessenorganisationen etc. leisten im Rahmen von Politikberatung im Präsidialamt nicht nur einen inhaltlichen Input, sondern für Phase zwei ist es auch wichtig zu testen, welche Reaktionen sich mit welcher Intensität idealerweise auslösen lassen.

Zur dritten und letzten Phase gehört dann die organisierte Nachbearbeitung des Termins, für die auch praxisnahe crossmediale PR-Überlegungen eine Rolle spielen. Das alles ist heute nicht ungewöhnlich, sondern entspricht eher einem professionellen Kommunikationsstandard in der Berliner Republik. Zu Herzogs Zeiten goutierte man das noch mit »erkennbarem Naserümpfen«.[167] Spätestens seit der Regelhaftigkeit der sogenannten »Berliner Reden« hat sich die politische Republik daran gewöhnt, dass auch Bundespräsidenten mit Multiplikatoren-Effekten kommunikativ und systematisch arbeiten.

Nach der Darstellung der Gestaltungsoptionen, des Wissens sowie der Ressourcen über die Machtmöglichkeiten soll anschließend anhand von drei Schwerpunktsetzungen die Entfaltung von konkreten Gestaltungsräumen gezeigt werden.

4. GESTALTUNGSRÄUME

Die Gestaltungspotenziale des Bundespräsidenten lassen drei verschiedene Gesichter präsidialer Macht erkennen. Das Gestaltungswissen macht aus Bundespräsidenten Nachfolger im Amt, die Praktiken und Stile nutzen, um ihre instrumentellen Möglichkeiten einzusetzen. Die folgenden Ausführungen zeigen in drei Schritten, wie sich Gestaltungsmacht konkretisiert. Dabei dreht es sich um den Bundespräsidenten als Kanzlermacher (Kap. 4.1), als Gesprächsinstanz im Bereich der Integrations- und Repräsentationsaufgaben (Kap. 4.2) sowie als internationalen Türöffner (Kap. 4.3).

4.1 Der Bundespräsident als Kanzlermacher

Wir starten mit einem Gedankenexperiment. Ein mögliches Szenario im Frühjahr 2018: Bundestagspräsident Wolfgang Schäuble (CDU) ruft den Tagesordnungspunkt 1 auf: »Wahl des Bundeskanzlers«. Schäuble ergänzt: »Der Herr Bundespräsident hat mir hierzu mitgeteilt: Gemäß Artikel 63 Absatz 1 des Grundgesetzes für die Bundesrepublik Deutschland schlage ich dem Deutschen Bundestag vor, Frau Annegret Kramp-Karrenbauer zum Bundeskanzler[1] der Bundesrepublik Deutschland zu wählen.«

Der Bundespräsident hatte nach monatelangen Sondierungsgesprächen zwischen Union, FDP und Grünen (Jamaika-Formation) die Initiative zur Regierungsbildung ergriffen. In unserem Szenario sollte die geschäftsführende Regierung Merkel durch eine gewählte Regierung Kramp-Karrenbauer (CDU) abgelöst werden. Eine handlungsfähige und stabile Mehrheit sah Steinmeier nur in einer Wiederauflage einer Großen Koalition, allerdings mit ausgetauschtem Führungspersonal. Denn der Kanzlerkandidat der SPD, Martin Schulz, hatte sich noch am Wahlabend gegen die Fortsetzung einer Großen Koalition ausgesprochen und außerdem persönlich ein Eintreten in eine Regierung unter Merkel kategorisch abgelehnt. Das Scheitern der Jamaika-Verhandlungen, das schlechte Wahlergebnis für die Union und die rapide abnehmenden Popularitätswerte der Kanzlerin beförderten innerhalb der CDU-Spitze die Einschätzung, dass das Kanzleramt nur noch ohne Angela Merkel zu verteidigen sei.

Der Bundespräsident hatte abseits der Öffentlichkeit selbständig mit Vertretern von Union und SPD im Hintergrund die politische Lage vertraulich sondiert. Er nahm damit seine ihm vom Grundgesetz zugewiesene sogenannte »Reservefunktion« als Bundespräsident wahr: die außerordentlichen Kompetenzen, um politische Krisenlagen zu bewältigen.[2] In Zeiten instabiler parlamentarischer Mehrheiten bildet der Bundespräsident als Kanzlermacher eine Art politischer »Reserve«. Wenn der Bundestag seiner Kanzlerwahl-Aufgabe als Kreationsrecht nicht nachkommt und somit die Funktionseinheit von Parlamentsmehrheit und Bundesregierung ausfällt, besteht aus Sicht des Bundespräsidenten Handlungsbedarf.[3] Denn die Lähmung des Regierungsbetriebs war über Monate sichtbar: Keine Gesetze konnten verabschiedet werden; eine konstruktive Regierungsbildung aus der Mitte der Parlamentarier schien nicht in Sicht; die europäischen Partner warteten ungeduldig auf Mitgestaltung.

Bleiben wir weiterhin in unserem fiktionalen Szenario und würzen es mit den Wahlergebnissen: Der 19. Deutsche Bundestag wurde am 24. September 2017 gewählt. 709 Abgeordnete zogen für sieben Parteien und sechs Fraktionen in den Bundestag. Die Unionsparteien erreichten gegenüber allen anderen Parteien eine deutliche Mehrheit im Deutschen Bundestag.[4] Für eine absolute Mehrheit fehlte allerdings ein Koalitionspartner. Insofern schien es zunächst naheliegend, ein experimentelles Bündnis zwischen den »Jamaika«-Parteien, Union, FDP und Grüne (Schwarz-Gelb-Grün), zu suchen. Diese Regierungskoalition käme auf 393 Sitze, somit 39 Mandate oberhalb der Kanzlermehrheit. Vorausgegangen war der erste Bundestagswahlkampf in der Geschichte der Bundesrepublik Deutschland ohne konkrete Koalitionsaussagen. Das hatte tiefe Spuren hinterlassen. Keine Partei schaffte es überzeugend, vom Modus des Wahlkampf-Wettbewerbs in eine Phase der konstruktiven Koalitionsbildung überzugehen. Der Auftritt des jeweiligen Spitzenpersonals erinnerte über Monate eher an die Verlängerung des Wahlkampfs als an eine Regierungsbildung. Die Sondierungen zogen sich lange hin. Koalitionsverhandlungen kamen auch Anfang 2018 nicht zustande.

Der Bundespräsident musste deshalb abwägen. Wie lange sollte er noch zuschauen? Sollte er auf seine Möglichkeiten hoffen, die ihm Artikel 63 des Grundgesetzes potenziell bietet? Eine Minderheitskanzlerin? Auflösung des Bundestages und Neuwahlen? Steinmeier entschied in unserem Gedankenexperiment anders. Für ihn war eine stabile parlamentarische Mehrheit durchaus über eine Neuauflage der Großen Koalition denkbar, allerdings mit unverbrauchten Kandidaten, die sich im Hinblick auf die Koalitionsbildungsprozesse nicht festgelegt hatten. Nur so schien es ihm möglich, Vertrauen für die Kanzlerwahl zu sichern. Der Bundespräsident musste gleichzeitig das Risiko eines nicht mehrheitsfähigen Vorschlags seinerseits vermeiden.

Er fühlte deshalb frühzeitig bei der stellvertretenden Parteivorsitzenden der CDU, Annegret Kramp-Karrenbauer, Mitglied des Präsidiums der CDU, vor. Sie war seit 2012 Ministerpräsidentin im Saarland – in einer Großen Koalition. Mit 40,7 Prozent für die CDU deklassierte sie im Superwahljahr bei der ersten Landtagswahl 2017 alle Mitbewerber. Sie ließ zuvor nach zwölf Monaten die erste Jamaika-Koalition auf Länderebene in Saarbrücken platzen, nachdem keine vertrauensvolle Zusammenarbeit – vor allem mit der FDP – erkennbar war. Das Risiko zahlte sich für Kramp-Karrenbauer aus. Sie wurde von den Saarländern zweimal wiedergewählt. Ihre Wahlergebnisse auf Bundesparteitagen der Union waren stabil sehr hoch, so dass sie auch in der Bundespartei flügel- und länderübergreifend starken Rückhalt genoss.

Merkel musste parteiintern zur Aufgabe der Kandidatur gebracht werden. Das war nicht einfach, zumal ein klarer Favorit für die Nachfolge fehlte. Doch die drohende Option einer möglichen Neuwahl mit einer erneuten Kandidatin Merkel schuf die Eigendynamik, den Widerstand gegen sie zu aktivieren und konstruktiv zu wenden. Vielen Führungspersonen an der Spitze der CDU schien ein Neuanfang für eine Große Koalition mit neuer Kanzlerin vielversprechender als Neuwahlen. Das galt auch bereits im Hinblick auf die Aussichten für die Mobilisierungschancen für die Bundestagswahlen 2021 – der Post-Merkel-Ära. Denn warum sollte die SPD-Fraktion im Deutschen Bundestag eine öffentlich immer wieder vorgebrachte Idee unterstützen, nach zwei bis drei Jahren der letzten Amtszeit von Merkel eine neue CDU-Kanzlerin bzw. einen neuen CDU-Kanzler im Bundestag mit zu wählen? Idealerweise würde ein Kanzler, der nach 16 Jahren nicht mehr kandidieren möchte, den Wählern seinen Nachfolger im Amt, mit Amtsbonus ausgestattet, präsentieren. Warum sollte sich die SPD auf so eine verstörende Idee einlassen? Ein Warmlaufen des neuen Kandidaten im Amt ermöglichen, um 2021 dann gegen sie oder ihn anzutreten? Auch solche langfristigen strategischen Überlegungen spielten eine Rolle, um Merkel zum Verzicht bereits 2018 zu drängen, was schließlich gelang.

Da sich Martin Schulz als Parteivorsitzender der SPD eindeutig für die Oppositionsrolle entschieden hatte, musste Steinmeier auf einen anderen stellvertretenden SPD-Vorsitzenden mit seiner Initiative setzen. Sein Blick richtete sich auf Andrea Nahles, die sich als Arbeitsministerin in der zurückliegenden Großen Koalition Achtung und Respekt erarbeitet hatte. Sie schien über den Gradmesser parteiinterner Popularität auf Bundesparteitagen eine geachtete, wenngleich wenig geliebte Kandidatin, um die SPD auf eine Fortsetzung der Großen Koalition einzustimmen. Für die SPD hätte dies einen gangbaren Ausweg aus einer politischen Sackgasse bedeutet, in die Martin Schulz gefahren war. Steinmeier hatte mit seinen Vorkenntnissen ein Heimspiel, um das Machtgefüge innerhalb der SPD sorgsam neu zu justieren.

Große Koalition nun also mit Kramp-Karrenbauer und Nahles? Für den Bundespräsidenten blieb bei dieser Konstellation der Wermutstropfen, dass die erstmals in den Bundestag gewählte rechtspopulistische AfD die größte Oppositionsfraktion bildete und somit zukünftig prominentes Rederecht im Plenum genoss. Andererseits differenzierte sich die Opposition mit AfD, FDP, Linken und Grünen vierfach deutlich aus. Sie schien perspektivisch selbstbewusst, stark, wahrnehmbar und alternativ zum Regierungslager. Die Neuauflage der Großen Koalition kam rechnerisch als kleine Große Koalition daher.[5] So wurde schließlich im späten Frühjahr 2018, viele Monate nach der Bundestagswahl, die Kanzlerwahl im Deutschen Bundestag angesetzt. Der Bundespräsident hatte den Personalvorschlag unterbreitet und dafür im Hintergrund alle Fäden zusammengeführt. Die CDU und die SPD opferten auf dem Weg zur Koalition ihre jeweiligen Vorsitzenden. Nach zwölf Jahren endete die Kanzlerschaft von Angela Merkel. Der Bundespräsident nutzte vollumfänglich in instabilen parlamentarischen Zeiten sein Initiativrecht zur Kanzlerwahl – soweit das mögliche Szenario.

So hätte es kommen können. Kontrafaktische Regierungsforschung kann mit Perspektivwechseln und einem stärker historischen Ansatz die Kontingenz von Ereignissen und die Offenheit von Entwicklungen aufzeigen.[6] Aus den möglichen Entwicklungen können Aussagen über die wirklichen Entwicklungen getroffen werden. Das »Möglichkeitsdenken«[7] markiert Potenziale, die im Amt des Bundespräsidenten enthalten sind. Die kontrafaktische Analyse schärft somit den Blick für die Handlungsmächtigkeit der Akteure.[8] Ob das geschilderte Szenario eingetroffen ist, spielt dabei keine entscheidende Rolle. Vielmehr erkennen wir Mechanismen, wie in Krisen- und Ausnahmesituationen das Bundespräsidialamt zum politischen Player werden kann. Steinmeier ist dann nicht nur Kanzlermacher, sondern auch Möglichkeitsmacher. So skurril sich mein Szenario bis September 2017 anhörte, so realistisch ist es in Teilen faktisch geworden – mit Abweichungen beim Personal.

Welches politische Potenzial steckt bei der Regierungsbildung im Grundgesetz? Sehen wir uns zunächst den formalisierten Prozess und die instrumentellen Möglichkeiten an, bevor der Blick auf 2017/18 zu lenken ist. Die bisherige Bundesregierung bleibt auch nach der Konstituierung des 19. Deutschen Bundestages auf Ersuchen des Bundespräsidenten geschäftsführend im Amt – zeitlich unbegrenzt.[9] Denn Artikel 111 des Grundgesetzes regelt vorsorglich die Mittel der vorläufigen Haushaltsführung für weitere Jahre (Ausgaben des Bundes auf nur gesetzliche Festlegungen oder vertragliche Bindungen für die Folgezeit).

Dann schlägt die Stunde eines Verfassungsorgans, das bei harter Entscheidungspolitik selten eine Rolle spielt, nämlich die des Bundespräsidenten. Der Bundespräsident kann zum Kanzlermacher werden, wenn er seinen Ermessensspielraum nutzt. Seine »hard power« findet sich in Artikel 63 des Grundgesetzes. Er hat das Vorschlagsrecht für die Kanzlerwahl im ersten Wahlgang. Das ist die »Geburtshilfe« jedes Bundespräsidenten bei der Kanzlerwahl. Er ist verfassungsrechtlich weder personell noch zeitlich an die Vorstellungen des Bundestages oder der Öffentlichkeit über den zukünftigen Kanzler gebunden.[10] Der Bundespräsident ist Meister der Zeit.[11] Hätte er Zeitvorgaben, würde sich sein Machtgesicht verändern. Weiche Macht – als Herr der Zeit – entfaltet Wirkungen auch ohne konkrete Handlungen, weil alle erwarten, dass der Bundespräsident nicht Zuschauer, sondern Akteur im Krisenmodus bleibt. Der Parlamentarische Rat wollte mit dem Initiativrecht den Bundespräsidenten als ausgleichenden und neutralen Faktor bei der Regierungsbildung in Erscheinung treten lassen.[12] Von wenigen Ausnahmen abgesehen spielte über Jahrzehnte dieses Recht des Bundespräsidenten eine kaum beachtete Rolle. Denn der parteipolitische Wettbewerb war in Deutschland stabil und führte regelmäßig zu eindeutigen Koalitionsmehrheiten. Der Wahlakt wirkte dann wie eine plebiszitäre Bestätigung des jeweiligen Kanzlerkandidaten.

Unter den Bedingungen von Vielparteienparlamenten kann sich dies jedoch schneller ändern, als es dem politischen Stabilitätsbedürfnis vieler Deutscher entspricht. Der Bundespräsident – immer der Einheit des Staates verpflichtet und parteipolitisch zur Unparteilichkeit gedrängt – hat bei einer Regierungskrise durchaus außerordentliche Befugnisse. Diese kann eintreten, wenn eine Regierungsbildung scheitert, da die potenziellen Koalitionspartner unüberbrückbare Positionen beibehalten. Nicht erst ein Notstand (Art. 81 GG) markiert eine Regierungskrise. Handlungs- und Eingriffsmöglichkeiten ergeben sich für den Bundespräsidenten, der als Krisenlöser gefragt ist. In der juristischen Auseinandersetzung hat sich dafür der Begriff der »Reservemacht« herausgebildet.[13] Die Reservefunktion soll zur Beseitigung von Funktionsstörungen der anderen Verfassungsorgane – wie z. B. des Bundestages, der seiner Wahlaufgabe nicht nachkommt – beitragen: »Im Krisenfall tritt das Staatsoberhaupt aus seiner Reserveposition heraus, um den gestörten Mechanismus des parlamentarischen Systems in Ordnung zu setzen.«[14] Der Vorschlag zur Kanzlerwahl entspricht einer präsidentiellen Reservemacht, wenn instabile parlamentarische Mehrheiten das klassische Muster der Lager-Koalitionsbildung erschweren. Das Gleiche gilt, wenn die Kanzler während einer Legislaturperiode ihre jeweilige parlamentarische Mehrheit verlieren, was in einigen Ausnahmefällen seit 1949 durchaus vorkam. Die Regierungskrisen (Vertrauensfragen, konstruktives Misstrauensvotum, Auflösung des Bundestages) riefen die Bundespräsidenten auf den Plan, deren Spielraum jedoch in diesen Fällen übereinstimmend als begleitend, nicht jedoch als persönlich-gestaltend in der Fachliteratur eingeordnet wird.[15] Karl Carstens sah – vor seiner Amtszeit als Bundespräsident – das Staatsoberhaupt in einem wechselseitigen Führungsverhältnis zum Bundeskanzler.[16] Das kann sich ändern: »Im Zeitpunkt der Regierungsbildung und in Krisensituationen, wenn das parlamentarische Regierungssystem versagt, fällt dem Bundespräsidenten eine Führungsrolle zu.«[17] Das Staatsoberhaupt sollte bei einer Regierungskrise – so die Interpretation des Grundgesetzes – Eingriffsrechte nutzen können. Dies bleibt auf besondere Konstellationen begrenzt: »Der wesentliche Teil der Reservefunktion ist, zu verhindern, dass Reservemacht je benötigt wird.«[18] So definiert sich einmal mehr weiche Gestaltungsmacht.[19]

Wie verfährt nun der Bundespräsident, wenn er den Wahlakt initiieren möchte? Da der Bundespräsident kein Rederecht im Bundestag hat, übermittelt er schriftlich seinen Vorschlag als Erklärung des Bundespräsidenten an den Bundestagspräsidenten.[20] Als Staatspraxis hat sich dabei herausgebildet, dass der Vorschlag nicht als Bundestags-Drucksache den Abgeordneten vorliegt, sondern vom amtierenden Präsidenten der Sitzung nach Aufruf des Tagesordnungspunktes »Wahl des Bundeskanzlers« verlesen wird. Verfassungsrechtlich ist der Bundespräsident zur Abgabe solch eines Vorschlags verpflichtet – »hard power«, die sich aber in Krisenzeiten nur als »soft power« realisieren lässt. So schreibt Herzog in seinem Grundgesetzkommentar:

»Andererseits gibt ihm Art. 63 Abs. 1 die Möglichkeit, unnötig lange Koalitionsverhandlungen durch die Drohung abzukürzen, er werde zu einem bestimmten Zeitpunkt von sich aus eine ihm genehme Persönlichkeit vorschlagen, wenn die miteinander verhandelnden Parteien sich bis dahin nicht auf einen eigenen Kandidaten geeinigt hätten.«[21]

Hätte Steinmeier also – unabhängig vom eingangs skizzierten Szenario – Merkel dem Bundestag vorschlagen können, um die Zeit einer geschäftsführenden Regierung abzukürzen? Wäre hier vielleicht der Zeitpunkt unmittelbar nach dem Jamaika-Aus günstig gewesen?

Erkennbar wird, dass durch den Vorschlag des Präsidenten der Bundestag unter Zugzwang gesetzt wird. Die Abgeordneten werden mithin daran erinnert, warum sie in den Bundestag gewählt wurden: Regierungsbildung und Kontrolle gehören zu den wichtigen Rechten und Aufgaben der Abgeordneten. Möglichst schnell soll dies geschehen, darauf ist das Grundgesetz ausgerichtet. Dieser Stabilitätsfanatismus erklärt sich aus der Geschichte der Weimarer Republik.

Der Bundespräsident ist immer gut beraten, einen Vorschlag zu unterbreiten, der auch zum Erfolg einer Kanzlerwahl führt. Insofern wird es sicher keine spontanen, unüberlegten und unvorbereiteten Vorschläge des Bundespräsidenten für die Wahl des Bundeskanzlers geben, um nicht sich selbst oder dem Amt zu schaden. Er wird nur einen Kanzlerkandidaten vorschlagen, bei dem er durch nicht-öffentliche Vorsondierungen sicher ist, dass dieser eine ausreichende parlamentarische Mehrheit organisieren kann. Herzog listet als typische »non-decisions« der weichen Macht explizit drei Varianten auf: »mahnen«, »warnen«, »ermuntern«.[22] Er ergänzt:

»je größer sein [des Bundespräsidenten; d. Verf.] eigenes Ansehen und das seines Amtes ist, umso weniger wird eine Regierung oder eine parlamentarische Fraktion es wagen, sich unnötig in einen Konflikt mit ihm zu begeben, zumal solche Konflikte in der modernen Mediengesellschaft ja nicht geheim zu bleiben pflegen.«[23]

Präsidiale »Als-ob-Macht« überschreibt das Skript der Praktiken. Gestaltungsmacht entsteht. Weil keiner auf einen öffentlichen Konflikt mit dem Bundespräsidenten als »Hüter der Verfassung« und Repräsentant der Einheit des Staates erpicht ist, wächst sein Einfluss hinter den Kulissen. Alle müssen ihm zuhören, obwohl er machtpolitisch operativ wenig zu sagen hat.

Der vom Präsidenten vorgeschlagene Kandidat braucht kein Mandat im Bundestag, und er muss keinesfalls der stärksten Fraktion angehören. Nur innerhalb einer Koalition hat bislang die stärkste Fraktion stets den Anspruch erhoben, den Kanzler zu stellen. Doch auch das ist nur Konvention, kein Verfassungsrecht. Die Kanzlerwahl findet geheim statt, was viele Optionen zulässt. Grundsätzlich bedeutet das Vorschlagsrecht auch für den Bundespräsidenten die Option, einen Kandidaten, der sich seiner parlamentarischen Mehrheit sicher ist, ablehnen zu können.[24] Das kam bislang noch nicht vor und greift wohl eher, wenn Kandidaten in Skandale verwickelt zu sein scheinen.

Die zweistufige Regierungsbildung gilt unabhängig vom Ausgang der Bundestagswahlen: die Wahl des Kanzlers und dann die Bildung des Kabinetts. Im ersten Deutschen Bundestag versammelten sich 1949 insgesamt zwölf verschiedene Parteien. Dennoch kristallisierte sich sehr zügig eine Koalitionsmehrheit für Adenauer heraus. Das Grundgesetz rechnet insofern durchaus mit Vielparteienparlamenten, die dennoch zu einer stabilen Regierungsbildung gelangen können. Es ist nicht die Vielzahl der Parteien, die neue Probleme der Regierungsbildung aufwirft, sondern es sind eher die Blockaden zwischen möglichen Bündnispartnern. Wählermarkt und Koalitionsmarkt entwickeln sich gegenläufig. Für 2017/18 kam erschwerend erstmals hinzu, dass es mit der SPD (zeitweise) und dann auch mit der FDP (nach dem Jamaika-Aus) offenbar zwei Parteien gab, die den Wählerauftrag nicht als Auftrag zur Regierungsbildung interpretierten.

Vielparteienparlamente, »Ausschließeritis« für Koalitionen und Verweigerung von Verantwortungsübernahme setzen den Prozess der Regierungsbildung unter neuartigen Druck. Koalitionslotterien verflüssigen die Lagersehnsucht der Parteistrategen. Multiple Koalitionsvarianten gehören zum Kennzeichen des Koalitionsmarktes, wie er sich auch in den Bundesländern in aller Farbenpracht abbildet. 13 verschiedene Koalitionsformate existierten in den Ländern zum Zeitpunkt der Bundestagswahl 2017. Unter diesen Bedingungen des Koalitionsmarktes legen sich die Parteien im Wahlkampf bündnispolitisch nicht mehr fest. Das hat automatisch Konsequenzen für das Vorschlagsrecht des Bundespräsidenten – auch für kommende Wahlen. Koalitionspartner müssen sich zukünftig nicht nur einigen, sondern erst finden, d. h. Sondierungsphasen dehnen sich zeitlich aus. Immer mehr stehen dann die parteiübergreifenden Gespräche unter dem Vorbehalt, dass auch der Bundespräsident bereit sein könnte, den Kandidaten vorzuschlagen.[25] Im Verfahren kommt dem Bundespräsidenten nicht am Ende ein Gestaltungsrecht zu, sondern viel früher und deutlich aktiver. Differenzierte Vorstufen der Regierungsbildung beziehen dann das Bundespräsidialamt mit ein. Am nachfolgend skizzierten konkreten Anwendungsfall 2017/18 ist deutlich zu erkennen, wie sich das geordnete Verfahren der Regierungsbildung mit Gesprächen der Parteiführer im Präsidialamt konkret ausgestaltet.

Historisch: Vorschlagsoption für die Kanzlerwahl und Kabinettslisten

Sehen wir uns zunächst das Vorschlagsrecht des Bundespräsidenten in einem historischen Längsschnitt an. Drei Bundespräsidenten nutzten bislang ihr Initiativrecht, um einen Kanzlerkandidaten vorzuschlagen, der nicht der größten Bundestagsfraktion angehörte: Heinemann schlug 1969 Willy Brandt (SPD) vor; Helmut Schmidt

(SPD) wurde von den Bundespräsidenten Scheel 1976 und auch von Carstens 1980 vorgeschlagen. Im Mittelpunkt des Vorschlagsrechts steht immer die zukünftige arbeitsfähige Regierung. Unberührt davon bleiben Sympathien oder Antipathien durch den Bundespräsidenten – normalerweise. Arnulf Baring berichtet über die Morgenlagen im Präsidialamt am Tag nach der legendären Bundestagswahl von 1969, an der sich die erste sozialliberale Koalition im Bund abzeichnete:

»Staatssekretär Spangenberg nahm den Hörer ab [das Telefon hatte geklingelt; d. Verf.], gab ihn Heinemann: Es sei Brandt. Heinemann hörte zu, sagte mehrmals ›ja‹, ›ja‹, ›ja‹ – und dann plötzlich, laut und mit Nachdruck: ›Willy, ran, mach's!‹. Die Anwesenden trauten kaum ihren Ohren. Denn so innerlich beteiligt und deutlich erregt drängend, zeigte sich der verhaltene, gehemmte Heinemann sonst nie.«[26]

So freudig ging es freilich nicht immer zu.

Das Kräftemessen zwischen Präsident und Kanzler im Kontext der Regierungsbildung zeigte sich bereits einige Jahre zuvor: 1961. Bundespräsident Heinrich Lübke (1959–1969) favorisierte von Beginn seiner Amtszeit eine Zusammenarbeit der Union mit der SPD. Diesem Ziel, eine Große Koalition mitzugestalten, sah er sich durch das Ergebnis der Bundestagswahl von 1961 nahe. Die Union hatte ihre absolute Mehrheit im Bundestag verloren. SPD und FDP waren die Gewinner der Wahl. Die FDP hatte sich im Wahlkampf klar gegen eine weitere Kanzlerschaft von Adenauer ausgesprochen. Eine Notarfunktion wollte Lübke als Präsident nicht ausüben, eher politisch gestalten. Die parteipolitische Konstellation ließ Instabilität erwarten, da sich die FDP im Wahlkampf zwar noch auf eine Koalition mit der Union festgelegt hatte, aber keineswegs mehr unter der Führung von Adenauer. Die Wahlergebnisse lauteten: CDU 35,8, CSU 9,5; SPD 36,2; FDP 12,8 Prozent der abgegebenen Stimmen. Lübke sah sich in der Machtposition, einen Kanzlerkandidaten vorzuschlagen, der auch die SPD mit in die Koalition einbinden sollte. Er wollte sein Präsentationsrecht nutzen, um mit Bundestagspräsident Eugen

Gerstenmaier (CDU) einen Kandidaten für eine Große Koalition oder eine Allparteienregierung vorzuschlagen.[27] Lübke schien nach dem Mauerbau in Berlin im Bundestagswahljahr auch angesichts der internationalen Krisensituation eine Bundesregierung mit vielen Parteien angemessener als eine Kleine Koalition. Als der Vorsitzende der FDP, Erich Mende, am 22. September 1961, also vier Tage nach der Bundestagswahl, den bisherigen Bundeswirtschaftsminister Erhard (CDU) als Kanzlerkandidaten vorschlug, lehnte Lübke dies ab. Er hatte grundsätzlich nichts gegen die Fortsetzung der schwarz-gelben Koalition, doch sah er, falls die FDP Adenauer nicht mitwählen würde, gerade jetzt eine Chance zur ersten Großen Koalition gekommen. Auch für die mit Zwei-Drittel-Mehrheit zu verabschiedende noch ausstehende Notstandsverfassung durch den Bundestag wollte Lübke die Stabilität einer Großen Koalition nutzen. Gerstenmaier verweigerte sich jedoch einer möglichen »Kampfkandidatur« gegen Adenauer.[28]

Die Koalitionsverhandlungen zogen sich hin. Als klar wurde, dass die FDP doch erneut eine Koalition mit Adenauer – für begrenzte Zeit – eingehen würde, versuchte der Bundespräsident zumindest auf die Kabinettslisten Einfluss zu nehmen. Nach Art. 64 GG Abs. 1 werden die Bundesminister auf Vorschlag des Bundeskanzlers vom Bundespräsidenten ernannt. Herzog spricht in seinem Grundgesetz-Kommentar in diesem Zusammenhang von einer »Ratifikationspflicht« des Bundespräsidenten.[29] Er sieht bei den Ernennungen keinen Gestaltungsspielraum für einen Bundespräsidenten, somit keine Ermessensentscheidung. Ein personelles Prüfungsrecht und eine Präsentationspflicht des Bundeskanzlers (Vorlage der Kabinettslisten zur Genehmigung) bestehen nach der Rechtspraxis offenbar nicht.[30] Dies wird damit begründet, dass der Bundespräsident als aktiver Akteur im Prozess der Regierungsbildung zurücktreten soll und eine ausschließlich parlamentarische Verantwortlichkeit der Bundesregierung sichtbar sein sollte.[31] Dennoch zeigen sich immer wieder Einzelfälle, in denen es zu Meinungsverschiedenheiten zwischen den jeweiligen Bundespräsidenten und Bundeskanzlern bei der Ernennung von Bundesministern kam.[32] Solange es nicht öffentlich über einzelne Personen zu Verwerfungen und Irritationen kam, konnten die jeweiligen Bundespräsidenten, soweit sie im Vorfeld eingeweiht wurden, durchaus ihren individuellen Einfluss geltend machen – auch mit der Androhung von Öffentlichkeit. Lübke scheiterte 1961 mit seinen Einwänden gegen einzelne Ministervorschläge[33] – ebenso wie zuvor bereits Heuss. Lübke scheiterte ebenso bei dem Versuch, Adenauer 1961 zu verhindern. So kam es erneut zur Wahl von Adenauer zum Bundeskanzler im Deutschen Bundestag – allerdings setzte sich danach die Regierungsbildung fort. Auch solche Modelle sind mit dem Grundgesetz vereinbar, wenn sich die Parteien auf einen Kanzler verständigen, sich aber die Koalitionsverhandlungen hinauszögern. Bis es der FDP schließlich gelang, Adenauer zum Verzicht auf das Kanzleramt in der Mitte der Legislaturperiode festzulegen, sollte es noch einige Wochen dauern.

Bundespräsident Lübke ließ im Kräfteringen mit dem Kanzler Adenauer keine Gelegenheit aus, um seinen politischen Entscheidungsspielraum zu erweitern. So mahnte er drei Tage vor der Bundestagswahl von 1965 schriftlich sein unabhängiges Vorschlagsrecht für den ersten Wahlgang gegenüber den Parteivorsitzenden an, da er mit undurchsichtigen Koalitionsmöglichkeiten nach der Bundestagswahl rechnete.[34] Er wollte die Parteivorsitzenden von CDU und SPD »zwei Tage nach der Wahl«[35] im Bundespräsidialamt treffen. Lübke wollte damit verhindern, dass sich Bundeskanzler Ludwig Erhard (CDU) oder Gerhard Schröder (CDU) unmittelbar nach der Bundestagswahl selbst als Kanzlerkandidaten ausriefen, dem Modell Adenauers von 1961 folgend.[36] Lübke bezog sich mit seinem Wunsch auf eine mögliche instabile parlamentarische Lage nach der Bundestagswahl. Er wollte Vorsorge treffen und das Heft des Handelns innehaben, noch bevor es überhaupt zur Wahl kam. Am Ende fehlten der Union im Bundestag 1965 aber nur drei Mandate zur absoluten Mehrheit – und Lübkes Konzept war gescheitert, weil er sich auf die Demoskopen verlassen hatte. Der Zeithistoriker Rudolf Morsey ist deshalb zu einem vernichtenden Urteil gelangt: »Der Bundespräsident war blamiert. Seine Prognose über den Wahlausgang hatte sich als falsch erwiesen; sein Versuch, die Koalitionsverhandlungen beeinflussen zu können, war gescheitert, seine Autorität geschmälert.«[37] Auch Morseys jüngerer Fachkollege Edgar Wolfrum resümiert trotz des Wahlsiegs: »So großartig der Wahlsieg [für Erhard; d. Verf.], so trostlos die Regierungsbildung und so schwach die neue Regierung.«[38]

Die Idee der aktiven Rolle des Bundespräsidenten bei der Regierungsbildung formulierte der damalige Staatssekretär im Bundespräsidialamt, Hans Berger. Danach sollte nach dem Brief an die Parteivorsitzenden mit dem Hinweis auf das Vorschlagsrecht des Bundespräsidenten auch verbunden sein, den Automatismus zu durchbrechen, gleichsam immer den Kandidaten der stärksten Fraktion vorzuschlagen. Der Bundespräsident sollte zudem – wie in den Niederlanden – einen »Informator« bestellen, um während der Verhandlungen über die Kabinettsbildung immer unterrichtet und eingeschaltet zu sein.[39] Da es allerdings nach der Bundestagswahl von 1965 keine klare schwarz-gelbe Koalitionsmehrheit gab, waren diese Überlegungen allesamt hinfällig. Aber sie zeigen, wie das Ringen um die Gestaltungspotenziale der Kanzlerwahl und der Regierungsbildung praktiziert werden konnte.

Herzog, Köhler, Gauck:
Die Ernennung von designierten Kanzlern prüfen

Auch andere Bundespräsidenten schalteten sich sondierend in die Kanzlerwahl ein. Eine Besonderheit zeigte sich 1998 – im Vorfeld der Bundestagswahlen. Bundespräsident Herzog spielte mit dem Gedanken, sein Vorschlagsrecht 1998 offensiv für einen unverbrauchten Alternativkandidaten zu nutzen, falls eine von der PDS – der SED-Nachfolgepartei – geduldete rot-grüne Minderheits-Regierung zustande gekommen wäre.[40] Herzog wollte keine Kanzlerwahl legitimieren, die letztlich durch eine Partei zustande kommen könnte – als Tolerierungsmodell eines Minderheitskanzlers (Magdeburger Modell)[41] oder durch die Kanzlermehrheit –, die ein ungeklärtes Verhältnis zur freiheitlich-demokratischen Grundordnung hatte. Es kam jedoch anders, denn die SPD errang ohne Beteiligung der PDS eine rot-grüne Mehrheit. Bundeskanzler Kohl war nach 16 Jahren abgewählt. Schröder hatte im Vorfeld der Wahl eine Tolerierung durch die PDS ausgeschlossen. Dennoch wäre es möglich gewesen, durch Austausch des Kandidaten doch zu einem solchen Modell zu gelangen, bei dem die SPD nicht mehr an das Wort des Spitzenkandidaten gebunden gewesen wäre.

Eine formelle Koalition schloss das »Magdeburger Modell« aus, nicht jedoch die Wahl zum Regierungschef. Michael Jochum skizziert den Raum an Möglichkeiten:

»Bundespräsident Herzog hielt seine Einflusschance für gering, ja für ›letztlich null‹, solange eine absolute Mehrheit der Abgeordneten zur Durchführung der Kanzlerwahlaktion im zweiten Wahlgang entschlossen blieb. Tatsächlich hätte Herzog allenfalls versuchen können, einen zweiten Wahlgang längst möglich zu blockieren, indem er seinen Kanzlervorschlag für den ersten Wahlgang so lange wie möglich hinauszögerte [...]. In der so gewonnenen Zeit hätte der Bundespräsident teils öffentlich, teils hinter den Kulissen versuchen müssen, zweierlei zustande zu bringen: zum einen ein massives öffentliches Druckpotenzial, unter dessen Einfluss die ursprünglich zum ›Magdeburger Modell‹ neigende absolute Abgeordnetenmehrheit angesichts der SPD-internen Meinungsverschiedenheiten in dieser Frage doch noch hätte bröckeln können; zum andern eine stabile, demokratische Mehrheitsalternative im Sinne einer Ampel- oder einer Großen Koalition.«[42]

Der Fall blieb hypothetisch als Gedankenspiel, zeigt allerdings das Potenzial des Bundespräsidenten bei besonderen parteipolitischen Konstellationen im Parlament.

Auch zu Beginn der ersten Kanzlerschaft von Angela Merkel 2005 kam es zu Nachfragen und ungewöhnlichen Gedankenspielen im Bundespräsidialamt. Konnte Bundespräsident Köhler eine Kanzlerin zur Wahl gegenüber dem Deutschen Bundestag vorschlagen, die sich öffentlich als designierte Kanzlerin für ein verfassungswidriges Haushaltsgesetz einsetzte?[43] Die Bundesvorsitzende der CDU, Merkel, hatte am 12. November 2005 angekündigt, als Kanzlerin einer Großen Koalition einen verfassungswidrigen Haushalt für 2006 ins Parlament einzubringen. Es sei unmöglich – so Merkel –, den Haushalt 2006 verfassungskonform zu gestalten und im Jahr darauf schon wieder die Maastricht-Kriterien der EU einzuhalten. »Wir sagen ganz ehrlich, dass wir im nächsten Jahr keinen verfassungskonformen Haushalt vorlegen können«, so Merkel im *Spiegel*-Interview.[44] Das Grundgesetz schreibt konkret vor, dass der Staat nicht mehr neue Schulden machen darf, als er an Investitionen plant. Davon abweichen kann man nur dann, wenn eine sogenannte »Störung des gesamtwirtschaftlichen Gleichgewichts« festgestellt und durch höhere Schulden dann abgewendet werden kann. Merkel kündigte mit ihrer offensiven Formulierung (»keinen verfassungskonformen Haushalt«) offiziell einen Verfassungsbruch an. Köhler erinnerte daran: Er wollte nach der Ernennung der Mitglieder der Bundesregierung das Bundeskabinett ausdrücklich zur Verfassungstreue ermahnen.[45] »Ich habe in diesem Fall exemplarisch als Hüter der Verfassungskultur meine Gestaltungsmacht als Bundespräsident eingesetzt.«[46] Der Bundespräsident hätte dem geplanten Haushaltsgesetz seine Zustimmung verweigern können. Das Präsidialamt drängte offenbar auf eine öffentliche Klarstellung der designierten Kanzlerin. Merkel stellte am 18. November 2005 daraufhin einen verfassungsgemäßen Etatentwurf in Aussicht, in dem sie sich auf die Ausnahmebestimmung des Grundgesetzes bezog: das gesamtwirtschaftliche Gleichgewicht sei gestört, so dass eine regelwidrige Neuverschuldung möglich sei. Köhlers Intervention veränderte die Wortwahl der Kanzlerin. Köhler wollte offenbar von seinem Prüfungsrecht Gebrauch machen, nur den Kanzler zu ernennen, der nicht nur eine Kanzlermehrheit erhalten hat, sondern sich auch verfassungskonform zeigt.[47] Am 22. November 2005 wurde Merkel von Köhler zur Wahl vorgeschlagen, gewählt und schließlich auch von ihm ernannt. Köhler war nicht gewillt, nur Vollzugsorgan zu sein, sondern setzte eigene Akzente, ohne die Rechte als Staatsoberhaupt zu überdehnen. Als Instrument wählte er das Herstellen von Öffentlichkeit, ohne selbst als Urheber in Erscheinung zu treten.

Joachim Gauck begleitete als Bundespräsident seine erste Regierungsbildung 2013. Damals hatte er bereits über ein Jahr lang Praxiserfahrungen im Amt gesammelt, allerdings keine parteipolitischen Naherfahrungen. Als Nicht-Politiker fehlten ihm persönliche Zugänge zum Parteienwettbewerb, was seine Neugierde erhöhte. Gleichzeitig verteidigte er von Beginn an die Parteien gegen billige und einseitige Kritik. Der Ausgang der Bundestagswahlen ließ seine Neugierde wachsen. Denn die Union gehörte mit 41,5 Prozent zum klaren Sieger, allerdings ohne Koalitionspartner, da die FDP an der Fünf-Prozent-Hürde scheiterte. Große Koalition? Schwarz-Grün? Rot-Rot-Grün? Minderheitsregierung? Alle Varianten schienen rechnerisch möglich. Gauck plante die Gespräche bereits vor dem Ausgang der Bundestagswahlen.[48] Nach dem Wahltag sah er eine besondere Dringlichkeit, alle Parteivorsitzenden der im Bundestag vertretenen Parteien zu vertraulichen Gesprächen ins Schloss Bellevue einzuladen. Zudem machte er sich mit Verfassungsrechtlern kundig:[49] Was passiert, wenn sich die Parteien nicht auf eine Mehrheit zur Wahl eines Kanzlers verständigen können? Was sieht das Verfassungsrecht für den Fall einer nie dagewesenen Verfassungswirklichkeit vor? Daran war nichts Ungewöhnliches. Das machten auch andere Bundespräsidenten. Aber die offensive und sehr zügige Einladungspolitik des Präsidenten unterschied sich von seinen Vorgängern – sieht man vom Fall Lübke ab. Das hing sicher mit dem unklaren Ausgang der Bundestagswahlen zusammen.[50] Bei aller Offenheit, in die Gauck bei diesen Gesprächen mit den Parteivorsitzenden ging, war dennoch klar, dass er angesichts seiner persönlichen Diktaturerfahrungen in der DDR keinen Kanzler vorschlagen würde, der eine absolute Mehrheit nur mit den Stimmen der Linken erreichen würde. Gauck musste keine Entscheidung fällen, wie es zum Definitionskern des zweiten Gesichts der Macht, der »non-decisions«, dazugehört: Wirkungserfolge ohne Handlungseinsatz.[51]

Gauck kannte nicht die Eigenlogik von Sondierungsgesprächen und Koalitionsverhandlungen der Parteien. Das Eigenleben der Parteien machte ihn wissbegierig und lernbereit. Gauck zeigte sich im Frühjahr 2018 hoch erfreut darüber, dass er nicht wie Bundespräsident

Steinmeier mit einer Krise der Regierungsbildungen konfrontiert war. Anders als Steinmeier verfügte er über kein eingespieltes Team zur Früherkennung und informellen Begleitung der parteipolitischen Prozesse bei der Herausbildung möglicher Regierungsbündnisse. Gauck war erleichtert, dass es sein Nachfolger im Amt – »ein parteipolitisch extrem versierter Kenner«[52] – war, der mit der historisch bislang einmaligen Situation gescheiterter Regierungsbildungsprozesse konfrontiert war. Gauck hatte im Interview mit dem Verfasser selber darauf hingewiesen, dass er Frank-Walter Steinmeier nicht darum beneidet hat, Präsident in Zeiten der Regierungsbildungskrise (gemeint war 2017/18) zu sein.[53]

Gauck musste 2013, unabhängig von seinen Gesprächen mit den Parteivorsitzenden, schließlich nicht aktiv und operativ eingreifen. Die Grünen brachen die Sondierungen mit der Union frühzeitig ab. Die SPD suchte über einen Mitgliederentscheid die Legitimation für die Große Koalition, was auch gelang. Der Kanzler-Vorschlag des Bundespräsidenten kam daher überraschungsfrei, wenngleich spät – nach einer sehr langen Phase der Koalitionsverhandlungen.

Steinmeiers präsidiale Schirmherrschaft für die Große Koalition

Die Ausgangslage zur Regierungsbildung nach der Bundestagswahl vom 24. September 2017 schien experimentell-schöpferisch. Zum vierten Mal hintereinander gelang es Merkel, die Union zur stärksten Fraktion des Bundestages zu machen. Sie büßte dabei 8,6 Prozentpunkte ein und erreichte nur 32,9 Prozent. Weniger verlor die SPD (ein Minus von 5,2 %) und landete mit 20,5 Prozent auf Platz zwei. Alle drei Parteien der Großen Koalition wurden vom Wähler mit den jeweils schlechtesten Ergebnissen[54] seit 1949 abgestraft. Das ist immer wieder in Erinnerung zu rufen, wenn man die Koalitionswirren der folgenden Monate einzuordnen hat. Wie stark sind die politischen Führungen nach solchen Einbrüchen individuell und kollektiv? Die Oppositionsparteien legten geringfügig zu: Linke 9,2 Prozent (plus 0,6 %) und Grüne 8,9 Prozent (plus 0,5 %). Sehr hohe Zuwachsraten verzeichneten die Oppositionsparteien AfD mit 12,6 Prozent (erstmals im Bundestag) und FDP mit 10,7 Prozent (Wiedereinzug). Mit sieben Parteien kehrte die Differenz ins Parlament zurück. Parteien sind ein Abbild der Gesellschaft, somit strukturierte die Wahl nicht nur Vielfalt, durchaus auch in der politischen Mitte, sondern auch neue, bisweilen unversöhnliche Polarisierungen der Gesellschaft. Ohne die Union konnte keine Regierungsmehrheit zustande kommen. Die rechnerische Mehrheit der Sitze für Rot-Rot-Grün im Parlament – bis 2017 – hatte sich verflüchtigt. Nach der Absage der SPD am Wahlabend, sich an keiner neuen Großen Koalition zu beteiligen, blieb zunächst nur Spielraum für neue Formeln der Macht: Jamaika oder Minderheitsregierung? Die Prozesse der Regierungsbildung haben sich entlang der Konstellationen auf dem Parteien-, Koalitions- und Wählermarkt verändert. Die Praktiken der Koalitionsbildung und damit die Herausbildung einer klaren Kanzlermehrheit variieren im Zeitverlauf. Sie sind, auf einem Zeitstrahl betrachtet, vor allem immer formalisierter, transparenter und auch öffentlich-inszenierter geworden.[55] Der Bundestagswahlkampf 2017 war der erste in der Geschichte der Bundesrepublik ohne Aussagen über potenzielle Koalitions- und Lagerpartner.[56] Wählermarkt und Koalitionsmarkt treiben als strategische Arenen in einem Vielparteiensystem weiter auseinander.[57] Es wird nach monatelangem Wahlkampf schwerer, vom Wahlkampfmodus in einen Modus für konstruktive Koalitionsverhandlungen umzuschalten. Auch das ist sicherlich ein Grund für die Verlängerung von Sondierungs- und Koalitionsanbahnungsgesprächen, wie es sich 2017 zeigte. Bereits 2005 (erstmalig) und 2013 fehlte am Wahlabend eine Perspektive, wie es zu einer Koalition kommen könnte. Der Wähler hatte die Wahl, aber keinen Einfluss auf die Koalitionsbildung und damit auf die Formation der kommenden Regierung. Auch für den Bundespräsidenten ergaben sich unter den Bedingungen des modernen Wähler-, Koalitions- und Parteienmarktes somit neue Herausforderungen. Anders als bisher könnte er deutlicher als Geburtshelfer kommender Regierungen neue Gestaltungsspielräume erhalten. Als Kanzlermacher käme ihm in Vielparteienparlamenten mit instabilen Mehrheiten oder Minderheitskabinetten automatisch eine aktivere politische Rolle zu.

171 Tage: Die Stationen der längsten Regierungsbildung

In welcher Weise konnte schließlich die potenzielle Gestaltungsmacht des Bundespräsidenten Steinmeier beim Prozess der Regierungsbildung 2017/18 greifen? Wie avancierte er zum Kanzlermacher? Die Parteien ließen sich zunächst viel Zeit. Drei Wochen nach der Bundestagswahl stand die Landtagswahl für Niedersachsen auf der politischen Agenda. Die Berliner Verhandlungssignale sollten nicht auf Hannover ausstrahlen, so dass die Bundesparteien in eine öffentliche Wettbewerbsstarre verfielen und gleichzeitig landespolitische Themenpolarisierungen gesucht wurden. Die Union nutzte bilaterale Treffen, um eine inhaltliche Übereinkunft zwischen CDU und CSU beim Thema Flüchtlinge und Migration herzustellen.[58] Im Wahlkampf war dieses sehr kontroverse Thema zwischen beiden Schwesterparteien diplomatisch eingefroren worden. Für die anstehenden Sondierungen und Koalitionsverhandlungen mussten sich insofern die Schwesterparteien erst selbst intern verständigen und einigen. Dass dieses Thema später fast zur Bruchstelle der Fraktionsgemeinschaft der Union wurde, war bei der langen und sehr leidenschaftlich und kontrovers geführten Diskussion bereits angelegt. Die ausbuchstabierten Kompromisse zur Zukunft der Einwanderungsgesellschaft kamen vage und nicht belastbar daher.

Da die SPD sich am Wahltag in die Opposition verabschiedet hatte, musste die eigene Positionierung die kommende Verhandlungskonstellation – mit Grünen und mit der FDP – bereits antizipieren. Schwierigkeiten gab es auch aufgrund des politischen Wahlkalenders. Die bayerische Landtagswahl (geplant für den Oktober 2018) strahlte aus, zumal die CSU mit dem schlechtesten Wahlergebnis ihrer Geschichte aus der Bundestagswahl hervorging.

Die erste Phase der Regierungsbildung begann mit Sondierungen. Was sind normalerweise Sondierungen?[59] Bislang trafen sich in kleinem Kreis die jeweiligen Parteivorsitzenden, ergänzt durch Stellvertreter oder Fraktionsvorsitzende. So war es auch bei den schwarzgrünen Sondierungen 2013. In der Regel dauern solche Gespräche zwei bis drei Tage. Erfahrungswissen über gescheiterte Sondierungen existiert nicht. Sondierungen sind vertrauensbildende Maßnahmen. In sehr überschaubar kleinem Kreis prüft man wechselseitig, ob Vereinbarungen, die man treffen möchte, auch im Kreis der Vertrauten bleiben. Können Absprachen »im Raum bleiben«? Solche Versicherungen sind die Basis für kommende Gespräche. Wer später aus den Koalitionsverhandlungen aussteigt, muss sich den Vorwurf gefallen lassen, sich die Sache nicht genau überlegt zu haben. Aber was passiert, wenn Sondierungen erst nach vielen Wochen scheitern? Wer trägt dann die Schuld, wenn weitere Sondierungen sich im Parteienwettbewerb zunächst ausschließen, weil kein Partner für tragfähige Mehrheiten bereitsteht? Die schwarz-grünen Sondierungen endeten 2013 nach wenigen Stunden in einer Konstellation, in der die Grünen der Union versprachen, dass sie für erneute Verhandlungen zur Verfügung stünden, sollte die SPD-Basis die Große Koalition doch noch ablehnen.[60] Diese Option musste damals nicht aktiviert werden, zeigt aber, welche Flexibilität auch abgebrochene – eigentlich eher unterbrochene – Sondierungen enthalten. Nachdem sich die Parteien intern mit Positionen munitioniert hatten, begannen am 20. Oktober 2017 die ersten Jamaika-Parteien-Verhandlungen auf bundespolitischer Ebene.[61] Die Gespräche fanden in der Regel im Gebäude der Parlamentarischen Gesellschaft – gegenüber dem Reichstag gelegen – statt.

Donnerstag, der 16. November 2017: Angeblich ist dies der Tag, an dem die Sondierungen abgeschlossen werden sollten. Die »heiße Phase« der Sondierungen begann: »Eigentlich will man in dieser Nacht den Sack zumachen.«[62]

Freitag, den 17. November, und Samstag, den 18. November 2017: Samstags trafen sich alle Delegationen im Konrad-Adenauer-Haus, was zu originellen Begegnungen und effektheischenden Fotos führte, da die meisten der verhandelnden Politiker (außer den Unionsleuten) noch nie zu Besuch in der CDU-Parteizentrale waren.

Union und FDP schlossen eine erneute Verlängerung der Jamaika-Sondierungen über das Wochenende hinaus aus. »Wir alle sind der Überzeugung, dass am Sonntag jetzt eine Entscheidung fallen muss. Es war jetzt genügend Zeit zum Sondieren«,[63] sagte Unionsfraktionschef Volker Kauder in Berlin. »Die Menschen in unserem Land erwarten jetzt auch, dass es mal vorwärts geht«, fügte er hinzu. Kauder gab sich »nach wie vor optimistisch«.[64] Auch FDP-Chef Christian Lindner pochte wie schon zuvor sein Stellvertreter Wolfgang Kubicki auf ein Ende der Sondierungen am frühen Sonntagabend. »Sonntagabend 18 Uhr ist es vorbei«,[65] sagte Lindner. »Das ist dann irgendwann auch mal an ein Ende gekommen, dann muss entschieden werden«,[66] fügte er hinzu. Die Jamaika-Verhandlungen waren nach einem Misserfolg in der Nacht zu Freitag in die Verlängerung gegangen.

Ebenfalls am Samstag brachte sich der Bundespräsident, erstmals öffentlich, mit einer Vorabmeldung in die besondere Startposition. Im Gespräch mit Journalisten der *Welt am Sonntag* formulierte er:

> »Es besteht kein Anlass zu panischen Neuwahldebatten. Wer in den vergangenen Jahren Koalitionsverhandlungen beobachtet hat oder an ihnen beteiligt war, der weiß: Vor dem offiziellen Auftakt gibt es immer Versuche der Parteien, die Preise hochzutreiben. Das, was wir in den vergangenen Wochen erlebt haben, unterscheidet sich in manchem nicht besonders von früheren Koalitionsverhandlungen. Aber natürlich erwarte ich, dass sich alle Seiten ihrer Verantwortung bewusst sind. Und mit dieser Verantwortung umzugehen heißt auch, den Auftrag nicht an die Wähler zurückzugeben.«[67]

Der Bundespräsident »erwartet«: Er nutzt als »soft power« den Imperativ! Das sind bereits starke, aktive, eingreifende Formulierungen, die den Druck auf die Parteien erhöhen sollen. In diesem ersten Interview sind bereits Bausteine enthalten, die der Bundespräsident zwei Tage später in seiner spektakulären Erklärung an die Parteien nach dem Abbruch der ersten Sondierungen erneut verwenden sollte. Weiter formulierte er im Gespräch mit der *Welt am Sonntag*: »Der Bundespräsident kann keiner der neu gewählten Parteien im Bundestag konkrete Vorgaben machen. Ich kann mir aber auch nicht vorstellen, dass die verhandelnden Parteien ernsthaft das Risiko von Neuwahlen heraufbeschwören wollen.«[68] Dies antwortete er auf die Frage, ob er beim Scheitern vor allem die SPD zur Neuauflage der Großen Koalition bitten würde. Wir finden kontrafaktische Sprachfiguren beim Bundespräsidenten: Man kann keine Vorschriften machen (»hard power«), aber man kann sich auch nicht vorstellen, dass man überhört wird (»soft power«).

Hintergrund des Interviews waren Gespräche, die Journalisten der Tageszeitung *Die Welt* mehrere Wochen zuvor mit Bundespräsident Steinmeier geführt hatten.[69] Unmittelbar nach der Bundestagswahl suchte der Bundespräsident abseits der Öffentlichkeit Gespräche – auch mit Journalisten –, um den neuen Parteienwettbewerb für Gestaltungsmehrheiten im Bundestag auszuloten. Der Bundespräsident war in dieser Phase noch kein gestaltender Akteur, sondern eher im Hintergrund aktiv. Deutlich wird jedoch schon in dem Interview, dass Steinmeier extrem hohe Hürden für Neuwahlen sah. Bemerkenswert ist der Zeitpunkt des Interviews, eine regelrechte Punktlandung. Denn am Tag des Erscheinens in der *Welt am Sonntag* scheitern abends die Jamaika-Verhandlungen. Das sichert dem Bundespräsidenten eine besondere Aufmerksamkeit, sozusagen eine »Pole-Position« in der Aufmerksamkeitsökonomie.

Sonntag, den 19. November 2017: Diesmal trafen sich alle Delegationen in der Berliner Landesvertretung von Baden-Württemberg. Die ersten übermittelten Fotos signalisieren bereits Abweichungen vom ritualisierten Drehbuch der letzten Tage. Lindner stürmte an den Mikrofonen vorbei, und er trug demonstrativ eine Ausgabe der *Bild am Sonntag* unter dem Arm, in der sich eine scharfe Kritik von Trittin (Grüne) an Lindner (FDP) befand. Die Verhandlungspartner hatten in keiner Phase der Sondierungen die Rahmenbedingungen für einen Erfolg von Sondierungen eingehalten: Stillschweigen über den Gesprächsverlauf; keine Transparenz über Details; keine öffentlichen Auftritte in Talkshows.[70] Stattdessen übten sich bei den Berliner Sondierungen alle Delegationen in strategischer

Kommunikation: Offen wurden über Mikrofone an die eigene Partei-Klientel Botschaften ausgesendet.

Vormittags trafen sich am Sonntag, den 19. November 2018, in der Landesvertretung zuerst die FDP-Unterhändler.[71] Vergeblich hatte die Unionsspitze zeitgleich auf Lindner gewartet. Offenbar ging die Kanzlerin selbst zur FDP, um für die Fortsetzung der Sondierungen zu werben – am Vormittag. Lindner hatte im Interview am Samstag gesagt: »18 Uhr ist Schluss.« Gemeint war das Verhandlungsende am Sonntag.[72] Schließlich verließen kurz vor Mitternacht die FDP-Vertreter den Verhandlungsort, um der Öffentlichkeit mitzuteilen, dass die Sondierungen gescheitert seien. Lindner prägte dabei den Satz: »Es ist besser, nicht zu regieren, als falsch zu regieren.« Das Scheitern bedeutete einen historischen Moment in der politischen Geschichte der Bundesrepublik Deutschland: Niemals zuvor waren Regierungsbildungen nach Bundestagswahlen gescheitert. Immer fand sich eine tragfähige Mehrheit. Merkel sagte in ihrem kurzen Statement in der Nacht des Scheiterns, dass sie am morgigen Vormittag – also am Montag, den 20. November 2017 – den Bundespräsidenten über den Stand der Verhandlungen informieren werde.

Da war der Kontext wieder sichtbar: keine Regierungsbildung ohne das Zusammenspiel der verschiedenen Verfassungsorgane und keine Regierungsbildung ohne den Vorschlag des Bundespräsidenten zur Kanzlerwahl. Schwarz-Grün sammelte sich in der Landesvertretung Baden-Württemberg gegen den neuen politischen Gegner, die FDP. Ob es zu einem Wagenburg-Verhalten bei den Schwarz-Grünen führte, war in dieser Situation noch nicht absehbar. Wurden die Parteivorsitzenden zu Helden des Rückzugs?[73] Oder stärkte der Misserfolg die jeweiligen Parteiführungen – »jetzt erst recht«? Merkel formulierte montags abends: Sie werde bei einer Neuwahl erneut Kandidatin der CDU/CSU; sie habe vier volle Jahre als Kanzlerin den Wählern versprochen, daran möchte sie sich halten.

Am Montag, den 20. November 2017, waren nun verschiedene Konstellationen nach dem Scheitern möglich:

- Geschäftsführende Regierung, die zeitlich unbegrenzt im Amt bleiben kann, bis sich eine neue politische Lage ergeben sollte.
- Vorschlag des Bundespräsidenten für eine neue noch unverbrauchte Kandidatin, einen Kandidaten: Erst nach der Wahl würde dann in Analogie zur Adenauer-Wahl von 1961 die Regierung gebildet.
- Minderheitsregierung: als Alleinregierung oder mit Koalitionspartnern, Stütz-, Tolerierungs-, Regierungsfraktionen; präsidentielles Steuerungsmodell auch vorstellbar mit Vertretern aus allen Parteien – außer der AfD.
- Minderheitsregierung mit dem Vorsatz, über die Vertrauensfrage den Bundestag auflösen zu können. Die inhaltlichen Übereinstimmungen der Jamaika-Verhandlungen hätte eine Unions-Regierung zur Abstimmung bringen können. Ein Haushalt hätte vielleicht auch eine Mehrheit erlangt, da die Mehrzahl der Abgeordneten an keiner Neuwahl interessiert sein konnte. Spätestens nach der Wahl in Bayern (14.10.2018) hätte man mit einer Vertrauensfrage rechnen können.
- Neue Koalitionsmodelle wie »Kenia«, der dann Linke, FDP und AfD als Opposition gegenüberstehen;[74] »Kenia« wäre der Typus einer multiplen Koalition, bei der lagerübergreifend mehrere Parteien koalieren; denkbar wäre auch, dass der kleinste Partner dabei den Kanzler stellt. 1957 versuchte Adenauer trotz absoluter Mehrheit die Deutsche Partei (DP) mit in die Koalition einzubinden, was auch gelang.
- Große Koalition: wenn durch präsidialen und öffentlichen Druck die SPD dazu aufgefordert werden könnte, sich einer Regierung nicht zu verweigern.
- Neuwahlen, wenn der Bundespräsident sich abwägend zwischen Minderheitskanzlerin und der Auflösung des Bundestages für die Auflösung entscheidet.[75] Grundsätzlich wäre die Neuwahloption verfassungsrechtlich sehr schwer zu begründen gewesen. Aber sie war eine Möglichkeit.

Postmoderne Regierungsbildungen in Deutschland? Labilität wagen? Die Schwierigkeiten bestanden im Superwahljahr 2017 darin, den Wählermarkt mit dem Koalitionsmarkt in Übereinstimmung zu bringen, was nach dem Scheitern der Sondierungen zunächst unmöglich erschien. Bundespräsident Steinmeier hatte informell eine Vielzahl von Informationen zum Verlauf der Sondierungsverhandlungen erhalten. Als das Vorhaben scheiterte, am Donnerstag, den 16. November 2017, die Sondierungen zu beenden, schaltete er sich öffentlich ein, um politischen Druck auszuüben, was ihm selbst oder seinen Emissären im Hintergrund bisher nicht gelang. Noch war zu diesem Zeitpunkt nicht bekannt, dass Steinmeier eine öffentliche Erklärung nach dem Scheitern der Sondierungen abgeben wollte.

Die SPD-Gremien tagten montags (20.11.2017) wie immer: ab 9 Uhr Gremiensitzungen im Willy-Brandt-Haus, zuvor informelles Frühstück von Schulz und Nahles. Zur sogenannten Montagsrunde gehören der Vorsitzende, die Stellvertreter, Generalsekretär, Schatzmeister – und diesmal kamen auch noch nach und nach die SPD-Ministerpräsidenten mit hinzu.[76] Es folgten das Präsidium und ab 11.30 Uhr der Parteivorstand. Schulz und Heil hatten eine Erklärung vorbereitet, die sie zur Abstimmung stellten: »Wir stehen angesichts des Wahlergebnisses für den Eintritt in eine GroKo nicht zur Verfügung.« Der Beschluss wurde im Parteivorstand einstimmig verabschiedet. Kritiker hatten sich in den Gremien allerdings zu Wort gemeldet. Auch ist unklar, wieviel Mitglieder des Parteivorstandes faktisch bei der Abstimmung noch anwesend waren, zumal einige Teilnehmer, wie die Bundesminister, nicht stimmberechtigt sind. Nach dem Ende der Vorstandssitzung erreichte Schulz aus dem Bundespräsidialamt ein Anruf. Steinmeier kündigte Schulz an, dass er alle Parteivorsitzenden zu Gesprächen ins Schloss Bellevue einladen und dies in wenigen Minuten auch öffentlich machen werde. Unklar ist, was Steinmeier Schulz in diesem Telefonat weiterhin sagte.

Bereits um 14.08 Uhr trat Schulz – eine Stunde früher als ursprünglich vorgesehen – vor die Presse und schloss erneut eine Große Koalition aus. Ergänzend sagte er: »Die SPD scheut Neuwahlen nicht.« Diese Aussage wirkte wie ein Wunsch nach Neuwahlen, was aber keineswegs in den Gremien so besprochen worden war. Im späteren Verlauf des Nachmittags – während der Sitzungen des Fraktionsvorstandes und der Fraktion – wuchs unter den Abgeordneten der SPD der massive Widerstand gegen den Vorstandsbeschluss des Vormittags. Die Abgeordneten hatten sich auf vier Jahre Legislatur eingestellt und fürchteten bei Neuwahlen, Mandate zu verlieren.

Um 14.33 Uhr gab Bundespräsident Steinmeier seine Erklärung zur Regierungsbildung ab. Seinen Terminkalender hatte er noch in der Nacht bereinigen lassen, alle auswärtigen Termine abgesagt.[77] Die Erklärung von Bundespräsident Steinmeier zur Regierungsbildung lautete:

»Acht Wochen nach der Bundestagswahl sind die Sondierungen zu einer Regierungsbildung bisher ohne Ergebnis geblieben. Wir stehen jetzt vor einer Situation, die es in der Geschichte der Bundesrepublik Deutschland, also seit immerhin fast 70 Jahren, noch nicht gegeben hat. Die politischen Parteien sind nun mehr als zuvor gefordert. Die Bildung einer Regierung ist zwar immer ein schwieriger Prozess des Ringens und auch des Haderns. Aber der Auftrag zur Regierungsbildung ist auch ein hoher, vielleicht der höchste Auftrag des Wählers an die Parteien in einer Demokratie. Und dieser Auftrag bleibt.

Die Parteien haben sich in der Wahl am 24. September um die Verantwortung für Deutschland beworben, eine Verantwortung, die man auch nach der Vorstellung des Grundgesetzes nicht einfach an die Wählerinnen und Wähler zurückgeben kann. Diese Verantwortung geht weit über die eigenen Interessen hinaus und gilt insbesondere nicht nur gegenüber den Wählern der jeweils eigenen Partei. Das ist der Moment, in dem alle Beteiligten noch einmal innehalten und ihre Haltung überdenken sollten. Alle in den Bundestag gewählten politischen Parteien sind dem Gemeinwohl verpflichtet, sie dienen unserem Land. Ich erwarte von allen Gesprächsbereitschaft, um eine Regierungsbildung in absehbarer Zeit möglich zu machen. Wer sich in Wahlen um politische Verantwortung bewirbt, der darf sich nicht drücken, wenn man sie in den Händen hält.

Ich werde in den kommenden Tagen Gespräche mit den Vorsitzenden aller an den bisherigen Sondierungen beteiligten Parteien führen, aber auch Gespräche mit den Vorsitzenden von Parteien, bei denen programmatische Schnittmengen eine Regierungsbildung nicht ausschließen. Auch werde ich mich mit den Spitzen der anderen Verfassungsorgane austauschen, so mit dem Präsidenten des Bundestages und dem Präsidenten des Bundesrates. Mit dem Präsidenten des Bundesverfassungsgerichts sind ebenfalls Gespräche vereinbart. Für mich steht fest: Innerhalb, aber auch außerhalb unseres Landes und insbesondere in unserer europäischen Nachbarschaft wären Unverständnis und Sorge groß, wenn ausgerechnet im größten und wirtschaftlich stärksten Land Europas die politischen Kräfte ihrer Verantwortung nicht nachkämen.«[78]

Die Entwürfe für die Erklärung waren am Montagmorgen auf der Leitungsebene entstanden. Steinmeier präzisierte unter anderem persönlich:[79] »Wer sich in Wahlen um politische Verantwortung bewirbt, der darf sich nicht drücken, wenn man sie in den Händen hält.«

Im *Welt am Sonntag*-Interview – zwei Tage zuvor freigegeben – fehlte die prägnante Metaphorik: »Und mit dieser Verantwortung umzugehen heißt auch, den Auftrag nicht an die Wähler zurückzugeben.«[80] Steinmeier artikulierte unmissverständlich klar und in grimmiger Pose. Die Erklärung ist ein bleibendes historisches Dokument. Im Nachhinein kommentierte Steinmeier:

»Ich kann nichts für das Scheitern von Jamaika, ich war mir sogar sicher, dass die Beteiligten zusammenkommen werden. Es kam anders. Und ich hatte ein Thema auf dem Tisch, das ich eigentlich für erledigt hielt. Wozu ich aufgefordert habe an diesem 20. November, war, zu prüfen, ob es andere realistische Konstellationen für eine Regierungsbildung gibt.«[81]

Präsidentielle Post-Sondierungen

Niemals zuvor scheiterten Prozesse der Regierungsbildung nach einer Bundestagswahl. Niemals zuvor lag es nun am Bundespräsidenten, auch zum Akteur im Tagesgeschehen zu werden, wie es das Grundgesetz vorsieht. Steinmeier erklärte sich öffentlich zum Handelnden der Regierungsbildung – rund 13 Stunden nach dem Jamaika-Aus. Für ihn war die Regierungsbildung keinesfalls ausverhandelt. Steinmeier versuchte die potenzielle Stabilitäts- und Reservemacht in der Ausnahmesituation als Gestaltungskompetenz zu instrumentalisieren. Das war »demokratiehistorisches Neuland«.[82] Der Bundespräsident priorisierte den Wählerauftrag als den höchsten Auftrag, den Wähler an Parteien übertragen können. Er wählte keine diplomatischen Formulierungen, um darauf zu drängen, dass die Sondierungen weitergehen müssen. Über 73 Prozent der Wählerinnen und Wähler hatten die politische Mitte, abseits der AfD und der Linken, gewählt. Die Mitte sah der Bundespräsident in der Verantwortung einer Regierungsbildung. Scharf formuliert er im Imperativ: »Ich erwarte«.[83]

Der Bundespräsident wollte nicht Erfüllungsgehilfe für diejenigen sein, die auf eine Neuwahl setzten. Anders als es Schulz wenige Minuten zuvor im Willy-Brandt-Haus den Journalisten in den Schreibblock diktierte, stemmte sich der Bundespräsident gegen Neuwahlen. Seine amtliche Integrationsfunktion ließ für ihn keine andere Schlussfolgerung zu. Neuwahlen – über die Option einer gescheiterten Kanzlerwahl mit Kanzlermehrheit – hielt Steinmeier im November 2017 eher für ein Vehikel der Spaltung der Gesellschaft. Neuwahlen förderten nach seiner Interpretation Politikverdrossenheit. Langlebige geschäftsführende Regierungen, darauf verwies er am Ende seiner Erklärung, mindern den deutschen Einfluss innerhalb der EU, mit dem die anderen Mächte wiederum rechnen. Für den Bundespräsidenten galt: Nichts ist zwischen den Parteien ausverhandelt – jetzt weitermachen!

Besondere präsidiale Macht wird sichtbar, indem der Bundespräsident seinen Ermessensspielraum nutzte und den Sondierungsstab an die Parteien zurückgab. Zudem kündigte er an, mit allen Parteivorsitzenden in den kommenden Tagen zu sprechen. Hier zeigten sich ansatzweise Parallelen zu Bundespräsident Lübke, der dies wenige Tage vor der Bundestagswahl von 1965 den Parteivorsitzenden (von Union und SPD) schriftlich mitteilte. In Steinmeiers Erklärung deutete alles darauf hin, dass er nicht mit der AfD und den Linken sprechen werde,[84] was er aber in den Folgetagen revidierte.

Steinmeier führte die Gespräche mit den Parteivorsitzenden herbei, die zu diesem Zeitpunkt von den Parteien selbst »nicht gesucht wurden«.[85] Er legte sein Ansehen und das diskursive Gewicht des Amtes in die Waagschale. Zuerst sprach er noch am gleichen Tag, dem Montag, 20. November 2017, mit Angela Merkel, die ihn von sich aus auch über den Abbruch der Sondierungen unterrichten wollte. Wie Nico Fried, der Hauptstadt-Korrespondent der *Süddeutschen Zeitung*, berichtete, hatte Merkel gegenüber engen Vertrauten an diesem Vormittag durchaus auch über ihre eigene Rolle in dieser Phase der Regierungsbildung nachgedacht:[86]

> »Es sei aber nicht darum gegangen, ob sie noch Lust habe. ›Die Frage, will ich das noch, stellt sie in solchen Situationen nie‹, erzählt einer, der sie fast täglich erlebt. ›Sie fragt immer: Was bedeutet das jetzt für uns?‹ An diesem Tag müssen Merkels Fragen also gelautet haben: Stehe ich einer Regierungsbildung im Weg?«[87]

Die Fliehkräfte innerhalb der CDU hätten in dieser Phase durchaus dazu führen können, die Führungsfrage zu stellen. Im nachmittäglichen Gespräch im Schloss Bellevue vermittelte sie den Eindruck, konstruktiv an der Regierungsbildung weiter zu arbeiten. In der ZDF-Sendung »Was nun?« bestätigte sie abends trotzig: Sie denke nicht an Rücktritt, sie wolle weiterhin eine Regierung bilden und definiere ihr eigenes Mandat auf volle vier Jahre.

Eine zeitliche Rückblende macht die Kuriosität und Pikanterie des Treffens im Schloss Bellevue sichtbar. Erst als Steinmeier im Winter 2016/17 nicht mehr zu verhindern war – nach der Absage der ehemaligen DDR-Bürgerrechtlerin Marianne Birthler –, setzte sich Merkel an die Spitze der Befürworter ihres überaus populären Außenministers.[88] Sie machte ihn zu ihrem Vorschlag im CDU-Präsidium. Er sei »der richtige Kandidat in dieser Zeit«.[89] Sie versprach öffentlich den Bürgern: »Er ist ein Mann, dem sie vertrauen können.« Galt das jetzt auch für sie im Gespräch mit dem Bundespräsidenten? Immerhin hatte Merkel dem Kanzlerkandidaten Steinmeier 2009 eine dramatische politische Niederlage mit nur 23 Prozent für die SPD eingebracht. Nun lag ihr politisches Schicksal in den Händen des Mannes, den sie eigentlich im Amt verhindern wollte. Ironie des Schicksals? Steinmeier hatte sich bereits 2005 – als Chef des Kanzleramtes unter Schröder – vehement gegen vorgezogene Neuwahlen ausgesprochen: damals aus seiner macht- und parteipolitisch exekutiven Rolle heraus, 2017/18 aus einem staatsrechtlichen, präsidentiellen Primat. Hätte Kanzler Schröder damals länger die Nerven behalten, wären die regulären Bundestagswahlen – dann 2006 – vermutlich anders ausgegangen, denn die wirtschaftliche Lage, besonders auf dem Arbeitsmarkt, hatte sich rasant verbessert. Aber solche Überlegungen bleiben reine Spekulation. Merkel gewann durch die regelmäßigen vertraulichen Gespräche zwischen dem Bundespräsidenten und ihr,[90] die routinemäßig seit Steinmeiers Amtseinführung stattfanden, frühzeitig den Eindruck, dass sie in ihm eher einen Verbündeten in Krisenzeiten als einen Widersacher hatte. Sie irrte nicht in ihrer Einschätzung, denn Steinmeier bahnte in widrigen Koalitionszeiten, stabilitäts- und grundgesetzkonform, Merkel den Weg zur vierten Amtszeit.

Drei Tage nach dem präsidialen Gespräch mit der geschäftsführenden Kanzlerin sprach Steinmeier schließlich auch mit Martin Schulz. Der Bundespräsident ließ keinen Zweifel daran, dass er Neuwahlen verhindern werde, solange nicht alle Optionen der Mehrheitsbildung in ernsthaften Verhandlungen ausgeschöpft wurden.[91] Das durchzog leitmotivisch alle Gespräche.[92] »Im Grundgesetz steht nicht: ›Ihr könnt's ja mal mit Verhandlungen probieren, und wenn's nicht klappt, dann machen wir halt Neuwahlen‹«[93] – formulierte er später flapsig. Schulz hatte sich für die Führung der SPD zweimal explizit zum Gang in die parlamentarische Opposition entschlossen. Wenn

Schulz diese Position ändern wollte, brauchte er umgekehrt den präsidentiellen Segen, die Legitimation für GroKo-Verhandlungen, die Schirmherrschaft von Steinmeier für den Wortbruch, den er für viele Mitglieder der SPD damit begehen würde. Steinmeier rechtfertigte sein Einwirken auf die SPD:

»Ich kann und werde niemanden zwingen, gegen seine Überzeugungen eine Koalition einzugehen, die er für sich selbst für schädlich hält. Ich hätte das von keiner anderen Partei und selbstverständlich auch von der SPD nicht verlangt. Die SPD hat für sich die Entscheidung getroffen, dass sie in die Verantwortung will, und das ist maßgebend.«[94]

Der Bundespräsident hatte die politische Lage nach dem Jamaika-Aus neu bewertet. Mit dem Präsidenten des Bundesverfassungsgerichts, Voßkuhle, kam es zu Konsultationen im Schloss Bellevue, um alle verfassungsrechtlichen Usancen abzuwägen, die auf den Präsidenten zukommen könnten. Ebenso stimmte sich Steinmeier mit dem Bundestagspräsidenten Schäuble bilateral ab.[95] Steinmeier sah sich mit zwei neuen politischen Spielregeln konfrontiert: »Die Spielregel der Koalitionsbildung hat sich seit der Bundestagswahl verändert. Vor allem durch das Neuwahl-Ziel von verhandelnden Parteien und die Rollensuche in der Opposition bei anderen.«[96]

Auf die Frage nach den möglichen Gestaltungspotenzialen eines Bundespräsidenten antwortete Steinmeier spontan: »die aktive Begleitung einer blockierten Regierungsbildung«.[97] Er sah sich sehr frühzeitig mit besonderer Dringlichkeit damit konfrontiert, Wortlaut und Geist der Verfassung zu schützen und Reservemacht wahrzunehmen.[98] Als Instrument drängte er zunächst auf bilaterale Gespräche mit ihm und dann in besonderer Weise als präsidiale Vermittlungsgespräche zwischen Merkel, Seehofer und Schulz (SPD) zur Bildung einer Großen Koalition.[99] Als Hüter der Verfassung demonstrierte er seine Machtposition als Staatsoberhaupt in dieser Post-Sondierungsphase: Niemand sollte mit der Verfassung spielen und Neuwahlen erzwingen angesichts eines Grundgesetzes, das zunächst immer eine stabile Regierung anstrebt. Das Grundgesetz durchzieht historisch ein Stabilitätsfanatismus.

Alle Treffen kulminierten jeweils in einem Foto aus dem Amtszimmer des Schlosses Bellevue. Auf all diesen Fotos, die der Bildregie des Präsidialamtes folgten, ist der Bundespräsident der jeweils Handelnde entweder in Redeposition oder körpersprachlich in der aktivierenden Rolle des Gesprächs. Die Gäste sind jeweils die Zuhörer. Gestik, Mimik, Körperhaltung enthalten eine klare Botschaft: So sieht ritualisierte Hierarchie aus. Das strenge Staatsoberhaupt erinnert die Parteivorsitzenden an ihre Pflicht, den Wählerwillen umzusetzen. Die Bilder sollen auch beruhigen. Republikanische Autorität wirkt; das quasi-monarchistische Privileg des Amtes bannte. Passive Zuhörer und ein aktiver Ansager waren mit Bildregie inszeniert und mit feinen Gesten ausdrucksstark differenziert.[100] Auch die Bilder transportierten den szenischen Gesamteindruck: Die Gesprächspartner waren weniger Besucher als präsidentiell Vorgeladene.[101] Wort, Tat, Geste verschmelzen. Freundlich, aber sehr bestimmt nutzte der Bundespräsident die subtile Tektonik der Gewaltenteilung, um bei seinen Post-Sondierungsgesprächen für die Fortsetzung neuer Sondierungen in erneuerter Konstellation einer Großen Koalition zu werben.[102] Die Gespräche blieben vertraulich. Es ist davon auszugehen, dass Steinmeier »smart power« aktivierte: Seine Gedanken zur Verfassungslage und politischen Kultur machte er zu einer Möglichkeit des Einflusses.

Zwei Tage nach dem Jamaika-Aus,[103] am Dienstag, den 21. November 2017, war die erste Arbeitssitzung des Bundestages angesetzt. Schäuble nutzte mit einer Rede vor Eintritt in die Tagesordnung das Amt des Bundestagspräsidenten, um kraft seiner Rolle als Verfassungsorgan ebenfalls die Parteien zu ermahnen: »Aber zum Wählerauftrag gehört eben auch der Auftrag an uns alle, Mehrheiten zu bilden, eine handlungsfähige Regierung zu ermöglichen.«[104] Für ihn lag eine »Bewährungsprobe«, aber keine »Staatskrise« vor. Er zielte damit in die gleiche Richtung wie Steinmeier – eine Interpretation des Grundgesetzes als Stabilitätsgarant: keine Neuwahlen, sondern alles zu unternehmen, um eine handlungsfähige Regierung ins Amt zu bekommen.

Alles zusammen zeigte schließlich Wirkung. Die SPD näherte sich Stück für Stück einer Sondierung über die Bildung einer Großen Koalition an. Die Parteiführung nutzte werbend den Wechsel von der Oppositions- zur Regierungsrolle mit konkreter Nennung des Bundespräsidenten, was eine neue Legitimation bedeutete. Martin Schulz sagte auf dem außerordentlichen SPD-Parteitag am 21. Januar 2018 in Bonn:

»Wie ihr wisst, haben wir uns früh auf eine Linie festgelegt. Und ich kann jeden verstehen, der jetzt fragt: Warum vertritt der Schulz jetzt eine andere Position? Glaubt mir, wir haben es uns nicht leicht gemacht. So wie es sich niemand unter Euch in diesen Tagen leicht macht. Aber, dass wir der Bitte unseres Bundespräsidenten folgen und nach Auswegen aus dieser schwierigen Situation, aus dieser schwierigen politischen Lage, in der sich unser Land befindet, suchen würden, daran bestand nie ein Zweifel für mich. Als Sozialdemokrat ist es mein Politikverständnis und meine Überzeugung, dass wir in dieser Sondersituation mindestens ausloten mussten, was für die Verbesserung im Leben der Menschen in Deutschland und in Europa erreichbar ist.«[105]

Bereits am 24. November 2017 – einem Tag nach dem Gespräch mit Steinmeier – twitterte Schulz:

»In einem dramatischen Appell hat der Bundespräsident die Parteien zu Gesprächen aufgerufen. Dem werden wir uns nicht verweigern. Sollten diese dazu führen, dass wir uns in welcher Form auch immer an einer Regierungsbildung beteiligen, werden die SPD-Mitglieder darüber abstimmen.«[106]

Erste Gespräche zwischen Merkel, Seehofer und Schulz fanden schließlich am 13. Dezember 2017 statt, nachdem der Bundesparteitag der SPD in Bonn über einen Leitantrag mehrheitlich hierfür einen Prüfauftrag erteilt hatte. Ohne die präsidentielle Legitimation – der diskursiven Macht – für solche Sondierungen mit der Union hätte sich die SPD nicht bewegt. Der »Wortbruch« des Parteivorsitzenden, der am Wahlabend und unmittelbar nach dem Jamaika-Aus kategorisch die Große Koalition ausgeschlossen hatte, konnte demokratisch geheilt werden. Im Schatten der präsidentiellen Hierarchie, mit neuer Bellevue-Legitimation, begleitet von breiter öffentlicher Zustimmung, willigte die SPD in Sondierungen mit der Union ein. Die offiziellen Koalitionsverhandlungen zur Neuauflage bzw. Fortsetzung der Großen Koalition gelangen nach einem außerordentlichen Parteitag der SPD. Nach dem positiven Mitgliederentscheid über den ausgehandelten Koalitionsvertrag fand die Wahl des Bundeskanzlers am 14. März 2018 statt – 171 Tage nach der Bundestagswahl.

Risiken der Regierungsbildung – Möglichkeitsmacher Steinmeier

Die längste Regierungsbildung in der Geschichte der Bundesrepublik Deutschland hatte mit Steinmeier einen »Krisengewinner«.[107] Die Stabilität des politischen Systems konnte durch die Regierungsbildung nach der Bundestagswahl gesichert werden. Steinmeiers Anteil daran war für alle sichtbar. Das Risiko des Scheiterns war erheblich. Das kollektive Führungsversagen innerhalb der SPD-Spitze enthielt unkalkulierbare Szenarien.[108] Die Stimmung innerhalb der Union – mit ebenfalls zwei relativen Wahlverlierern in den Ämtern der Parteiführung – hätte dysfunktionale Eigendynamiken produzieren können. Am Ende wäre das Amt des Bundespräsidenten beim vehementen Gebrauch der Reservemacht beschädigt, wenn sein Vorschlag für die Kanzlerwahl nur zu einer Minderheitsregierung bzw. zu Neuwahl-Optionen geführt hätte. Weitere Risiken steckten im Prinzip der repräsentativen Demokratie, für das sich der Bundespräsident, angesichts anschwellender populistischer Strömungen, besonders stark machen wollte. Der Bundespräsident konnte sich einer besonderen, großen und zustimmenden Aufmerksamkeit sicher sein, wenn er die Parteien zur Räson rief. Aber wollte er so wirken? Zumal bereits erkennbar war, wie sehr die Parteiführungen geschwächt aus der Bundestagswahl hervorgingen und extreme Angst vor einer weiteren Bestrafung durch die Wähler hatten. Steckte hinter dem hierarchischen Eingreifen des Staatsoberhauptes in die Regierungsbildung nicht automatisch ein anti-parlamentarischer und Anti-Parteien-Affekt, der in Deutschland politisch-kulturell auf immerwährende Resonanz trifft? Das tief verwurzelte Bedürfnis der Deutschen nach unpolitischer Politik, die ohne Parteien, aber voller politischer Romantik daherkommt? Wie konnte man Sehnsüchten nach dem monarchistischen Chef-Entscheider über Regierungsbildungen entgegentreten und gleichzeitig die Parteien resolut auf den Kurs der Regierungsbildung bringen? Das galt es frühzeitig abzuwägen. Es kam anders – positiv für den Bundespräsidenten.

Durch den Erfolg der Regierungsbildung hatte Steinmeier sein Thema gefunden. Die historische Konstellation beschert ihm Einträge in die Geschichtsbücher. Der Präsident, der in der Findungs- und Nominierungsphase öffentlich als »Mann der Parteien« diskreditiert wurde,[109] konnte aus dem Vorbehalt ein positives Pfund machen. Nur weil er sich präzise auskannte, konnte er strategisch auf die Parteien einwirken. Die Regierungsbildung passte zudem zum Thema seiner Präsidentschaft: die Vitalisierung der repräsentativen Demokratie. Doch wie weiter? Wie baut man dies als Demokratie-Narrativ weiter aus? Steinmeier war hierbei im Frühjahr 2018 aktiv suchend unterwegs.[110]

Steinmeier nutzte die Reservemacht als Geburtshelfer einer Regierungsbildung des Vielparteienparlaments nach gescheiterter Koalitionsanbahnung. Sein Kanzlervorschlag hatte politisches Gewicht, weil die Gespräche des Bundespräsidenten für die Bundestagsabgeordneten immer auch eine Antizipation von möglichen Kanzlerwahlgängen darstellten.[111] Der Politikwissenschaftler Werner Kaltefleiter grenzte dies einst in der Auseinandersetzung mit den Verfassungsrechtlern so ein: »So bedeutsam das Verhandlungsgeschick des jeweiligen Präsidenten auch ist, er kann Einfluss nur aktualisieren, der dem Amt zugebilligt ist. Darin liegt der Unterschied zwischen dem Bundespräsidenten und irgendeinem geschickten Parlamentarier.«[112] Und weiter: »Der Bundespräsident kann die politische Konstellation nicht ›in seinem Sinne‹ steuern, sondern nur eine latente Mehrheit manifest werden lassen. Versucht er, ›seinen Sinn‹ durchzusetzen, verwirkt er Einfluss und Autorität.«[113] So können Möglichkeitsmacher auch zu Krisenverlierern werden.

Was passiert, wenn die Kanzlerwahl scheitert? Auch hier verbleibt in konditionierter Form Gestaltungsmacht beim Präsidenten. Wird nämlich der vorgeschlagene Kanzlerkandidat nicht vom Deutschen Bundestag gewählt, kommt somit keine Kanzlermehrheit (Art. 121 GG) zustande, erlischt für 14 Tage der Einfluss des Bundespräsidenten. Der Wahlvorschlag des Bundespräsidenten geht sogleich vollständig in die Verantwortung des Bundestages über.[114] Andererseits erhöht die Fristsetzung im Sinne einer Sanktionsandrohung den Druck durch den Bundespräsidenten auf die Parteien. In dieser Zeit kann der Bundestag mehrmals wählen – wen auch immer. Der Bundestag kann auch einfach die Zwei-Wochen-Frist ohne einen Wahlakt verstreichen lassen. Mit mehr als der Hälfte seiner Mitglieder (Kanzlermehrheit) kann der Bundestag aber auch in dieser Frist einen Kanzler wählen, den der Bundespräsident auch dann zu ernennen hätte. Erst nach den 14 Tagen kommt der Bundespräsident wieder ins Spiel, wenn sich der Bundestag nicht mehrheitsfähig gezeigt hat. Unverzüglich ist nach 14 Tagen erneut zu wählen und dann ist derjenige gewählt, der die meisten Stimmen (relative Mehrheit) bekommt.

Der Bundespräsident muss den Kanzler binnen sieben Tagen ernennen, wenn die Wahl über die Mehrheit der Mitglieder des Bundestages erfolgt ist. Wenn eine einfache Mehrheit den Kanzler gewählt hat, dann schlägt erneut die Stunde des Präsidenten. Er hat zwei Alternativen. Er kann den Minderheitskanzler ernennen, der keine Kanzlermehrheit erreicht hat. Oder er löst den Bundestag auf. Zu beiden Entscheidungen ist eine Gegenzeichnung (Art. 58 GG Satz 2) durch ein anderes Verfassungsorgan nicht erforderlich. Daraus geht hervor, welches politische Ermessen – ein Gestaltungs- und

Entscheidungsspielraum – dem Bundespräsidenten bei diesen Alternativen zusteht.

Steinmeier agierte in der Phase der Regierungsbildung, wie er es in vielen Ämtern erfolgreich gelernt hatte: Verständnis aufbringen für die Positionen des Gesprächspartners, an Verantwortung mahnen, Vorteile von möglichen Kompromissen aufzeigen, gesichtswahrende Brücken bauen und dem Gegenüber den Eindruck vermitteln, dass er am Ende frei entscheiden kann.[115] Steinmeiers Duktus ist ohnehin ein fragender. So wurde nach dem Jamaika-Aus frühzeitig auch ein Plan B – Kanzlerwahlvorschlag ohne Koalitionsbildung – erwogen.[116] Falls es zu einer Minderheitsregierung kommen sollte, bedachte man im Präsidialamt auch die Möglichkeit einer auflösungsorientierten Vertrauensfrage der Kanzlerin nach der Landtagswahl in Bayern. Der Konsultationsplan sah folgendermaßen aus: Wenn es zu keiner Einigung mit Blick auf eine Große Koalition kommen sollte, würde Steinmeier unverzüglich den Wahlvorschlag Merkel dem Bundestagspräsidenten übermitteln. Die absolute Mehrheit der Stimmen der Mitglieder des Bundestages hätte auf sie entfallen müssen, das sind 355 Abgeordnete (die Union verfügt nur über 246 Sitze). Im Präsidialamt schloss man keineswegs aus, dass ein erster Wahlgang zur absoluten Mehrheit Merkels führen könnte. Denn die Wahl ist immer geheim, und sehr viele Abgeordnete waren keineswegs an vorgezogenen Neuwahlen interessiert. Steinmeier hatte den klaren Eindruck von Merkel, auch im Notfall für einen solchen Wahlgang zur Verfügung zu stehen. Auf keinen Fall wollte Merkel zurücktreten.

Was wäre, wenn der erste Wahlgang keine absolute Mehrheit gebracht hätte? Auch diese Option wurde im Präsidialamt durchgespielt und keineswegs ausgeschlossen.[117] Der Bundestag hätte dann für 14 Tage die Initiative. Doch der Bundespräsident hätte nicht nur zugeschaut. Geplant waren für diesen Fall weitere Gespräche mit der geschäftsführenden Kanzlerin. Dominanter Gesprächsstil sollte dabei sein, aufklärungsorientierte Fragen verbindlich zu stellen. Steinmeier hätte sie nach jedem Wahlgang befragt: Steht sie weiterhin zur Verfügung? In einem Fernsehinterview am 10. Februar 2018 sagte Merkel überraschend, dass sie auch eine Minderheitsregierung anführen würde.[118] Was sagen die Ja-Stimmen im Verhältnis zu den Nein-Stimmen über die Zustimmung im eigenen Lager aus? Steinmeier hätte jeden Wahlgang einzeln geprüft und analysiert. Wäre es nach 14 Tagen zu einem Wahlgang mit relativer Mehrheit gekommen, hätte Steinmeier die Fragen an Merkel intensiviert und zugespitzt: Kann sie mit einer Minderheitsregierung die Stabilität garantieren? Für wie lange traut sie sich das zu? Könnte der Bundeshaushalt unter diesen Rahmenbedingungen durchgesetzt werden? Wäre eine verlässliche Europapolitik erwartbar? Von den Antworten hätte Steinmeier es abhängig gemacht, Merkel zu ernennen oder den Bundestag aufzulösen. Letzteres wäre ihm sehr schwer gefallen, weil es auch das Eingeständnis seines Scheiterns gewesen wäre, präsidiale Reservemacht als Manager der Instabilität effizient einzusetzen. Von Beginn an, und argumentativ unterstützt von Voßkuhle, sollten Neuwahlen nur die allerletzte Option sein, die *ultima ratio*. Das Grundgesetz ist auf Regierungsbildung ausgerichtet, nicht auf moderne Formen der Verweigerung, wie sie 2017/18 bei der FDP und der SPD anzutreffen waren.

Der Bundespräsident legte eine auf Stabilität und ungeduldiges Antreiben ausgerichtete Begleitmusik über den gesamten Prozess der Regierungsbildung. Die Sequenzen dieser Melodie setzten sich wie folgt zusammen:

– Interview in der *Welt am Sonntag* am 19.11.2017, dem Sonntag, an dem die Sondierungen über eine Bildung der Jamaika-Formation scheiterten.
– Erklärung des Bundespräsidenten zur Regierungsbildung am 20. November 2017.
– Weihnachtsansprache des Bundespräsidenten im Fernsehen vom 25. Dezember 2017: »Und schließlich muss nicht alles Unerwartete uns das Fürchten lehren. Das gilt auch für Regierungsbildungen, die in ungewohnter Weise auf sich warten lassen. Ich versichere Ihnen: Der Staat handelt nach den Regeln, die unsere Verfassung für eine Situation wie diese ausdrücklich vorsieht, auch wenn

solche Regeln in den letzten Jahrzehnten nie gebraucht wurden. Deshalb: wir können Vertrauen haben.«[119]
- Neujahrsempfang im Schloss Bellevue vom 9. Januar 2018: »Die Regierungsbildung ist Gesprächsthema Nummer eins, hier in Berlin und in ganz Deutschland – alle Blicke richten sich auf die Parteien und ihre Spitzenvertreter.« Und alle fragen sich, wie »es nun weitergehen kann und soll – und das völlig zu Recht«.[120]
- Antrittsbesuch in der Freien und Hansestadt Hamburg am 22. Januar 2018: Die Entscheidung über eine Regierungsbildung liegt bei den Parteien, aber Steinmeier übt Druck aus: »Ganz unabhängig davon spüren wir alle, dass die Menschen in Deutschland erwarten, dass jetzt, mehr als vier Monate nach der Bundestagswahl, wieder eine Regierung zustande kommt.«[121]
- Pressekonferenz in Lissabon am 1. März 2018 nach einem Antrittsbesuch in Portugal. Er wurde gefragt, was er beim Ausgang des Mitgliederentscheids für den kommenden Sonntag erwarte: »Der Bundespräsident ist kein Demoskopie-Institut.«[122]
- Rede des Bundespräsidenten bei der Ernennung der Mitglieder des künftigen Bundeskabinetts am 14. März 2018 im Schloss Bellevue. Diese Rede war ungewöhnlich und wich von allen anderen Reden ab, die zur Übergabe der Ernennungsurkunden bislang von Bundespräsidenten gehalten wurden. Steinmeier mischte sich operativ und richtungspolitisch erneut ein. Er sprach von einem »Aufatmen«,[123] das durch das Land geht, angesichts einer gewählten neuen Regierung. Er warb für das Modell Große Koalition: »Wer Verantwortung in der Demokratie übernimmt, hat zunächst einmal Respekt verdient. Diese Regierung, die jetzt ihre Arbeit aufnimmt, hat denselben Vertrauenskredit verdient, den alle vorherigen Bundesregierungen – gleich welcher Couleur – auch genossen haben. Dem widerspricht nicht, dass die neue Regierung von den Parteien gebildet wird, die auch die Vorgängerregierung getragen haben. Eine erneute Verständigung auf diese Konstellation verwirkt nicht den Anspruch der neuen Bundesregierung und ihrer Mitglieder, zunächst einmal ernst genommen zu werden – mit dem Ziel, Gutes für das Land zu bewirken.«

Immerhin startete die erste Große Koalition als Serie – eine Fortsetzung einer vorausgegangenen Großen Koalition, was historisch bislang ohne Vorbild war. Dann mischte er sich inhaltlich ein: »[...] ein schlichter Neuaufguss des Alten [wird] nicht genügen. Diese Regierung muss sich neu und anders bewähren [...]. Diese Regierung ist gut beraten, genau hinzuhören und hinzuschauen, auch auf die alltäglichen Konflikte im Land [...].«[124] Das war ein lautes Plädoyer gegen die Selbstgefälligkeit des »Weiter so« und gegen die Abgehobenheit der im Maschinenraum der Politik getriebenen Berliner Politik-Elite.[125]

Bundespräsidenten können zu Kanzlermachern werden. Das war Gegenstand dieses Kapitels. Sie treffen keine Entscheidung für eine bestimmte Koalition, aber bemühen sich mit dem Kanzlervorschlag, »dem Grundgesetz Geltung zu verschaffen«.[126] Steinmeier nutzte operativ Reservemacht. Das Gesicht der präsidialen Macht zeigte »hard power« in Zeiten der Instabilität. Er ist keine »Korrekturinstanz«,[127] der sich über den durch Wahlen zum Ausdruck gekommenen Volkswillen hinwegsetzen kann. Gestaltungsmöglichkeiten entstehen über seine Nutzung unterschiedlicher präsidialer Macht-Gesichter. Denn ohne weichen Machteinsatz, abseits der Öffentlichkeit, wäre eine Regierungsbildung »wider Willen« nicht zustande gekommen. Diskursive Macht legitimierte mit Bildern und Worten eine erneute Große Koalition, die einen Wählerauftrag umzusetzen hatte. Die Verfassungskultur zielt auf Stabilität, nicht auf Neuwahlen. Im Schatten dieser präsidialen Gestaltungsmacht sammelten sich die Parteiführungen. Für die SPD war dies 2017/18 sicherlich die schmerzhafteste Erfahrung. Als der designierte Vizekanzler Olaf Scholz nach der Auszählung des SPD-Mitgliederentscheids am 14. März 2018 schließlich das Ergebnis verkündete, tat er dies im Gestus einer Pflichtübung, freudlos-geschäftsmäßig. Die SPD machte sich erneut auf den Weg in die Regierung. Vermutlich hätte kaum ein anderer als Steinmeier, mit seiner spezifischen SPD-Biografie, die neue Legitimation einer Großen Koalition für die SPD argumentativ und machtpolitisch durchsetzen können. Mit seinem

»Segen« ließ sich die »staatspolitische Verantwortung« umsetzen, die einem Wortbruch, nicht gegenüber dem Wähler, aber doch gegenüber den Mitgliedern der SPD am Wahlabend, gleichkam. Sarkastisch argumentierten deshalb auch die Gegner der Großen Koalition mit Steinmeier: »Ins Messer laufen lassen hat Schulz und die SPD eigentlich der Bundespräsident. Man hätte die Schwachstellen der Demokratie mit einer Minderheitsregierung angehen können.«[128] Hätten auch andere Bundespräsidenten in dieser zeitgeschichtlichen Konstellation genauso agiert? Steinmeier hatte den Vorteil, operativ unbefangen zu sein. Denn wenige Monate nach Amtsbeginn gehörte das Exekutive seiner Ministerzeit noch zu seinem aktiven Erfahrungsschatz, was er für das Situative einsetzen konnte. Aber er war nicht nur operativ unbefangen, sondern auch staatsmännisch ungeprägt. Das Amt und gleichermaßen auch die Person lassen auch in solchen Zeiten der Instabilität Gestaltungsspielräume. Die Optionen erwachsen aus der Kraft beider unterschiedlicher Machtquellen – aus dem Amt und aus der Person heraus. Allein regelorientiertes Herangehen hilft dabei nicht weiter. Der Einzige, der im politischen System ohne »Checks und Balances« handelt, brauchte am Ende auch Glück, dass sein Drängen auf eine Regierungsbildung fruchtete. Ob sich ein derartiger Effekt des dosierten Zusammenspiels unterschiedlicher Gesichter der Macht für 2021, der kommenden Bundestagswahl, abnutzt, bleibt spekulativ. Wie letztlich die Urteilsbildung zur Rolle des Bundespräsidenten als Kanzlermacher ausfällt, hängt auch von der Leistungskraft der Großen Koalition ab, die erstmals als Fortsetzungsserie startete. Bleibt sie erstarrt, sprach- und ergebnislos, könnte auch die Mitschuld des Bundespräsidenten am Zustandekommen dieser Regierungsformation nochmals eine Rolle spielen.

4.2 Der Bundespräsident als Gesprächsinstanz

Joachim Gauck saß im Taxi. In Wien hatte der »Demokratie-Reisende«[129] gerade an einer Podiumsdiskussion teilgenommen. Er befand sich jetzt in Berlin auf dem Weg vom Flughafen Tegel nach

Hause. Da klingelte das Handy, was er zunächst überhörte.[130] Auf die Mailbox sprach die Kanzlerin. Sie bat um einen eiligen Rückruf. Es war der frühe Abend des 21. Februar 2012. Vier Tage zuvor war Bundespräsident Christian Wulff von seinem Amt zurückgetreten. Die Kanzlerin suchte wieder einmal einen Nachfolger. Bereits der zweite Präsident demissionierte in kurzer Abfolge. Ein politisches Desaster, was man auch der Kanzlerin anlastete. Im Kanzleramt saßen die Spitzenvertreter der schwarz-gelben Koalition seit Stunden zusammen. Auf welchen Kandidaten einigte sich die Regierungskoalition? Merkel hatte sich auf Klaus Töpfer festgelegt, Vizekanzler Rösler (FDP) auf Joachim Gauck.[131] Die Koalition stand in diesen Stunden unmittelbar vor der Auflösung. Merkel rettete schließlich das schwarz-gelbe Bündnis, indem sie sich mit der FDP auf Gauck als gemeinsamen Kandidaten verständigte – wie zuvor die SPD und die Grünen, die Gauck bereits 2010 gegen Wulff ins Rennen schickten. Die FDP feierte ihr Durchsetzungsvermögen. Für die Union zementierte diese Taktik langfristig die innere Kündigung und Loslösung von den Liberalen, die zudem in der Wählergunst von diesem erneuten Präsidentenpoker nicht profitierten. Die Gründe für Merkels Zurückhaltung gegenüber der Nominierung von Gauck, dem Pastor aus Mecklenburg, blieben diffus.[132] Fürchtete sie sein Charisma, seine Redebrillanz? Wäre das für die vorgezeichnete politische Dualität eine Belastung? Traute sie ihm kein belastbares Krisenmanagement zu?[133] Fehlte dem reisenden Demokratielehrer das Grundverständnis für die Machtlogiken des Parteienwettbewerbs? Oder hatte Merkels Zurückhaltung gegenüber Gauck schlicht Gründe in der Patronage von Unions-Mitstreitern?

Gauck rief – noch im Taxi sitzend – Merkel zurück. Sie hatte sich über Jürgen Trittin (Grüne) die Handynummer von Gauck besorgt. Merkel fragte Gauck, ob er als Kandidat für das Amt des Bundespräsidenten nochmals zur Verfügung stehen würde. Gauck willigte ein und lotste das Taxi in Richtung Kanzleramt:

»Als Gauck den Kabinettssaal betritt, habe er Tränen in den Augen gehabt, wird später berichtet. Und irgendwie sind alle froh, es jetzt geschafft zu haben. Der Schockzustand der Koalition wird kurz verdrängt durch Erleichterung, auch durch Erschöpfung. Schließlich hat man schon zwei Wochen Wulff-Affäre hinter sich.«[134]

Kanzler-Anrufe haben es in sich. Viele Politiker warten vergeblich auf solche Telefonate.[135] Andere, wie vorher beschrieben, hatten sich aktiv um das Amt des Bundespräsidenten beworben, manche über viele Jahre. Wenn dann so eine aussichtsreiche Einladung zur Nominierung erfolgt, stellen sich unmittelbar weitere Fragen des Auserkorenen: Wie kann ich das Amt ausüben? Niemand ist vorbereitet. Als Solitär lebt es von der Person. Die politischen, beruflichen und biografischen Vorerfahrungen aller Präsidenten variieren sehr. Wie erfüllt man politische Integrations- und Repräsentationsaufgaben? Leitfäden existieren dafür nicht. Bundestagspräsident Lammert lud zu einem gemeinsamen Abendessen Bundespräsident Wulff und alle seine Vorgänger im Amt ein. Doch Tipps für den Neuling Wulff gab es keine bei diesem Abendessen, worauf er aber durchaus gehofft hatte.[136] Weizsäcker rief, wie bereits beschrieben, auch häufiger ungefragt bei Bundespräsident Rau an, um ihm seine Auffassungen kundzutun. Köhler las sich intensiv in den Grundgesetz-Kommentar von Herzog zur Vorbereitung ein. Steinmeier sammelte sich lesend und kontemplativ einige Wochen nach dem Ausscheiden aus dem Amt des Außenministers in der Katholischen Akademie in Berlin.[137] Doch wie professionell lassen sich Vorbereitungen steuern? Wie drückt sich Gestaltungsmacht am innenpolitischen Themenfeld aus? Wie kann der Bundespräsident konkret Repräsentations- und Integrationsaufgaben wahrnehmen? Nachfolgend sollen Antworten geliefert werden: zur konkreten Ideenentwicklung im Präsidialamt und zu den beiden Anwendungsfeldern, einmal der Flüchtlingspolitik (dem Schwerpunkt von Gauck) und zum anderen dem Demokratie-Projekt (dem Schwerpunkt von Steinmeier).

Über die Passung: Gestaltungsideen und Gestaltungspannen

Das Präsidialamt bereitet von sich aus Informationsmaterial für den jeweils neuen Präsidenten vor. Das reicht von einer grafischen Übersicht der Orden, die ein Präsident zu überreichen hat, bis zu Themen, die antizipierend den neuen Amtsinhaber besonders interessieren könnten. Das Selbstbild des Bundespräsidenten – und damit seiner möglichen Aufgabenfelder im Inland – drückt sich differenziert auch über die eigene Internetseite aus. Das »Wirken im Inland« bedeutet danach:

»Neben den ›amtlichen‹ Funktionen, die sich aus den Vorschriften des Grundgesetzes ergeben, obliegen ihm als Staatsoberhaupt Aufgaben, die sich unter dem Begriff der ›Staatspflege‹ zusammenfassen lassen. Der Bundespräsident ist ›lebendiges Symbol‹ des Staates. Über den Parteien stehend, wirkt er in Reden, Ansprachen, Gesprächen, durch Schirmherrschaften und andere Initiativen integrierend, moderierend und motivierend.«[138]

Weiter heißt es auf der Homepage zu den Formen der Repräsentation und Integration:

»Jedes Auftreten des Staatsoberhauptes in der Öffentlichkeit, seine Teilnahme an einer Veranstaltung, die Übernahme einer Schirmherrschaft, eine Rede, ein Glückwunsch, Besichtigungen und vieles mehr bringen die staatliche Würdigung in der Person des Bundespräsidenten zum Ausdruck. Er setzt dadurch Zeichen der staatlichen Anerkennung, des Wohlwollens oder der besonderen Förderung. Gerade daraus ergibt sich auch eine Beschränkung der Anlässe, denen sich der Bundespräsident zuwenden kann: Sie müssen eine bundesweite Ausstrahlung haben und von besonderer Bedeutung sein.«[139]

Soweit das Selbstbild eines wertschätzend im Inland reisenden Staatsoberhauptes. Man wartet auf Anlässe? Wie erreicht man bundesweite Ausstrahlung in einem Integrationsamt ohne Nachrichtenwert? Wie bedeutend müssen Veranstaltungen sein, an denen der Bundespräsident teilnimmt? So bedeutend, dass zumindest bundesweit darüber berichtet wird?

Bereits im Kapitel 3.3 (»Das Bundespräsidialamt als Machtressource«) war vom Gewicht strategischer Politikberatung die Rede, die intern vom Bundespräsidialamt ausgehen kann. Die Suchbewegungen zu Beginn einer Amtszeit begannen bei jedem Präsidenten immer gleich. Die gesellschaftspolitische Analyse rückt ins Zentrum: hausinterne Expertise, geladene Gäste, Gesprächsformate, Podien, gutachterliche Materialien. Oft werden über Monate abseits der Öffentlichkeit gesellschaftspolitische Analysen erarbeitet, um daraus dann Schlussfolgerungen für strategische Vorhaben abzuleiten. Welche Themen sollte der Bundespräsident zwingend zu seinen machen? Wie könnte eine Sequenzierung des Mantelthemas aussehen? Welche präsidiale Agenda passt zur Person des Amtsinhabers, mit welchen Instrumenten lässt sich das adäquat umsetzen? Und welche Rolle kommt dabei der politischen Willensbildung über den Parteienwettbewerb zu, mit dem sich in der Meinungsführerschaft auch ein Bundespräsident zu messen hat? Welche Schlussfolgerungen für die Integrationsaufgaben zieht das Staatsoberhaupt aus dem Parteienwettbewerb?

Auch diese Antworten können nicht abstrakt gesehen werden. Die Antworten sind von der Person des Bundespräsidenten abhängig. Zwei Extrembeispiele hinsichtlich strategischer Ausrichtungen fallen auf. Da ist an Bundespräsident Johannes Rau (1999–2004) zu erinnern. Er nutzte wie ein republikanischer Oberbürgermeister seine Kontakte und Beziehungen, die für ihn die politische Landkarte markierten. Dazu benötigte er weder eine neue umfassende Gesellschaftsanalyse noch einen strategischen Plan. Er wollte machtvoll reagieren, entlang seines schon in Düsseldorf über viele Jahre angewandten normativen Kompasses. Eine mir gegenüber mehrfach kolportierte Anekdote passte in dieses Bild: Einen für den Bundespräsidenten entwickelter Jahreskalender mit sequenziellen Agendapunkten (entlang einer strategischen »Wäscheleine«) nahm Rau freudig entgegen. Er händigte diesen Kalender, überraschend für die Chefstrategen, aber erst ein Jahr später wieder aus, um alle Einträge rückblickend zu kommentieren. Rau ließ sich nicht in ein Strategiekorsett einspannen und blieb dennoch auf seine Art erfolgreich. Er genoss öffentliche Popularität, setzte wichtige Gestaltungsakzente beim Zuwanderungsgesetz sowie mit seiner deutschsprachigen Rede in der Knesset.

Als Kontrastprogramm zum strategisch Beschaulichen wirbelte Bundespräsident Herzog (1993–1998) in der Amtszeit vor Rau alles auf, was Weizsäcker als elegant-asketischer Aristokrat hinterlassen hatte.[140] Herzog hatte vom Phänotypus her eine bayerisch-barocke Anmutung. Von ihm ging zunächst nichts aus, was auf Bewegung, Dynamik, Innovation hindeutete. Und doch baute er das Bundespräsidialamt als erster im Amt zu einer strategischen Inszenierungseinrichtung aus. Über den Chef des Präsidialamtes, Wilhelm Staudacher (CDU), produzierte das Amt gefühlt jede Minute neue Ideen, die auf rasche und öffentlich wirksame Umsetzung drängten. Es ist deshalb kein Zufall, dass Herzog die sogenannte »Berliner Rede« für den jährlichen Programmplan des Bundespräsidenten erfand.[141]

Wir sehen insofern zwei extreme Pole/Typen – Rau und Herzog – als Möglichkeitsmacher, die kaum unterschiedlicher hätten agieren können: Herzog mit strategischer Aufgeregtheit – im Sinne einer strategisch angelegten Planung – und Rau mit strategischer Ruhe – im Sinne von situativen Zugriffen. Im Mittelfeld solcher Wirkungspotenziale für Gestaltungsoptionen ist Joachim Gauck anzusiedeln.[142] Er ließ sich konkret auf strategische Planungsideen ein und auch substanziell einbinden. Andererseits beharrte er auf einem spontanen, emotionalen und sehr persönlichen Korridor für Aktionen des Bundespräsidenten. Fünf Fragen spielten dabei eine wichtige, sich ergänzende Rolle: 1. Wie ist die gesellschaftspolitische Lageanalyse? 2. Welche Themen sind davon durch einen Bundespräsidenten sinnvoll »bespielbar«? 3. Wie erlangt der Bundespräsident dabei Glaubwürdigkeit? 4. Welche Glaubwürdigkeit wird ihm von der Öffentlichkeit zugebilligt? 5. Welche Zeitstrategien und Instrumente bieten sich für die Operationalisierung und Sequenzierung an?

Die Passung bestimmt die Wirkung: Amt, Person, Zeitläufte, Instrumente, Medienarbeit. Aber nicht ausschließlich. Zufallswirkungen spielen ebenso eine Rolle wie Gestaltungspannen. Zur Illustration ein paar Beispiele, die auf den Handlungskorridor verweisen, der die Gestaltungsspielräume für innenpolitische Akzentsetzungen – im Bereich der Integrations- und Repräsentationsaufgaben – leitet:

a. Fast schon neidisch blicken einige der Planer aus dem Bundespräsidialamt auf den Wanderer Karl Carstens. Als Folklore sind die Wanderungen des Bundespräsidenten (1979–1984) oft lächelnd zur Kenntnis genommen worden. Die »Philosophie des Wanderns«[143] hat sich vielen erst später erschlossen. Carstens instrumentalisierte seine Antrittsbesuche in den Bundesländern als Wanderbesuche. Seine Deutschlandwanderung umfasste von der Ostsee bis nach Bayern am Ende 1.124 Kilometer.[144] Anfänglich waren die Wanderungen exklusiv und nicht-öffentlich. Nach kurzer Zeit schlossen sich Tausende anderer Wanderer an, um auf der Wanderstrecke das Staatsoberhaupt zu begleiten.[145] Der Bundespräsident durchwanderte als Bürgerpräsident über 20.000 verschiedene Gemeinden. Gespräche führte er spontan mit vielen anderen Wanderern. Aber auf den Touren begleiteten ihn zunehmend auch immer mehr Politiker aus den Kommunen, Ländern und dem Bund. Carstens hatte ein zu seiner Person passendes Äquivalent gefunden, um als Gesprächsinstanz nicht-inszeniert zuhören zu können. Seismografisch erfasste er dadurch Stimmungen, Probleme, Sorgen und Wünsche der Bürger. Von den lokalen Medien begleitet, strahlte das Echo bundesweit aus. Strategiefähig wirkt die Wanderung vor allem durch die Zeitläufte. Das Wandern sollte mit der Bewahrung der Umwelt einhergehen, zumindest setzte das Staatsoberhaupt grüne Prioritäten. Die Partei »Die Grünen« zog derweil 1983 erstmals in den Deutschen Bundestag ein. Das Thema »Waldsterben« hatte die Deutschen leidenschaftlich seit Anfang der 1980er Jahre gepackt. Der Resonanzraum für die Wanderungen des Bundespräsidenten war groß. Carstens schuf innenpolitisch entschleunigte Zeichen und nutzte stille Benennungsmacht. Dem Motto der Kanzlerschaft Kohls (»Die Schöpfung bewahren«)[146] fügte Carstens kompensatorisch-unaufgeregt seine Deutung des

Umweltschutzes hinzu. Gestaltungsmacht erwanderte sich damit der Bundespräsident auf exemplarische Weise. Die Passung stimmte.

b. Zu den herausragenden Beispielen präsidialer smarter Gestaltungsmacht zählt sicher die berühmte Rede von Bundespräsident Richard von Weizsäcker am 8. Mai 1985 vor dem Deutschen Bundestag aus Anlass des 40. Jahrestags des europäischen Kriegsendes.[147] Auch hierbei sind spezifische Rahmenbedingungen zu erinnern, ohne welche die Rede keine Gestaltungsmacht entfalten konnte. Die Passung stimmte in der konkreten Situation des Frühjahrs 1985. Das Staatsoberhaupt autorisierte mit Benennungsmacht die Deutung des 8. Mai als »Tag der Befreiung« – und nicht nur als »Tag der Kapitulation«.[148] Das hatten andere allerdings bereits auch vor ihm getan. Alfred Grosser erinnerte an den Bundespräsidenten Walter Scheel, der zehn Jahre zuvor in der Schlosskirche zu Bonn ähnlich formulierte:

»Sicher, am 8. Mai 1945 brach das nationalsozialistische Regime endgültig zusammen. Wir wurden von einem furchtbaren Joch befreit, von Krieg, Mord, Knechtschaft und Barbarei. Und wir atmeten auf, als dann das Ende kam. Aber wir vergessen nicht, dass die Befreiung von außen kam [...].«[149]

Auch Petra Kelly (Die Grünen) erinnerte im gleichen Resonanzbuch daran, dass Bundespräsident Gustav Heinemann ähnliche Formulierungen nutzte.[150] Da Michael Engelhard sowohl der Redenschreiber von Bundespräsident Scheel als auch der von Weizsäcker war, überrascht die Textidentität keineswegs.[151] Der Redenschreiber Engelhard notiert nachfragend zum weltweiten Echo auf die Rede vom 8. Mai 1985: »Warum? Weil ich sie entworfen hatte? Nein, sie hatte diese Wirkung, weil sie den tiefsten Überzeugungen Richard von Weizsäckers entsprach.«[152] Das Argument ist sicher zutreffend. Der Bundespräsident hatte in der ambivalenten Militär- und Diplomatentradition seiner Familie historisch eine Mission, die ihn authentisch machte.[153] Aber zur Erklärung der internationalen Wirkung der Rede, die in kurzer Zeit über zweimillionenfach und in vielen Sprachen verbreitet wurde, reicht das familienpolitische Argument sicher nicht aus. Denn auch die Tagespolitik eröffnete für den Bundespräsidenten eine Gestaltungsmacht, die fast schon an Gegenmachtbildung erinnerte. Er kompensierte eine Gestaltungslücke. Gemeint war das zeithistorische Umfeld: der Besuch von US-Präsident Reagan. Drei Tage vor der Rede Weizsäckers hatte Reagan zusammen mit Bundeskanzler Kohl einen Soldatenfriedhof in Bitburg besucht.[154] Die gemeinsame Visite war als Versöhnungsgeste zum 40. Jahrestag der Kapitulation angelegt. Die Geste verkehrte sich ins krasse Gegenteil, als öffentlich wurde, dass auf dem Friedhof auch Angehörige der Waffen-SS begraben waren. Andere Irritationen kamen hinzu, so dass das sperrige Datum in der Öffentlichkeit durch das Kanzleramt kontaminiert erschien.[155] Weizsäckers Präsidentenrede wirkte neben der Kanzlerpanne »Bitburg« umso strahlender. Sie kompensierte. Gleichzeitig erwuchs aus diesem Gegenbild der beiden Verfassungsorgane (Kanzler und Präsident) – rund zwölf Monate nach dem Amtsantritt des Bundespräsidenten – eine, wie es Kohl in seinen Erinnerungen benennt, »spürbare Distanz«.[156] Vielleicht kann man so weit gehen und die Rede als Kulminationspunkt des Missverhältnisses der beiden einordnen. Der Kanzler achtete fortan noch intensiver darauf, den Gestaltungsspielraum und die spektakuläre Meinungsführerschaft des Nachbarn in der Villa Hammerschmidt einzugrenzen, ja einzuhegen. Das bezog sich auf die intensive Instrumentalisierung der Rede in der tagesorientierten Bonner Innen- und Außenpolitik. Die Instrumentalisierung des Gegensatzes »Bundespräsident vs. Kanzler« durch Dritte bezog sich aber auch in den Folgejahren immer auf die Unterschiede in der Amtsführung, der Haltung, der Persönlichkeit. Die Distanz zwischen Kohl und Weizsäcker war auch Teil einer Projektion der Bonner Republik, gegen die sich weder Weizsäcker noch Kohl zur Wehr setzen konnten.[157]

Für die Passfähigkeit der berühmten Rede kamen somit komplexe Umstände zum Tragen, nicht nur die Genialität der Formulierungen oder der eleganten Rhetorik. Idealtypisch wurde in der Darstellungspolitik der Rede ein Möglichkeitsraum des Verfassungsorgans optimal wahrgenommen. Das politische und intellektuelle Klima änderte sich durch die Ansprache. Denn die Rede war »selbst die Handlung«[158] – ganz im Sinne von Dolf Sternberger eine gewissensbetonte, moralische Handlung. Mit der Autorität der Deutung des 8. Mai 1945 und im Sinne des Narrativs der Befreiung vom NS-Regime, schuf der Bundespräsident einen Referenz- und Berufungspunkt, der im Geschichtsbewusstsein Spuren hinterließ. Für die schwierige Identitätspolitik der Bundesrepublik Deutschland hatte der Gestaltungsehrgeiz Weizsäckers neue Ankerpunkte gesetzt, die nachfolgende Generationen an späteren Gedenktagen überschreiben, aber nicht rückgängig machen konnten. Die Rede war, trotz des Widerspruchs, den sie auch in politisch rechten und nationalkonservativen Kreisen hervorrief,[159] ein fulminantes Instrument der Integrations- und Repräsentationsaufgaben, die ein Bundespräsident zu leisten hat. Die Rede zeigte weltweit, was ein Präsident zu sagen haben kann, wenn er dieses Instrument als wirkungsvolles rhetorisches Mittel einsetzt. Für die Generation der heute 60-Jährigen hatte Weizsäcker mit dieser Rede das Amt des Bundespräsidenten aus dem Schatten der politischen Nichtbeachtung herausgeholt.

c. Für ein weiteres Beispiel zur Illustration von Integrations- und Repräsentationsaufgaben als Teil der Gestaltungsmacht im Inland kann nochmals an die ebenso berühmte »Ruck«-Rede von Roman Herzog am 26. April 1997 erinnert werden. Das clevere strategische Umfeld der Inszenierung habe ich bereits erläutert. Die Passung schien im Nachhinein idealtypisch. Der Chronist des Ereignisses, Michael Jochum, schreibt allerdings einschränkend: »Die Saalwirkung dieser im Berliner Hotel Adlon vor einem höchst unterschiedlich zusammengesetzten, überwiegend aus Berlin kommenden und insgesamt vielleicht 250 Personen umfassenden Publikums war dürftig, von Aufbruchsstimmung nicht viel zu spüren.«[160] Die unmittelbare Wirkung vor Ort und die mediale Breitenwirkung hatten sich entkoppelt. Der Versuch, mit dem Narrativ der Ruckbewegung eine Veränderungsbereitschaft – heute würde man so etwas als disruptiven Eifer einordnen – der Deutschen einzufordern, die durchaus veränderungsfähig sind, sicherte Herzog ein großes Echo bis heute.

Veränderungen hatten fortan einen präsidialen Segen. Begleiter des Präsidenten erinnern an eine Episode kurz vor dem Redebeginn. Im neu erbauten Berliner Nobelhotel Adlon am Pariser Platz blieb der Aufzug mit dem Bundespräsidenten stecken. Der Beginn der Rede verzögerte sich dadurch um einige Minuten, ohne dass die Zuhörer die eigentliche Ursache erfuhren. Wie wäre die Medienresonanz wohl ausgefallen, wenn derjenige, der den verändernden Aufbruch mit einer »Ruck«-Metapher einfordert, selbst auf der Strecke zum Podium steckengeblieben wäre? Der Nachrichtenwert dieser Episode hätte zunächst die Schlagzeilen bestimmt. Ob die langfristige Wirkung eingesetzt hätte, bleibt Spekulation. Insofern: Trotz bester Rahmenbedingungen für eine optimale Passung kann das Gelingen auch von Zufällen abhängen.

d. Gestaltungspannen gehören zum Alltag des Bundespräsidialamtes. Findet das Team immer adäquate Antworten auf politische Herausforderungen, die wiederum zur Person des Präsidenten passen? Keineswegs – wobei die Öffentlichkeit nur indirekt von Gestaltungspannen erfährt. Wenn sich Nachfragen häufen (»Was macht eigentlich der Bundespräsident?«), dann ist dies ein treffendes Indiz dafür, dass Unauffälligkeit auch mit fehlender Gestaltungskraft einhergeht. Manchmal liegen die Pannen auch an zufälligen Begleitumständen, die nicht zu beeinflussen oder vorhersehbar waren. Wer Meinungsführerschaft für ein bestimmtes Thema anstrebt, der arbeitet mit der Akribie einer wissenschaftlichen Politikberatung. So auch im Präsidialamt in der Zeit von Gauck: Im neu eröffneten Museum für Kommunikation in Berlin sollte Gauck eine Rede zum Thema der Ausstellung »Dialog mit der Zeit« halten.[161] Monatelang hatte das Präsidialamt das Demografie-Thema präsidial aufbereitet. Zahlreiche Experten berichteten und Expertisen wuchsen. Der Bundespräsident – immerhin zum Zeitpunkt der Rede 75 Jahre alt – sollte den Altersbegriff und die Konzeption des Alters öffentlichkeitswirksam neu justieren. Die Botschaft sollte das Alter (»Hochplateau des Lebens«) nicht nur wertschätzend einordnen, sondern Gestaltungspotenziale eröffnen. Gauck sagte:

»Lassen Sie uns das Alter bewusster neu denken – in Bildern vom Alter und vom Älterwerden, die auch die Potenziale dieser Lebensspanne beschreiben. Dann kann es uns gelingen, aus der alternden Gesellschaft eine noch stärker selbstbestimmte und starke Gesellschaft des längeren Lebens zu formen. Wie das geschehen kann und welche Veränderungen für einzelne Menschen, aber auch in Gesellschaft und Politik notwendig sind, darüber möchte ich heute sprechen.«

Dem damaligen Leitungsteam schien das Thema extrem gut präsidial geeignet zu sein, da auch Gauck viele Neuanfänge biografisch-beruflich exemplarisch und in mutmachender Weise durchlebt hatte. Der Präsident wirkte authentisch für den »Dialog mit der Zeit«. Doch die Initiative verpuffte. Zeitgleich zur medial professionell vorbereiteten und inszenierten Rede fegte die Euro-Griechenland-Krise über Europa, die einen dominanten Nachrichtenwert mit sich brachte und keine Berichtslücke für andere Ereignisse ließ. Trotz eines geplanten strategischen »Doppelschlags« erreichte Gauck in keiner Phase seiner Präsidentschaft die Benennungshoheit beim Thema Demografie und dessen Folgen. Das Beispiel zeigt nochmals, dass es auch die Medien sind, die einen Gestaltungsspielraum des Bundespräsidenten einhegen. Die Spielräume für Meinungsführerschaft erscheinen medial beschränkt.

e. Über geplante Gestaltungsvorhaben seiner Präsidentschaft berichtete Bundespräsident Steinmeier. Er betonte bei den präsidialen Optionen für inländische Handlungspotenziale sein Vorhaben – zusammen mit seiner Frau – die berufliche Bildung aufzuwerten und zum Beispiel sogenannte Meisterfeiern zu besuchen.[162] Steinmeier suchte sichtbar ein eigenes Themenfeld und einen Rollenwechsel neben der Dominanz, die er bei der Regierungsbildung gespielt hatte. Seine Frau, Elke Büdenbender,[163] wollte die Balance zwischen akademischer und beruflicher Bildung priorisieren und dieses Thema zur eigenen Agenda machen. Steinmeier zeigte sich selber skeptisch, wie viel öffentliche Wirkung er damit erzielen kann.[164] Aber er hielt das Thema für extrem wichtig. Es war Ende Februar 2018 zu früh, um abschließend einschätzen zu können, ob der Bundespräsident und seine Frau damit öffentliche Wirkung generieren. Die neue Bundesbildungsministerin Anja Karliczek (CDU) nahm in ihrem ersten Interview zumindest den thematischen Ball auf: »Wir müssen die berufliche Bildung aufwerten. Wenn jemand eine Ausbildung macht, ist das genauso gut, als wenn jemand studiert.«[165] Das klingt nach einem Geleitzug aus Bildungsministerium und Bundespräsidialamt, was angesichts der vielen Bildungsinitiativen der vergangenen Bundespräsidenten nicht überraschend daherkommt.[166] Dem Start der Deutschlandtournee von Elke Büdenbender in Berlin durch Berufsschulen und Ausbildungsbetriebe am 17. April 2018 ging ein Besuch der Bundesbildungsministerin im Schloss Bellevue zur Feinabstimmung voraus.[167]

Der Ausgangspunkt unserer Überlegungen bezog sich auf eine adäquate Passung, die eine Voraussetzung für Gestaltungserfolge und Gestaltungsräume im Bereich innenpolitischer Integrationsaufgaben ist. Amt, Person, Zeitläufte, Instrumente, Medienarbeit mussten in einem ausbalancierten und strategisch gewichteten Umfeld ihre jeweilige Wirkung entfalten. Integrations- und Repräsentationsaufgaben – abseits einer vom Kalender diktierten Agenda des Bundespräsidenten (von Gedenktagen bis zur Akkreditierung von Botschaftern) – leiden aber strukturell an einem Dilemma. Wie kann man Gestaltungsmacht im Sinne einer Führungsbereitschaft für zentrale Themen anstreben und gleichzeitig als Symbol der Einheit integrieren?[168] Der Widerspruch zwischen Führung und Integration ist auch mit symbolisch-höfischem Zeremoniell sicherlich nicht aufzuheben. Jede Entscheidung polarisiert. Angestrebte Meinungsführerschaft kann somit ebenso polarisieren wie die Priorisierung über Benennungsmacht. Denn auch das sind Entscheidungen – abseits der operativen Tagespolitik –, die der Bundespräsident im Möglichkeitsraum trifft. Die Führungsentscheidung verlangt Parteinahmen, die eher trennen als integrieren.[169] Im schlimmsten Fall endet Führung in der Desintegration. Wir hatten uns bereits an mehreren Stellen mit diesem Dilemma auseinandergesetzt. Gestaltungsmacht hat Möglichkeitsgrenzen, die bei einer Überdehnung umgekehrt proportionale

Effekte zeitigen. Die angemessene Mischung aus »Zurückhaltung und Einmischung«[170] macht den präsidialen Meister aus. In der Regel lässt sich dies auf einer Zeitachse zumindest theoretisch-strategisch erreichen. Phasen der Einmischung sollten sich mit Phasen der Zurückhaltung abwechseln. Eine berechenbare präsidiale Politik eines politischen Präsidenten arbeitet mit solchen strategischen Kalkülen. Sehen wir uns dazu – unter dem Gesichtspunkt von Integrations- und Repräsentationsaufgaben im Inland – in den Amtszeiten von Gauck und Steinmeier näher um.

Einübung ins Fremde: Flüchtlinge, Migration, Integration

»Obwohl unser Land [...] gut dasteht, [...] machen sich viele Menschen Sorgen um die Zukunft, ist der Ton der Auseinandersetzung rauer geworden, ist der Respekt vor unterschiedlichen Meinungen zurückgegangen, ist die Angst vor falschen Informationen gewachsen, sind die Sorgen um den Zusammenhalt unserer Gesellschaft größer geworden.«[171]

Nie zuvor hatte die Bundeskanzlerin so selbstkritisch ihre jeweilige Kanzlerschaft begonnen. Nach sechs Monaten des Verhandelns stellte Merkel am 21. März 2018 ihre erste Regierungserklärung – der zweiten Großen Koalition in Folge – im Bundestag zur Aussprache. Vielfältige Gründe gehörten zu den Ursachen des komplizierten Regierungsbildungsprozesses. Aber maßgeblich änderte vor allem, geradezu überwölbend, die Flüchtlingspolitik die Koordinaten der deutschen Politik ab 2015: Asyl, Flucht, Zuwanderung. Merkel ergänzte gleich zu Beginn ihrer Regierungserklärung:

»[...] vielmehr hat [...] die Debatte über den richtigen Weg [...], wie wir langfristig die Integration bewältigen, unser Land bis heute gespalten und polarisiert, und zwar so sehr, dass ein an sich unglaublich banaler Satz, wie ›Wir schaffen das!‹, den ich im August 2015 gesagt habe und den ich zuvor mehr oder weniger wortgleich in meinem ganzen politischen Leben [...] schon unzählige Male gesagt hatte, zu einer Art Kristallisationspunkt dieser Auseinandersetzung werden konnte.«[172]

Die Flüchtlingspolitik bestimmte den Ausgang der Bundestagswahl 2017. Die folgenreiche Flüchtlingsentscheidung der Bundeskanzlerin vom 4. September 2015 – über die begrenzte Aufnahme syrischer Flüchtlinge aus Ungarn – war der Prägestempel der Großen Koalition.[173] Der Sommer 2015 gehörte zu den Kipppunkten des Regierens, der die Bundestagswahl entschieden hat. Auch die Große Koalition wurde ab 2017 von dem Thema belastet. Es führte im Sommer 2018 fast zur Aufkündigung der Fraktionsgemeinschaft zwischen der CDU und der CSU. Der Globalisierungsschub für die deutsche Einwanderungsgesellschaft wirkte als externer Schock nach.[174] Kaum ein Thema ist so lebensnah und emotional im Alltag der Bürger verankert wie der Umgang mit den neuen Fremden. Es ist eine Mixtur aus Verteilungs- und Gerechtigkeitsfragen, aus Identität und Sicherheit. Es ist die Übersetzung des sperrigen Begriffs der Globalisierung in den familiären und nachbarschaftlichen Alltag. Es umfasst die interpersonale Kommunikation und die Richtung der wahlentscheidenden Anschlussgespräche.[175] Und das Thema prägt die Ausdifferenzierung des Parteienspektrums ebenso wie die Regierungsbildung. Die Flüchtlingspolitik markiert bis heute die Machtfragen bei der Ausdifferenzierung des gesamten Parteienwettbewerbs. Die Bundestagswahl war ein für Schlüsselentscheidungen typisch nachgelagertes Plebiszit für das Offenhalten der Grenze im Sommer 2015. Für viele Bürger war die Bundeskanzlerin persönlich verantwortlich, mithin ursächlich haftbar für den zeitweiligen Kontrollverlust an den Grenzen. Ihr Popularitäts-Panzer schrumpfte binnen weniger Wochen. Merkel schien seit dem Sommer 2015 nicht mehr unbesiegbar. Für andere wiederum wurde Merkel zur Ikone des humanitären Helferstolzes. Die Flüchtlingspolitik prägte die Zäsur: Einzug einer rechtspopulistischen, nationalkonservativen und in Teilen rechtsextremen Partei in den Bundestag nach rund 60 Jahren und damit die Verschiebung der Achse im Parteiensystem nach rechts.

Hinter der Chiffre »Flüchtlingspolitik« verbarg sich ein politisches Amalgam: Wo endet das gemeinsame Wir? Wer hält sich an welche Regeln? Wer lindert die wachsenden Gefühle der Unsicherheit und des Unbehagens? Die Ethnisierung vieler politischer Diskurse nahm zu. Die Flüchtlinge waren der Auslöser, der Katalysator einer Diskussion, die schon länger schlummerte und sich in der sogenannten Sarrazin-Debatte erstmals öffentlichkeitswirksam Bahn brach.[176] Die bis dahin bleierne integrationspolitische Debatte eines faktischen Einwanderungslandes verschob sich in Richtung von Identitätsfragen und Zugehörigkeitsdefinitionen. Die Chiffre »Flüchtlingspolitik« löste eine Veränderungsdynamik im Parteienwettbewerb aus. Sie stabilisierte sich über eine Rechtsverschiebung in den Parlamenten mit ebenso großer Vehemenz wie vormals die Umwelt- und Ökologiebewegung über eine Linksverschiebung – durch die neue Themensetzung auf Sicherheit und Identität. Eine neue Konfliktlinie der Demokratie zwischen Begrenzung und Öffnung zeichnete sich ab. Die Bruchlinien verliefen zwischen Globalisierungsskeptikern (Heimat-Renaissance, regionale Daseinsvorsorge) und ungebundenen, liberalen Kosmopoliten. Diese neue gesellschafts- und parteipolitische Konfliktlinie hatte mit dem alten Links-rechts-Antagonismus praktisch keine Überschneidungen.[177]

Die Angst vor Entgrenzung stieg seit dem Sommer 2015. Eine Sehnsucht nach Begrenzung, nach Grenzen, nach territorialer und normativer Übersichtlichkeit ergriff die stets skeptische politische Mitte. Die Wahltagserhebung der Forschungsgruppe Wahlen stellte im September 2017 das Themenfeld »Flüchtlinge/Ausländer/Integration« für 44 Prozent der Befragten als das wichtigste Problem dar. Erst mit erheblichem Abstand folgten andere Themen wie Rente (24 Prozent) und soziale Gerechtigkeit (16 Prozent). Seit Sommer 2015 hatte sich nichts an dieser Priorisierung geändert.[178]

Merkel war – daran ist mit Blick auf ihre Dualität mit Gauck zu erinnern – ein »Flüchtlingskanzler wider Willen«.[179] Sie besuchte öffentlich erst Ende August 2015 ihr erstes Flüchtlingsheim. Zuvor kam es zu einem vor allem viral sehr beachteten Ereignis. Merkel hatte im Rahmen des »Bürgerdialogs« in Rostock die 14-jährige Reem Sahwil, die kein Bleiberecht in Deutschland hatte, vor laufender Kamera wenig Hoffnung gemacht, dass sie in Deutschland bleiben könne.[180] Sie streichelte kurz die weinende Schülerin am Oberarm und an der Schulter, doch die gut gemeinte Geste misslang. Die Aktion wirkte kalt und empathielos. Merkel fremdelte mit dem Flüchtlingsthema und mit den Flüchtlingen – bevor es zur spektakulären Nothilfe für Syrer wenige Wochen später kam.

Die Merkel-Wahrnehmung in den sozialen und öffentlichen Medien verstärkte einen Gefühlsdualismus zwischen zwei Verfassungsorganen. Gauck kann sich bei eigenen Reden tränenreich in Rührung versetzen, was Merkel nie passieren würde. Gauck verwandelt Ideen in Gefühle und macht seine Auftritte in großen und kleinen Formaten zu empathischen Publikumserlebnissen. Bei Merkel ist es anders. Eine öffentliche Selbstergriffenheit ist ihr fremd. Sie ist öffentlich bis an die Schmerzgrenze nüchtern, unpathetisch, leidenschaftslos. Das Wochenmagazin *Stern* charakterisierte kontrastierend zu Gauck die Kanzlerin als »Die Eiskönigin«.[181] Das ist im Sinne unseres Kompensationsarguments für Gestaltungsoptionen zunächst eine optimale Arbeitsteilung. Für die Kanzlerin hatte es aber 2016 Dimensionen eines Kommunikationsdesasters: eine anerkannte Krisenlotsin, jedoch erklärungsarm pragmatisch, die zudem das Kümmern verlernt hatte.

Doch auch Gauck hatte zunächst keinen Zugang zum Flüchtlingsthema. Dass dies, im Zusammenhang mit der Werbung für Vielfalt und den zivilisierten Streit, zum bestimmenden Thema der zweiten Hälfte seiner Amtszeit wurde, ahnte im Sommer 2015 noch niemand. Die Einübung ins Fremde betraf ihn in doppelter Hinsicht: policybezogen und persönlich. Die homogene Gesellschaftsstruktur der DDR verhinderte beim ethno-fremdelnden Mecklenburger Gauck einen geübten Umgang mit Flüchtlingen, mit Migranten, mit multikulturellen Erfahrungen. Zum 65-jährigen Geburtstag des Grundgesetzes 2014 entwickelte sein Team im Schloss Bellevue eine Einbürgerungsfeier.[182] Er intonierte Integration weder als paternalistische Anpassung der Migranten an die »deutsche Leitkultur« noch als Fiktion von »Multi-Kulti«.[183] Er setzte als Paradigmenwechsel dagegen: »Es gibt ein neues deutsches Wir, das ist die Einheit der Verschiedenen.«[184] Kraftvoll plädierte er gleichermaßen dafür, die doppelte Staatsbürgerschaft beizubehalten. Doch trotz der Medienresonanz gelang Gauck mit dieser Rede kein strategischer Gewinn. Er war nur einer von vielen. Noch fehlte ihm präsidiale Deutungsautorität im vielstimmigen Chor der Integrations- und Einwanderungsdeuter. Er näherte sich dem Thema, aber es war noch nicht seins.

Das Bundespräsidialamt beobachtete im Sommer 2015 das Krisenmanagement, ohne direkt involviert zu sein. Um das Thema auch für den Bundespräsidenten aufzubereiten, wurden von seiner Seite Initiativen gestartet, die im Schloss zu vielen Hintergrundgesprächen führten. Oberbürgermeister, Landräte, Sozialarbeiter, Katastrophenschutz, Flüchtlinge etc. – das gesamte Panorama der Betroffenen ging ein und aus. Für Gauck organisierte man »learning Journeys«,[185] die ihn auch in Flüchtlingsheime führten. »Ich war bei dem Thema Integration lernend unterwegs«,[186] wie er es selber formulierte. »Und ich hatte meinem Vorgänger versprochen, mich um dieses Thema besonders zu kümmern.«[187] Gaucks Fragen, die er sich zunächst selbst und dann seinen Gesprächspartnern stellte, lauteten:

> »Was passiert, wenn ungesteuerte Zuwanderung erfolgt? Wie können wir zum Realismus finden, der uns aus der spontanen, etwas romantischen Begeisterung der Willkommenskultur für die Flüchtlinge weiterführt? Sind wir zum Beispiel auch offen für Kritik an Zugewanderten, wenn sie extremistische Auffassungen vertreten oder offen unsere Normen verletzen?«[188]

Seinen Erkenntnisweg umschrieb er als den eines »forcierten Realo«, der »die Dynamik des neuen Integrationsthemas in 2015 mit besonderer Vehemenz kennenlernte«.[189] Besonders seine USA-Reisen hatten ihn lernen zu der Einsicht geführt, dass es »albern sei, in Zeiten der Globalisierung davon auszugehen, dass man homogene Bevölkerungen herstellen könnte«.[190] Das Gauck'sche »Wir« kam heterogen daher, ohne der Illusion zu verfallen, dass aus Heterogenität automatisch Integration erwächst. Vielmehr hatte er bereits im Herbst 2015 den Eindruck: »alles rutscht nach rechts! Warum debattiert nicht die politische Mitte intensiver darüber, wer zum neuen Wir, einer sich zunehmend als Einwanderungsgesellschaft verstehenden Gesellschaft, dazugehört?«[191]

Lange bevor Merkel das Flüchtlingsthema intonierte, nutzte Gauck das Ritual der Weihnachtsansprache für seine Agenda.[192] Gleich beim ersten Auftritt 2012 sagte er: »Kürzlich hat mir eine afrikanische Mutter in einem Flüchtlingswohnheim ihr Baby in den Arm gelegt. Zwar werden wir nie alle Menschen aufnehmen können, die kommen. Aber: Verfolgten wollen wir mit offenem Herzen Asyl gewähren und wohlwollend Zuwanderern begegnen, die unser Land braucht.«[193] Seelsorger, Pastor, Demokratielehrer: Dieser Dreiklang bestimmte die Redepassage. Konkreter, fordernd-appellativ und direkter nahm er das Thema ein Jahr später wieder auf, dem er fast die komplette Redezeit widmete: »Tun wir wirklich schon alles, was wir tun können?«[194] Wer ist mit wir gemeint? Die zivilgesellschaftlichen Akteure oder die Bundesregierung? Er warb für Verständnis und forderte konkret mehr Hilfe für Flüchtlinge. Metaphorisch spielten seine Redenschreiber bereits an Weihnachten 2013 mit einer Symbolik, die zwei Jahre später zur vollen semantischen und performativen Entfaltung gelangte – gemeint ist die Anspielung auf die Metapher des Herzens:

> »Machen wir unser Herz nicht eng mit der Feststellung, dass wir nicht jeden, der kommt, in unserem Land aufnehmen können. Ich weiß ja, dass dieser Satz sehr, sehr richtig ist. Aber zu einer Wahrheit wird er doch erst, wenn wir zuvor unser Herz gefragt haben, was es uns sagt, wenn wir die Bilder der Verletzten und Verjagten [gemeint war der Krieg in Syrien; d. Verf.] gesehen haben.«[195]

Auch die Weihnachtsansprache vom 25. Dezember 2014 folgt dem Tenor, fast schon entwarnend in großer Dankbarkeit, viele Flüchtlinge weiterhin aufzunehmen. Die besondere Stoßrichtung erhält die Rede nicht durch den erwartbar pastoralen Optimismus mit biblischen Akzenten: »Fürchtet euch nicht!«[196] In der gebotenen präsidialen Zurückhaltung warnte er dennoch erstmals davor, dass die

Hilfsbereitschaft unter den Deutschen angesichts der von der Pegida-Bewegung aufgenommenen Ängste kippen könnte: »Ängste ernst zu nehmen, heißt nicht, ihnen zu folgen.«[197] Dieses Motiv nahm zu und bestimmte auch die beiden letzten Weihnachtsansprachen von Gauck 2015 und 2016. Gauck stiftete diskursive Unruhe: Er wünschte sich öffentliche, zivilisierte, heftige Debatten und politische Auseinandersetzungen: »Der Meinungsstreit ist keine Störung des Zusammenlebens, sondern Teil der Demokratie.«[198]

Gauck konnte mit dem Thema Flüchtlinge und Migration an eine Traditionslinie im Bundespräsidialamt anknüpfen, ohne dass dies die Redenschreiber im Team von Gauck als jeweilige »Blaupause« nutzten. Migration, Zuwanderung, Integration, Umgang mit sogenannten Gastarbeitern gehörten als Sujet zu vielen Reden der Bundespräsidenten:

- Roman Herzog widmete den in Deutschland lebenden Ausländern bereits in seiner Antrittsrede einen Absatz.[199] Hintergrund waren die Brandanschläge auf türkische Familien in Solingen und auf das Asylantenheim in Rostock. Herzog rückte anlassorientiert den Schutz der Ausländer, weniger die Aspekte der Integration ins Zentrum.
- Johannes Raus Leitmotiv »Versöhnen, statt spalten« bezog immer auch die Zuwanderer ausdrücklich mit ein. Nach turbulenten Auseinandersetzungen zwischen Regierung und Opposition beim Zuwanderungsgesetz im Bundesrat nutzte er seinen Ermessensspielraum, um bei einem instabilen Verfahrenshintergrund Gestaltungsmacht als politischer Präsident einzusetzen. Bemerkenswert zum damaligen Zeitpunkt war die Formulierung von »Deutschland als Einwanderungsland«, was er zum Gegenstand seiner »Berliner Rede« im Jahr 2000 machte.
- Horst Köhler akzentuierte von Beginn an die Blickrichtung auf Afrika für sein außenpolitisches Gestaltungsengagement. Was wir aus heutiger Sicht diffus mit »Fluchtursachen« beschreiben, problematisierte Köhler bereits damals mehrfach anmahnend-vorausschauend mit seinen Reisen und in seinen Reden.

– Christian Wulff sagte einordnend: »Die prägende Erfahrung meiner Amtszeit war, der Gesellschaft die Chancen und Herausforderungen einer aktiven Integrationspolitik aufzuzeigen, die wir weltoffen, aber gleichzeitig aus einer klaren Haltung heraus angehen sollten. Das begann bereits mit meiner Antrittsrede und der Metapher der ›Bunten Republik Deutschland‹.«[200]

Auch für den amtierenden Bundespräsidenten, Frank-Walter Steinmeier, blieb das Thema zentral. Es begleitet seit seiner Antrittsrede leitmotivisch das Ringen um und das Werben für die liberale Demokratie. Deutungsautorität in das Geflecht öffentlich polarisierender Diskurse eingebracht hat er durch seine Differenzierung von Flüchtlingen, die »mit Asylgründen oder als Kriegsflüchtlinge«[201] zu uns kommen, von denen, die »nach einem wirtschaftlich besseren Leben« streben. Er präzisierte:

»Die Suche nach einem wirtschaftlich besseren Leben, die individuell immer berechtigt sein kann, begründet aber nicht das gleiche Recht auf Aufnahme in Deutschland. Vor allem, um den politisch Verfolgten auch in Zukunft gerecht werden zu können, müssen wir diese Unterscheidung wieder ernst nehmen.«[202]

Zukünftig gilt die präsidiale Legitimation, zwischen Wirtschafts- und politischen Flüchtlingen zu unterscheiden, als wichtige Referenz.[203] Nicht die Benennungsmacht der Unterscheidung ist neu oder originell. Man kann nachfragen: Warum haben Bundespräsidenten nicht schon vorher darauf verwiesen? Rechtlich ist die Unterscheidung eindeutig. Politisch lud sie zum Missbrauch ein, all diejenigen zu diskreditieren, die diese Unterscheidung öffentlich vorbrachten. Als politisch korrekt galt sie nicht. Als Außenminister hatte Steinmeier davor gewarnt, »mit dem Flüchtlingsthema auf Stimmenfang zu gehen«. Wer so etwas tue, betreibe »geistige Brandstiftung«. Als Bundespräsident öffnete er den Diskurs und legitimierte die Unterscheidung. Dass er dies zeitgleich zu den laufenden Sondierungen zwischen der SPD und der Union für eine Fortsetzung der Großen Koalition vorbrachte, war pikant und eine Mahnung an die (ehemaligen) Genossen. Denn die SPD-Spitze kämpfte dafür, dass möglichst viele Asylbewerber mit eingeschränktem Schutzstatus auch ihre jeweiligen Angehörigen nach Deutschland holen können sollten. Dies wurde zu einem zentralen Junktim der SPD für die Aufnahme von Koalitionsverhandlungen mit der Union. Steinmeiers neuer Ton musste die SPD überraschen. Als Staatsoberhaupt wollte er den wirtschaftlich motivierten Migranten nicht die gleichen Rechte einräumen wie Flüchtlingen. Sein damit formulierter Gestaltungsanspruch musste über die Regierungsbildungsprozesse hinweg auch operative und machtpolitische Konsequenzen nach sich ziehen. Sprachgewinn führte zu Machtgewinn bei denjenigen, die sich in diesem Kontext auf den Bundespräsidenten zukünftig berufen können: Bundespräsidenten als Politikermöglicher mit diskursiver Benennungsmacht.

Dualität Merkel–Gauck:
»Wir schaffen das« und »Unser Herz ist weit«

Sehen wir uns das Zusammenspiel von Merkel und Gauck ab Sommer 2015 näher an. Merkel kam auch in der epochalen Zäsur des Sommers 2015 erklärungsarm daher. Ihr Pragmatismus als Krisenlotsin und Kanzlerpräsidentin hinterließ keine narrativen Spuren. Gnadenlos schnörkellos. Ihre Politik ohne einprägsame Worte und Erklärungen fährt stets auf Sicht und ignoriert durchsetzungsstark alle Forderungen nach großer Rhetorik. Viermal in Serie als Kanzlerin gewählt zu werden, gibt Merkel für diesen Kurs hohe Plausibilität. Die Bürger verstehen, was sie sagt. Und wenn sie etwas sagt, erhält es Gewicht. Deshalb ärgert sich Merkel über eigene Unachtsamkeit bei Formulierungen und übt sich mehr schlecht als recht in der Kunst des beredten Schweigens.[204] So passierte es, dass sie am Tag nach der Bundestagswahl 2017, mit dem dramatisch schlechten Ergebnis der CDU, in der Pressekonferenz übermüdet und unkonzentriert einen Satz prägte, den sie so rasch nicht wieder los wurde. Gemeint ist folgender: »Ich kann nicht erkennen, was wir jetzt anders machen müssen.«[205] Sie meinte dies mit dem Bezug auf die Wahlkampfstrategie, die immerhin die Union erneut zur stärksten Fraktion machte, gegen die keine Regierung zu bilden war. Doch dieser Merkel-Satz potenziert den Eindruck einer mittlerweile selbstgefälligen Kanzlerin. Hatten die Bürger nicht gerade die Machtmonotonie der Großen Koalition in der Berliner Republik abgewählt und im Protestwahlverhalten deutliche Kritik an einer abgehobenen – auch politischen – Elite artikuliert?

Noch mehr ärgerte Merkel ein anderer Satz: »Wir schaffen das!« Nach den für die Union verlorenen Wahlen zum Berliner Abgeordnetenhaus 2016 sah sie sich genötigt, in einem Exkurs zur Wahlinterpretation darauf in der Pressekonferenz gesondert einzugehen:

»Der Satz ›Wir schaffen das‹ ist Teil meiner politischen Arbeit, er ist Ausdruck von Haltung und Ziel. Viel ist in diesen eigentlich alltagssprachlichen Satz hineininterpretiert, ja sogar hineingeheimnist worden. So viel, dass ich ihn inzwischen am liebsten kaum noch wiederholen mag. Ist er doch zu einem schlichten Motto, beinahe einer Leerformel geworden, und die Diskussion um ihn zu einer immer unergiebiger werdenden Endlosschleife.

Manch einer, und das zählt besonders, fühlt sich zudem von diesem Satz provoziert – und so war der kurze Satz natürlich nie gemeint. Ich habe ihn anspornend, dezidiert anerkennend gemeint, denn ich bin zutiefst von der Hilfsbereitschaft und Schaffenskraft der deutschen, aller hier lebenden Menschen überzeugt.«[206]

Die kurzformatige Aussage der Regierungschefin (»Wir schaffen das«) gilt in den Kategorien von narrativen Formen der Legitimationspolitik als »Wahrheitsprüfung«.[207] Interpretativ autorisiert sie damit qua Amt eine bestimmte Konstruktion gesellschaftlicher Wirklichkeiten, nämlich diejenige, die sie für angemessen hält. Das kontingente Ringen um die Definition der politischen Lage in der Flüchtlingspolitik verkürzte Merkel zu einer symbolischen Beruhigungsformel. Zumindest lässt der Satz eine solche Einordnung auch zu. Aber ebenso zahlreiche andere:[208]

- Der Schlüsselsatz drückte Entschlossenheit aus, ihre Richtlinienkompetenz zu nutzen. Merkel hatte den Pfad ihrer ansonsten gradualistischen Politik verlassen.
- In der optimistischen Variante hörte man aus dem Verdikt: Wir trotzen allen Widrigkeiten! Als Reaktionsweltmeister sind die Deutschen resilienz-geübt. Mit dieser Krisenbewältigungserfahrung schaffen wir deshalb auch das!
- Die autoritäre Variante trumpft auf: Alternativlose Flüchtlingspolitik – basta!
- In der moralischen Variante klingt die Äußerung wie die Kurzform des humanitären Imperativs: Wir haben als Christen die Pflicht, Menschen in Not aufzunehmen. Die globale Nation ist längst eine Einwanderungsgesellschaft. Deshalb reißt euch zusammen, denn auch dies schaffen wir jetzt gemeinsam.

Gauck mischte sich in die Sprachpolitik der Kanzlerin nicht ein. Kanzlerin und Bundespräsident hatten ein wechselseitiges, gewachsenes Grundvertrauen angehäuft, wie viele Beobachter aus beiden Häusern unterstreichen. Ein »Dauermisstrauen«[209] der Kanzlerin gegenüber dem Bundespräsidenten, wie noch zu Zeiten des Dualismus Kohl–Weizsäcker, existierte nicht. Gaucks operative Impulse hatten, wie die oben interpretierten Reden zeigen, drei Richtungen: 1. Menschen in Not muss man aufnehmen; 2. lasst uns über die neuen Identitätsfragen unserer Einwanderungsgesellschaft öffentlich und richtungsoffen streiten; und 3. Flüchtlingshilfe ist immer auch emotional ein Kampf gegen rechts. »Was tun wir für das ›Wir‹ in der politischen Mitte?«[210] Moderne Gesellschaften brauchen die Solidarität unter Ungleichen. Aber wie fördert man das, fragte Gauck. Er schlug den diskursiven Weg vor, wie er in einer Rede in Bukarest im Juni 2016 formulierte: »Dazu müssen wir immer auch alle wieder lernen, Argumente an uns heranzulassen, die unserem eigenen Milieu zunächst ganz unplausibel erscheinen. Wir müssen wieder lernen, an die intellektuelle und moralische Tradition des argumentativen Disputs anzuknüpfen [...].«[211]

Offene Gesellschaften sind liberal. Das setzt aber immer politisierte Alternativen voraus, über die laut gestritten werden sollte. Genau das vermisste der Bundespräsident in der Debattenkultur 2015 und 2016. Doch auch liberale Demokraten, die das offene Gesellschaftsmodell verteidigen, verfallen ebenso oft in moralisch abgrenzende Kategorien, die auf protestbereite Wähler herablassend wirken. So sollte in der Intention von Gauck der Satz »Wir schaffen das!« die gleiche moralische Qualität haben wie die Umkehrung »Wir schaffen das nicht!«. Kontingenz-Kompetenz der Bundespräsidenten nutzt aktiv den Perspektivwechsel. Aber die Negation des Satzes der Kanzlerin zu verwenden, wäre Gauck nicht in den Sinn gekommen. Dass sich alle Alternativen nur im Kontext des Grundgesetzes und damit der Menschenwürde bewegen, begrenzt normativ den Gedankenraum, aber sicher nicht die politische Lernkurve.

Gauck kämpfte für das Abrüsten des moralischen Hochmuts. Und doch war er selbst nicht immer frei von hochmütig wirkenden Aussagen. Als er im August 2015 eine Flüchtlingsunterkunft in Berlin besuchte – fast zeitgleich im Umfeld der spektakulären fremdenfeindlichen Ausschreitungen in Heidenau (Sächsische Schweiz) –, dankte Gauck den Ehrenamtlichen und rief ihnen zu: »Es gibt ein helles Deutschland, das sich leuchtend darstellt gegenüber dem Dunkeldeutschland, das wir empfinden, wenn wir von Attacken auf Asylbewerberunterkünften oder gar fremdenfeindlichen Aktionen gegen Menschen hören!«[212] Gauck bedauert heute diese spontane Äußerung, weil sie ein Engagement einseitig verzerrte.[213] Der Chronist der Flüchtlings-Sommers 2015, Robin Alexander, urteilte hart:

>»Aber indem ausgerechnet der erste ostdeutsche Bundespräsident sie [die Bürger in den neuen deutschen Bundesländern; d. Verf.] mit dem bis dahin für die ehemaligen Gebiete der DDR reservierten Spottwort ›Dunkeldeutschland‹ gewissermaßen geografisch auflädt, bietet er der westdeutschen Mehrheitsgesellschaft gleich doppelte Entlastung an: Wir kümmern uns um die Flüchtlinge, denn wir sind keine Nazis und keine Ossis!«[214]

Unabhängig von solchen unfreiwilligen Konnotationen von präsidialen Aussagen kämpfte Gauck für das Denken in Alternativen. Sollte jeder als extremdenkend stigmatisiert werden, der es wagte auszusprechen, dass die Deutschen die Herausforderung der Flüchtlingspolitik nicht schaffen? Konnte man aus dieser Position schon einen Gegensatz zur Kanzlerin heraushören, wonach Medien in der Berliner Republik täglich suchen? »Ich wollte nicht übergriffig werden!«[215] Und doch sind die Artikulationen im Umfeld der »Herz«-Metaphorik, die Gauck lernend testete und später auch absichtsvoll inszenierte, Teil seiner Gestaltungsmacht. Denn sie zogen operative Konsequenzen nach sich. Das Medienecho bezog sich zum überwiegenden Teil auf den Grundgedanken der notwendigen Begrenzung, um den Notleidenden zu helfen. Gauck arbeitete nicht in einem Krisenstab, aber er setzte elegant und eloquent das Thema, was die Spitzenpolitiker beschäftigen musste. Wie gelang das?

Auch bei Gauck wirkte zunächst der Zufall. Was Merkel mit einem aus ihrer Sicht belanglosen Füllsatz »Wir schaffen das« »anrichtete«, entwickelte sich bei Gauck aus einem seelsorgerisch-emotionalen und intuitiven Momentum. Das »offene Herz« für notleidende Flüchtlinge – in der Weihnachtsansprache 2012 – entsprang keiner originellen Formulierung. Als Ausdruck von christlicher Barmherzigkeit füllte es eher zufällig den immerwährenden Wunsch des Präsidenten nach bildstarken Motiven. Die Weihnachtsansprache blieb folgenlos. Routinehandeln funktionierte, blieb in der öffentlichen Arena aber ohne Wirkung. Auch dem Team der Redenschreiber blieb in dieser Zeit nicht verborgen, dass sich der Bundespräsident auf präsidialer Themensuche befand.[216] Für sie wirkte Gauck in der Flüchtlingsintonation realistischer als Merkel. Die Moralisierung von Grenzen (als Schutz, als Hindernis, als offene Einladung: Wieviel Heterogenität ist unverzichtbar, wann wird Vielfalt dysfunktional?) suchte nach Ausdrucksformen. Was sollte man daraus machen, ohne der Kanzlerin »ins Gehege« zu kommen? Gauck war vorgewarnt. Sein erstes Sommerinterview 2012 mit dem ZDF war nicht fehlerfrei – auch aus seiner Sicht.[217] Dabei stolperte er, wie die meisten im ersten Jahr ihrer jeweiligen Präsidentschaft, über die Macht der eigenen Worte. Er hatte im Interview darauf hingewiesen, dass die Kanzlerin ihre Europapolitik (konkret die Euro-Krisenrettung gegenüber Griechenland) sehr detailliert erklären müsse.[218] Mischte er sich in die Tagespolitik der Eurokrise ein? Hatte er anschauliche Beispiele zur Hand, um das zu erklären, was sich zwischen Brüssel und Athen abspielte? In der Medienrezeption verformte sich sein verständlicher Ansatz, mit Erklärmacht die Bürger einzubinden, zur Kritik an Merkels Politikmanagement. Alles, was Gauck – vor allem zu Beginn seiner Amtszeit – sagte oder machte, kam verdachtsbestimmt daher: Distanz zum Kanzleramt? Die Vorgeschichte der Nominierung wirkte nach und schränkte den Artikulationsraum für den Präsidenten zunächst ein. Denn aus der projizierten Dualität erwuchs kein Machtgewinn.

Wie artikuliert man im Sinne der Integrationsaufgaben des Präsidenten Eckpunkte zur Flüchtlingspolitik, ohne sich in den Streit der Koalitionäre (CDU/CSU, SPD) einzumischen?[219] Wie entgeht man der Gefahr einer einseitigen Einmischung in die Tagespolitik? Gaucks Antwort lautete auf solche Überlegungen immer: mit einer selbstbewussten Haltung.[220] Die Stabsspitzen des Präsidialamtes mussten dies übersetzen in Worte und Taten des Präsidenten. Oft sahen sie sich in der Rolle des Bremsers. Denn Gauck agierte häufig zügellos-enthusiastisch, wenn es darum ging, seine Mission zu erfüllen: die Besinnung der Deutschen auf ihre Stärken als gewachsene Demokraten.

Es war der Zufall des Terminkalenders, der den Planungsstab auf die Idee brachte, besondere Begrifflichkeiten zweimal hintereinander für Reden zu verwenden. Als langfristig vereinbarter Auftritt für den Bundespräsidenten stand der 3. Oktober 2015 – der Tag der Deutschen Einheit – in Frankfurt am Main fest im Terminkalender. Monatelang und mühsam im Detail sprach man Textversionen in langen Redebesprechungen mit Gauck zusammen durch: »Schleife um Schleife!« Auch bei den Texten, die er selbständig redigierte, notierte er – mit gut lesbarer Handschrift – stets konstruktive Veränderungsvorschläge. Die Einladung zur Auftaktrede von Gauck bei der 40. Interkulturellen Woche in Mainz (am 27. September 2015), also rund eine Woche vor dem Tag der Deutschen Einheit, traf erst später im Schloss Bellevue ein. Für die Inszenierung strategischer Botschaften schien das idealtypisch. Wie bei einem boxenden Athleten führen sogenannte Doppelschläge häufig zur gewünschten Aufmerksamkeit. Mainz sollte der Aufschlag für Frankfurt sein. Falls Schlag eins – aus welchen schwer kalkulierbaren Gründen der Aufmerksamkeitsökonomie auch immer – misslingen sollte, bliebe Schlag zwei. Die »Herz«-Metapher sollte bildhaft die Konnotation einrahmen: Das Herz kann durchaus auch mal schneller schlagen, aber nicht immer und schon gar nicht unbegrenzt; mit dem Herz ist das Zentrum benannt; Herzenswärme und Liebe stehen in Kontrast zur Herzenskälte. So einigte sich das Redenteam auf folgende Formulierungen:

Für Mainz:

»Inzwischen trauen wir uns, und wenn nicht, dann sollten wir uns trauen, das fundamentale Dilemma dieser Tage offen auszusprechen: Wir wollen helfen. Unser Herz ist weit. Doch unsere Möglichkeiten, sie sind endlich.«

Für die Mainmetropole Frankfurt:

»Und dennoch spürt fast jeder, wie sich in diese Freude Sorge einschleicht, wie das menschliche Bedürfnis, Bedrängten zu helfen, von der Angst vor der Größe der Aufgabe begleitet wird. Das ist unser Dilemma: Wir wollen helfen. Unser Herz ist weit. Aber unsere Möglichkeiten sind endlich.« Wenige Monate danach nutzte Gauck beim Wirtschaftsforum in Davos die Gelegenheit, um in der Auftaktrede dem internationalen Publikum zu sagen: »Wer von Begrenzung spricht, darf von Grenzen nicht schweigen«[221] – da hatten die Österreicher bereits eine Obergrenze für Flüchtlinge festgelegt.

Wie passen Merkel und Gauck beim Flüchtlingsthema zusammen? Welche Art von präsidialer Gestaltungsmacht zeigte sich? Merkels politische Diktion blieb unverändert. Sie kam der CSU rhetorisch keinen Millimeter entgegen. Faktisch belegten die mehrfachen Verschärfungen der Gesetzespakete zur Asylpolitik der Großen Koalition, dass spätestens 2016 die »Willkommenskultur« durch das »Narrativ der Abschiebung und Begrenzung« überschrieben wurde. Begrenzung schien nicht mehr unethisch zu sein. Gauck setzte auf moralische Grenzziehungen. Er artikulierte mit einer eingängigen Metaphorik das klassische Dilemma der Entscheidungssituation. Er sah sich aber auch mit dem Vorwurf konfrontiert, eine »Obergrenze« präsidial zu umschreiben. Verschiedene Interpretationslinien zwischen Bundeskanzlerin und Bundespräsident lassen sich herausarbeiten, an denen sich die Gestaltungspotenziale zeigen lassen.

Koexistenz der »Unberührbaren«

Präsidiale Gestaltungsmöglichkeiten für die operative Flüchtlingspolitik existierten nicht. Hört man sich im Kanzleramt dazu um, fragt man Akteure, die an den zahlreichen Bund-Länder-Koordinierungstreffen teilgenommen haben, dann kann sich niemand an eine Situation erinnern, an der in einer Entscheidungssituation oder bei Argumentationen explizit auf die Äußerungen von Bundespräsident Gauck Bezug genommen wurde. Die besondere Form der Koexistenz beider Verfassungsorgane (»Die Unberührbaren«) – keiner kritisiert öffentlich den anderen – gebietet auch im Umkehrschluss: Der innere Respekt voreinander spart wechselseitige konkrete Referenzen oder Bezugnahmen aus. Merkel nahm in keiner öffentlichen Rede konkreten Bezug auf Gaucks Einlassungen. Aber sie formulierte im Bundestag am 17. Februar 2016 (nach der Davoser Rede von Gauck) im Gauck'schen Sinne: »Worum geht es dabei, und was können wir mit diesem Ansatz erreichen? Unser gemeinsames Ziel ist es, die Zahl der Flüchtlinge spürbar und nachhaltig zu reduzieren, um so auch weiterhin den Menschen helfen zu können, die unseres Schutzes wirklich bedürfen.«[222]

Orientierungsleistung durch Sprachgewinn

Benennungsmacht für ein epochales Ereignis entstand durch die präsidentielle Beschreibung dessen, was sich flüchtlingspolitisch national und international abspielte. In der Zuspitzung der Dilemma-

Konstellation schuf Gauck Orientierung durch Sprachangebote. In der Situation der multiplen Krise[223] entstand eine Lageeinschätzung für den Deutungsmachtkampf, der im Parteienwettbewerb bis ins Superwahljahr 2017 hinein tobte.[224] Indem Gauck ausbuchstabierte, dass letztlich Grenzen individuelle und kollektive Autonomie schützen, formulierte er eine politische Wirklichkeit, die nicht nur verwaltet (im Sinne einer perfekten Katastrophenhilfe), sondern auch erobert sein wollte (im Sinne von integrationspolitischen Initiativen). Das Wissen um die Kraft der Orientierung in Zeiten des Gewissheitsschwundes und der öffentlichen politischen Polarisierung ließ Gauck zum Mittel der praktischen Vernunft greifen, die er zum Maßstab dieser Reden machte. Politische Möglichkeiten verband er mit humanitär Gebotenem. Seine Reden – mit den ethischen Maßstäben des Dilemma-Zugangs – machten Zuhörer im besten Sinne urteilsfähig. Urteilsfähigkeit ist eine wichtige Kompetenz für Demokratiebildung. Der Bundespräsident kann Gestaltungsurteile (im Kontext der Flüchtlingspolitik: öffnen, schließen, abschieben, begrenzen etc.) aussprechen und damit legitimieren. Seine Textkomposition versah die Reden mit einem existentialistischen Ton, ganz im Sinne seiner Hochschätzung der Freiheit.[225] Gauck gab den moderaten Skeptikern – im Lager der Realisten – mit seinen Einlassungen eine Stimme. Mit existenziellem Ernst betrieb er sein Werben um den Erhalt der offenen Gesellschaft in einer liberalen Demokratie. Der Wiedereinzug des existenziellen Tons passt zur Notwendigkeit der existenziellen Dimension der zu treffenden Entscheidungen. Bei unklarer Folgenabschätzung der Flüchtlingskrise bedurfte es mutiger subjektiv-dezisionistischer Momente des Entscheidens, wie es Merkel im September 2015 stolpernd-zögerlich, aber dennoch erkennbar vorgemacht hatte.

Gaucks normative Orientierung zeigte Richtungen an, ohne die konkrete Wegstrecke zu benennen. Das wäre auch sehr schwer gewesen. Denn ein internationaler Masterplan zur Lösung oder zum Umgang mit dem besonderen Flüchtlingsphänomen existierte nicht. Die auch normativ in Unordnung geratene internationale Ordnung trug alle Ingredienzien von sogenannten »wicked problems«,[226] für die lineare, einfache Lösungen nicht existieren. Handeln unter diesen unsicheren Bedingungen ist immer riskant. Nicht-wissensbasiert sind letztlich politische Entscheidungen bei »wicked problems« zu fällen. Vielleicht sah sich der Theologe Gauck hier prinzipiell im Vorteil? Denn die Theologie ist die Wissenschaft vom gewussten Nichtwissen: »Theologie ist [...] darauf angelegt, sich für das Nicht-Wissbare und Nicht-Berechenbare offenzuhalten.«[227] Konnte Gauck in diesem theologischen Grundverständnis die Verantwortungsüberlastung der Politik leichter ertragen?

Politisches Lernen im Umfeld der Flüchtlings- und Migrationsbewegungen setzte erst allmählich ein. Die Umstände machten ratlos. Ein intelligenter Umgang mit Nichtwissen schien erforderlich. Peter Graf Kielmansegg feierte dies als ethischen Gewinn: »Niemand kann über jemanden, der aus Ratlosigkeit andere Schlüsse zieht, vom hohen Ross moralischer Gewissheiten urteilen [...]. Es ist nicht unmoralisch zu sagen: Wir schaffen das nicht!«[228] Ratlose hantieren mit Fragmenten der Antwort. Präsidiale Reden können, im besten Sinne, das Reflexionsniveau auch ratloser Debatten heben: »[n]icht in der Gewissheit, die mit der Empörung immer einhergeht, sondern suchend, in klarem Bewusstsein des Bruchstückhaften aller Bemühungen«.[229] In diesem Sinne stiftete Gauck suchend Orientierung und galt fortan als Referenz für das Lager einer differenzierten Aufnahme. Gleichwohl war er von der Dramaturgie der Tagespolitik entlastet, an allen Fronten der Politik neue Vereinbarungen zu treffen.

Die Kompensation des Politikermöglichers

Gaucks Einlassung zog Machtfragen nach sich, auf die die Tagespolitik eingehen musste. Das galt nicht nur für eine differenzierte Flüchtlingspolitik, sondern auch für den Belastungstest des Gemeinwohls. Wie erhält man Solidarität unter Ungleichen? Gauck hatte kontingent dem Einerseits (»wir schaffen das«; »unser Herz ist weit«) und dem Andererseits (»wir schaffen das nicht«; »die Möglichkeiten sind endlich«) kompetent seine Stimme gegeben. Mit verschiedenen – nicht nur dichotomen – Perspektiven trachtete er nach einer Rolle des Politikermöglichers. Von der Kanzlerin erwarteten die Bürger einen konkreten Plan, was mit den Flüchtlingen passiert, wie das Grenzregime wieder funktioniert und wann die Krise steuerbar sein könnte. Der Bundespräsident kompensierte das Außeralltägliche. Vielleicht linderte er mit seinem Kompensationsangebot die Erblast, die seit dem Sommer 2015 auf der Kanzlerschaft von Merkel lag? Kanzler polarisieren durch Entscheidungshandeln. Präsidenten integrieren durch Versöhnungsverantwortung.

Kontrapunkte gezielt komponieren

Nicht alle Journalisten sahen in den Einlassungen von Gauck einen Gegenpart zur Kanzlerin. Kenner des flüchtlingspolitischen Großereignisses sahen früh, dass Gauck für die Kanzlerin eine Brücke baute, die sie nur begehen musste. Auch im Präsidialamt hielt sich schnell diese Version: Gauck hat das für die Kanzlerin »mitgetan«, um innenpolitisch den Druck zu kanalisieren. Danach haben sich idealerweise beide Verfassungsorgane – eher unabgestimmt als abgestimmt, aber kongenial im Handeln – wechselseitig unterstützt. Nachdrücklich hatte Gauck Anfang Januar 2016 in Davos dem staunenden internationalen Publikum erläutert, warum Deutschland künftig weniger Flüchtlinge aufnehmen kann. Die Solidarität der Deutschen war nicht unendlich: »Eine Begrenzungsstrategie kann moralisch und politisch sogar geboten sein, um die Handlungsfähigkeit des Staates zu erhalten.«[230]

Der Bundespräsident bemühte sich nicht um eine, in der Realismustheorie der Internationalen Beziehungen gern benutzte sogenannte Gegenmachtbildung. Eher setzte Gauck – bzw. sein Reden- und Strategieteam – einen Kontrapunkt.[231] Die Metapher des Kontrapunkts, im Verhältnis von zwei Verfassungsorganen, lädt dazu ein, um über Führung und Begleitung – in Analogie zum Kontrapunkt in der Musik – nachzudenken. Dabei können Führung und Begleitung ohne erkennbare Hierarchie in der kontrapunktischen musikalischen Diktion variieren. Versuchte Gauck frei sein Thema im Verhältnis zu Merkel zu variieren? Wer beschwichtigte beide? Oder waren beide von den dramatischen Zeitläuften im Gleichklang angetrieben und mussten aufeinander hören, um nicht »schief« zu klingen?

Inspirierende Integration durch organisierten Dissens

Spätestens mit der Kölner Silvester-Gewalt 2015 war ein zentrales Signalereignis gesetzt: ein agonales Deutungsmuster. Statt der kooperativen Sicht der Integration setzte dieses Ereignis das agonale Gegeneinander heftig frei. »Köln« avancierte öffentlich zum Begriffscontainer der Angst vor den Fremden, die sich nicht integrieren wollen und die auch nicht hierhin gehören sollten. Gauck thematisierte kurz nach der Kölner Silvester-Nacht in Davos die »Konflikte« und »Verunsicherungen«.[232] Seine Angebote als Auswege bezogen sich auf »diskursive Reservemacht« (Oliver Schmolke):

> »Über Bedenken und Sorgen der Bürger muss aber in der Mitte der Gesellschaft gesprochen werden. Rechtsaußen darf kein Monopol dafür haben, über Sorgen und Bedenken der Bevölkerung öffentlich zu sprechen. Nein, die Gesamtgesellschaft muss es tun, die demokratische Mitte, im offenen, demokratischen Diskurs.«[233]

Der leidenschaftliche Diskurs, den Gauck auch im Präsidialamt pflegte, machte für ihn das Herz der Demokratie aus. Rede und Gegenrede stimulierte Gauck produktiv mit dem Ziel eines »organisierten Dissens«.[234] Keiner Prozess- oder Lösungsorientierung der Tagespolitik, sondern eher einer ethischen Politikberatung[235] entspricht die Gauck'sche Herangehensweise: eine Auseinandersetzung mit strittigen Fragen ohne den Zwang zur Einigung auf ein finales Ergebnis – im Sinne einer tagespolitischen Problemlösung. Gauck zielte auf keine »semantische Befriedung, als Stillhalteabkommen, weil damit keines der dahinterliegenden Probleme verschwunden wäre«.[236] Eher dient der organisierte Dissens dem Ziel, inspirierend zu integrieren. Denn ein Dissens, über den am Ende auch parlamentarisch abgestimmt wird, hat immer höhere Legitimationskraft als ein Konsens, der nie verhandelt wurde. Nur der zivilisierte Streit – so der Ansatz von Gauck – kann langfristig die Angst vor Differenz nehmen und zur neuen Integration führen. Inspirierende Integration entwickelt sich diskursiv und stärkt letztendlich auch die Migrationsräume des Gemeinwohls. Der Bundespräsident nahm als Debattenöffner (»smart power«) Gestaltungsmacht wahr.

Die vier vorgestellten Interpretationslinien zeigen das Spektrum zwischen präsidialer Zurückhaltung (eher integrativ) und aktiver Einmischung (eher führend). Wann und wie die Reden von Gauck von der Parteipolitik jeweils instrumentalisiert wurden, entzog sich der Steuerung durch das Schloss Bellevue. Schneller Interventionsruhm lebt vom Augenblick. Danach sah es an keiner Stelle des Szenarios der präsidialen Redenplanungen aus, die durch eine Vielzahl von Hintergrundgesprächen begleitet und interpretierend justiert wurden. Mit dem Abstand von heute wirkten die versuchten Meinungsführerschaften zwischen Kanzleramt und Präsidialamt gemeinsam abgestimmt. Die Wirkung zählte – unabhängig davon, ob eine Abstimmung tatsächlich existierte. Nachzuweisen ist sie nicht. Gauck vermied es klug, seine Möglichkeitsgrenzen zu überdehnen, und setzte entschlossen verbale Anker des Vertrauens. Als Angehöriger der Deutungselite lag es ihm fern, sich in das Tagesgeschäft der Entscheidungselite und ihrer machtbewehrten Interessendurchsetzung einzumischen. Seine Deutungsautorität hing auch an Zufällen. Nicht alles war wohlkalkuliert: die Aneignung des Themas, die Taktung der Reden, die Rasanz des epochalen Ereignisses. Aber entlang der Integrations- und Repräsentationsaufgaben bot das Themenumfeld der Einwanderungsgesellschaft sehr viel Gestaltungsspielraum, dem sich der Bundespräsident offensiv stellte.

Der aufsuchende Bundespräsident: Orte der Demokratie

Gauck reichte den Staffelstab an Steinmeier weiter. Keines der Gauck'schen Themen, die seine Präsidentschaft prägten, schien erledigt, als Steinmeier seine Antrittsrede vorbereitete. Gauck hatte es bei den Bürgern zu hoher Popularität im Amt gebracht. Steinmeier führte – in der Rolle des Außenministers – ebenso die Hitliste der wichtigsten und populärsten Politiker in Deutschland seit Jahren an. Das sollten keine schlechten Voraussetzungen sein, um sich den inländischen Integrations- und Repräsentationsaufgaben zu stellen. Im weihevoll-pathetischen Grundton eines Anforderungsprofils bedeutete dies:

»Die personelle Repräsentation lebt von der Ausstrahlungskraft des Amtsinhabers. Dazu gehört auch seine persönliche Integrität. Nur wenn beide vorhanden sind, kann sich echte Repräsentation einstellen, kann der Staatsbürger im Bundespräsidenten sich in der Einheit der Nation verkörpert fühlen. Auf diese Weise sind im Bundespräsidenten beide Seiten der Repräsentation gegenwärtig: das Etwas-Darstellen und das Selbst-Etwas-Darstellen.«[237]

Steinmeier durchlief als Politikprofi zahlreiche Metamorphosen in der Berliner Republik – vom Chef des Kanzleramtes unter Schröder, Bundesaußenminister, Kanzlerkandidat bis zum Vorsitzenden der SPD-Fraktion. Er kannte den sprichwörtlichen Maschinenraum der Politik und wusste, auf was er sich einließ, als er die entscheidungsheischende operative Tagespolitik zu verlassen begann. Und er beherrschte den fundamentalen Unterschied zwischen polarisierender, auf peitschende Akklamation ausgerichteter Parteitagsrede und der balancierten, fein ziselierten bedächtigen Rede der Diplomatie.

Doch die mediale Kritik an seiner Amtsführung, seiner nicht wahrgenommenen Stimme in der Republik setzte, mit der Präzision eines verlässlichen Uhrwerks, wenige Monate nach seiner Wahl im Sommer 2017 ein. Und obwohl er damit rechnete, ärgerte es ihn dennoch. Denn seine Mission des Bewerbens der Parteien und des institutionellen Settings der repräsentativen Demokratie, das Kümmern um Parteien und Institutionen, in denen sich die Willensbildung manifestiert, musste zwangsläufig zunächst in der Warteschleife verharren. Das Superwahljahr 2017 hätte auch jedem anderen Bundespräsidenten den Start verhagelt. Je mehr er nach der Wahl als Manager der Instabilität gefordert war, umso disziplinierter musste er sich vor der Wahl bei jedem innenpolitischen Thema Stille verordnen. Zu groß war die Gefahr einer parteipolitischen Zuordnung in der wachsamen Republik.

Da Steinmeier wichtige Akteure seiner Kernmannschaft aus dem Auswärtigen Amt mit ins Bundespräsidialamt übernahm,[238] war auch nicht zu erwarten, dass er bei seinem schnörkellosen, nüchternen, bescheidenen, emotionslosen, oft moralisch wirkenden Ton bleiben würde. Der Demokratie-Apostel Gauck, der aufklärerisch und gefühlvoll seine »Schafe« sammelte, konnte in Steinmeier keine Fortsetzung finden. Das galt unabhängig vom Thema der Gefahren für die liberale Demokratie, die Steinmeier noch vor Amtsantritt ins Zentrum seiner Überlegungen rückte. Die Frage des gesellschaftlichen Zusammenhalts stellt sich für die Zukunft der Demokratie. »Stabilität und Zusammenhalt« stand in der Präambel des Sondierungspapiers der Großen Koalition noch vor »Erneuerung und Sicherheit«. Die Koalitionäre hatten praktisch bei Gauck abgeschrieben. Im Koalitionsvertrag heißt es in der Präambel selbstkritisch, dass viele Bürger »unzufrieden« und »verunsichert« sind. Entsprechend fiel auch das Wahlergebnis aus. »Wir wollen sichern, was gut ist, aber gleichzeitig den Mut zur politischen Debatte [...] beweisen.«[239] Und: »Wir werden Migration in Zukunft besser steuern und ordnen sowie die Integration von Zugewanderten in unsere Gesellschaft umfassender fordern und unterstützen.«[240] Steinmeier hatte in seiner Antrittsrede den Kontinuitätsbogen gespannt: »Wie gelingt Integration? Wie, lieber Herr Gauck, bringen wir das überein: unser weites Herz und die endlichen Möglichkeiten?«[241]

Was bleibt da an Spielraum für einen Bundespräsidenten, der eigene Akzente setzen will? Wo könnte das Kompensierende liegen, das auch zum Typus passt? Steinmeier deutete es bereits bei seiner

Antrittsrede an: »Ich will an die Orte der deutschen Demokratie gehen – und vor allen Dingen hin zu den Menschen, die sie leben und beleben.«[242] Es gehört zum Standardrepertoire integrations- und repräsentationsfördernder Handlungen, Antrittsbesuche in den Landeshauptstädten vorzunehmen, ebenso Besuche von Veranstaltungen im gesamten Bundesgebiet, bei denen es regelmäßig zu vielen Bürgergesprächen kommt. Doch Steinmeier hatte sein Vorhaben, die Deutschlandreise, anders angelegt, und zwar inhaltlich und strukturell. Gauck lebte seine Freiheitsidee aus der persönlichen Diktatur- und Transformationserfahrung heraus. Der Besinnung der Deutschen auf ihre Stärken, ihre gefestigte Demokratie galt seine Mission. Zutrauen, demokratisches Selbstvertrauen predigen, um daraus die Kraft zu entwickeln, Missstände und Fehlentwicklungen zu beseitigen – so ging er mit dem Thema um. Steinmeier wollte durchaus Mut machen, wie er es mit Dankesworten nach seiner Wahl vor der Bundesversammlung ausrief.[243] Aber er erlebte die Gesellschaft polarisierter, unversöhnlicher und die Demokratie verwundbarer als Gauck. Mehr Moll als Dur hörte man bei Steinmeier heraus.

Auch die strukturelle Konsequenz wich vom Vorgänger ab. Steinmeier baute die Antrittsbesuche um mindestens einen weiteren Tag aus, und er legte viel Wert auf unzählige Gespräche mit Bürgern aus den unterschiedlichsten Berufs- und Lebenswelten – gezielt außerhalb der Landeshauptstädte im ländlichen Raum. Es waren insofern eher »Antrittsbesuche bei den Bürgern« als bei der politischen Elite in den Ländern. Das klingt zunächst unspektakulär und unambitioniert. Doch ein intensiverer politikwissenschaftlicher Blick lohnt sich.[244] Zunächst fällt auf, dass Steinmeier selbst seine Möglichkeiten, im Amt des Bundespräsidenten Gestaltungsmacht ausüben zu können, offensiv an das präsidiale Instrument der Bürger-Begegnungen knüpfte.[245] Im Präsidialamt firmiert die hier beschriebene Idee als »Demokratieprojekt«. Sie kommt als Mantelthema daher und sollte das strategische Potenzial für das Prinzip der »Wäscheleine« haben, an die man über fünf Jahre Einzelprojekte aufhängend zuordnen sollte. Welcher Art kann die präsidiale Gestaltungsmacht in einem solchen Demokratieprojekt sein?

Darstellungspolitik: Aufmerksamkeit und Resonanz

Der Bundespräsident hat eine garantierte mediale Präsenz. Er stößt auf Resonanz mit seinem Auftritt, den Bildern, den Gesprächen. Er macht seine Antrittsbesuche nicht selbstlos, sondern durchaus auch kalkuliert. Er sucht die mediale Wahrnehmung. Er kann sich als aufmerksamer Zuhörer, wertschätzender Besucher, aufschreibender Themen-Dieb, kümmernder Gast oder aufklärerischer Demokratie-Lehrer vor Ort inszenieren. Die Darstellungspolitik über die regionale und föderale Medienlandschaft ist beachtlich. Dazu gehören regionale Zeitungen (gedruckt und online) und alle anderen crossmedialen Kanäle regionaler Medien. Die Zeitungen erreichen 2018 mit ihren Printausgaben und Digitalauftritten immerhin rund 87 Prozent der deutschsprachigen Bevölkerung.[246] Wichtiger als die weiter rückläufigen Auflagen sind dabei die Reichweiten der Medien, die sich seit Jahren ausdehnen. Besonders stark sind dabei regionale Abonnementzeitungen, die fast die Hälfte der deutschsprachigen Bürger täglich in irgendeiner Variante erreichen. Die regionalen Medien werden von den Bürgern intensiv genutzt und sind eine ihrer wichtigsten Informationsquellen über das politische und regionale Geschehen.[247] Offenbar gelten die regionalen Medien auch als vertrauenswürdig.[248] Der Auftritt in der Provinz ruft ein breites Echo hervor, was dem Bundespräsidenten somit wohldosierte Resonanz garantiert – bis in die politische Metropole hinein.

Straßen-Sprechstunde: Deutung und Responsivität

Das dahinterliegende Konzept solcher »aufsuchender« Momente des Bundespräsidenten stammt aus der Jugendsozialarbeit. Steinmeier stellt sich einer Bürgersprechstunde »auf der Straße«. Er kompensiert damit, was andere Verfassungsorgane nicht tun. Die Deutschlandreise führte ihn gezielt in abgelegene Orte der Provinz.[249] Auch andere Bundespräsidenten unternahmen Regionalbesuche. Köhler sagte dazu in seiner Selbsterinnerung:

»Meine Regionalbesuche waren mir besonders wichtig – übrigens habe ich immer auch Parlamentarier mitgenommen – und zwar nicht einfach in die Landeshauptstädte zu hochoffiziellen Terminen, wie bis dahin meist üblich, sondern auch dahin, ›wo es drückt‹ (z. B. Moscheebesuch in Bochum). Dort habe ich immer versucht, mit lokalen Initiativen und Akteuren zusammenzukommen, auch jenseits der Öffentlichkeit. Das war nicht nur für die Bürger ein besonderes Erlebnis, sondern auch für mich.«[250]

Die lokal gewonnenen Erfahrungen überträgt das Steinmeier-Team fortlaufend in die Sprache der grundlegenden präsidialen Reden. Die Rede zum 3. Oktober 2017 übersetzte auf diese Weise unmittelbar zwei Reiseerkenntnisse. Die Zuwendung zum Begriff der Heimat (als »Sehnsucht nach Sicherheit, nach Entschleunigung, nach Zusammenhalt und vor allen Dingen Anerkennung. Diese Sehnsucht dürfen wir nicht den Nationalisten überlassen«[251]) machte das Zentrum dieser Rede aus. Und – so die zweite Erkenntnis – die Wahrnehmung der unversöhnlich zunehmenden »Polarisierungen« und der »Risse« transferierte sein Team in die Metapher der Mauer: »Es sind andere Mauern entstanden, weniger sichtbare, ohne Stacheldraht und Todesstreifen, aber Mauern, die unserem gemeinsamen ›Wir‹ im Wege stehen.«[252] Die Rede zum Tag der Deutschen Einheit exemplifizierte all das, was Steinmeier bei den Reisebegegnungen besonders aufgefallen war. In der Weihnachtsansprache 2017 nahm er diesen Zugang nochmals auf, vor allem die Erlebnisse während der Sachsen-Reise. »Nun bin ich im zurückliegenden Jahr viel unterwegs gewesen [...] und habe Orte kennengelernt, die alles herbeisehnen – nur keine Stille. Orte, in denen es schon lange keine Tankstellen oder Lebensmittelgeschäfte mehr gibt [...]. Solche Orte gibt es viele, im Osten wie im Westen unseres Landes.«[253] Optimistisch fügte er hinzu, wie er gerade dort Bürger traf, die ihren heimatlichen Ort mit Leben, Ideen, Aktivitäten erhalten wollen, was ihn tief beeindruckt hatte.

Steinmeier setzte auf aufsuchende Innenpolitik als seine spezifisch kompensierende Gestaltungslücke. Er kehrte als Anwalt der

Bürger – nach vielen Jahren in der Außenpolitik – in die nationale Domäne zurück, die er in der regionalen Ausprägung faktisch zuletzt nur noch als Wahlkreisabgeordneter in Brandenburg kannte.[254] Die Institutionen des Gemeinwesens flankierte er zuversichtlich unterstützend, so seine Idee. Er deutete die Gespräche aus und nahm die Ideen und Eindrücke mit nach Berlin. Wie bei Fokus-Gruppen – allerdings streng heterogen – bekommt man heraus, wie sich die Bürger zugehörig fühlen, mit welcher Begrifflichkeit sie agieren und was sie besonders gewichten. Die Gesprächsteilnehmer können Reflektoren gesellschaftlicher Wirklichkeit sein. Sie benennen Zeiterfahrungen und soufflieren Zeitgeist. Das Staatsoberhaupt zeigt sich damit responsiv: Es koppelt sein politisches Handeln, seine Gestaltungsideen an die Interessen, Forderungen, Sorgen und Engagement-Beispiele der Bürger. Die Antrittsbesuche bei den Bürgern – so im ersten Amtsjahr auf der Deutschlandreise – dienten ihm ganz offensichtlich (wie die Redebelege ansatzweise dokumentieren) als lebensnahe Überprüfung der eigenen Agenda. Steinmeier ließ sich beeindrucken und nahm Themen sowie Problemwahrnehmungen mit in die politischen Gespräche der Berliner Republik.[255]

Sein Team kann weiterhin die Gespräche auch als Schatz auswerten, um Demokratie-Geschichten zu sammeln. So entsteht die Möglichkeit, ein virtuelles Haus der Demokratie-Erzählung zu entwickeln. Solche Geschichten könnten für eine minimale soziale Zusammengehörigkeit im Binnenverhältnis einer Nation sorgen, sich über Verschiedenheiten hinweg zu verständigen.[256] Solange die Gesprächstermine nicht paternalistisch auf die Teilnehmer wirken, was teilweise der Begriff des »Kümmerers« mit assoziieren könnte, entsteht für Steinmeier die Chance, als Politikermöglicher aufzutreten. In zwei Richtungen könnte sich idealerweise die Verwertungspraxis solcher Termine verdichten: die direkte Beeinflussung der präsidialen Agenda und die informelle Nacharbeit im Schloss. Wen bringt der Bundespräsident abseits der Öffentlichkeit zusammen, um eine Problemlösung vorzubereiten? Wie spricht er welche Themen mit den Parteivorsitzenden oder der Kanzlerin oder den Fraktionsvorsitzenden an, um Problembewältigung zu betreiben? Solche Fragen entziehen sich der empirischen Überprüfung. Aber der dahinterliegende Mechanismus existiert. Politische Präsidenten nutzen ihn idealerweise nicht nur für mögliche glänzende Auftritte, sondern für operative Maßnahmen, die sie in den politischen Apparat mit präsidialem Nachdruck hineingeben. Für das mitschreibende, mitorganisierende, mithörende Begleitteam des Bundespräsidenten entstehen »Beobachtungen zweiter Ordnung«, wie es die sozialwissenschaftliche Methodologie umschreibt.[257] Die Beobachtungen des Bundespräsidenten beobachtet sein Team. Die Beobachter beobachten den Beobachter. Zuhör-Touren[258] enthalten immer Momente des Beobachtens. Ob sich daraus Antwort-Touren entwickeln lassen, hängt am Geschick des Bundespräsidenten, was er jeweils aus dem gehörten Themenschatz macht.

Möglichkeitsraum: Diskurse und Deliberation

Um den Eindruck des wohlmeinenden Staatsoberhauptes, das sich seinem Staatsvolk gütig zuwendet, zu zerstreuen, sollte man davon ausgehen, dass es bei den Antrittsbesuchen zu heftigen und leidenschaftlichen Auseinandersetzungen kommt. Aber ist das so? Anders als noch bei dem hasserfüllten Protestgeschrei von Demonstranten, die am Rande von Gauck-Auftritten in Ostdeutschland pöbelnd skandierten, fehlt dies bislang bei Steinmeiers öffentlichen Aktionen. Er polarisiert offenbar weniger. Doch wichtiger als solche Demonstrationen wären Bürgerbeteiligungen, die zum zivilisierten Streit animieren. Wie authentisch kann Steinmeier sich in einen Streit einbringen als geborener Chefdiplomat, der sich jahrelang für das Überrepräsentative zuständig fühlte? Wie oft besteht überhaupt die Chance, dass extrem widerstreitende Lager an solchen Bürgerforen mit dem Bundespräsidenten zusammentreffen? Im Schloss Bellevue hatte Steinmeier, als Moderator eines Runden Tisches, exemplarisch öffentlich die Kontrahenten aus Cottbus zusammengebracht.[259] Nach den gewalttätigen Auseinandersetzungen zwischen Einheimischen und Flüchtlingen bot er den neutralen Ort als Verhandlungsraum an.

Doch wie sieht es auf der Deutschlandreise vor Ort aus?[260] Wieviel Kontroversität erreicht ihn dabei? Das ist schwer einzuschätzen, wäre aber für eine politische Lageeinschätzung regionaler Befindlichkeiten extrem wichtig. Die Deliberation bedeutet Kommunikation mit argumentativen im Unterschied zu deklaratorischen Zügen.[261] Die Überzeugungen können aus der Abwägung von Argumenten erwachsen. Idealerweise sollen die möglichst im Konsens erzielten Ergebnisse deliberativer Prozesse eine höhere Rationalität und Legitimität aufweisen als traditionelle Willensbildungs- und Entscheidungsverfahren. Steinmeier löst mit seinem Setting vor Ort durchaus Willensbildungsprozesse aus. Um die Deliberation über Diskurs zu erreichen, rückt eine möglichst strittige Urteilsbildung in den Vordergrund. Hannah Arendt schrieb dazu:

»Entscheidend ist nicht, dass man Argumente umdrehen und Behauptungen auf den Kopf stellen konnte, sondern dass man die Fähigkeit gewann, die Sachen wirklich von verschiedenen Seiten zu sehen, und das heißt politisch, dass man sich darauf verstand, die vielen möglichen, in der wirklichen Welt vorgegebenen Standorte einzunehmen, von denen aus die gleiche Sache betrachtet werden kann und in der sie, ihrer Selbigkeit ungeachtet, die verschiedensten Aspekte zeigt.«[262]

Wichtig wäre im Sinne der Integrationsfunktion des Präsidenten die Strategie zur diskursiven Einbindung derjenigen, die eine geringe Diskursbereitschaft an den Tag legen. Mangelnde Diskursbereitschaft ist auch Ausdruck eines fundamentalen Fehlverständnisses der Demokratie. Zum Diskurs bereit sind wahrscheinlich diejenigen, die den »Widerspruch« zum einen verkraften und zum anderen als ein genuin demokratisches Element akzeptieren. Die Frage ist also: Wie lässt sich das demokratische Prinzip der Deliberation denjenigen vermitteln, die den Widerspruch als Konzept nicht »verkraften«? Wir kennen die Engagement-Ungleichgewichte. In der Regel beteiligen sich an solchen Gesprächen ressourcenstarke, mittelschichtenangehörige, zeitreiche Bildungsbürger. Da können durchaus kontroverse Diskussionen aufkommen. Aber die grundsätzliche Partizipations-Repräsentations-Lücke, die zunehmend das untere Drittel der Gesellschaft aus derartigen Verfahren ausschließt, ist damit nicht aufzulösen. Dies muss es auch nicht zwingend, denn die Deutschland-Reise ist nur ein Instrument neben anderen, um vor Ort Erfahrungen in die Berliner Republik einzuspeisen. Unter dem gleichen Manko leidet auch das »Forum Bellevue«. Dabei moderiert der Bundespräsident im Schloss selbst eine Gesprächsrunde mit Demokratie-Forschern. Die anwesende Deutungselite diskutiert anschließend mit. Lösungen, Auswege aus demokratischen Verirrungen können dennoch aufgezeigt werden. Diskursive Reservemacht kann sich entwickeln, zumal die Medien breit über diese Formate berichten. Dennoch ist der unmittelbare Adressat beim »Forum Bellevue« die kulturelle Elite, die weitgehend genauso denkt und fühlt wie Steinmeier. Wie organisiere ich aber den Dialog mit denen, die sich abwenden? Dazu sind sicher andere Orte und vermutlich auch eine andere Sprache notwendig.

Prozess-Nutzen: Erklärung und Werbung

Eindeutiger fällt die Bilanz potenzieller Gestaltungsmacht aus, rechnet man die interpersonale Kommunikation zwischen Präsident und Bürgern in der Summe der Wirkungen auf die Gesprächspartner auf. Die Begegnung wirkt intensiv – offenbar auf beiden Seiten. Aus den Forschungsergebnissen der »Klingelstrategien« der Parteien zur Wählermobilisierung an der Haustür sowie klassischen Ergebnissen der Wirkungspotenziale interpersonaler Kommunikation lassen sich die Wirkungen auf Seiten der Zuhörer, der Besuchten, der Gesprächspartner des Präsidenten eindeutig erkennen. Die Gespräche beeinflussen a. die Bedeutung, die wir politischen Themen zumessen, b. sie erweitern das politische Wissen, c. sie fördern das politische Engagement. Wenn Steinmeier insofern vorhatte, erklären zu können, unter welchen Bedingungen Politik funktioniert, wie es im sprichwörtlichen Maschinenraum der Politik zugeht, wie das

Management unterschiedlicher Interessen in und über die Parteien stattfindet, dann könnte das über das Instrument solcher »Antrittsbesuche bei den Bürgern« funktionieren. Der Bürgerpräsident erklärt und wirbt für das Demokratie-Setting unmittelbar, direkt, dialogisch. Eine funktional auf Abstand zielende präsidiale Aura wäre hierbei nur hinderlich.

Nehmen wir noch die sozialwissenschaftlichen Befunde der Partizipationsforschung mit hinzu, strahlt das Instrument der aufsuchenden präsidialen Gespräche noch mehr:[263] Der Präsident als Kommentator in eigener Sache erscheint glaubwürdiger als eine mediale Vermittlung von Themen; er kann flexibler durch unmittelbare kommunikative Rückkopplung Reaktionen aufnehmen und einordnen; »Groupthinking« kann sich einstellen durch die soziale Bestätigung in der Gemeinschaft der Gesprächspartner, was identitätsstiftend wirkt; die Gruppe gibt wiederum gegenüber Dritten die in der Regel aufklärerischen Erfahrungen weiter. Politik entkommt in solchen Gesprächen der Vereinfachungsfalle. Kein Politiker erreicht durch intensive interpersonale Kommunikation eine systematische Erweiterung seiner Gefolgschaft. Aber solche Gespräche hinterlassen langanhaltend Differenzpotenzial, stiften Abweichungstoleranz. Nichts ist politisch so einfach, wie es scheint. Solche Erfahrungen führen zu einem Komplexitätsverständnis, was wiederum dem Berliner Betrieb der Politik nützt.

Um keine Missverständnisse aufkommen zu lassen: Nur ein sehr kleiner Teil der Bürger will sich überhaupt politisch einbringen oder an solchen Gesprächen mit dem Bundespräsidenten teilnehmen. Die Mehrzahl der Bürger ist mit dem Prinzip hoch zufrieden, ihren politischen Einfluss repräsentativ zu delegieren – schon aus Zeitgründen. Wie dann letztlich die Entscheidungen in den Parteien fallen, hat in der Regel nur einen begrenzten Aufmerksamkeitswert für durchschnittlich an Politik interessierte Bürger. Doch für diejenigen, die sich politisch engagieren möchten, hängt – wie die Partizipationsforschung nachweisen kann – die Qualität der Entscheidung davon ab, ob sie die Chance hatten, daran in irgendeiner Weise beteiligt zu sein. Das ist der sogenannte Prozessnutzen der

Demokratie. Unabhängig davon, ob die Mitglieder am Ende mit dem Ergebnis der Entscheidung einverstanden sind, steigt deren subjektives Wohlbefinden erkennbar an, wenn sie am Prozess der Entscheidungsfindung beteiligt werden. Der Prozessnutzen ist insofern wichtiger im Hinblick auf die Zufriedenheit von Mitgliedern als der Ergebnisnutzen. Die Deutschland-Tour des Bundespräsidenten fördert die Möglichkeit, den Prozessnutzen zu maximieren. Sie gewinnt dadurch, dass sie auf einen gewandelten Katalog der Beteiligungsformen in Deutschland reagiert. Eine dialogorientierte Kommunikationserwartung beschreibt für viele Bürger im Bereich von politischer Teilhabe und Teilnahme den Maßstab für Engagement.

Doch auch hier gilt wieder eine Warnung vor allzu viel Enthusiasmus. Denn Beteiligungen, vor allem direktdemokratische Formen, haben oft paradoxe Effekte, die nicht zu unterschätzen sind. Gerade in polarisierten Gesellschaften stärken das sogenannte bürgerschaftliche Engagement und direkte Formen der Demokratie nicht den begehrten gesellschaftlichen Zusammenhalt. Gegenteilige Effekte sind sogar nicht auszuschließen. Bundespräsidenten arbeiten an der symbolischen Einheit. Sie müssen sich somit dosiert überlegen, wie der Prozessnutzen der Demokratie zu steigern sein kann, ohne Risse im Gemeinwohl systematisch zu provozieren. Bundestagspräsident Schäuble hat in dieser Diskussion die Einbeziehung von Bürgern vorgeschlagen, die nach dem Zufallsprinzip ausgewählt werden, um sie für eine konsultative Beteiligung bei Entscheidungen einzubeziehen.[264] Die Entscheidung bleibt beim Bundestag, wird aber über eine Form von Gesellschaftsberatung[265] diskursiv reflektiert und erweitert.

Weitere Instrumente des Steinmeier'schen Demokratie-Projektes sind weiterhin in der Erprobungsphase. Die Möglichkeiten, Repräsentations- und Integrationsaufgaben im Inland umzusetzen, sind vielfältig. Steinmeier setzt mit seinen regionalen Touren auf die Aufmerksamkeit für Bündnisse und innovative Netzwerke zur Zukunft der ländlichen, strukturschwachen Räume. Wenn vor Ort kein Zulauf mehr für politische Parteien existiert, müssen andere Bündnisse dies regional kompensieren – zumindest ist das die Idee, die dahintersteckt. Darüber hinaus wird die Demokratiedebatte im sogenannten »Bellevue-Format« weitergeführt, in der mit Vortragenden kontrovers über aktuelle Demokratieherausforderungen diskutiert wird. Zu diesen klassischen analogen Zugängen treten Social-Media-Auftritte, die erstmals mit Steinmeier ein Bundespräsident nutzt.[266] Inwieweit so etwas das Demokratie-Projekt unterstützt, bleibt abzuwarten. Ob die zurückhaltenden und reflektierten »Auftritte« von Steinmeier im Netz diskursive Vernunft fördern, bedarf einer langfristigen Begleituntersuchung.

Demokratie-Wächter: Eingreifen

Der Präsident ist »kein Frühstücksdirektor, sondern er repräsentiert [...] den wichtigsten Gedanken, den es in einem modernen Staat überhaupt zu repräsentieren gibt: den der Existenz der Legitimität und der Einheit des Staates«.[267] Der Demokratiewächter hält nicht nur staatspolitische Predigten. Er mischt sich mit Stellungnahmen in die Tagespolitik ein, wenn der normative Gehalt des Grundgesetzes bröckelt. Steinmeier drängte die Union zur Moderation des Disputs über »Zurückweisung« an deutschen Grenzen:

> »Mich besorgen aber Art und Schärfe der gegenwärtigen Auseinandersetzungen zutiefst. Die Wunden, die man sich gegenseitig durch öffentliche Worte zugefügt hat, werden schwer heilen. Noch gravierender ist: die politischen Kosten dieser wochenlangen Auseinandersetzung sind schon jetzt hoch. In Zeiten, in denen wir für die Glaubwürdigkeit der Demokratie und ihrer Institutionen werben müssten, erreichen die Bürger alles andere als werbende Botschaften. Ich hoffe, dass die Beteiligten zu einer Sprache zurückfinden, die Kompromisse ermöglicht, die in jeder Regierungskonstellation nötig sind.«[268]

Zum Ermahnen kommt die Rüge hinzu, manchmal sogar die Abmahnung – immer dann, wenn sich der Bundespräsident extremistischen Entgleisungen zuwendet. Wenn elementare demokratische Spielregeln verletzt werden, greift der Bundespräsident ein, wie beispielsweise bei den Äußerungen prominenter AfD-Vertreter wie André Poggenburg (ehemals AfD) oder Alexander Gauland.[269] Wichtig bleibt dabei, dass der Bundespräsident rücksichtslos als Demokratie-Wächter Verletzungen von Spielregeln anmahnt, auch wenn es um den Schutz von AfD-Mitgliedern geht. Die Leitverantwortung gilt der Demokratie, nicht einzelnen parteipolitischen Ausrichtungen. Die Stellungnahme des Bundespräsidenten als Kurzintervention, seine Interviews, seine Appelle, die Begriffe zu wägen:[270] Sie sind geeignete kommunikative Instrumente, um Gestaltungsmacht im Sinne der Aufrechterhaltung der liberalen Demokratie zu nutzen.

Die Bundespräsidenten sind in vielfältiger Hinsicht Gesprächsinstanzen. Sie übersetzen so ihr Aufgabenprofil im Bereich der Integrations- und Repräsentationspflichten. Gestaltungsmacht hatte, wie die Beispiele zeigten, viele Gesichter. Wie sich diese Einschätzungen auf das internationale Parkett übertragen lassen, erörtere ich im folgenden Kapitel.

4.3 Der Bundespräsident als internationaler Türöffner

Eine kleine Sensation: Der Bundespräsident mit Foto auf der Titelseite der *New York Times*:[271] »Chancellor Angela Merkel with President Frank-Walter Steinmeier on Monday in Berlin« – so die Bildunterschrift. Das Staatsoberhaupt hatte im Herbst 2017, im Rahmen der Regierungsbildung, die Parteivorsitzenden der Bundestagsfraktionen ins Schloss Bellevue (wie oben beschrieben) einzeln einbestellt: so auch die Parteivorsitzende der CDU. Die Begegnung fand tatsächlich statt. Das Foto war korrekt, aber auf dem Bild fehlte der Bundespräsident. Statt seiner Person begleitete die Bundeskanzlerin der Staatssekretär Stephan Steinlein, Chef des Bundespräsidialamtes, aus dem Hauptausgang des Schlosses heraus. Der Texter der Bildunterschrift der *New York Times* irrte. Steinmeier und Steinlein verfügen über ähnlich klingende Namen. Beide arbeiten in unterschiedlichen Rollen als professionelles Duo seit vielen Jahren zusammen. Manche erkennen angesichts der Dauer der Zusammenarbeit mittlerweile auch äußerliche Ähnlichkeiten. So erklärt sich das Missgeschick der *New York Times*. Bundespräsidenten produzieren in der Regel keine internationalen Schlagzeilen. Sie landen selbst bei Staatsbesuchen im Ausland nur in Ausnahmefällen auf der Titelseite der großen internationalen Blätter.

Bundespräsidenten schaffen als Integrationsinstanz mit Versöhnungsverantwortung selten Nachrichtenwerte. Das war nicht immer so. Als Bundespräsident Heuss Ende der 1950er Jahre erstmals zu Staatsbesuchen ins benachbarte Ausland aufbrach, verfolgten sehr viele Bürger in Deutschland gespannt die auswärtige Repräsentation der jungen, ungefestigten Bundesrepublik Deutschland.[272] Staatsbesuche glichen Sympathiereisen. Deutschlands Rückkehr auf das internationale Parkett, seine politische Verantwortung für die NS-Gräueltaten und seine gewachsene demokratische sowie wirtschaftliche Profilierung flossen und fließen in die zeremonielle und bildhafte Formensprache der Staatsbesuche ein. Prinzipiell hat sich daran bis heute nichts verändert. Die Suche nach einem bundesrepublikanischen Stil staatlicher Repräsentation ist nicht abgeschlossen, sondern fließend.[273] Die Bundespräsidenten setzten hierbei häufiger auch sehr persönliche, oft biografisch geprägte Akzente, soweit sich dies in den Rahmen der protokollarischen Inszenierung integrieren ließ. Weizsäcker reiste zum ersten Staatsbesuch nach Moskau zusammen mit seiner Tochter, ebenso Wulff beim Besuch in Israel. Der Pastor Gauck reiste als erstes deutsches Staatsoberhaupt zur protestantischen Himmelfahrtskirche inklusive Auguste-Viktoria-Stiftung auf dem Ölberg in Jerusalem, beides einst vom deutschen Kaiser Wilhelm II. gesponsert.[274]

Die Staatsbesuche gleichen einem Hochamt der Diplomatie: Besuchs-Zeremoniell vom Feinsten.[275] Das Protokoll führt hochpolitisch. Es verdichtet symbolisch die präsidiale Als-ob-Macht: Als ob wir Zeuge von »Herrscherbegegnungen«[276] mit höfischer Prachtentfaltung wären, folgt der Besuchsverlauf traditionellen Machtritualen. Staatsoberhäupter stehen an der Spitze der Staatshierarchie, unabhängig davon, über wieviel exekutive Macht sie konkret verfügen. Die protokollarische Formensprache orientiert sich zunächst an der formalen Hierarchie im jeweiligen Staatsaufbau, nicht an der politischen Macht. Und diese Formensprache erzeugt mediale, vor allem visuelle Resonanz, besonders wenn diese Formensprache irritiert. Abweichungen, Besonderheiten, Reduktionen, Zusätze wirken. Der Gestus kann uneigentlich daherkommen, doch ist er in der Regel absichtsvoll-eindeutig. Dann erkennt man schnell, dass im Protokoll politisches Potenzial schlummert.

Erinnern wir uns an die tagelang abwägende und vergleichende Berichterstattung zum Besuch des französischen Staatspräsidenten Macron und der deutschen Bundeskanzlerin Merkel im April 2018 bei US-Präsident Trump in Washington. Macron erhielt militärische Ehren und ein Staatsbankett, Merkel einen dreistündigen Arbeitsbesuch mit warmem Mittagessen. »Ist die Bundeskanzlerin etwa nur noch so eine Art politisches Aschenputtel, das man im hintersten Eck des Kalenders versteckt und so empfängt, dass es möglichst keiner sieht?«[277] – so die Kommentierung der *Süddeutschen Zeitung*. Trump setzte politische Zeichen mit seiner Ungleichbehandlung. Da spielte es keine Rolle, dass Merkel bereits von Obama zum Staatsbankett geladen wurde und zuvor häufiger Gast im *Oval Office* war.[278] Die vergleichenden Bilder der Begegnungen im Rhythmus von zwei Tagen signalisierten wie alle Bilder Evidenz auf einen Blick. Auf den Bildern sieht man nicht den historischen Kontext als interpretierende Vorgeschichte, sondern nur die Unterschiede. Dabei sagt der jeweilige protokollarische Rang überhaupt nichts über die inhaltlichen Ergebnisse der bilateralen Verhandlungen aus. Da kann der Arbeitsbesuch produktiver sein als das Schwelgen in Symbolen. Doch die jeweilige Wertschätzung des US-Präsidenten gegenüber seinen Gästen transportiert sich überwiegend in der Darstellungspolitik. Und in den Gesten einer wertschätzend-protokollarischen Rangordnung lag – zumindest im Frühjahr 2018 – Macron eindeutig vor Merkel.

Diese Begegnungen exekutiver Machtgrößen gehören zu einer anderen politischen Liga als Reisen der Bundespräsidenten nach Washington.[279] Die Kraft des Protokolls hat hier noch einen höheren

Stellenwert als bei Kanzlerreisen. Ob darin Quellen für politische Gestaltungspotenziale liegen, wird zu klären sein.

Artikel 59 des Grundgesetzes regelt das internationale Wirken. Danach vertritt der Bundespräsident die Bundesrepublik völkerrechtlich, schließt in ihrem Namen Verträge mit auswärtigen Staaten, beglaubigt deutsche Diplomaten und empfängt alle ausländischen Botschafter in Deutschland. Der Bundespräsident kann zum Ansehensgewinn der Bundesrepublik Deutschland beitragen. Er verkörpert damit einen Teil der Außenpolitik. Köhler definierte sich selbstbewusst als »Repräsentant der Bundesrepublik (nicht der Regierung) im Ausland«.[280] Die Internetseite von Bundespräsident Steinmeier verrät durchaus operative Ansprüche:

»Viele Herausforderungen des 21. Jahrhunderts können nur noch in internationaler Zusammenarbeit gelöst werden. Der Bundespräsident nutzt seine Kontakte ins Ausland und zu internationalen Institutionen, um an der Lösung globaler Probleme mitzuwirken. Hierzu zählen etwa die Wahrung des Friedens, die Terrorbekämpfung und der Schutz von Umwelt und Klima. Der Bundespräsident setzt sich insbesondere auch ein für die Menschenrechte, die Förderung der Rechtsstaatlichkeit und die friedliche Lösung von Konflikten.«[281]

Das könnte identisch so auch auf der Seite des Außenministers stehen. Der nutzt allerdings nicht nur Kontakte, sondern handelt Verträge aus und vermittelt international. Doch auf eine rein repräsentative Rolle ohne materielle Entscheidungsbefugnis ließe sich ganz sicher kein Bundespräsident reduzieren. Aktivere Einflussnahme und außenpolitische Mitbestimmung ließ sich keiner nehmen.

Es ist sicher kein Zufall, dass der ehemalige Außenminister der sozialliberalen Koalition, Walter Scheel (FDP), vor seinem von ihm selbst ausgehandelten Wechsel ins Amt des Bundespräsidenten eine neue außenpolitische Zukunft anstrebte. Er schrieb: »Der Bundespräsident wird ein Präsident in Europa sein [...]. Er wird ein politischer Präsident sein.«[282] Er kündigte Gestaltungsoffensiven an. Richtung und Rhythmus der außenpolitischen Selbstbestimmung wollte Scheel als Bundespräsident beeinflussen. Scheels letzte wichtige Amtshandlung als Außenminister hatte ihn im Dezember 1973 nach Prag geführt, wo der dritte Ostvertrag (der Ausgleichsvertrag mit der Tschechoslowakei) zu unterzeichnen war. Im Geiste dieser wichtigen operativen Gestaltungsmöglichkeiten der Ostverträge der 1970er Jahre blickte Scheel auf das Präsidentenamt voller noch unausgeschöpfter Optionen.[283]

Die Parallelen zu Steinmeier drängen sich förmlich auf. Auch er wechselte vom Amt des Außenministers übergangslos in die Rolle des Staatsoberhauptes. Wo er als Präsident mit dem Flugzeug landet, war er bereits vorher als Außenminister gewesen. Er bringt im Gepäck auch die alten Probleme der bilateralen Konfliktthemen mit. Sein internationales Netzwerk existierte seit dem ersten Tag als Präsident. Seine Kenntnisse der internationalen Beziehungen musste er sich nicht erst durch Informations- und Gesprächsmappen des Hauses erarbeiten lassen. Sein Amt enthält nach seiner Selbsteinschätzung »viele gestaltende Möglichkeiten und täglich kommen neue hinzu«.[284] Er sieht sich auch in der Außenpolitik nicht als Konkurrenz zur Kanzlerin oder anderen Verfassungsorganen.[285] Das galt keineswegs immer für den SPD-Außenminister Steinmeier, der vor allem in der Russlandpolitik sichtbar andere Akzente setzte als die CDU-Kanzlerin.[286]

Doch der Bundespräsident Steinmeier produziert gerade als internationaler Diplomat normalerweise keine Nachrichtenwerte – das ist amtsangemessen. Die politische Öffentlichkeit geht davon aus, dass er kenntnisreich und protokollarisch »unfallfrei« das Land nach außen vertritt. Gestaltungskorridore eröffnen sich viel eher in den Bereichen, in denen er sich vermeintlich politisches Neuland aneignete: der operativen Begleitung der Regierungsbildung und seines Demokratieprojekts. Faktisch kehrte er in die nationale Domäne zurück, die er als Schröders Mann in Hannover (Chef der Staatskanzlei) und auch in Berlin (Chef des Kanzleramtes) längst kannte. Der Rollenwechsel vom Chefdiplomaten zum politischen Präsidenten war in seiner Antrittsrede vom 22. März 2017 bereits angelegt. Als

Außenminister warnte er häufig vor der Inszenierung rein symbolischer Konflikte. Er war kein Freund der Armenien-Resolution des Deutschen Bundestages. Umso klarer wollte er in seiner Antrittsrede neue Maßstäbe setzen. Er appellierte an den türkischen Präsidenten Erdogan: »Beenden Sie die unsäglichen Nazi-Vergleiche! [...] Geben Sie Deniz Yücel frei.«[287]

Die Warnung an Erdogan und die ultimative Aufforderung hätte Steinmeier als Außenminister so nie formuliert. Insofern kann man diese Redepassage als Abschied des Außenpolitikers Steinmeier interpretieren. Mit den operativen Mitteln des Außenministers hätte er hinter den Kulissen vertraulich und informell an der Freilassung des deutschen Journalisten gearbeitet. Als Bundespräsident nutzte er zur Gestaltungsoffensive das Wort: Er benannte mit neuer Deutungsautorität den bestehenden Konflikt. Sein starkes öffentliches Engagement legitimierte alle anderen in den Fall involvierten staatlichen und nicht-staatlichen Einrichtungen, sich vordringlich und intensiv um die Freilassung zu kümmern. Aus den Worten wurden Taten – ohne eine unmittelbare Kausalität zwischen dieser Rede und der Freilassung des Journalisten zu konstruieren. Steinmeiers Botschaft galt auch normativ. Der Bundespräsident wollte nicht nur »Hüter der Verfassung« sein, sondern die Demokratie auch gegen internationale illiberale Gefährdungen verteidigen. Steinmeiers starke Worte stießen im Inland auf sehr positive Medienresonanz. Das Auswärtige Amt hielt sich bedeckt.[288] Frühere Leiter des Präsidialamtes zeigten sich hingegen fassungslos. Hätte Steinmeier als Außenminister solche starken öffentlichen Interventionen eines Bundespräsidenten toleriert? Wohl kaum, denn das Auswärtige Amt duldete in der Regel keine öffentlichen Einmischungen anderer Regierungsmitglieder oder anderer Verfassungsorgane in den klassischen Feldern der Außenpolitik.

Bundespräsidenten sollten keine Schatten-Außenminister sein. Warum eigentlich nicht? Könnte er nicht kompensatorisch formulieren, was ein Außenminister als Mitglieder der Regierung öffentlich nicht sagen kann? Vordenker? Weiterdenker? Die Richtlinien der Außenpolitik bestimmt die Kanzlerin. Welche Spielräume bleiben dem

Bundespräsidenten? Zwei Beispiele zur Veranschaulichung: In der einen Variante ließ Gauck zentrale Formulierungen weg (»Staatsräson«): Ausbau seiner Gestaltungsmacht. In der anderen Variante baute er Brücken zur Richtlinienkompetenz (»Säbelrasseln«): Abbau seiner Gestaltungsmacht.

Gauck hatte sich bei seinem Antrittsbesuch in Israel (Juni 2012), anders als Merkel, den Begriff vom Existenzrecht und der Sicherheit Israels als »deutsche Staatsräson« nicht zu eigen gemacht. Diese Nicht-Aussage – durch absichtsvolle Weglassung – machte Schlagzeilen. Politische Kommunikation ist verdachtsbestimmt. Insofern kommentierten deutsche Medien in die verbale Auslassung eine absichtsvolle Distanzierung zur Kanzlerin. Gauck erinnerte im Gespräch auch daran, dass seine Wortpolitik als Kritik an der Kanzlerin ihm sehr deutlich in Erinnerung ist.[289] Alles, was er sagte und tat – gerade im ersten Jahr seiner Präsidentschaft –, klopften die Beobachter primär nach dem politischen Abstand zur Kanzlerin ab. Denn Gauck war zweimal nicht der Kandidat von Merkel gewesen. Gauck konnte diesen Startballast nur schwer abwerfen. Alles, was er als Ergänzung oder Erweiterung zur Regierungspolitik einbrachte, erschien im Licht der Gegenspielerin. Seine Gestaltungsmacht hätte er zügig komplett verwirkt, wenn jede Äußerung nicht nur auf die Distanz zur Kanzlerin geprüft worden wäre, sondern das Präsidialamt den Kampfmodus des Widersachers aufgenommen hätte. Präsidiale Machtentfaltung konnte – zumindest in den ersten Jahren – unter diesen Prämissen eher im Fahrwasser der Richtlinienkompetenz gelingen. Zumindest bei den politischen Themen, die zur Agenda der Regierungskoalitionen dazugehörten: Zurückhaltung und Einmischung durch clevere Wortpolitik. Gauck hatte in Israel durch die Weglassung (»Staatsräson«) präsidiale Gestaltungsmacht eingebracht.[290] Denn wohin sollten die Verpflichtungen Deutschlands gegenüber Israel am Ende führen? Zu Kampfeinsätzen der Bundeswehr in Israel, um Israels Grenzen zu verteidigen? Mit der historischen Last des Holocaust scheidet diese Option wohl immerwährend aus. Da der Präsident nur reden darf, die Kanzlerin aber operativ womöglich irgendwann handeln müsste, entschied sich Gauck für diese Klarstellung durch Weglassung, was seinen Gestaltungsspielraum beim Thema Israel nicht einschränkte, sondern erweiterte. Machtgewinn durch Sprachgewinn des Nicht-Gesagten. Weiche Macht entfaltet Wirkungen auch ohne den Sprechakt.

Im zweiten Beispiel baute Gauck seine latente Gestaltungsmacht eher ab. Er unterstützte dabei die umstrittenen Äußerungen von Außenminister Frank-Walter Steinmeier über die NATO-Politik gegenüber Russland. Steinmeier hatte der *Bild am Sonntag* am 19. Juni 2016 gesagt: »Was wir jetzt nicht tun sollten, ist durch lautes Säbelrasseln und Kriegsgeheul die Lage weiter anzuheizen.«[291] Er bezog sich auf NATO-Übungen an der Ostgrenze des Bündnisses. Er sah dadurch das spannungsgeladene, auch riskante Verhältnis zu Putin gefährdet.

Steinmeier sprach als Diplomat. Er verkörpert den Kontrollzwang im Umgang mit Worten. Martialische Posen gehören normalerweise nicht zu seinem Arsenal. Und im Falle der deutsch-russischen Beziehungen reagierte der Außenminister ohnehin seit Jahren besonders sensibel.[292] Er sah sich in einer Traditionslinie mit Kanzler Willy Brandt als Entspannungspolitiker – auch gegenüber Russland (bzw. damals der Sowjetunion). Wie kaum ein anderer auf der internationalen Bühne investierte Steinmeier viel Zeit, um den Krieg zwischen russischen Separatisten und Ukrainern im Osten der Ukraine zu befrieden.

Bei seinem Besuch in Bukarest konfrontierten die Journalisten den Bundespräsidenten Gauck mit den Äußerungen (»Säbelrasseln«) – wohlwissend, dass Gauck zu Putins Politik größte Distanz pflegte. Wollte Steinmeier die NATO-Mitgliedschaft der östlichen Länder infrage stellen? Die mitreisenden deutschen Journalisten erinnern sich daran, wie Gauck nonverbal zum Ausdruck brachte, was er verbal nicht sagen durfte. Kontraintuitiv hätte er normalerweise spontan und leidenschaftlich dem Außenminister widersprochen.[293] Für Gauck war die NATO-Übung angemessen und kein Rückfall in eine Rhetorik des Kalten Kriegs. Andererseits konnte er keinesfalls als präsidialer Schatten-Außenminister den amtierenden Außenminister rüffeln. Deshalb sagte Gauck: Die deutsche Diplomatie bemühe sich, Gesprächstüren nach Moskau offen zu halten.[294] Niemand sollte Zweifel haben an der Bündnistreue der Deutschen im Rahmen der NATO. Das Staatsoberhaupt wiegelte ab: Deutschland stehe zu seinen Verpflichtungen. Solche diplomatischen Formulierungen sind nie falsch. Sie entfalten besondere Wirkungskraft, wenn man sie weglässt oder mit Sätzen kombiniert, die eine Treue zu den vereinbarten Verpflichtungen zumindest problematisieren. Gauck interpretierte den Außenminister im Kontext der Richtlinienkompetenz der Bundeskanzlerin. Gestaltungsmacht konnte er daraus nicht ableiten. Eher verringerte er seine individuellen Gestaltungsmöglichkeiten, weil er sich auf der Linie der Kanzlerin bewegte. Hätte er den Außenminister Steinmeier bloßgestellt, hätte der Eklat dem Bundespräsidenten nicht geholfen. Seine diskursive Macht wäre überdehnt.

Das Ausland im Inland

Gestaltungsmöglichkeiten bieten sich den Bundespräsidenten im täglichen Austausch mit internationalen Gästen. Staatsbesuche lassen auch im Inland Spielräume zu. Größtmögliche protokollarische Ehren, wie beim Besuch des türkischen Staatspräsidenten Erdogan im September 2018 in Berlin, sollte man jedoch nicht mit freundlichen Gesten verwechseln. Das Protokoll sichert internationalen Rang, präjudiziert aber keine bestimmte Atmosphäre der Begegnung. Das Protokoll hilft gerade bei komplizierten, widersprüchlichen, schwierigen Beziehungen, politische Spannungen zivilisiert auszuhalten. Der kurze Händedruck, der ernste Gesichtsausdruck, Fotos in eher grimmiger Pose deuteten im September 2018 schon in den ersten Minuten des Treffens von Erdogan und Steinmeier auf außergewöhnliche staatliche Beziehungen, an die sich dann die bilateralen schwierigen und kontroversen Gespräche anschlossen.

Ausländische Staatsgäste sind sehr häufig im Schloss Bellevue. Das gilt nicht nur für die Übergabe von Beglaubigungsschreiben an Botschafter. Führende Regierungsvertreter fast aller Staaten, zu denen Deutschland diplomatische Beziehungen unterhält,[295] treffen auch mit dem Bundespräsidenten zusammen – eben nicht nur bei Staatsbesuchen. Köhler empfing beispielsweise in den ersten beiden Jahren seiner Amtszeit (2005/06) insgesamt 79 ausländische Staatsoberhäupter und Regierungschefs. Das vermittelt einen kleinen Eindruck außenpolitischer Aktivitäten im Schloss Bellevue.[296] Für die deutsche Berichterstattung sind die Zusatztermine beim Präsidenten erheblich weniger wichtig als das jeweilige Zusammentreffen mit der Kanzlerin.

Dennoch bieten sich Gelegenheiten für Bundespräsidenten, als internationale Türöffner im Inland zu agieren. Eine besondere Variante dieser Türöffner-Funktion besteht darin, das Schloss Bellevue als »Relais-Station« zu nutzen: Bei dieser Metapher sind unterschiedliche Schaltstellungen zusammenzubringen. Wie können Staaten zusammengebracht werden, die keine diplomatischen Beziehungen unterhalten oder zeitweise ihre Beziehungen ausgesetzt haben? Wie hilft man Staaten bei der Rückkehr in die internationale Staatengemeinschaft, wenn sich zuvor niemand mehr mit ihnen offiziell zeigen wollte?[297] Der Bundespräsident kann in solchen Fällen das Schloss als »Relais-Station« anbieten, ohne dass dies öffentlich werden muss. Anders als Regierungschefs, müssen Bundespräsidenten ihr Handeln nicht vor dem Parlament oder gar vor Untersuchungsausschüssen rechtfertigen. Das birgt Chancen gerade für unorthodoxe Gestaltungsspielräume im Bereich der internationalen Diplomatie.[298]

Der Bundespräsident nimmt Einfluss auf die Außenpolitik hinter verschlossenen Türen. Wie macht er das, und wodurch wirkt es? Die Gespräche beschränken sich nicht auf den Austausch diplomatischer Höflichkeiten. Die aktuellen, jeweiligen bilateralen Beziehungen mit der kompletten Agenda spielen eine Rolle. Der Bundespräsident wird darauf hausintern vorab mit Gesprächsmappen und auch mündlich gebrieft und vorbereitet. Das kann auch durch Bundesminister oder, eher selten, durch die Kanzlerin persönlich geschehen. Der Neujahrsempfang für das diplomatische Corps gehört zum festen Ritual der Bundespräsidenten. Auch der jährliche gemeinsame Ausflug mit den in Deutschland akkreditierten Botschaftern in eines der

16 Bundesländer ist inzwischen fest institutionalisiert und bietet die Möglichkeit, »das Große im Kleinen« zu besprechen. In den Reden der Bundespräsidenten wird zu diesem Anlass jeweils deutlich, wie sie Deutschland gegenüber Externen darstellen.

Für die Bundespräsidenten ist bei den Neujahrsempfängen nicht nur die offizielle Rede wichtig, um eine politische Lageerklärung zu Beginn des jeweiligen Jahres zu übermitteln. Auch die vielen anschließenden Gespräche mit den Botschaftern haben häufig politische Substanz. Dabei betonten die Bundespräsidenten fast übereinstimmend, dass es immer auf die Art der eigenen aktiven Fragestellung ankommt. Vermeintlich strittige oder kontroverse Themen sind durch die Gesprächs- und Fragetechnik indirekt aufzurufen. Wie kann man über kontroverse Themen sprechen, die offiziell nicht vereinbart sind, da sie möglicherweise in den operativen Bereich der Kanzlerin gehören oder bei Menschenrechtsfragen als Einmischung in die inneren Angelegenheiten interpretiert werden?

Das diplomatische Geschick besteht gerade darin, mit der Nachfrage die Brisanz aufzuzeigen, ohne den offenen Eklat zu provozieren. Die Frageeröffnung ist gegenüber dem befragten diplomatischen Gast das Indiz für den Rang, den das Thema genießt. Unangenehmen politischen Themen kann der Gesprächspartner so nicht ausweichen. Das gilt allerdings auch wechselseitig, wenn internationale Gäste Fragen an den Bundespräsidenten richten. Auch in diesem Fall einer besonderen Fragetechnik kommt die Gestaltungsmacht als Benennungsmacht daher. Viele internationale Gäste nutzen die Gespräche mit dem Bundespräsidenten auch, um Auskunft über die politische Lage in Deutschland zu erhalten und eigene Anliegen einzuspeisen. Der Bundespräsident soll sich möglichst unterstützend bei der Bundesregierung für die Petitionen einsetzen, wohlwissend, dass er keine operativen Entscheidungsrechte besitzt.

Das Ausland ist im Inland demnach stets sehr präsent. Dazu passt auch die routinemäßige Abordnung (Rotationsverfahren und vorübergehende Abkommandierung) von Mitarbeitern des Höheren Auswärtigen Dienstes des Auswärtigen Amtes, die im Bundespräsidialamt in der Auslands- und Protokollabteilung tätig sind. Bei wichtigen

Auslandsreisen[299] begleitet der Außenminister den Bundespräsidenten. Auch diese Usance bot reichhaltiges vorbereitendes Lernpotenzial für den Außenminister Steinmeier als künftigen Bundespräsidenten. Steinmeier hatte im Ausland bei einigen ausgewählten Reisen bereits die Bundespräsidenten Köhler und Gauck begleitet. Alle vorbereitenden Materialien (Informationsmappen, Gesprächsführungsvorschläge, Verlaufsplanungen etc.) entstehen in enger Abstimmung mit dem Auswärtigen Amt.[300]

Formate, Instrumente, Themen und die Macht des Besuchs

Die Vielfalt der Möglichkeiten in den internationalen Aufgaben des Bundespräsidenten soll anschließend über Formate, Instrumente und Themensetzungen in zwölf Varianten skizziert und erläutert werden:

1. Bundespräsidenten äußern sich tagespolitisch mit Stellungnahmen oder Interviews zu internationalen Themen. Die Intensität der Äußerungen hat sich in der Berliner Republik im Vergleich zur Bonner Republik erhöht. Besonders Steinmeier fällt mit seiner kontinuierlichen Begleitung der innen- und außenpolitischen Tagespolitik auf. So sagte er nach den gemeinsamen Luftangriffen (USA, Frankreich, Großbritannien) auf Syrien – im Frühjahr 2018 – in einem Interview mit der *Welt am Sonntag*: »Wenn Washington und Moskau in der Syrien-Frage keinen Weg zueinander finden, sind die Chancen für eine Verbesserung der Lage in Syrien gleich Null.«[301] Er sorgte sich um die »galoppierende Entfremdung« zwischen Russland und dem Westen. »Es gibt praktisch keine Vertrauensbasis mehr – auf beiden Seiten.« Ob solche Stellungnahmen am Ende auch rezipiert werden, hängt in der Regel vom politischen Umfeld ab. Nachrichtenwerte könnten etwa sein: Abweichung von Positionen der Bundesregierung oder von Äußerungen von anderen Staatsoberhäuptern. Bei Steinmeier suchen die Journalisten mit Sicherheit immer nach Abweichungen auch zu früheren Positionen als Außenminister, um das

anschließend konfrontativ in Szene zu setzen. Hinzu kommt immer die weiterhin unterstellte enge Verbindung von Steinmeier zu Alt-Bundeskanzler Schröder. Äußerungen zu Russland haben deshalb in der Präsidentschaft von Steinmeier einen kalkulierbaren öffentlichen Resonanzraum.[302] Wenn sich Steinmeier zu Russland äußert, ist es immer seitens der Medien verdachtsbestimmt. Bei Gauck kamen biografische Aspekte hinzu. Seine Haltung gegenüber der russischen Regierung war bekanntermaßen kritisch. Gauck erhielt keine Einladung zum Staatsbesuch aus Moskau. Im Gespräch ließ er allerdings keinen Zweifel daran, dass seine Kritik an Moskau konkret regimebezogen begründet war.[303] Denn wertschätzende symbolische Gesten gegenüber dem russischen Volk oder den sowjetischen Kriegsgefangenen in deutschen Internierungslagern setzte Gauck gezielt ein.[304]

2. Bundespräsidenten können auch politisch »brisante« Reden im Ausland halten. Die Macht des Wortes nutzt dann situativ passend die Macht des Besuchs. Wodurch und wie sich die Resonanz als Gestaltungsoption entfaltet, hat in der Regel sehr unterschiedliche, individuelle oder historische Gründe. Die »Brisanz« der präsidialen Worte verwandelt sie in Taten. Diskursive Dimensionen der Macht spielen dabei eine Rolle. Die Brisanz kann an den besonderen historischen Orten der Erinnerungskultur, an denen die Reden gehalten wurden, liegen, auch an der besonders symbolträchtigen Inszenierung des Besuchsprogramms, an der Raffinesse der rhetorischen Wortwahl, die sich undiplomatisch direkt in innere Angelegenheiten einmischt, oder am erstmaligen Benennen deutscher Versäumnisse und historischer Schuld, die offensiv oder in neuer Formulierung von einem deutschen Staatsoberhaupt artikuliert wurden. Als Beispiele hierfür gelten die Reden von Weizsäcker in Leningrad (1987), von Rau in Israel (2000) sowie von Gauck in Ankara (2014) oder auf der Westerplatte zur 75. Wiederkehr des deutschen Überfalls auf Polen (1. September 2014).

3. Ungeplante Symbolik kann ebenso zum Nachrichtenwert einer Rede führen.[305] Das Momentum der Überraschung durchkreuzt

dann plötzlich die monatelangen inhaltlichen und protokollarischen Vorbereitungen. Gut gemeinte Handlungen können dann symbolisch ins Gegenteil mutieren. Herzogs Rede am 1. August 1994 am berühmten Ghetto-Denkmal in Warschau hatte für Polen einen sehr hohen Stellenwert. Erstmals endete ein deutsches Staatsoberhaupt in Polen mit den Sätzen: »Ich bitte um Vergebung für das, was Ihnen von Deutschen angetan worden ist.«[306] Die Wirkung dieser Sätze beruhte auch auf einer vorausgegangenen ungewollten Negativ-Symbolik von Herzog.[307] Als designierter Bundespräsident hatte er in einem Interview den Warschauer Aufstand des polnischen Widerstandes im Jahre 1944 mit dem Ghetto-Aufstand der Warschauer Juden von 1943 verwechselt. Herzog musste nun mit seiner Rede die wenigen Minuten am Denkmal des Warschauer Aufstandes nutzen, um die Polen und die Deutschen gleichermaßen von ihrem Staatsoberhaupt zu überzeugen, zumal dies in der Nachfolge zum vollendeten Chefdiplomaten Richard von Weizsäcker für jeden eine besondere Herausforderung dargestellt hätte. Die positive Gestaltungsoption der deutsch-polnischen Beziehungen gelang Herzog aber vor allem, indem er die negative Erwartungshaltung widerlegte.

4. Die präsidiale Reisediplomatie lässt Rückschlüsse über eine politische Agenda zu.[308] Die Formen staatlicher Repräsentation sind vielfältig und vielschichtig – vom Antrittsbesuch über Arbeitstreffen bis zum Staatsbesuch. Sie führen zu bebilderter, in höchstem Maße auch visualisierter Politik.[309] Die protokollarisch höchste Besuchsform ist der Staatsbesuch, für den feste Ablaufregeln existieren. Alles, was darüber hinaus an weiteren Spielräumen nutzbar erscheint, prägt sich politisch ein. Die »Herrscherbegegnungen« arbeiten mit »Milderungs- und Unterwerfungsritualen«.[310] Das kann bei der besonderen Auswahl eines Gastgeschenkes beginnen und beim gemeinsamen Besuch eines politisch brisanten oder historisch belasteten Ortes enden. Wie viele Tage ein Bundespräsident reist und welche Orte er besucht, ist fester Teil der zu transportierenden Botschaft.[311] Der Protokollchef von Wulff und Gauck erwähnte ein Beispiel:

»Der politische Erfolg eines Staatsbesuchs hängt entscheidend auch davon ab, an den richtigen Stellen des Programms Emotionen bei den Beteiligten, aber auch den Zuschauern und der weiteren Öffentlichkeit zu wecken. Man denke an den 2013 durchgeführten Staatsbesuch von Bundespräsident Joachim Gauck in Frankreich, als er zusammen mit Staatspräsident François Hollande Oradour-sur-Glane besuchte, um des Massakers vom 10. Juni 1944 zu gedenken. Als beide Präsidenten die Hände von Robert Hébras ergriffen und ihm zuhörten, war dies ein großer emotionaler und würdevoller Moment. Der Achtundachtzigjährige hatte als einer von nur sechs Menschen das Morden überlebt.«[312]

Obwohl in Zeiten souveräner Staaten die Gleichrangigkeit zwischen den Staaten anerkannt scheint, zeigen sich trotz protokollarischer Egalitätsvorschriften hierarchische Unterschiede. Die besondere politische Macht des Gastes wird behauptet, wenn außergewöhnliche Sicherheitsfragen Vorrang vor Fragen des Protokolls gewinnen. Das gilt beispielsweise immer für Staatsbesuche von US-Präsidenten. Angesichts der dann organisierten massiven Sicherheitsvorkehrungen entsteht der Eindruck, dass diese sicherheitspolitischen Machtgebaren ostentativ das auf grundsätzlicher Gleichheit der Begegnung (»Herrscherbegegnung«) angelegte Protokoll überlagern. Das Protokoll setzt auf Gleichheit, der medial beobachtbare Verlauf hingegen auf Ungleichheit. Grundsätzlich verfügt der Bundespräsident innerhalb seiner geringen materiellen Befugnisse über uneingeschränkten außenpolitischen Spielraum. Er kann sich bei den Besuchen den großen Linien und Zusammenhängen zuwenden, muss es aber nicht. Tagespolitik kann er ebenso thematisieren wie kulturellen oder wissenschaftlichen Austausch.

5. Regionen: Wohin und wann reisen? Das Bild bleibt diffus, zumal unklar ist, was aus eigenem, persönlichem Antrieb des Bundespräsidenten erfolgte oder den Wünschen des Bundespräsidialamtes, des Auswärtigen Amtes, des Kanzleramtes entsprach. Das hängt von den persönlichen, prägenden Erfahrungen des Bundespräsidenten

ebenso ab wie von Zeitläuften oder dem eigenen Selbstverständnis. Der Chef des Bundespräsidialamtes in der Amtszeit von Gauck sagte, dass konkrete Reiseabstimmungen mit dem Kanzleramt »nur über den Kalender erfolgten«,[313] um Dopplungen oder Kollisionen bei Auslandsreisen zu vermeiden. Das schließt eine inhaltliche Abstimmung über die Reihung der Zielorte oder gar Vorgaben aus. Selbstverständlich kann so eine Reise politisch nur gelingen, wenn das Präsidialamt eng mit dem Auswärtigen Amt und dem Kanzleramt zusammenarbeitet. Für Gauck, der international unerfahren ins Amt kam, stand von Beginn an fest, dass er nicht versuchen würde, die Akzente von Köhler in Afrika zu imitieren.[314] Vielmehr bat er mehrmals Köhler, Reisen stellvertretend für ihn nach Afrika wahrzunehmen. Insofern spielen auch politische Signale des oder der Vorgänger im Amt eine politische Rolle bei der Ausgestaltung der Reisediplomatie. Gauck suchte zunächst innenpolitische Schwerpunkte und fand dann zunehmend Gefallen an der internationalen Dimension des Amtes. Das Internationale setzte er funktional in den Kontext seiner eigenen Transformations- und Diktaturerfahrungen. Das schloss seinen Belehrungseifer in Sachen Freiheit und Demokratie durchaus mit ein. Die Reisen lösten ein Ferment von Weltläufigkeit bei Gauck aus.

Einprägsam blieb von Köhler das systematische und mehrmalige Bereisen des afrikanischen Kontinents, was zuvor die große Ausnahme darstellte.[315] Frühzeitig lenkte er nicht nur den Blick auf Afrika. Existenziell formulierte er in seiner Antrittsrede: »Für mich entscheidet sich die Menschlichkeit unserer Welt am Schicksal Afrikas.«[316] Frühzeitig engagierte er sich für die Themen Afrikas als Beitrag zur Nachhaltigkeit, Transformation und Interdependenz globaler Partnerschaften. Gauck proklamierte intern eine sogenannte »Gauck-Doktrin«: Er reiste erst in nicht-demokratische Staaten, nachdem er zunächst die – geografisch gelegenen unmittelbaren – demokratischen Nachbarstaaten besucht hatte.[317] Absichtsvoll und voller politischer Symbolik trat Gauck (Mai 2012) seinen allerersten Staatsbesuch als Bundespräsident in Israel an. Im Oktober 1985 war Richard von Weizsäcker der internationale Türöffner für die deutsche

Außenpolitik: Als erster Bundespräsident absolvierte er einen Staatsbesuch in Israel.[318] Mit seiner großen Rede am 8. Mai 1985 hatte er wenige Monate zuvor nicht zuletzt auch für diese Reise in die vergegenwärtigte Vergangenheit den Boden bereitet. Geschichtsbewusstsein übertrug sich in die hohe regionale Symbolik präsidialer Macht.

6. Zur Einordnung der Instrumente und Formate von Reisen bleibt es auch wichtig, danach zu fragen, wohin der Bundespräsident nicht reist. Bei Gauck fiel auf, dass er nicht nach Moskau fuhr und nicht die Olympischen Spiele in Sotschi besuchte.[319] Gereist wird infolge von Zusagen: Steinmeier reiste als erster amtierender Bundespräsident nach Singapur. Seltene Staatsbesuche sind eine Dimension – häufige aber eine andere. Auffällig hier: Sowohl Wulff (2010) als auch Gauck (2014) absolvierten einen Staatsbesuch in der Türkei. Sowohl Gauck (2014) als auch Steinmeier (2018) reisten für einen Staatsbesuch nach Indien. Ebenfalls besuchte Steinmeier als erster Bundespräsident Gambia als Teil seiner Westafrikareise (Dezember 2017). Besonderheiten sind auch daraus abzuleiten, wenn erst nach vielen Jahrzehnten erneut ein Staatsbesuch stattfindet. Beispiele: Mit Wulff (Mai 2011) reiste 34 Jahre nach Scheel erstmalig wieder ein Bundespräsident nach Costa Rica. Ebenso reiste Wulff 25 Jahre nach Weizsäcker nach Bangladesch und zehn Jahre nach Rau nach Indonesien. Mit Steinmeier reiste 16 Jahre nach Rau erstmalig wieder ein Bundespräsident nach Neuseeland und Australien. Ein Anhaltspunkt ist auch die Intensität: Köhler absolvierte 81 Auslandsreisen,[320] Gauck 101.[321] Bedeuten mehr Reisen auch gleichzeitig größere Gestaltungsmöglichkeiten? Je nachdem, ob man im Inland oder im Ausland über die Reisetätigkeit spezifische Anliegen durchsetzen möchte, fällt die Antwort sicherlich unterschiedlich aus.

7. Besondere Formate: Bundespräsidenten treffen sich seit 2003 einmal jährlich im Format der nicht-exekutiven Staatspräsidenten der EU. Das sogenannte »Arraiolos-Treffen« – benannt nach dem portugiesischen Ort, an dem man sich das erste Mal traf – dauert mehrere Tage und führt nicht nur zu einem Informations- und Ge-

dankenaustausch. Die Treffen enden mit gemeinsamen politischen Erklärungen zu aktuellen internationalen Themen. Seit 2004 komplettiert das Treffen der deutschsprachigen Staatsoberhäupter (Österreich, Liechtenstein, Schweiz, Deutschland) einmal jährlich den Reigen der politischen Treffen. Gauck nutzte diese internationalen Formate intensiv, vor allem zur abgestimmten Meinungsbildung über internationale Krisen wie die Besetzung der Krim oder die Flüchtlingsthematik.[322] Gauck war der einzige der interviewten Bundespräsidenten, der auf diese besonderen Formate der Koordination als außenpolitisches Gestaltungselement eines Bundespräsidenten explizit einging.

8. Haushalt: Am Etat des Bundespräsidialamtes kann man den budgetären Stellenwert der internationalen Politik ablesen. So zeigt sich anhand der »Kosten aus Anlass von Staatsbesuchen und Reisen des Bundespräsidenten im Ausland« am Gesamthaushalt des Bundespräsidenten und des Bundespräsidialamtes, dass die geplanten Ausgaben stets relativ konstant blieben und circa sechs Prozent des Gesamthaushaltes ausmachten, wohingegen die tatsächlichen Ausgaben doch durchaus stark variierten, sich aber in der Regel unterhalb des Sollwertes befanden.[323]

9. Menschenrechte/humanitäre Fragen und die Agenda des Besuchs: Für die inhaltlichen Gestaltungsmöglichkeiten für Auslandsbesuche der Bundespräsidenten gelten zunächst die generellen diplomatischen Regeln: keine direkte Einmischung in die inneren Angelegenheiten. Um sich für Menschenrechtsfragen und die Entwicklung einer freiheitlichen Demokratie werbend und aktiv einzusetzen, bieten sich sehr verschiedene Modalitäten an. Erstens die direkte Konfrontation über Benennungsmacht in Reden, Interviews oder Gesprächen: Wenngleich das Programm schwerpunktmäßig kulturellen Programmpunkten folgt, bleiben Optionen zur Kritik am jeweiligen Regime. Fast immer finden Reden der Bundespräsidenten im Rahmen von universitären akademischen Veranstaltungen statt, die zum Diskurs mit den Studierenden einladen. Die akademische

Öffentlichkeit eignet sich als professioneller Echo-Raum, in dem Rede und Gegenrede, in wissenschaftliche Formate clever eingehegt, jedem politischen Widerspruch die vermeintlich politische Brisanz nehmen können. Mit einer Rede an der *Middle East Technical University* in Ankara rechnete Gauck mit Erdogan ab. Der Bundespräsident kritisierte die türkische Regierung offen für Eingriffe in die richterliche Unabhängigkeit und demokratische Grundrechte, vor allem im Bereich der Presse- und Meinungsfreiheit.[324] Gauck sprach authentisch über seine persönlichen Diktaturerfahrungen. Die Rede führte in Deutschland zu besonderer Aufmerksamkeit: »Gauck rechnet mit Erdogan ab«.[325] Erdogan wiederum beschimpfte Gauck als ahnungslosen Pastor.[326] Das Medienecho auf Gaucks stets wertebasierte Demokratiemission teilte sich angesichts der ausgelösten Konfrontation:

> »Gauck hat auch das Selbstbewusstsein einer widerständigen DDR-Biografie; ihm fehlt die verdruckste Feigheit westlicher Intellektueller. Freilich reist der Bürger Gauck als deutsches Staatsoberhaupt ins Ausland. Dort gilt wie überall: Wenn man in einem Streit Stellung bezieht, ist das mehr, als einfach nur seine Meinung zu sagen. Man wird zur Partei in einem Kampf und ruft den Widerstand derjenigen hervor, denen man [...] ins Gewissen geredet hat [...]. Da Gauck aber als Vertreter seines Landes spricht, wird das von seinen Gegnern genutzt, um antideutsche Gefühle zu schüren.«[327]

Andere Möglichkeiten bestehen darin, in den bilateralen vertraulichen Gesprächen auf das Thema der Menschenrechte zu verweisen: bei den Gesprächen entsprechende Fragen und Anfragen prioritär zu formulieren; Listen zu übergeben, um Hilfe für konkrete Personen, die in Gefängnissen sitzen, zu erhalten; im Besuchsprogramm sich mit Oppositionellen zu treffen; wenn dies nicht möglich ist, diplomatisch geschickt die jeweilige First Lady mit eigenem Programm bei Dissidenten oder NGOs arbeitsteilig vor Ort zu zeigen.[328] All diese Varianten sind in der internationalen Diplomatie – auch der stillen Diplomatie – anzutreffen: nicht nur bei Staatsoberhäuptern, sondern auch bei den Regierungschefs. Insofern ist der Staatsbesuch des Staatsoberhauptes im Hinblick auf die Instrumente der Menschenrechtsdiplomatie kaum vom Besuch des Regierungschefs zu unterscheiden.

Es ist davon auszugehen, dass die achtjährigen diplomatischen Erfahrungen Steinmeier helfen, delikate Menschenrechtsfragen adäquat zu adressieren. Andererseits können auch persönliche Eigenschaften weiterhelfen. Als Pastor hat Gauck berufsbedingt gelernt, empathisch aufzutreten: gut zuzuhören, aus dem Stand heraus vertrauensvoll auf Augenhöhe ins Gespräch zu kommen und Mut zu machen. Das gehört zur Berufsausstattung. Auf der anderen Seite bleibt es wichtig, die Wertschätzung des Augenblicks zu nutzen, um Anliegen, Einschätzungen, Wünsche, Auswege mit Vehemenz vorzutragen. Das Zuhören macht (gutes) Zureden erst möglich. Mitreisende Journalisten teilten häufig folgende Einschätzung: »Gauck begegnet allen mit Wärme und redet auch über seine Ängste und Lernprozesse. Das schafft ein Gefühl von Verstehen, als lege er seinem Gegenüber eine wärmende Decke über die Schulter.«[329] Als regelrechter Meister der ersten Begegnung galt Gauck, was auch in der Menschenrechtsdiplomatie ein großer Vorteil ist.[330]

Andere strategische Elemente kamen im Verlauf der Geschichte auch zum Einsatz. Bundespräsident Herzog, der im Präsidialamt ein professionelles Strategiezentrum schuf, nutzte dies auch für internationale Inszenierungen. Die klassische Reise nach China, wohin fast alle Bundespräsidenten – durchaus auch aus wirtschaftlichen Gründen – reisten, bereitete er konzeptionell anders vor. Zwei Monate vor der Reise veröffentlichte er in der *Zeit* einen Grundsatzartikel, in dem er für eine pragmatische Menschenrechtspolitik plädierte und fragte: »wie ›isoliert‹ man denn einen Staat von mehreren hundert Millionen Menschen?«[331] In Peking leistete er sich dann mit dem chinesischen Staatspräsidenten einen offenen Schlagabtausch. Ein aufmerksamer Beobachter schrieb daraufhin: »Herzogs Kalkül ging auf: Er hatte das Thema Menschenrechte so grundlegend angepackt, dass sich Pekings Politiker, die Fragen nach einzelnen Dissidenten stets abblocken, der Diskussion stellten. Der Dissens blieb, aber man hörte einander zu. Das ist nicht wenig im Dialog mit einer Diktatur.«[332] Bundespräsidenten nutzen somit präsidiale, weiche Macht, um sich auch für Menschenrechtsfragen aktiv und operativ einzusetzen. Das klingt nicht überraschend, wird aber häufig übersehen, da eher die Kultur als die Politik im Zentrum der Aufmerksamkeit und der Berichterstattung bei internationalen Reisen steht.

Die politische Agenda der Arbeits- und Staatsbesuche folgt dem Abarbeiten der bilateralen Themen, die beide Länder jeweils aktuell betreffen. In der Regel erweitern sich die Gesprächsinhalte um internationale Themen. Hinzu kommen andere Aspekte: historische Gedenktage, Eröffnung von Ausstellungen, Jahrestage, die die Agenda und das Verlaufsarrangement besonders charakterisieren. Unabhängig von diesen diplomatischen Gepflogenheiten prägen durchaus auch persönliche Schwerpunktsetzungen der jeweiligen Bundespräsidenten die politische Agenda. Horst Köhler hatte seine ganz besondere außenpolitische Themensetzung, die von seiner beruflichen Biografie als Direktor des Internationalen Währungsfonds herrührte. Ihn beschäftigten ökonomische Zusammenhänge: die Armut in der Dritten Welt, die extremen Unterschiede bei den Einkommen, die auf Dauer die politische und soziale Stabilität gefährden, die Weltfinanzordnung. Wann immer sich die Gelegenheit bot, investierte er die Gesprächszeit für ökonomische Zusammenhänge, unabhängig vom offiziellen Besuchsprogramm, das in der Regel eher kulturelle Events belohnte. Er sprach als »Globalisierungspräsident«. Wie funktioniert nationale Politik in Zeiten zunehmender Interdependenz? Das trieb Köhlers Agenda national und international an.[333] Die Resonanz darauf blieb in Deutschland aus den in den anderen Kapiteln benannten Gründen begrenzt.[334]

10. Darstellungspolitik: Der normale Staatsbesuch im Ausland genießt unter journalistischen Gesichtspunkten kaum Aufmerksamkeit. Die Medien sind andererseits als Vermittlungsinstanz der Reise unverzichtbar. Der Chef des Bundespräsidialamtes lädt vorab die Journalisten zum »Hintergrund«, um sie auf die inhaltliche Reiseplanung einzustimmen. Die Berichterstattung im Inland ist in der

Regel minimal. Das Nebeneinander von Banalem und Historischem, die Gemengelage von Kultur, Wirtschaft, Politik machen die Reisen oft für deutsche Medien unauflösbar belanglos. Die Termine sind im Vergleich zu Kanzlerreisen politisch auf einem niedrigschwelligen Niveau, die Dosis an Politik überschaubar. Allerdings kommt es durchaus auch bei Staatsbesuchen zur Unterzeichnung von bilateralen Abkommen, die zuvor intensiv verhandelt wurden. Jedoch unterzeichnen diese Abkommen die jeweils mitreisenden Ressortminister der Bundesregierung, nicht der Bundespräsident. Kanzlerreisen sind politisch wichtig, dynamisch-stressig und verlaufen extrem komprimiert. Präsidentenreisen sind schöner, ausgedehnter und intellektuell-akademisch ansprechender. Dass Journalisten das Staatsoberhaupt begleiten, hat oft weniger internationale als innenpolitische Gründe. Akribisch vermessen die deutschen Journalisten, ob sich vielleicht die Darstellungspolitik des Staatsoberhauptes millimeterweise von der Regierungspolitik unterscheidet. Sehr wichtig sind zudem die über mehrere Tage wachsenden Netzwerke, die die Journalisten nutzen können. Das gilt auch für die Netzwerke zu den Machtmaklern des Präsidenten. Nicht zuletzt setzen viele Journalisten auf die Spielräume der langen Rückflugzeiten. Dann ist in der Regel sehr viel Zeit, um informell mit dem Bundespräsidenten und seiner Mannschaft zu sprechen. Fast immer führt der absolvierte Staatsbesuch auch zu einer entspannten Gesprächsatmosphäre im Flugzeug, was die Journalisten taktisch nutzen.[335] In der Präsidentenmaschine kann dann spontan gefragt, zugehört, aber nie direkt zitiert werden. Aber auch umgekehrt der Bundespräsident und seine Entourage: Hier können strategische Ideen und Agendavorhaben auf Resonanz getestet werden; hier sind Deutungsautorität für gehaltene und kommende Reden bzw. Vorhaben einzubringen; hier sind informelle Möglichkeitsräume auszunutzen; hier bleibt Spielraum, um vertraulich mit Kritik umzugehen. In Zeiten knapper Ressourcen müssen die Medien kalkulieren, ob sich eine Reisebegleitung finanziell lohnt. Nur um einen sogenannten 90-Minuten-»Hintergrund« mit dem Bundespräsidenten zu erhalten, muss eine komplette Auslandsreise des mitfliegenden Journalisten finanziert werden? Kann man das nicht billiger in Deutschland bekommen? So die Klagen der Chefredakteure. Zum historisch wichtigen Standardprogramm, den Orten oder den Ländern der deutschen Schuld, das alle Bundespräsidenten absolvierten – wie Israel und Polen –, buchen viele Medien die Mitreise im Tross des Präsidenten. Das gilt auch für die wichtigen Hauptstädte wie Washington und Moskau. Bei anderen Zielen greifen übergeordnete finanzielle Abwägungen, ob solche Auslandsreisen begleitet werden oder nicht.

11. Gestaltungspotenziale und persönliche Handschriften bei Auslandsreisen sind im ersten Amtsjahr erkennbar, zumindest interpretierbar. Sehen wir uns die Startjahre Gaucks und Steinmeiers im Vergleich an.[336] Steinmeier reiste häufiger (26 zu 21) und weiter (mehrere Kontinente) als Gauck im Startjahr. Steinmeier wollte bei seiner Asien-Tour auch gern China mit besuchen. Allerdings pochte das Kanzleramt darauf, dass zunächst erst wieder die Kanzlerin »dran sei«. Erst danach sollte der Bundespräsident wieder nach China fahren. Sieben Ziele sind übereinstimmend angesteuert worden. Das betraf vor allem die deutschen Nachbarländer, den EU-Kontext und die Würdigung des Einsatzes der Bundeswehr in Afghanistan und den Besuch in Israel. Besondere Zeichen setzen die Amtsinhaber immer durch den allerersten Antrittsbesuch im Ausland: die präsidiale Macht des Besuchs.

Gauck fuhr 2012 acht Tage nach seiner Wahl nach Polen.[337] Es sind die geografische Nähe, die den früheren Rostocker Pastor nach Polen führte, und seine geistige Verbundenheit, seine Transformationserfahrung aus der gemeinsamen Wertschätzung der Freiheit.[338] Gauck fühlte sich damals beim Thema Freiheit von den Polen – auch von anderen mittel- und osteuropäischen Transformationsländern – in mancherlei Hinsicht besser verstanden als von den Westdeutschen, die ihre Freiheit nicht selbst erkämpft hatten. Sollte der Antrittsbesuch in Polen auch ein Signal an die westlichen Verbündeten sein?[339] Wie fiel die Antizipation dieser Reiseoption in diplomatischen Kreisen aus? Dazu eine abwägende Interpretationslinie:

»Man sollte solche Signale nicht überschätzen, ihre Bedeutung [...] aber auch nicht vernachlässigen. Von außen, vor allem vom westlichen Ausland, her gesehen, stehen an der Spitze des deutschen Staates nun zwei Ostdeutsche, beide mit einem ausgeprägt protestantischen Hintergrund. Die Neigung mancher Partner, vor allem die Frankreichs, dahinter eine Lockerung der westlichen Verankerung des vereinten Deutschlands zu vermuten, mag übertrieben sein. Aber sie existiert und kann politisch relevant werden.«[340]

Die Macht des Besuchs verweist auf die Macht der Gestaltung internationaler Beziehungen, in denen der Bundespräsident eine Rolle (kompensatorisch, Gestaltungslücke, Handlungsspielraum etc.) spielt.

Steinmeier führte es sechs Wochen nach seiner Wahl zum Antrittsbesuch nach Paris. Mitten im Wahlkampf um das französische Präsidentenamt vermied Steinmeier den offiziellen Staatsbesuch. Als Außenminister hatte sich Steinmeier im französischen Außenministerium Ende Januar 2017 mit einem eindringlichen Appell an die Franzosen verabschiedet, sich nicht den »Sirenen des Populismus« – mithin der Wahl von Le Pen – hinzugeben.[341] Steinmeiers Antrittsbesuch stand insofern durchaus in dieser Kontinuität. Als unparteiischer Bundespräsident ergriff Steinmeier für das liberale Frankreich Partei, ohne gleichzeitig für einen bestimmen Kandidaten zu werben. In dieser besonderen zeitgeschichtlichen Konstellation (nach dem Brexit, der Trump-Wahl und vor der Präsidentenwahl in Frankreich) erhielt der Antrittsbesuch eine ganz besondere demokratische Note. Die präsidiale Symbolik zielte weniger auf die Höflichkeit des zeremoniellen Austauschs – des ersten Auslandsbesuchs. Für Steinmeier stand das Projekt des Westens, das europäische Projekt im Zentrum, das er durch »populistische Kräfte« akut bedroht sah.

Bundespräsidenten sind internationale Türöffner für die Bundesrepublik Deutschland. Sie übersetzen die Formensprache der Repräsentationspflichten eines Staatsoberhauptes in inszenierte, bebilderte Besuchsdiplomatie. Sie sind oberste personalisierte Aushängeschilder. Verschiedene Formate, Instrumente, Themen waren zu illustrieren. Aus der Macht des Wortes kann die Macht des Besuchs folgen. Gestaltungsmacht baut sich in diesem internationalen Feld auf. Sie ist potenziell im Amt angelegt. Das Deutschlandbild als Fremdbild prägt auch der Bundespräsident: wie und wo er auftritt, was er sagt und offiziell macht.

Zwei Beispiele sollen anschließend konkrete Gestaltungsräume ausleuchten: Gaucks Vorstoß zum Thema der deutschen Verantwortung (2014) und Weizsäckers Staatsbesuch in Moskau (1987).

Benennungsmacht: Deutsche Verantwortung

Zu viele rhetorische Fragen? Haben die Journalisten nicht richtig zugehört? Richtige Rede zum falschen Zeitpunkt? Warum verhallt die Resonanz? Im Bundespräsidialamt zeigte man sich konsterniert. Gauck hatte seine erste Grundsatzrede zum Tag der Deutschen Einheit am 3. Oktober 2013 in Stuttgart gehalten. Das Medienecho fiel freundlich aus, aber verhallte wirkungslos. Gauck fragte: »Entspricht unser Engagement der Bedeutung unseres Landes?«[342] Die rhetorische Frage löste er illustrativ wenig später auf: »Unser Land ist keine Insel. Wir sollten uns nicht der Illusion hingeben, wir könnten verschont bleiben von den [...] militärischen Konflikten, wenn wir uns an der Lösung nicht beteiligen.«[343] Vermutlich fehlte der Nachdruck in der Aussage, die Prägnanz einer eingängigen Formulierung, dass niemand die Besonderheit entdeckte. Der Bundespräsident forderte offensiv mehr deutsche Verantwortung für die Welt ein. Im Präsidialamt meinte man damit, das Leit- und Mantelthema, die Agenda für Gauck gefunden zu haben, nach einem Jahr des kollektiven Suchens.[344] Doch der strategisch »erste Schlag« zündete nicht. Knapp drei Monate später, auf der Münchener Sicherheitskonferenz im Januar 2014, fiel das Echo auf den »zweiten Schlag« vernehmbarer aus. Wolfgang Ischinger, seit 2008 Leiter der Münchener Sicherheitskonferenz, sagte Anfang 2018 unmissverständlich zum Wirkungskontext: »Ohne Gauck gäbe es heute keine deutschen Kampfverbände

in Litauen oder in Mali. Auch die Waffenlieferungen an kurdische Organisationen im Irak wären nicht möglich geworden.«[345]
Aus Worten wurden Taten.[346] Gauck hatte zugespitzt Anfang 2014 in München formuliert: »Die Bundesrepublik sollte sich als guter Partner früher, entschiedener und substanzieller einbringen.«[347] Der appellative Dreiklang prägte sich ein. Gauck minimierte in dieser Grundsatzrede zudem die Textanteile rhetorischer bzw. faktischer Fragen, was die Durchschlagskraft für Nachrichtenwerte erhöhte. Der dreifache Komparativ setze einen imaginären Maßstab, der sich von der Vorgängerregierung unterscheiden sollte. Im neuen Weißbuch der Bundesregierung, das 2016 erschien, wurde Deutschland als »aktive Gestaltungsmacht« tituliert. Gaucks Dreiklang fand sich darin explizit wieder: Deutschland sei bereit, sich »früh, entschieden und substanziell als Impulsgeber in die internationale Debatte einzubringen, Verantwortung zu leben und Führung zu übernehmen«.[348]

Gauck hatte sich den thematischen Gestaltungsraum »Die Rolle Deutschlands in der Welt«[349] selber ausgesucht. Sein Gespür für diese Agenda »Verantwortung« entwickelte sich von Auslandsreise zu Auslandsreise. Wie passten Selbst- und Fremdbild der Deutschen zusammen?[350] »Ich spürte die Erwartung, die die deutsche Rolle betraf.«[351] Überall sah er sich mit einem sehr positiven Fremdbild konfrontiert. Aber das Selbstbild der Deutschen entsprach dem nicht. Die Besinnung der Deutschen auf ihre Stärken – die gefestigte Demokratieentwicklung, die Wirtschaftskraft, der ausgleichende Wohlfahrtsstaat, der hohe Grad an gesellschaftlichem und sozialem Frieden – trieb Gauck an. Er zielte darauf, die Deutschen mit ihrem eigenen Land zu versöhnen, den Stolz auf ihr Land zu stärken. Mit den Worten eines Journalisten, der Gauck aus der Nähe beobachtete: »Das Land soll lernen, sich zu mögen. Es soll so selbstverliebt werden wie Gauck, das ist die unfreundliche Zusammenfassung. Die wohlwollende lautet: Der Bundespräsident verschenkt sein Zutrauen an sein Land.«[352] So verdichtete sich die Essenz seiner Reiseeindrücke. Wenn er den Deutschen als Bundespräsident einen freundlichen Spiegel vorhält, dann sollten sie ihm auch bei seinem Führungsanspruch zu mehr internationaler Verantwortung folgen.

Über Monate hatte sich die Redevorbereitung für die Münchener Sicherheitskonferenz hingezogen. Im Sommer 2013 hatten die Organisatoren im Bundespräsidialamt nachgefragt. Eine Festrede des Bundespräsidenten zum 50. Jubiläum der renommierten und öffentlich ausstrahlenden Fachtagung in München? Der Begriff der Freiheit in der internationalen Politik? Wäre das nicht ein Gauck-Titel gewesen? Für Gauck selbst schienen Ort, Zeitpunkt, Publikum sehr geeignet, um das zu bündeln, was ihn umtrieb: Deutschlands neue Verantwortung und neue Rolle in der Welt. Mit dem Chefstrategen Thomas Kleine-Brockhoff hatte er im Präsidialamt nicht nur einen guten Übersetzer dieser Agenda, sondern einen gerade zu diesem Thema bestens vernetzten Vordenker für Außen- und Sicherheitspolitik.[353] Im Vorzimmer von Gauck ordnete sein Büroleiter, Johannes Sturm, das Terrain. Als ehemaliger Mitarbeiter im Wahlkampfteam des SPD-Kanzlerkandidaten Steinmeier nutzte er die kurzen Wege ins Auswärtige Amt. Außenminister Steinmeier stimmte sich im Schloss Bellevue im Hinblick auf bestimmte Redepassagen ab. Ein Geleitzug schien sich in die gleiche Richtung zu bewegen. Seit 2013 hatte der wieder neu ins Amt zurückgekehrte Außenminister Steinmeier mit vielen Experten ein Strategiepapier entwickelt und vorgestellt: »Neue Macht, neue Verantwortung«.[354] Nun sollte es in Abstimmung mit Gauck um den präsidialen Segen gehen. Gauck selbst und auch sein Team beharren darauf, dass der öffentliche Eindruck eines geplant orchestrierten Chors – Präsident, Außenminister, Verteidigungsministerin – falsch sei. Gauck agierte als Solist, dem sich andere in den Monaten der Rede-Entwicklung anschlossen – so die Version des Bundespräsidialamtes. Denn es fiel natürlich auf, dass nach der Eröffnungsrede von Gauck sowohl der Außenminister als auch Ursula von der Leyen, die neue Verteidigungsministerin, in den Gleichklang – mehr internationale Verantwortung – mit einstimmten. Und das Kanzleramt? Merkel als postheroische Krisenlotsin, die stets international extrem machtbescheiden, nie auftrumpfend auftritt, schaute nur zu? Kluge Arbeitsteilung im Sinne einer Machtkompensation der verschiedenen Verfassungsorgane? Ihrem Stil »Machtgebrauch ohne Machtdemonstration«[355] widersprach das Pochen auf »mehr

Machtzuwachs«, der sich automatisch aus »mehr Verantwortung« ergibt. Planmäßige und gewohnte sicherheitspolitische Unauffälligkeit Deutschlands wirkte weltweit sympathisch. Aber kann man diesem ökonomischen Hegemon wirklich langfristig ausweichen? Diese Debatte schwellte an.

Die mediale Wucht und die Einmischungen in die operative Politik, die von Gaucks Auftritt in München ausging, hingen auch an dem Vermächtnis der schwarz-gelben Regierung. Deren Außenminister Westerwelle (FDP) propagierte eine »Kultur der militärischen Zurückhaltung«, die er auch spektakulär in der Libyen-Entscheidung des UN-Sicherheitsrates absprachewidrig exekutierte.[356] Die Bundeskanzlerin, die in ihren Gesprächen mit Gauck bemerkt haben musste, wie sehr ihn das Thema der außenpolitischen Neuausrichtung beschäftigte, unterschätzte die Resonanz von München. Erstmals eröffnete ein Bundespräsident die Konferenz vor rund 20 Staats- und Regierungschefs, 50 Außen- und Sicherheitsministern, 90 Regierungsdelegationen. Das schuf automatisch anhaltende Resonanz. Ungünstig für die Kanzlerin wirkte der Eindruck, dass Politik ohne Merkel, als dem eigentlichen strategischen Zentrum des Regierungshandelns, möglich schien.

Gauck hatte sich gewappnet: »Das Risiko war mir bewusst, aber darüber habe ich mich hinweggesetzt.«[357] Die Mehrheit der Deutschen lehnte mehr internationale Verantwortung ab. Die allermeisten fürchteten, dass dies zu einer höheren Belastung und zu mehr Kosten führen würde.[358] Nationaltherapeutisch musste Gauck vorgehen. Die Deutschen sind durchaus bereit, humanitär, nicht aber militärisch zu helfen. Das ist Teil ihres Profils eines unerschütterlichen Pazifismus. Einige linke Blätter bezichtigten Gauck als Kriegstreiber, Aufrüster oder sahen, wie die *taz*, im Auftritt von Gauck ein »Ärgernis«.[359]

Sehen wir uns näher an, was dieses Beispiel für die Suche nach präsidialer Gestaltungsmacht aussagt:

– Durch die gezielte Agenda-Setzung des Bundespräsidenten unterstützten wichtige Akteure der Bundesregierung zeitgleich und begleitend das Vorhaben. Der »Münchener Konsens« prägte fortan den Diskurs für deutsche Verantwortung. Gauck setzte sich an die Spitze einer Debatte, die offenbar »reif« war: Deutschland ist erwachsen und sollte sich entsprechend verhalten. Das beschrieb den Möglichkeitsraum. Der Bundespräsident als Politikermöglicher.

- Die Darstellungspolitik mit hoher Resonanzerwartung konnte Gauck optimieren: richtiger Ort, idealer Zeitpunkt, zuhörende politische Spitzenakteure, internationales Fachpublikum, weltweite mediale Aufmerksamkeit, gekonnte Regieplanung bei der Rednerliste, Doppelschlag-Intonierung nach dem ersten Anlauf beim Tag der Deutschen Einheit und eine verbindliche Rhetorik aus Emphase und Vorsicht. Die Strategieentwicklung des Präsidialamtes führte zur folgenreich inszenierten Grundsatzrede. Die Passung stimmte.

- Im Sinne einer diskursiven Reservemacht erteilte Gauck fundamentale und plausibel begründete Prüfaufträge an die zukünftige deutsche Außen- und Sicherheitspolitik. Gauck setzte präsidiale Macht als »Türöffner« einer Debatte ein.

- Gauck stellte nicht selbst operative Forderungen auf (mit Ausnahme seiner Forderungen nach intensiveren Bundestagsdebatten über deutsche Verantwortung und der Etablierung neuer, zusätzlicher Lehrstühle für deutsche Außenpolitik an Universitäten). Aber Gauck betrieb Legitimitätspolitik: Sich aktiv an die Spitze einer Debatte zu setzen, bedeutet, sich zukünftig als Berufungsinstanz instrumentalisieren zu lassen. Gauck arbeitete so als Politikermöglicher einer aktiven deutschen Gestaltungsmacht.

- Mit der außenpolitischen »Neu-Verortung« (Außenminister Steinmeier)[360] kam es zu einer Überschreibung des bisherigen Selbstbildes. Gauck schrieb an dieser Erzählung aktiv mit. Gaucks Benennungsmacht flankierten kohärent jeweils die Reden der zuständigen Bundesminister. Wer den neuen Deutungsmachtkampf zwischen »Selbstbehauptung« und »Selbstbeschränkung«,[361] zwischen »Machtvergessenheit und Machtbesessenheit«[362] in den parlamentarischen, politischen und akademischen Debatten gewinnen würde, blieb offen. Doch der Präsident hatte seine Deutungsautorität als neue außenpolitische Erzählung eingebracht. Er nahm eine Leitverantwortung wahr, über was man aus seiner Sicht in Deutschland sprechen sollte.

War der Sprachgewinn auch Machtgewinn? Unbestritten gelang Gauck die Themensetzung. Aber was machte er selbst daraus? Beobachter kritisierten, dass die präsidiale Nachhaltigkeit für dieses Mantelthema sehr begrenzt ausfiel. Blieb der Präsident unter seinen Möglichkeiten? War er wieder zu intuitiv, zu wenig strategisch? Wer die deutsche Verantwortung so ins Zentrum rückt, müsste sich bei vielen außen- und sicherheitspolitischen Themen aktiver und grundsätzlicher einbringen. Hätte sich hier nicht das Dauerthema der deutschen Parlamentsarmee angeboten? Die permanenten Mandatsverlängerungen im Deutschen Bundestag für internationale Einsätze der Bundeswehr benötigen sicher eine andere diskursive gesellschaftliche Einbettung, die bislang fehlt.

Vielleicht lag es auch daran, dass sich gut ein Jahr nach der Münchener Rede ein neues Thema mit Vehemenz nach vorne schob: die weltweite Flüchtlingsbewegung mit nationalem Migrationsdruck. Die Gestaltungspotenziale des Bundespräsidenten mussten sich neu ausrichten. Ein Ausruhen auf dem Erfolg der Münchener Rede konnte nur misslingen. Die neue politische Lage forderte auch den Bundespräsidenten in einer Profilierung, in der er sich zunächst nicht auskannte. Seine Versöhnungsverantwortung in einer auseinanderdriftenden Gesellschaft musste wirken.

Politikermöglicher: Staatsbesuch in Moskau

Ein zweites, eher historisches Beispiel wähle ich aus, um Gestaltungräume zu prüfen, die sich im internationalen Umfeld für Bundespräsidenten zeigen. Warum der Staatsbesuch Richard von Weizsäckers in Moskau (1987) betrachtet wird, hat zwei Gründe. Zum einen eignet sich die Reise, um daran exemplarisch Varianten aus den Handlungskorridoren »Möglichkeiten und Wirklichkeiten« des Amtes aufzuzeigen. Zum anderen reizte die Gelegenheit, nach Öffnung der Archive erstmals die Akten des Präsidialamtes dazu konkret auszuwerten. Wie arbeitet das Bundespräsidialamt nach Aktenlage? 1987 brach Bundespräsident Richard von Weizsäcker zum Staatsbesuch in die Sowjetunion auf. 30 Jahre später können wir erstmals in den Akten des Bundesarchivs dazu stöbern.[363] Die systematische Erstauswertung kommt einem Privileg gleich. Gleicht man die umfangreichen Aktenbestände mit denen des Kanzleramtes und des Auswärtigen Amtes ab, entsteht ein minutiöses und authentisches Bild des damaligen Entscheidungsprozesses. Da sich die politisch und administrativ Handelnden der kommunikativen Möglichkeiten ihrer Zeit bedienten, sind die Vorgänge zur Vorbereitung, Durchführung und Nachbereitung der Reise präzise dokumentiert. Damals fertigten Mitarbeiter noch Aktennotizen zu Telefonaten an. Die Online-Kommunikation ergänzte erst allmählich in den 1990er Jahren das Verwaltungshandeln. »Gesimste« elektronische Nachrichten machen für spätere Generationen einen historiographischen Nachvollzug der Entscheidungslagen schwierig, wenn nicht gar unmöglich.

Aus den Materialbergen des Bundesarchivs zum damaligen Weizsäcker-Besuch in Moskau können noch viele Forschungsarbeiten entstehen. Mich interessieren weder generell die Reiseplanung noch die Details des Verlaufs. Ob der Besuch eine politische Wende im bilateralen Verhältnis zwischen Bonn und Moskau darstellte, gehört ebenso wenig zu meiner Fragestellung.[364] Gezielt betrachte ich hingegen den internationalen Gestaltungsraum: Wo sind präsidiale Machtrefugien sichtbar? Wo und wie und für was nutzte der Bundespräsident seine politische Gestaltungsmacht? In welcher Weise lassen sich durch den Blick in den Mikrokosmos des Maschinenraums der Politik Instrumente und Praktiken empirisch nachweisen, die Gestaltungspotenziale veranschaulichen?

Um das zeitgeschichtlich einzuordnen, sind ein paar Erinnerungen an das Verhältnis zwischen Bundeskanzler Helmut Kohl und Bundespräsident Richard von Weizsäcker notwendig. Das Verhältnis zwischen beiden war spannungsgeladen und von Misstrauen geprägt.[365] Im Kapitel »Gestaltungspotenziale« hatte ich Hinweise zum Ursprung des Konfliktes bereits gegeben. Letztlich spielen die Verfahren der »Inthronisierung« eine wichtige Rolle.

Zeitgeschichtliche Parallelen bieten sich an: Merkel setzte sich 2016 an die Spitze der Befürworter für den SPD-Kandidaten Steinmeier, nachdem ihre eigenen Versuche misslangen, einen Unions-Kandidaten zu präsentieren. Merkel hätte sich mit einem eigenen Kandidaten in der Bundesversammlung spätestens im dritten Wahlgang durchgesetzt. In der Geschichte der Bundesversammlungen gehört es zu den absoluten Ausnahmen, dass die jeweiligen Kanzler bei der Kür eines von ihnen favorisierten Kandidaten scheitern. In der Reihe der gescheiterten Versuche bekommt auch Kohl einen Platz in der präsidialen Ahnengalerie. Kanzler Kohl wollte Richard von Weizsäcker unter allen Umständen im Amt des Bundespräsidenten 1984 verhindern. Zehn Jahre zuvor sah es anders aus. Kohl schlug 1974 als Oppositionsführer des Deutschen Bundestages und Parteivorsitzender der CDU Richard von Weizsäcker als Unions-Kandidaten gegen Walter Scheel (FDP) vor. Weizsäcker hatte daraus fälschlicherweise den Schluss gezogen, dass Kohl ihn später nochmals nominieren würde, als immerwährenden Kandidaten der Union. Weizsäcker verkannte, dass Kohl deutlich zwischen »Zählkandidaten« und einer »richtigen« Kandidatur unterschied.[366]

Weizsäcker konkurrierte als Bundespräsident vom ersten Tag an um die öffentliche Aufmerksamkeit mit dem Bundeskanzler. Kohl schrieb in seinen Erinnerungen: »Während seiner anschließenden zehnjährigen Amtszeit blieb eine spürbare Distanz zwischen uns beiden.«[367] Dies lag auch daran, dass Weizsäcker die Grenzen seiner politischen Gestaltungsmacht auf die Regierungspolitik Kohls ausreizte, wie das nachfolgende Beispiel des Staatsbesuchs in Moskau zeigen kann.

Zwei Einschätzungen kann man aus dem Doppel Kohl–Weizsäcker für unser Thema ableiten: Zum einen brachte die Rivalität über zehn Jahre ein sehr effektives Doppel an die Spitze eines europäischen Staates. In dieser positiven Zuordnung, häufiger in Essays von Timothy Garton Ash ausgeführt, gewinnen beide Verfassungsorgane durch die Abgrenzung einen je eigenen Gestaltungsspielraum, der sich durch die rivalisierende Wahrnehmung vergrößert. Unabhängig davon, ob eine solche persönliche Rivalität tatsächlich existierte, arbeiten in dieser Wahrnehmung von Dualität die jeweiligen Arbeitsebenen beider Einrichtungen – dem Bundeskanzleramt und dem Bundespräsidialamt. Die Mannschaften von Kohl sahen immer Feindesland beim Betrachten der Mannschaften von Weizsäckers. Das galt sicher auch umgekehrt. Insofern überträgt sich die Projektion der Differenzen – unabhängig davon, ob es tatsächliche Meinungsunterschiede gab – alltagspraktisch in praktisch jedem Vermerk. Skeptische Dauerbeobachtung herrscht. Öffentlich hat sich der Bundespräsident nie kritisch über den Bundeskanzler geäußert.

Eine andere Einschätzung geht eher davon aus, dass sich durch die Rivalität und wahrgenommene Dualität keine Arbeitsteilung entwickelte, die den Namen verdient. Ohne Arbeitsteilung, ohne konstruktive Kompensation der Verfassungsorgane verlieren beide an Gestaltungsmacht und Gestaltungsspielräumen. Im besten Fall resultiert ein Nullsummenspiel aus dem Missverhältnis. Welche Einschätzung politisch zutrifft, ist nicht allgemein zu beantworten. Im nachfolgenden Beispiel des Staatsbesuchs in Moskau existieren durchaus viele Momente abgestimmter Koordination zwischen Kanzleramt und Bundespräsidialamt. Die auch international wahrgenommene Kohärenz führte zum Erfolg der Reise.[368]

Um das bizarre Verhältnis zwischen beiden Spitzenakteuren der Bonner Republik zu verstehen, soll eine Passage aus der Weizsäcker-Biografie, aus der Feder des Journalisten Hermann Rudolph, zitiert werden. Der Autor bringt die Beziehung prägnant auf den Punkt:

> »Was ursprünglich ein Geben und Nehmen war – frei nach dem Motto: CDU-Karriere gegen Popularität für die Partei –, hat sich in eine Daueranimosität verwandelt. In der politischen Gerüchteküche kursieren die einschlägigen Invektiven und Nachreden, dringen heraus aus vertraulichen Gesprächen, bestimmen Berichte und Kommentare. Dass Helmut Kohl durch sein entschlossenes Handeln zum Kanzler der Einheit wurde, Weizsäcker jedoch zum energischen Kritiker seiner Einheitspolitik, führt endgültig zum Bruch. Bleibt angesichts der Tiefe

des Zerwürfnisses nur die Frage, wann der Riss in dieser Beziehung begonnen hat, die doch in ihren rheinland-pfälzischen Anfängen und noch in Kohls Jahren als CDU-Vorsitzender von Nähe und gegenseitiger Anerkennung geprägt war: mit Kohls Versuch, Weizsäcker 1983 um seine Kandidatur für die Bundespräsidentschaft zu bringen? Oder schon mit dem ›Frontenwechsel‹ (Langguth), bei dem Weizsäcker im Zuge der Auseinandersetzung um die Führung in der CDU 1971 von Kohl zu Barzel überging? Oder ist das Verhältnis daran zerbrochen, dass Weizsäcker mit den Jahren zu einem Politiker aus eigenem Recht wurde [und] sich damit aus der Abhängigkeit Kohls befreite, der als Parteivorsitzender Gefolgschaftstreue erwartete? Ohnedies macht die Unterschiedlichkeit der beiden ihren Konflikt nachgerade zum Selbstgänger: Weizsäcker der Liberale, der Politikdenker, der Weltmann, Kohl der Konservative, der Machtmensch, der Mann der Provinz – Bild und Gegenbild, passend zur zeitgemäßen Konfrontation von Reformern und Konservativen, von Emanzipation und Beharrung, die die siebziger und achtziger Jahre bestimmte.«[369]

Der Staatsbesuch in Moskau ist auch vor diesen bilateralen Sonderbeziehungen einzuordnen. Um den Kontext zu verstehen, muss zudem ein kurzer historischer Rückblick in die Zeit des Ost-West-Konflikts und der Entspannungspolitik der 1980er Jahre notwendig für den Leser mitgeliefert werden.[370] Gorbatschow kam im März 1985 als Generalsekretär des Zentralkomitees der Kommunistischen Partei der Sowjetunion in ein zentrales und herausgehobenes Amt. Wenn Bundeskanzler Kohl davon ausging,[371] dass der »Schlüssel zur Wiedervereinigung« im Kreml lag, musste er auch mit Gorbatschow persönlich darüber reden.[372] Gorbatschow galt im Westen frühzeitig als Erneuerer. Außenminister Genscher nahm ihn als durchsetzungsstarken Entspannungspolitiker wahr und warb aktiv innerhalb der Bundesregierung und bei den westlichen Verbündeten dafür, seinen Reformideen, mit Glasnost und Perestroika, eine Chance zu geben. Bundeskanzler Kohl hatte Gorbatschow im März 1985 am Rande der »Begräbnisdiplomatie« erstmals kennengelernt.[373] Innerhalb von drei Jahren waren drei Partei- und Staatsführer der

Weltmacht Sowjetunion verstorben. Im Umfeld solcher Begräbnisfeiern ist es international üblich, dass sich informell viele Staats- und Regierungschefs zu bilateralen Gesprächen treffen. Kohl sprach nicht nur mit Gorbatschow: »Das Gesprächsklima blieb äußerst frostig«[374] – so die persönliche Sicht von Kohl. Er traf sich auch mit Erich Honecker, um über konkrete Möglichkeiten der laufenden und weiterer deutsch-deutscher Verhandlungen zu sondieren.

Bis 1988 gestaltete sich die Beziehung zwischen Bonn und Moskau sehr schwierig.[375] Das lag an der sicherheitspolitischen Position, die der Kanzler durch sein Beharren auf dem NATO-Doppelbeschluss und der Stationierung der Pershing-Raketen eingenommen hatte.[376] Moskau entwickelte eine neue Europapolitik erst nach Abschluss des INF-Vertrages. Innerhalb dieser neuen sowjetischen Europapolitik kam auch dem Dialog mit der seit 1987 im Amt bestätigten schwarz-gelben Regierung Kohl/Genscher eine gewisse Bedeutung zu.[377] Die Schwierigkeiten zwischen Bonn und Moskau basierten aber nicht nur auf Divergenzen in der sicherheitspolitischen Agenda.

Das *Newsweek*-Interview

Tiefe Verärgerung hatte eine unbedachte Äußerung Kohls hervorgerufen: Der Bundeskanzler verglich am 27. Oktober 1986 in einem Interview in dem amerikanischen Nachrichtenmagazin *Newsweek* – kurz vor Abflug nach seinem offiziellen Besuch aus den USA – die propagandistischen Fähigkeiten Gorbatschows mit denen des NS-Reichspropagandaministers Joseph Goebbels: »Er [Gorbatschow; d. Verf.] ist ein moderner kommunistischer Führer, der etwas von Öffentlichkeitsarbeit versteht. Auch Goebbels, einer der Verantwortlichen für die Verbrechen der Hitlerzeit, war ein Experte für Öffentlichkeitsarbeit.«[378] Da half es wenig, dass dies mit »Kommunikationspannen« im Regierungsapparat begründet wurde.[379] Das sowjetische Politikbüro beschloss darauf, für einige Zeit die Kontakte nach Bonn einzufrieren. Allerdings handelte es sich dabei eher um »kosmetische Schnitte«, wie es der sowjetische Außenminister, Schewardnadse, gegenüber Genscher deutlich machte.[380] Kohl schrieb einen persönlichen Entschuldigungsbrief an Gorbatschow, doch die Missstimmung zwischen beiden hielt zunächst an. Das kennzeichnete einen Grundton, der sich durch die intensiven Vorbereitungen des Staatsbesuchs Weizsäckers in Moskau zog. Man hat den Eindruck, dass der sogenannte »unsichtbare Elefant« – das verunglückte Interview – immer den Raum ausfüllte.[381]

Terminmanagement
Gorbatschow empfing deshalb zunächst den Bonner Außenminister[382] und den Bundespräsidenten, ja sogar den bayerischen Ministerpräsidenten Strauß,[383] bevor er den Bundeskanzler 1988 in Moskau begrüßte.[384] Die endgültige Besuchsabsprache erfolgte über Lothar Späth, den baden-württembergischen Ministerpräsidenten, und nicht über Genscher, wie er in seinen Memoiren selbst behauptet.[385] Eingefädelt wurde diese Reihenfolge durch eine konzertierte Aktion zwischen Bundespräsidialamt, Auswärtigem Amt und Bundeskanzleramt.[386] Kohl sieht es anders:

> »Die geheimen Gesprächsprotokolle von damals, die für die Mitglieder des Politbüros bestimmt waren, belegen sehr deutlich, dass kein Bundespräsident, kein Minister und kein Ministerpräsident, wie gelegentlich behauptet, für mich den Weg nach Moskau frei machen musste. Sie dokumentieren vielmehr, dass Gorbatschow auf meinen Besuch drängte und hohe Erwartungen dran knüpfte.«[387]

Die Akten des Bundespräsidialamtes sprechen eine andere Sprache.[388] Danach nutzte der Bundespräsident die Gelegenheit, den Generalsekretär nach Bonn einzuladen. Weizsäcker war der Eisbrecher. Gleichzeitig setzte er sich für den Wunsch Kohls ein, in naher Zukunft Gorbatschow in Moskau zu treffen. Für den Bundespräsidenten kam eine offizielle Reise in Moskau nur in Betracht, wenn dies nicht als »Bußreise« einzuschätzen sein sollte.[389] Der Staatsbesuch sollte für sich selbst stehen und keine Auftragsreise für den Kanzler sein.

Weizsäcker wollte sich unter keinen Umständen für den Kanzler entschuldigen. Und Weizsäcker wollte die Reise nur antreten, wenn auch der Bundeskanzler bereit schien, ein neues Kapitel in den deutsch-sowjetischen Beziehungen aufzuschlagen. Erst als diese beiden Punkte aus Sicht des Präsidialamtes geklärt waren, konnte die Reiseplanung konkreter werden.[390]

Diese Prämissen ließen sich alle einlösen. In der Bilanz des Präsidialamtes liest sich das folgendermaßen: »Ferner ist ein Treffen zwischen dem Bundeskanzler und Gorbatschow nahegerückt. Gorbatschow bat um ›herzlichen Gruß‹ an den Bundeskanzler und meinte, dass über die Herstellung von Stabilität [...] gesprochen werden könne, wenn er in der BR Deutschland oder der Bundeskanzler in Moskau sei.«[391] Möglicherweise könne man einen »historischen Schritt« aufeinander zugehen. Wenn Weizsäckers Staatsbesuch dafür den Anfang bilde, dann sei er in der Tat von »größter Bedeutung«.[392] Die Reise von Bundespräsident Weizsäcker war der zweite Staatsbesuch eines Bundespräsidenten in der UdSSR.[393]

Diplomatisch korrekt hätte zunächst der Bundeskanzler seinen offiziellen Besuch in Moskau absolvieren müssen, bevor der Bundespräsident ihm nachfolgte. Da sich dies freilich, trotz zahlreicher Vermittlungsversuche, nicht realisieren ließ, einigten sich Kanzleramt und Präsidialamt auf eine abgestimmte Arbeitsteilung, die zwar die diplomatischen Gepflogenheiten auf den Kopf stellte, doch die Annäherung an die neue Politik Gorbatschows unterstützen sollte. Vorausgegangen war ein nächtlicher Anruf des Bundesaußenministers aus Südafrika beim Leiter des Präsidialamtes, Staatssekretär Blech. Genscher fragte telefonisch: »Wäre wohl der Bundespräsident dazu bereit, entgegen den üblichen Usancen, vor dem Kanzler nach Moskau zu fahren?« Blech informierte von Weizsäcker, der sofort zusagte. Als außerordentlich institutionenbewusster Politiker hatte Genscher großen Respekt vor dem Amt des Bundespräsidenten. Der Außenminister wollte nicht zu früh Signale nach Moskau senden, ohne dem Bundespräsidenten in dieser Angelegenheit das letzte Wort zu geben. Kohl wiederum hatte nichts gegen die Reihenfolge der Besuche einzuwenden, da dies die einzige Möglichkeit zu sein schien, sein Verhältnis zu Gorbatschow zu verbessern. Kohl wollte auch gegenüber der Sowjetunion persönliches außenpolitisches Profil zeigen. Bis dahin besaß Genscher in ost- und entspannungspolitischen Fragen die Meinungsführerschaft in der Bundesrepublik. Der Bundeskanzler sah sich gegenüber Moskau durch das Engagement seines Außenministers in die Defensive gedrängt. Völlig ungewöhnlich für die damalige Zeit, stimmten sich Richard von Weizsäcker und Helmut Kohl in ihrer Politik an einer entscheidenden Wegmarke ab.

So kam dem Arrangement einer zwischen Klaus Blech (Präsidialamt) und Horst Teltschik (Kanzleramt) abgestimmten Rollenteilung, die Genscher durch seine Vorsondierungen ermöglicht hatte, auch innenpolitisch eine gewisse Bedeutung zu. Diese koordinierte Arbeitsteilung blieb jedoch eine Ausnahme in der ansonsten gegenläufigen Politik Weizsäckers und Kohls. Der Versuch, diese Umkehrung der Besuchsdiplomatie auch gegenüber Polen 1989 zu nutzen, ließ sich nicht verwirklichen.[394] Wie schwierig sich die konkrete Terminfindung auch innenpolitisch gestaltete, hat Weizsäckers Pressesprecher Pflüger im Detail aufgelistet. Die Präsidialdiplomatie koordinierte und orchestrierte Präsident und Kanzler.[395] Kohls offizieller Besuch in Moskau vom 24. bis 27. Oktober 1988 bewertete Gorbatschow rückblickend so:»Wir haben damals einen großen Schritt aufeinander zugemacht, ein neues Kapitel in den deutsch-sowjetischen Beziehungen aufgeschlagen.«[396]

Die protokollarischen Vorbereitungen

Genscher traf Gorbatschow vorbereitend im Juni 1986.[397] Der Außenminister plädierte dabei für eine baldige direkte Begegnung zwischen dem Kanzler und dem Generalsekretär. Er übermittelte Gorbatschow den Wunsch des Bundeskanzlers, dieser möge nach Bonn kommen. Vom Bundespräsidenten war bei dieser Begegnung keine Rede. Den Neujahrsempfang des Bundespräsidenten für das Diplomatische Corps – damals in der Godesberger Redoute – Anfang 1987 nutzte der sowjetische Botschafter, Kwizinski, um Weizsäcker zu bitten, an den bilateralen Klimaverbesserungen mitzuwirken. Weitere hochrangige deutsche Besucher in Moskau (Industrie, Stiftungen, Parteien etc.)[398] tendierten in ihren Berichten über die jeweiligen Gespräche, die alle über die deutsche Botschaft an die Bundesregierung übermittelt wurden, zu einer ähnlichen Einschätzung: Ein neues Kapitel in den deutsch-sowjetischen Beziehungen sollte aufgeschlagen werden.

Ab März 1987 liefen die konkreten Programmvorbereitungen für den Sowjetunion-Besuch des Bundespräsidenten. Der Staatsbesuch sollte ein »Kulminationspunkt mit Signalwirkung im besuchten Land und zu Hause«[399] sein. Deutlich erkennbar wird, dass auch eine Vielzahl von operativen Zielen und konkreten Vorhaben – von der Förderung eines weiteren hochrangigen Besuchsaustausches bis zur Behandlung humanitärer Einzelprobleme – Gegenstand des Staatsbesuchs sein sollte.[400] Auch sensitive Programmpunkte sollten ermöglicht werden: Gespräch mit dem Patriarchen von Moskau, Begegnung mit Regimekritikern wie Sacharow, Treffen mit ausreisewilligen Sowjetbürgern deutscher Nationalität etc.[401] Die Vorbereitungen liefen reibungslos: »Überhaupt ist festzuhalten, dass die Gastgeber alle unsere Programmwünsche erfüllt haben.«[402]

In den Unterlagen des Präsidialamtes finden sich zudem zahlreiche Schreiben von Organisationen, Einrichtungen und den Kirchen, die jeweils besondere Anliegen auflisteten, für die sich der Bundespräsident bei den Gesprächen seiner Reise als Anwalt für diese Anliegen einsetzen möge.[403] Detaillierte Listen wurden vorbereitet, um in humanitären Angelegenheiten und bei Menschenrechtsverletzungen vorstellig zu werden. Weizsäcker, aber auch der deutsche Botschafter, Meyer-Landrut, sollten an Gorbatschow oder Gromyko die jeweiligen Listen übergeben.[404] An diese Details erinnere ich, weil sich damit Analogien zu Kanzlerreisen auftun. Die Vorbereitung des Staatsbesuchs gleicht einer Begegnung operativer, exekutiver »Herrscherbegegnungen«. Keineswegs galt die Vorbereitung nur Themen, die abseits der harten bilateralen Vertragspolitik existierten. Die Auslandsreisen der Bundespräsidenten sind nicht nur historische Versöhnungsgesten, kulturelle oder akademische Festakte. Intensive Koordinationsarbeiten sind dabei die

Voraussetzung. Dies galt nicht nur auf der Arbeitsebene. Mehrere, lange Gespräche zwischen Kanzler und Bundespräsident fanden zur Vorbereitung der Moskau-Reise statt.[405] Bundeskanzler Kohl stimmte sich kurz vor Reisebeginn, mit einem vielseitigen Vermerk präpariert, in der Villa Hammerschmidt mit Weizsäcker im Vorfeld letztmalig persönlich intensiv ab.[406] Auf dem Kanzleramtsvermerk zur Vorbereitung stand unter anderem:

»Sie [der Bundeskanzler; d. Verf.] können den Herrn Bundespräsidenten bitten, seinen Staatsbesuch insbesondere in öffentlichen Äußerungen als organischen Teil des vereinbarten deutsch-sowjetischen Besuchsaustauschs zu werten – eines Besuchsaustauschs, der auch in den kommenden Jahren auf hoher und höchster Ebene fortgesetzt werden soll.«[407]

Eine sehr verklausulierte Formulierung: Kontinuität der Beziehungen![408] Die Erinnerung an die Eiszeit und die vielen abgesagten Besuchsprogramme nach dem *Newsweek*-Interview sollte verblassen. Die Einstimmung des Bundespräsidenten war vielschichtig. Zum »Coaching« gehörten auch Gesprächstaktiken: »Er [Gorbatschow; d. Verf.] ist ein aufmerksamer Zuhörer, aber direkt und zupackend in der Erwiderung [...]. Er lässt sich von einer klugen Argumentation einnehmen und erwidert in gleicher Weise, wobei er die politische Praxis stets im Blick zu haben scheint.«[409]

Gesprächsverlauf

Für die Fragestellung nach dem Gestaltungsspielraum ist es nicht notwendig, im Detail das politisch wichtige Gespräch zwischen Weizsäcker und Gorbatschow auszuwerten. Die Akten zeigen, dass der Bundespräsident systematisch alle bilateralen, internationalen und deutsch-deutschen Themen »abarbeitete«.[410] Der Bundespräsident sollte die deutsch-sowjetischen Beziehungen aus der Sackgasse führen, in die sie durch die deutsche Zustimmung zum NATO-Doppelbeschluss und den Goebbels-Vergleich geraten waren. Die

Agenda glich vollständig einem Gesprächsverlauf, wie er auch zwischen Kanzler und ZK-Generalsekretär zum gleichen Zeitpunkt ausgesehen hätte. Auch die Menschenrechtsagenda konnte der Bundespräsident durch Übergabe von Listen voranbringen. Schon nach dem ersten Gespräch zwischen beiden Staatsoberhäuptern, Gromyko und Weizsäcker, setzte sich die Medienbotschaft durch: eine »neue Ära« in den deutsch-sowjetischen Beziehungen konnte starten. Das *Newsweek*-Interview gehörte offensichtlich der Vergangenheit an.[411]

Aus Sicht des Bundeskanzlers verlief Weizsäckers Mission in Moskau erfolgreich, da er gegenüber dem Generalsekretär »konsequent die außen- und deutschlandpolitische Linie der Bonner Regierungskoalition vertrat«.[412] Die Erwartungshaltung zum Subtext der bilateralen Beziehungen, der deutschen Frage, war hoch.[413] Der Schlüssel zur deutschen Frage sollte in Moskau liegen. Weizsäcker suchte ihn in Moskau. Der Begriff der Wiedervereinigung fehlt bei Weizsäcker. Aber die »Einheit der Nation« soll und muss sich »in der Freiheit ihrer Menschen erfüllen [...]. Die Geschichte habe letztes Wort über das Schicksal des deutschen Volkes nicht gesprochen.«[414] Legendär ist die Antwort von Gorbatschow, in der er zunächst erwartbar von der faktischen Existenz zweier deutscher Staaten sprach. Allerdings ist der Zusatz von besonderer Bedeutung: »Über die Lage in Europa und in der Welt wird in hundert Jahren entschieden.«[415] Für Gorbatschow war die deutsche Frage nicht offen, dennoch zeigte das Gespräch neue Akzente und neue Töne in der sowjetischen Deutschlandpolitik. War die deutsche Frage auf lange Sicht doch offen?[416] Zumindest ließ die Formulierung des Generalsekretärs diese Interpretation zu, was der Bundespräsident als Erfolg des Gesprächs verbuchte.

Der Bundespräsident stand bei diesem Thema unter besonderer Beobachtung des Bundeskanzlers. Das rührte bereits aus der Zeit, in der Weizsäcker Regierender Bürgermeister von Berlin war. Kohl schrieb dazu in der Rückschau:

»In der Deutschlandpolitik versuchte Richard von Weizsäcker immer wieder, eigene Wege zu gehen. Mein Problem war nicht so sehr, dass er damit Bereiche und Zuständigkeiten der Bundesregierung tangierte. Mir ging es vielmehr um die politische Abstimmung, die zwischen dem Regierenden Bürgermeister von Berlin und dem Bundeskanzler einfach zwingend war. Doch davon hielt Weizsäcker nicht sehr viel. Hinzu kam, dass unsere Einschätzungen zur Situation der DDR unterschiedlich waren. [...] Weizsäckers Annäherung an den deutschlandpolitischen Kurs der SPD war mit Händen zu greifen.«[417]

In der deutschen Frage schien Weizsäcker aus Sicht des Kanzlers normativ unzuverlässig. Kohl favorisierte einen Dreischritt: Verschärfung des normativen Abstandes zur DDR, Einbettung der Deutschlandpolitik in die europäische Integration, pragmatische Kooperationsfähigkeit gegenüber der DDR.[418] Weizsäcker schien hingegen zu sehr für politische Äquidistanz »zwischen den Blöcken« zu werben. Seinen Kernbegriff einer sogenannten »systemöffnenden Zusammenarbeit«[419] setzte er auch bei Gorbatschow ein – einen Begriff, den Kohl konsequent ablehnte und lautstark politisch bekämpfte. Weizsäcker pflegte auf allen Ebenen die Gespräche mit der DDR, die Kohl für zu SPD-lastig und zu nachgiebig einordnete.[420]

Handschriftlich korrigierte Weizsäcker in seinem Redemanuskript für das Staatsbankett im Kreml am Abend des Ankunftstags: »Wir werden um Grenzen nicht streiten.« Das änderte Weizsäcker abmildernd: »Wir werden bestehende Grenzen nicht verletzen.« Weiter sagte er: »Es geht darum, ihnen den trennenden und unmenschlichen Charakter zu nehmen.«[421]

Kohl sah sich in seinem deutschlandpolitisch motivierten Misstrauen gegenüber Weizsäcker bestätigt, als beide wenige Monate später den Generalsekretär der SED und Staatsratsvorsitzenden der DDR, Erich Honecker, mit militärischen Ehren in Bonn empfingen. In Moskau formulierte Weizsäcker unmissverständlich gegenüber Gorbatschow: »Eine deutsche Nation ist kein Hindernis für den europäischen Fortschritt, sondern Motor. [...] Wir möchten aber sehr, dass die zwischenstaatlichen Grenzen ihren die Menschen trennenden Charakter verlieren.«[422] Solche Sätze wiederholte er allerdings nicht gegenüber Honecker in Bonn. Es fehlten die strittigen deutsch-deutschen Themen wie Schießbefehl oder Menschenrechtsverletzungen im vertraulichen Gespräch zwischen Honecker und Weizsäcker.[423] Als Kohl davon einige Jahre später erfuhr, bezeichnete er es als »einzigartige Entgleisung«[424] des Bundespräsidenten.

Evaluation

Weizsäcker blieb sechs Tage lang in der Sowjetunion. Der Staatsbesuch führte ihn auch nach Leningrad (Soldatenfriedhof/Kranzniederlegung; Kulturprogramm) und nach Nowosibirsk (zu Gesprächen mit Wissenschaftlern), bevor er nach Bonn zurückkehrte. Die Akten zeigen, welchen Stellenwert der Bundespräsident auf die mediale Begleitung des Besuchs legte.[425] Wann was von seinen Reden sowohl in der Sowjetunion (möglichst ungekürzt) öffentlich wurde bzw. welches Medienecho in der Bonner Republik ertönte, durchzieht die Akten des Präsidialamtes. Das Weizsäcker-Team feierte, dass die Reden des Präsidenten im Kreml im Verlauf des Gesamtbesuchs ungekürzt – damit auch unzensiert – in einer Zeitschrift mit weiter Verbreitung, der *Nedeljamit*, als Wochenendbeilage veröffentlicht wurden, nachdem zuerst nur Auszüge in der *Prawda* publiziert waren. Glasnost schien zu greifen.

Aus den zusammenfassenden Vermerken des Presse- und Informationsamtes der Bundesregierung ist deutlich die innenpolitische Blickrichtung der deutschen Medienberichterstattung abzulesen. Jeder Staatsbesuch des Bundespräsidenten ist auch in die innenpolitische Gemengelage einzuordnen. Darin heißt es:

> »Die Erwartungen der Medien waren trotz des erhobenen Zeigefingers des Bundespräsidenten schon vor der Reise hochgespannt und uferten ins Spekulieren aus. Die Rolle des Kanzlers wurde völlig falsch dargestellt. Erst nach dem Gespräch Weizsäcker/Gorbatschow trat eine Ernüchterung ein. Nun gewannen die Kommentare an Bedeutung, weil sie die deutsch-sowjetischen Beziehungen klarer analysierten.«[426]

Zur Wiedervereinigungspolitik durchzieht das Fazit des Presseamtes der Blick auf unterschiedliche Positionierungen zwischen Kohl und Weizsäcker:

»Gleichzeitig fand eine Annäherung an die Kanzlerposition statt. Nach der Rückkehr des Bundespräsidenten entwickelte sich eine Diskussion über Sinn und Möglichkeiten der Wiedervereinigung. [...] Nach dem Gespräch Weizsäckers mit Gorbatschow stellen die Kommentatoren in der Reisemannschaft fest, dass die Bundesrepublik im Kreml als Besiegter des Weltkrieges hinter Großbritannien und Frankreich rangiere. [...] Gorbatschow beharre deshalb trotz Glasnost auf alten Deutschlandpositionen; könne innenpolitisch auch nicht anders. Deshalb dürfe Honecker auch nicht reisen [...].«[427]

Weiter heißt es zur Arbeitsteilung zwischen Kanzleramt und Bundespräsidialamt:

»Die Kommentare sind sich aber einig, dass die Pressekonferenz des Kanzlers mit dem Dank an den Bundespräsidenten die deutsche Position bestärkt, den Kreml beruhigt und so zum Gelingen des Staatsbesuchs beigetragen habe. In seiner Pressekonferenz habe Kohl routiniert gezeigt, dass die Ostpolitik deutlich von seiner Handschrift geprägt werde. Jetzt müsse er aber seine Mannschaft auf sich einschwören. Ein parteipolitischer Keil zwischen Kohl und Weizsäcker, zwischen Tauben und Falken in der Union richte unübersehbaren Schaden an.«[428]

Hier stärkte die Behörde dem Chef den Rücken: Kohl bleibt für die Außenpolitik entscheidend – andere sind seiner Linie gefolgt. So gefärbt fielen amtliche Einordnungen aus, die medial immer das aufbereiten, was den Chef gut aussehen lässt. Darin besteht die Logik von Pressespiegeln, die einleitend »zusammenfassend« kommentiert auf dem Tisch der politischen Spitzen landen.

Die nachbereitende Evaluation durch das Bundespräsidialamt, in Kooperation mit dem Auswärtigen Amt und dem Kanzleramt, ist in den Akten des Bundespräsidialamtes intensiv dokumentiert. Dankbriefe an alle, die geholfen haben, das Programm zu erarbeiten und vor Ort zu organisieren, sind sicher nicht ungewöhnlich. Aber ebenso intensiv wird im Detail abgearbeitet, was an humanitären Fragen konkret erreichbar war, wie weiter Druck aufzubauen ist, wer und welche Institutionen weiterhelfen könnten.[429] Insofern gehört es zum Teil der Evaluationsstrategie, das Potenzial des Bundespräsidenten als offizieller Türöffner zu vermessen. Für humanitäre Aspekte ist so etwas naheliegend.

Was verdeutlicht die Illustration dieses historischen Beispiels? Welche Akzente präsidialer Gestaltungsmacht konnte Weizsäcker beim Staatsbesuch setzen?

- Weizsäcker zeigte sich als Politikermöglicher. Die deutsch-sowjetischen Beziehungen intensivierten sich in der Nachfolge. Die sowjetische Deutschlandpolitik zeigte sich flexibler. Das betraf bilaterale Abkommen und die wechselseitige Reisediplomatie. Selbst der Honecker-Besuch in Bonn, der zwei Monate später stattfand, stand in einem direkten Kontext zum Staatsbesuch.[430] Das weiche Gesicht der Macht wirkte. Weizsäcker agierte als Türöffner für Kohl.
- Der Staatsbesuch hatte im Hinblick auf die Verfassungsorgane Bundesregierung und Bundespräsidialamt eine kompensatorische Wirkung: Was der Kanzler im Sommer 1987 noch nicht erreichen konnte, kompensierte der Bundespräsident. Dieser wiederum konnte in Moskau mit vollem Verhandlungsmandat der Bundesregierung auftreten, bei Sicherheits- und Abrüstungsanliegen, den bilateralen Themen, der Deutschlandpolitik. Weizsäcker vertrat konsequent die Linie der Bonner Regierungskoalition – von Schwarz-Gelb.
- Die Arbeitsteilung funktionierte, wenngleich die mitreisenden Journalisten feinste Haarrisse zwischen Weizsäcker und Kohl bei offiziellen Äußerungen oder am Rande der Besuchsstationen immer wieder zum Thema ihrer innenpolitischen Lagebeurteilungen machten.[431]

– Das internationale und nationale Medienecho war gewaltig.[432] Darstellungspolitik gelang inhaltlich auch durch besondere symbolische Gesten. Niemals zuvor war ein Bundeskanzler oder ein Bundespräsident in Leningrad gewesen und hatte sich diesem wichtigen historischen Ort der deutschen Kriegsvergangenheit in besonderer Weise gestellt. Auf dem Friedhof in Leningrad ruhen über 600.000 Opfer der Belagerung der Stadt durch die deutsche Wehrmacht.[433] Der Termin hatte auch biografische Hintergründe. Denn Weizsäcker gehörte als 23-Jähriger mit zu den Belagerern der Stadt. Die Presseberichterstattung verdichtete sich mit hoher Emotionalität: Niemand der Beobachter konnte sich der Kranzniederlegung durch den Bundespräsidenten am Ehrenmal entziehen. Erstmals erklang dort die deutsche Nationalhymne. Die ritualisierte Formensprache des Protokolls transportierte in diesem Moment viel Persönliches aus der Biografie des Bundespräsidenten. Eine besondere Botschaft des modernen Deutschlands, zu dem Weizsäcker einladend die Tür öffnen wollte.

– Für die innenpolitische Darstellungspolitik blieb die deutsche Frage wichtig: »Die deutsche Frage nahm in den Gesprächen ungewöhnlich breiten Raum ein. Sie war der am meisten kontroverse Punkt. Ihre offensive Behandlung durch Gorbatschow und – durch Einsichtige erwartete Zurückweisung durch ihn [den Bundespräsidenten; d. Verf.] beeinflusste nicht unerheblich die Bewertung des Besuchsergebnisses durch die deutschen Medien.«[434] Der Bundespräsident setzte seine Deutungsautorität bei diesem Thema ein und provozierte Gorbatschow zu einer Aussage, die neue Spielräume für die Wiedervereinigung gedanklich zuließ. Die Resonanzerwartungen im Vorfeld der Reise waren vielschichtig: Ende der deutsch-sowjetischen Eiszeit?[435] Bewegungen in der deutschen Frage? Der Bundespräsident als Türöffner für den Bundeskanzler?

– Staatsbesuche verfügen über hohe Komplexität. Die politische Maschinerie orientiert sich in weiten Teilen an den Regievorstellungen und -ideen des Auswärtigen Amtes. Dort sind die weitaus meisten Ressourcen gebündelt, auf die das Bundespräsidialamt dankbar zugreift. Dennoch hinterlässt der Bundespräsident seine klare Handschrift. Er traf die Auswahl der Orte, der Themen, der Begegnungen. Er konzipierte seine Tischreden. Er führte die intensiven und langen Diskurse mit dem Staatspräsidenten Gromyko ebenso wie mit dem Generalsekretär des ZK Gorbatschow. Das Protokoll schuf den begleitenden Rahmen, die »Watte der Politik«.[436] Die Unterlagen dokumentieren, dass für den sechstägigen Staatsbesuch rund sechs Monate konkreter Vorbereitung investiert wurden.

- Keinesfalls gleicht dieser Staatsbesuch anderen. Weltweite Präsenz geht von jedem Besuch des Bundespräsidenten im Ausland aus. Aber die Qualität der Staatsbesuche divergiert. Für die Moskau-Reise galt: eine sehr hohe Erwartungshaltung, das besondere politische Mandat der Bundesregierung, exekutive und operative Themenstellungen der Tagespolitik. Man erkennt den außenpolitischen Spielraum, den ein Präsident haben kann, wenn er will.
- Andere Staatsbesuche zielen primär auf die Verbesserung der Völkerverständigung, auf die Vorstellung des modernen Deutschlands, auf eine Intensivierung des kulturellen und wissenschaftlichen Austausches. Darin drückt sich durchaus auch Gestaltungsmacht aus, aber nicht im Kernbereich exekutiver Befugnisse. Gemessen an der Gesamtintensität der Reiseaktivitäten des Bundespräsidenten kommen diese offiziellen diplomatischen Begegnungen im präsidialen Jahreskalender häufiger vor als der exklusive Staatsbesuch in Moskau.
- Weizsäcker ackerte persönlich als Eisbrecher der bilateralen Beziehungen. Er nutzte offensiv verschiedene Gesichter seiner Gestaltungsmacht – vor allem soft und smart –, weil er seine Machtbefugnisse nicht überdehnte, sondern sie im Geleitzug mit der Bundesregierung positionierte. Die Dualität mit Kohl blieb sichtbar, aber koordiniert eingehegt. Moskau akzeptierte und nutzte dies. So konnte das operativ formal machtlose Staatsoberhaupt in Moskau ein politisches Mandat ausspielen, das normalerwei-

se dem Regierungschef bei offiziellen Besuchen im Ausland zukommt.

Bundespräsidenten zeigen auch im Bereich der internationalen Politik ihre drei Gesichter. Formal und instrumentell verantworten sie als Staatsoberhaupt die Verträge mit auswärtigen Staaten. Die Ressortminister haben die bilateralen Abkommen vorbereitet. Abseits der Öffentlichkeit bleiben dem Präsidenten viele Varianten, um in seinen Gesprächen oder mit Bildern oder mit Gesten weiche Macht zur Entfaltung zu bringen. Smarte Machtgesichter zielen auf internationale und nationale Politikfelder. Denn diskursive Themensetzungen wirken innenpolitisch, vor allem in der Balance zum Kanzler, aber auch außenpolitisch als Legitimationspolitik. Im Vergleich zur Kanzlerin sind die internationalen Gestaltungsmöglichkeiten extrem überschaubar, aber sie sind viel differenzierter und latent politischer, als es die protokollarischen Rituale auf den ersten Blick nahelegen.

5. EPILOG

»Fahren Sie mich bitte zum Staatsoberhaupt!« Das klang anmaßend. Aber es reizte mich, es auszuprobieren. Ich ging nicht davon aus, dass der Taxifahrer wusste, was ich meinte. Deshalb schickte ich ein: »Zum Bundespräsidenten, bitte« hinterher. Denn der Fahrer fuhr nicht los. Wissenschaftler führen oft das Leben von Nomaden. An einem Wintertag in Berlin hatte ich zu viel Gepäck dabei, um mich von der S-Bahn bis zur Station »Bellevue« fahren zu lassen. Also wählte ich ein Taxi. Kaum eine zentrale Einrichtung des Bundes liegt so versteckt wie das Verwaltungsgebäude, in dem die rund 140 Mitarbeiter den Bundespräsidenten bei der Wahrnehmung seiner verfassungsrechtlichen Aufgaben unterstützen. Vom Spreeweg ist das moderne Gebäude des Bundespräsidialamtes in elliptischer Form und mit seiner dunklen Außenfassade kaum zu erkennen. Berliner nennen es schlicht »das Ei«. Wir standen immer noch: »Zum Schloss Bellevue, bitte!« Jetzt setzte sich das Taxi in Bewegung. Wer kennt nicht solche touristischen Attraktionen wie ein Schloss? Im Gespräch mit dem Taxifahrer fragte er nochmals nach: Da könne man doch nicht einfach rein, nur Fotos von außen machen. Wer ist da drin? Das Kanzleramt mit der Kanzlerin war ihm vertraut. Aber das Schloss unseres Staatsoberhauptes?

Dem Fahrer war aufgefallen, dass an manchen Tagen auf dem Schloss die Deutschland-Fahne weht, aber nicht immer. Warum? Es gehört zu den Legenden um den Bundespräsidenten, dass die Fahne gehisst ist, wenn der Hausherr dort arbeitet.[1] Die sogenannte »Standarte« weht, solange sich der Bundespräsident in Deutschland aufhält.[2] Sie wird eingeholt, sobald sein Flugzeug vom Boden abhebt, um ihn zu einem Staatsbesuch ins Ausland zu fliegen. »Und der Bundespräsident wohnt auch dort im Schloss?« Nein, nur in

Ausnahmefällen. Bundespräsident Herzog war der letzte Bewohner. Seine Nachfolger wohnen in einer Dienstvilla im Südwesten von Berlin.

Das Taxi setzte mich an der Pforte mit der Sicherheitsüberprüfung ab. Ob sich der Fahrer die Details für andere Fahrgäste gemerkt hat? Es ist symptomatisch: Der Weg zum Bundespräsidenten ist nicht leicht zu finden. Das Schloss ist bekannt, der Präsident in Teilen der Bevölkerung, seine Aufgaben aber nur vage. Offenbar wohnt er im großen Schloss, reist durch Deutschland, hält überall feierliche Reden. Aber was hat er zu entscheiden? Das bleibt auch verfassungsrechtlich vage. Denn er fertigt Gesetze aus, die er nicht geschrieben hat, und ernennt Minister, die er nicht auswählen konnte.[3] Haben nur Entscheider Macht?

Aus den Machtsorten, die ich in den vorherigen Kapiteln skizziert habe, erwächst präsidiale Gestaltungsmacht. Das erste Gesicht der Macht bezieht sich auf instrumentelle Möglichkeiten – »hard power«, die man auch gegenüber anderen durchsetzen kann. Das zweite Gesicht blickt auf strukturelle Dimensionen – viele Arten von Nicht-Entscheidungen. Der Präsident kann mit weicher Macht Wirkungen entfalten, auch ohne konkrete Entscheidungen zu treffen. Das dritte Gesicht der Macht kreist um smarte, diskursive Macht. Sprachgewinn ist Machtgewinn. Auch für Bundespräsidenten, zumal das Hauptinstrumentarium für Gestaltung kommunikativ angelegt ist: die Präsidentenrede. Die Dosis der drei Machtsorten variiert. Präsidentielle Gestaltungspotenziale erwachsen aus der Unsicherheit unter Regierungsmitgliedern, Parlamentariern oder Journalisten, ob der Präsident bereit ist, Gestaltungsmacht einzusetzen. Sie ist latent und potenziell vorhanden. Sie kann sich paradoxerweise erst dann voll entfalten, wenn die Weisheit den Amtsinhaber vor unmittelbarem Gestaltungsdrang schützt. Möglichkeitsmacher schaffen Gestaltungsräume, welche die exekutive Politik für operative Maßnahmen nutzen kann. Präsidiale Gestaltungsmacht steigert im Idealfall die Qualität der Demokratie. Sie spiegelt sich in der Bibel des Verfassungsstaates, dem Grundgesetz. Der Verfassung gilt die Haupt- und Leitverantwortung des Bundespräsidenten. Er verkörpert das Primat der Politik. Die Wiedergewinnung des Politischen sollte ihn antreiben: abseits vom Mainstream, befreit vom Parteienhader, losgelöst von Einzelinteressen, unabhängig von Mehrheiten, frei von Sachzwängen. Eine aufklärende Suche nach dem Verbindendem, dem Gemeinwohl, dem republikanischen Wir, ohne die Vielfalt und die Legitimität von Einzelinteressen zu ignorieren. Ganz schön viel für eine Einzelperson! Ist das Stoff für ein Heldenepos? In meinem Essay suchte ich nach Potenzialen für Gestaltungsmacht. Insofern liegt auch die Gefahr der Überhöhung des Amtes nahe, die Gefahr einer Selbst-Auratisierung. Der Bundes-Cicero »als Hohepriester der säkularisierten bundesdeutschen Zivilreligion«?[4] Vor Überforderungen, Idealisierungen und Übertreibungen ist am Ende des Buches zu warnen. Doch die vielen Möglichkeiten dieses »Ein-Mann-Organs« reizen die politische Phantasie. Es wirkt so aus der Zeit gefallen. Kann man mit Reden einer chronisch verunsicherten Bevölkerung neue Zuversicht geben? Ist es dem Bundespräsidenten möglich, dem demokratischen Verfassungsstaat eine spirituelle Aura zu verleihen, die Halt und Orientierung gibt?

Was man in so einem Amt leisten kann, auch abseits von Reden, habe ich in den vorangegangenen Kapiteln ausgebreitet. Der Epilog soll keine Zusammenfassung sein, sondern das Nachspiel zu den Fragen, die mich beschäftigt haben. Nicht alle sind am Ende exakt beantwortet. Essays sollten das auch nicht. Die Diskussionen sind eröffnet. Kein Amt ist so dichotom angelegt wie das des Staatsoberhauptes: zugleich einsam und bevölkerungssüchtig; operativ machtarm und gestaltend machtreich; mit hoher Dosis programmatischer Vielfalt und normativer Eindeutigkeit bei der Durchsetzung des Auftrags des Grundgesetzes.

Präsidiale Macht speist sich zu einem großen Teil aus Mutmaßungen. Mitspieler der Berliner Republik behandeln den Bundespräsidenten so, als ob er formale Macht hätte, wohlwissend, dass dies nur eingeschränkt gilt. Andernfalls müsste er sich vor Marginalisierung schützen, denn im Wettbewerb um Aufmerksamkeit und Macht würden sie versuchen, ihn klein zu halten. Da er aber nur wenig zu entscheiden hat, sind sie bereit, ihm unvoreingenommen zuzuhören: ein wechselseitiges Wohl-Wollen. Als-ob-Macht ist nicht metrisch. Sie verbleibt im politischen Möglichkeitsraum. Präsidenten sind Beziehungsgrößen, stellen Verbindungen her, gründen Narrativ- und Diskursallianzen. Präsidenten gehören zur Deutungselite, deren Vertreter sich nur punktuell in das Tagesgeschäft der Entscheidungselite und ihrer machtbewehrten Interessendurchsetzung einmischen. Aber prinzipiell können und sollten sie es, wenn die demokratische Kultur beschädigt oder gar die demokratische Ordnung des Grundgesetzes angegriffen wird.

Die verschiedenen Gesichter der Macht ermöglichen Reden mit einer eigenen, einer anderen Verbindlichkeit. Bundespräsidenten sind Politiker aus eigenem Recht. Um das zu zeigen, hatte ich in einem ersten Schritt Gestaltungsoptionen (Kapitel 2) entwickelt, die Möglichkeiten und Restriktionen im Amt des Staatsoberhauptes aufzeigen. Gestaltungswissen (Kapitel 3) führte durch den historischen Weg der Ausgestaltung der Amtsmöglichkeiten. Drei Gestaltungsräume (Kapitel 4) illustrierten Anwendungsfälle: der Bundespräsident als Kanzlermacher mit Reservemacht, der Bundespräsident als Gesprächsinstanz im Bereich der innenpolitischen Repräsentations- und Integrationsaufgaben, der Bundespräsident als internationaler Türöffner im Bereich außenpolitischer Gestaltungsmöglichkeiten. Dabei hatte der Leser die Möglichkeit, einige Innenansichten dieses Amtes sowie Muster, Mechanismen, Praktiken und Stile der Politikentfaltung kennenzulernen. Dazu gehörte auch ein Blick hinter die Kulissen.

Weil das Amt so diffus und offen angelegt ist, kommt es auf den Menschen an, der es innehat. Wie organisiere ich meinen Wissenstransfer und das Politikmanagement im Amt? Wie priorisiere ich Vorhaben? Welche strategischen Schwerpunkte setze ich? Wie reagiere ich auf Zeitläufte? Wie gehe ich mit Kritik um? Die Antworten der Bundespräsidenten darauf fielen extrem unterschiedlich aus. Die voneinander abweichenden Politikstile waren Ausdruck unterschiedlicher Biografien. Die Reduktion der Komplexität der Amtsaufgaben und Gestaltungsmöglichkeiten verdichten sich in der Person des Staatsoberhauptes. Je intransparenter Amt und Person bleiben, desto prächtiger blüht die politische Phantasie. Ein zivilreligiöses Residuum aus vordemokratischen Zeiten. Die Intransparenz weckt Neugierde und zugleich auch Widerstände. Denn in liberalen Demokratien steht Intransparenz unter Generalverdacht. Monarchien stabilisieren sich über das, was man nicht weiß und nicht sieht, aber mutmaßt. Demokratien leben hingegen von der parlamentarisch legitimierten und über Kontrollrechte gesicherten Transparenz. Der Bundespräsident muss sich niemandem gegenüber erklären und verantworten. Die Würde des Amtes hängt auch von dieser – intransparenten – Aura ab, mit der jeder Präsident seine Amtswahrnehmung bewusst oder unbewusst anreicherte. Sie ist ein Relikt aus vordemokratischen Zeiten. Aber sie wirkt auf jeden, der sich dem Schloss oder dem Amtsinhaber nähert. Transparent sind nur die abgeleiteten Gesten und Rituale der Macht. Eine besondere Ästhetik, formvollendete Rituale, stimmungsvolle Repräsentationsweisen leiten das präsidiale Aufmerksamkeitsmanagement. Das ist Teil seiner Macht, die nur wirkt, wenn Form und Inhalt zueinander passen. Ein Staatsoberhaupt, das in solcher Rahmung bedeutungslos daherredet, Benennungsmacht verfehlt, keine Orientierung gibt, auch weil er zu oft einfach schweigt, verspielt seine Aura.

Die von mir gewählten Beispiele von Gestaltungsräumen der Bundespräsidenten dienen einer problemorientierten Illustration präsidialer Gestaltungsmacht. Wahrscheinlich lässt sich auch ein Gegen-Essay darüber entwickeln, was die Präsidenten alles ungenutzt ließen, was sie verspielt haben, was misslungene Amtswahrnehmung und Gestaltungspannen ausmachte. Kritische Einlassungen habe ich auch dazu in den Kapiteln jeweils durchaus markiert. Doch die Suche nach dem Misslingen, nach den Fehlern, den ungenutzten Chancen hat mich wissenschaftlich noch nie angespornt. Deshalb fällt meine Gesamtbilanz anders aus, auch ohne eine systematisch-vergleichende Anlage meiner Studie: Der Bundespräsident hat nach meinem Verständnis Gestaltungsmacht, die ich mit anschaulichen Beispielen aus dem Wirken einiger Amtsinhaber aufgezeigt habe.

Die allermeisten Beispiele für das Entwickeln von Gestaltungsmacht bezogen sich in meinem Essay auf die Präsidentschaften von

Gauck und Steinmeier. Zum Gestaltungsthema befragen konnte ich außerdem die Vorgänger Köhler und Wulff. Zur Problematisierung der Politik der Präsidenten habe ich zahlreiche Differenzierungen und Einordnungen vorgenommen. Am Ende des Buches sollen die vier Bundespräsidenten mit ihrem eigenen Selbstverständnis miteinander verglichen werden. Wie beurteilen sie jeweils selbst ihre Gestaltungsmacht? Welche Selbstporträts zeichneten die Bundespräsidenten in unseren Gesprächen?

5.1 Selbstbilder der Präsidenten: Vier Antworten

Mitten in Berlin, im funktionalen Zweckbau des Sparkassen- und Giroverbandes an der Ecke Friedrichstraße/Unter den Linden, traf ich »Bundespräsident a.D. Horst Köhler« – so seine Türschild-Kennzeichnung.[5] Die kargen Bürofluchten dokumentieren die Bescheidenheit des beliebten Volkspräsidenten. Leger gekleidet, leutselig-unterhaltsam, gewinnend-emotional und exzellent vorbereitet zeigte er mir auf Nachfrage in seinem Büro einige Geschenke, die ihm afrikanische Gesprächspartner persönlich überreicht hatten. Ich kenne kein vergleichbares Büro eines Bundespräsidenten – auch keines anderen Spitzenpolitikers –, in dem einem das Lebensthema der Amtsperson so authentisch begegnet: »Am Schicksal Afrikas entscheidet sich die Menschlichkeit der Welt«, hatte Köhler wiederholt in seiner Amtszeit gesagt. Ich traf Köhler auf den Tag genau acht Jahre nach seinem spektakulären Rücktritt. »Ich bin mit mir selbst im Reinen«,[6] sagte er rückblickend. Auf dem Rückflug von einem Besuch in Afghanistan hatte das Staatsoberhaupt 2010 ein Hörfunk-Interview gegeben und darin formuliert, im Notfall sei auch »militärischer Einsatz notwendig [...], um unsere Interessen zu wahren, zum Beispiel freie Handelswege«. Dieser Satz hatte nach einigen Wochen einen Sturm der Entrüstung in Berlin ausgelöst: Köhler habe Bundeswehreinsätze in Zusammenhang mit wirtschaftlichen Interessen gebracht, bemängelten Kritiker.[7] Köhler formulierte damals in seiner Stellungnahme zum Rücktritt: »Diese Kritik entbehrt jeder

Rechtfertigung. Sie lässt den notwendigen Respekt für mein Amt vermissen.«[8] Die Journalisten hatten seine Äußerungen aus seiner Sicht verzerrt wiedergegeben. Als Amtsperson sei er respektlos behandelt worden. Köhler sah seine präsidiale Gestaltungsmacht schwinden. Denn präsidiale Macht ist eine Zuschreibung von Macht, keine ausgeübte. Sie verfällt, wenn man sie überdehnt oder wenn der Glaube schwindet, dass man sie noch ausüben könnte. Köhler fühlte sich als pietistischer Pflichtmensch durch die Kritik der Journalisten (und auch des politischen Berlins) bei seiner weiteren Ausübung des Staatsdiensts massiv behindert. Er demissionierte »mit sofortiger Wirkung«.[9] Dem Gestaltungsverlust folgte der Amtsverzicht. Was für eine Überraschung!

Wenige Minuten nach der Presseerklärung von Köhler 2010 erreichte mich telefonisch eine Redakteurin des ZDF. Ich saß im ICE nach Duisburg. Der Bundespräsident sei zurückgetreten, und ich sollte bitte umgehend zu den anstehenden Sondersendungen ins Sendezentrum nach Mainz kommen. Alles sei unklar und umso wichtiger, dass ich alles live einordnen könne. Ich kann die Szene der Nachricht nicht vergessen, weil niemals zuvor ein Bundespräsident das Amt aufgab – sieht man von dem krankheitsbedingten vorzeitigen Ausscheiden des Bundespräsidenten Heinrich Lübkes ab, der einige Monate vor dem offiziellen Ende seiner Amtszeit zurücktrat. Köhler war erst ein Jahr zuvor für eine zweite Amtszeit gewählt worden. Und jetzt das. Stimmte die Nachricht? Wie war das möglich? Hatte die Redaktion weitere Infos? Was war passiert, stammelte ich fragend ins Handy. Bei Präzedenzfällen hilft kein Lehrbuch. Sicher, der amtierende Präsident des Bundesrats, damals der Bremer Bürgermeister Jens Böhrnsen (SPD), vertritt den ersten Mann im Staate. Das ist geregelt. Aber ein Rücktritt mit »sofortiger Wirkung« machte sprachlos. Wenn auch nicht alle. Das Protokoll strahlte Selbstsicherheit aus: Als sich der Bundespräsident – »außer Diensten« – nach Dahlem in seine Dienstvilla fahren lässt, entfernt das Protokoll vorschriftsmäßig die Standarte am Wagen des »Altbundespräsidenten«, der allerdings weiterhin mit »Herr Bundespräsident« anzureden war.

Ich musste unwillkürlich an diesen Ereignisreigen denken, als ich Horst Köhler zu seiner Einschätzung über den präsidialen Gestaltungsraum befragte: »Den gibt es!«[10] sagte er beherzt und geradezu enthusiastisch. Aber ich sollte bei der fraglos großen Gestaltungsmacht nicht unterschätzen, welche Termine im Jahreskalender durch feststehende Ereignisse, Gäste der Bundesregierung, Konferenzeröffnungen etc. vorgegeben seien. Die Restriktionen der Gestaltungsmacht beziehen sich für Köhler auf den Faktor Zeit. Viele Ideen, Visionen und Vorhaben scheitern an den Vorgaben einer präsidialen Tagesroutine. Die Mühen des Alltages. Zum Mantelthema, dem roten Faden seiner Präsidentschaft, erklärte Köhler die »Zukunftsfähigkeit Deutschlands in einer Welt des Wandels. Die Kernfrage meiner Präsidentschaft lautete: Wie muss nationale Politik im Kontext der Interdependenz des 21. Jahrhunderts aussehen?«[11] Da sprach der Globalisierungspräsident, der die Gesellschaft antreiben wollte und dabei seine Macht verlor.

Grundlage der persönlichen Gestaltungsmacht ist das jeweilige Amtsverständnis. Und das unterschied sich im Fall Köhler sehr deutlich von allen anderen. Denn Köhler ist Ökonom, sozialisiert als politischer Beamter und ohne parteipolitisches Spitzenamt ins Schloss gelangt. Daraus zog er den Schluss: »In meinem Amtsverständnis habe ich als Bundespräsident eine Pflicht zur Wahrhaftigkeit. Ihn leitet keine eigene Agenda außer das Wohl des Landes.«[12] Er setzte auf die wissensbasierte Expertise, glaubte an beste Lösungen. Da die nie offensichtlich sind, tendierte er zum Wankelmut, wirkte oft erratisch, situativ, zaudernd. »Wahrhaftigkeit« bedeutete für ihn: Er »bringt sich ohne taktische Spielchen in den politischen Diskurs ein«.[13] Seine Rationalität war der Wahrheit verpflichtet. Er hatte keine Verbündeten in Parteien, Medien oder Interessenorganisationen. Als Volkspräsident hielt er Distanz zur Berliner Republik und Nähe zu den Bürgern:

> »Ich war der erste Bundespräsident ohne Parteikarriere – und dementsprechend auch ohne ein etabliertes Netzwerk in Partei und Medien. Dies – und die Unabhängigkeit des Amtes – hat mir eine große innere

Freiheit gegeben, die mir die Menschen auch abgenommen haben. Vertrauen und Glaubwürdigkeit sind die wichtigsten Ressourcen in einer Demokratie.«[14]

Aber sie hat ihn auch noch mehr vereinsamen lassen in einem Amt als Solitär. Gestaltungsmacht schöpfte er aus dem Pakt mit den Bürgern. Er stellte sich nicht auf die Seite der etablierten Politik. Da lag es nahe, eine Direktwahl des Bundespräsidenten zu fordern.[15]
Köhlers Stil hatte zuweilen auch populistisch anmutende Elemente. Doch seine Skepsis gegenüber der professionellen Politik war nicht aufgesetzt. Er haderte mit dem Berliner Betrieb, der ihm wenig wahrhaftig, eher verlogen vorkam. Doch Gestaltungsmacht, die ein beliebter Bürgerpräsident durchaus hätte sammeln können, generierte er mit seinem Stil nicht. Denn es fehlte an medialen Resonanzverstärkern, politischen Verbündeten und strategischen Umsetzern. Köhler dachte nicht in diesen Kategorien des professionellen Politikmanagements. Seine Wirkung zielte auf die Bürger, die ihn verstehen sollten und deren Anliegen er glaubte zu vertreten. Die »Generierung von guten Schlagzeilen oder schönen Fotos«[16] entsprach nicht den Wirkungskriterien des Bundespräsidenten Köhler.

Christian Wulff hatte im Sommer 2010 in seinem neuen Amt als Bundespräsident enorm viel vor. Doch ihm blieben nur rund 17 Monate zur politischen Umsetzung – nach den restlichen rund zweieinhalb Monaten sah er sich durch eine von »der Bild-Zeitung am 12. Dezember 2011 eröffnete [...] Treibjagd zum Rücktritt gezwungen«.[17] Der Rücktritt kam unter für ihn entwürdigenden Umständen zustande, war allerdings, nach der Aufnahme der staatsanwaltlichen Ermittlungen gegen ihn, unvermeidbar. Wulff ist nach seinem Freispruch vollständig rehabilitiert. Seine Amtszeit ist zu kurz, um daraus grundsätzliche und weiterführende Schlussfolgerungen für das Thema der Gestaltungspotenziale zu ziehen, zumal die ersten Monate in diesem Amt jeden Präsidenten in besonderer Weise fordern und in die kritische Selbstreflexion treiben. Die Kant'schen Fragen zum Führungsalltag gelten umso mehr: »Was kann ich wissen? Was soll ich tun? Was darf ich hoffen? Was ist der Mensch?« Denn Bundespräsidenten sind Symbol des Staates, Mit-Hüter der Verfassung und zugleich, wie Köhler betonte, »Mensch«,[18] der auch »Emotionen zeigen darf; ein Verfassungsorgan, nicht nur für den Kopf, sondern auch für die Seele der Nation«.[19] So emphatisch würde Wulff nie formulieren, da ist er zurückhaltender, durchaus auch taktischer. Die Rollensuche ist in diesem einsamen Amt schwierig, sowohl für den Parteipolitiker (Wulff) als auch für den Typus des »Nicht-Politikers« (Köhler). Meine zahlreichen und intensiven Gespräche mit einem sehr reflektierten, selbstkritischen und offen argumentierenden Christian Wulff – in seiner Zeit als Gastprofessor an der *NRW School of Governance* der Universität Duisburg-Essen – standen unter dem Vorbehalt des Unvollendeten seiner Amszeit.

Zur Einschätzung der Gestaltungsmacht argumentierte Wulff eher historisch-defensiv: »Die Gestaltungsmacht des Bundespräsidenten ist in unserem Land aus guten, vor allem historischen Gründen begrenzt.«[20] Als wichtigste Inhalte der Gestaltung benannte er zwei Zugänge: »Nach den Erfahrungen in meiner kurzen Amtszeit liegt sie vor allem neben der Repräsentation darin, den öffentlichen Diskurs anzustoßen.«[21] Das Leitthema seiner Präsidentschaft hatte er bereits in seiner Antrittsrede vorgegeben:

>»Die prägende Erfahrung meiner Amtszeit war, der Gesellschaft die Chancen und Herausforderungen einer aktiven Integrationspolitik aufzuzeigen, die wir weltoffen, aber gleichzeitig aus einer klaren Haltung heraus angehen sollten. Das begann bereits mit meiner Antrittsrede und der Metapher der ›Bunten Republik Deutschland‹. Es setzte sich fort in der Rede zum Tag der Deutschen Einheit 2010[22] mit dem Bekenntnis zur Vielfalt sowie zur Bedeutung der Integration für den Zusammenhalt unserer Gesellschaft und begleitete mich bis hin zur Einladung zur Gedenkfeier für die Opfer der NSU-Mordserie am Ende meiner Amtszeit.«[23]

Wulff ließ in der Berichterstattung auch Familiäres und Privates gezielt zu, weil er glaubte, dass das seine Gestaltungsmöglichkeiten erweitern könnte. Ein fataler Fehler. Ein Grund – neben anderen, die er nicht selbst zu verantworten hatte – der zum Amtsverlust führte. Das Familiäre banalisierte und veralltäglichte das Schlossleben. Die Zuschreibung projizierter Macht dank einer intransparenten Aura fiel aus. Aus der Defensive kam er nicht mehr heraus.

Bundespräsident Joachim Gauck besuchte ich in seinem neu eingerichteten Amtszimmer in der Dorotheenstraße – einem historischen Gebäudekomplex des Deutschen Bundestages in Berlin. Er startete selbstkritisch und ungewohnt kleinlaut in unser Gespräch: »Man fragt sich schon, was von einem bleibt, wenn man nicht mehr Präsident ist? Es tauchen immer wieder Artikel auf, die das Amt als überflüssig einschätzen.«[24] Er kam in dem vornehmen, mit dunklem Holz getäfelten Ambiente sehr zügig auf mich zu, keineswegs gravitätisch schreitend. Er hatte gerade noch die letzte Unterschrift an seinem Schreibtisch gesetzt. Von der ersten Sekunde an zieht er einen emphatisch in (s)einen Bann. Ein Menschenfischer inmitten seiner – momentan kleinen – Gemeinde.

»Aber Herr Korte, ein wichtiges Beispiel, wie ich Gestaltungsmacht verstanden habe, finden Sie in meiner Formulierung vom ›Völkermord an den Armeniern‹. Gestaltungsmacht ist für mich immer sichtbar an der Begriffsbildung und der freien Meinungsäußerung.«[25] So Gauck gleich zu Beginn unseres Gesprächs. Und weiter:

»Ich bin als Bundespräsident auch der Repräsentant der Zivilgesellschaft: Ich habe deshalb andere Freiheiten zur Meinungsäußerung gesehen als die Bundesregierung. Ich habe mich immer gefragt: Wen vertrittst du im Amt? Zur Antwort braucht man eine innere Kraft, eine Haltung, die man selbstbewusst auch allen zeigen sollte. So frei ist das Amt angelegt. In dieser Freiheit steckt die Gestaltungsmacht.«[26]

Gauck wirkt stets, als sei er durch eine Mission getrieben. Während seiner Antworten rutscht er auf der Kante des Ledersofas hin und her, jederzeit sprungbereit, um seinen Argumenten Druckkraft zu geben. »Man braucht als Bundespräsident ein Maß an Selbstbewusstsein, das manchmal den Mut einschließt, unbeliebt zu sein. Niemals sollte man auf Umfragen zur eigenen Popularität achten.«[27] Dass er in der Bevölkerung sehr beliebt war, ohne sich mit den Bürgern gegen »die Politik« zu verbünden, gehörte auch zu dieser Unabhängigkeit. Gleichwohl war das Präsidialamt auch zu Gaucks Zeiten daran interessiert, einem Präsidenten zu dienen, der »beim Volk ankommt«, wie es salopp heißt. Gauck war kein klassischer Politiker, nie bis an die Haarspitzen aufgeladen mit »Partei«. Das war – in der Nachfolge des Parteipolitikers Wulff – eine der Ursachen seiner Popularität. Hinzu kam die treffende Formulierungsgabe, in wichtigen Situationen auch als Zeremonienmeister die richtigen Worte zu finden.

Gauck kann durchaus ruhig und geduldig zuhören, um dann mit intellektueller Raffinesse, aber durchaus auf sympathische Weise, das vorgebrachte Argument zu widerlegen. Gespräche mit Gauck haben immer Erlebniswert. Das hängt auch mit der Sprache des endlos Interessierten und vielseitig Gebildeten zusammen. Die Plastikwörter des Polit-Jargons sind ihm zuwider. Sein elaborierter Klang macht alle süchtig, die rationale Demokratietheorie auch in Emotionen verwandeln wollten. Pathosnähe scheut er dabei nicht. Seinem, oft durchaus selbstverliebten, Charme kann sich der Zuhörer kaum entziehen. Auskunftsbereite Sanftmut. Hoffentlich endet auch dieses Gespräch nie! Der Pastor als Demokratielehrer hatte seine Lebensrolle gefunden: das Oberhaupt auch als Vaterfigur. Sein Amtsverständnis war durch seinen Lebensweg vorgezeichnet. Die Diktatur- und Transformationserfahrungen machten ihn sensibel gegen linke Moralisten, DDR-Nostalgiker sowie linke und rechte Reaktionäre: »›Wir konnten das nicht wissen.‹ Gegen so eine Verlogenheit gegenüber dem Unrecht in der DDR musste ich auch anreden.«[28]

Sein Mantelthema blieb die Besinnung der Deutschen auf ihre Stärken. Das Land sollte auf die Errungenschaften der Demokratie und des Wohlfahrtsstaates stolz sein und sich deshalb auch international mehr einmischen. Was sollte uns daran hindern, uns selbst zu mögen? »Trau Dich! So habe ich viele meiner Reden und Gespräche angelegt. Ich wollte Ermutiger der Mitte sein. Vor allem als es schien, dass vieles nach rechts rutscht.«[29]

Anders als Köhler erklärte Gauck stets die Gegenwart aus der Vergangenheit. Die Zukunft zu vergegenwärtigen, blieb Gauck dabei fremd. Köhler war zukunftssüchtig: Wie machen wir Deutschland resilient in der globalen Moderne? Gauck belehrte aus seinem Geschichtsbewusstsein heraus. Er nutzte die präsidiale Rede, das wirkungsvollste Instrument der Gestaltungsmacht, mit einer Brillanz, die die Zuhörer und ihn selbst oft rührten. Weniger wirkungsmächtig verlief das begleitende Politikmanagement. Als Nicht-Politiker fehlte ihm das Verständnis, Gefolgschaft zu organisieren. Nicht im herkömmlichen Verständnis, um Mehrheiten zu organisieren. Aber gute Reden brauchen einen platzierten Kulminationspunkt, sonst verpufft ihre Wirkung. Gefolgschaft in den öffentlichen Verwertungsketten muss organisiert sein. Für einige Beobachter kam Gaucks präsidiale Gestaltungsmacht auch deshalb nicht zur vollen Wirkung, weil er unter seinen Möglichkeiten blieb. So kämpferisch und monumental unbeirrt er sich bei Fragen der Freiheit zeigte, so »brav« angepasst formulierte er manchmal in der Berliner Republik, wenn er sich offiziell äußerte – sicher mit markanten Ausnahmen. Dem Philosophen-König hörten alle gerne zu. Gauck wirkte in die Politik hinein. Dennoch bleibt die Frage, ob er nicht noch mehr daraus hätte machen können, wenn dies im Berliner Getriebe der Macht andere für ihn organisiert hätten.

Das führt unwillkürlich zu seinem Nachfolger Frank-Walter Steinmeier, der bereits als Kanzleramtsminister für Bundeskanzler Schröder häufig ins Schloss Bellevue fuhr, um mit den Bundespräsidenten Rau und Köhler zu verhandeln. Er kannte das Amt bereits von innen, lange bevor er selbst dort residierte. Steinmeier ist die Inkarnation des Politikmanagers. Er organisiert leise, effizient, wägt rational ab, kennt jedes Detail nationaler und internationaler Themen und weiß vor allem, wie er politisch und verwaltungstechnisch damit umzugehen hat. Sein Wissensschatz ist angereichert mit Komplexitätskompetenz. Er kann Gefolgschaft organisieren, nicht nur im sozialdemokratischen Milieu. Wie all diese Pluspunkte ins Gegenteil verkehrt werden können, erfuhr er als SPD-Kanzlerkandidat. Auf offener Bühne wiesen dem extrem beliebten Außenminister Steinmeier die Wählerinnen und Wähler – im Wettbewerb mit Merkel – die Rolle des immerwährenden Kabinettsmitglieds zu.

Krisenlotsin mit operativem Mandat sollte eher Merkel bleiben – und Steinmeier die Rolle des Diplomaten weiter ausfüllen.

Als Mann des politischen Systems liegt es nahe, dass er in seiner Präsidentschaft authentisch für die Institutionen der repräsentativen Demokratie offensiv wirbt. Doch kann er nicht leugnen, dass dies auch eine Belastung sein kann: »Es enttäuscht mich, wenn vor allem in den sozialen Medien parteipolitische Karrieren so verächtlich gemacht werden.«[30] Als politischer Spitzenvertreter ist Steinmeier unwillkürlich auch Teil der etablierten Elite, die in Teilen der Bevölkerung am öffentlichen Pranger steht oder zumindest distanziert betrachtet wird. Wie begegnet man anti-elitärer Wut, wenn man zur Elite gehört? Bei seinen Reden vor Vertretern der organisierten Interessen verwendet er das Argument oft warnend: »Wenn in der Wirtschaft häufig so verächtlich über Politik gesprochen wird, erinnere ich die Zuhörer daran, dass auch sie Teil einer privilegierten Elite sind.«[31]

Ich treffe Steinmeier zu einem offiziellen Besuch im Amtszimmer des Schlosses Bellevue. Nachdem ich einige protokollarischen Ehren, vom Eintrag ins Gästebuch bis zur würdevollen Warteceremonie mit seinen engsten Mitarbeitern, erleben durfte, kommt Steinmeier freudestrahlend zügig auf mich zu. »Wir machen zuerst ein gemeinsames Foto vor der Flagge. Das gehört mit dazu!«[32] – so seine ersten Einlassungen. Nie zuvor habe ich Frank-Walter Steinmeier mit so viel Vokabelüberschuss erlebt wie in dem nachfolgenden langen und intensiven Gespräch. Der Kontrollzwang im Umgang mit Worten, die langen Pausen des Nachdenkens über eine Antwort, die normalerweise die Gespräche mit ihm charakterisierten, gehören offenbar zur Vergangenheit des Chefdiplomaten. Er wirkt befreit. »Das Amt enthält viele politische Gestaltungsmöglichkeiten. Täglich kommen neue hinzu. Eine wohltuende Erfahrung.«[33]

Ich treffe ihn am 26. Februar 2018, fünf Tage bevor die SPD die Stimmen des Mitgliedervotums auszählt und darüber entscheidet, erneut in eine Große Koalition einzutreten. Er sagt: »Die Spielregel der Koalitionsbildung hat sich seit der Bundestagswahl verändert. Vor allem durch das Neuwahl-Ziel von verhandelnden Parteien und die Rollensuche in der Opposition bei anderen.«[34] So bewegt, wie er sich auf dieses Themenfeld seiner Reservemacht einlässt, wird schnell spürbar: Da hat einer mächtig Druck ausgeübt – ohne dass der Bundespräsident dies selbst öffentlich so formulieren würde. Dieser Bundespräsident wird die Parteien sanft zwingen, nach Bundestagswahlen auch eine Regierung zu bilden. Das sollten sich die Parteien auch schon einmal für die Wahl von 2021 merken. Auch dann könnte Steinmeier erneut der Kanzlermacher für ein Vielparteien-Parlament sein.[35] Steinmeier genießt sein Amt, auch die einladend-berufende Kraft. Das Schloss als Ort entspannter Exzellenz? Mein Attribut lässt Steinmeier nicht gelten. Aber seine Ablehnung bezieht sich eher auf das Adjektiv »entspannt«. Denn er ergreift die Initiative und agiert angetrieben von seinem Demokratieprojekt: »Es geht wieder um die Demokratie selbst. Wie streiten wir mit welchen Mitteln für die liberale Demokratie?«[36] Unser Gespräch gleicht einem sozialwissenschaftlichen Kolloquium. Man merkt, dass er in Demokratietheorie eingelesen ist. Er moderiert selber das »Forum Bellevue«. Er muss als Moderator die Bücher der Sozialwissenschaftler gelesen haben, die auf dem Podium sitzen, um das Gespräch informiert zu führen. Steinmeiers unprätentiöser Politikstil des Zuhörens, des Austauschs und des rationalen Abwägens ist allürenfrei, offen und zeugt von gesunder Neugier. Er hat seine präsidiale Gestaltungsmacht klar vor Augen und bringt im Gespräch viele Beispiele: »die Ausübung der Reservemacht«. Oder das »Dauer-Gespräch mit den Bürgern« – hier zeigt er Präsenz, Zuhörerqualitäten und gelebte Responsivität.

Was er hört, speist er in Berlin operativ wieder ein. Und er hört sehr viel »Kritik an den Eliten im Land«.[37] Gestaltungsmacht drückt sich für ihn auch darin aus, dass er mit Reden und Stellungnahmen politisch Position bezieht – durchaus im Tagesgeschäft. Sein selbstgewähltes Beispiel für derartige Legitimationspolitik bezog sich auf seine Differenzierung zwischen »Wirtschaftsflüchtlingen« und »politisch Verfolgten«. Gestaltungsspielräume sieht Steinmeier in seinem Amt »nicht durch andere Verfassungsorgane beschränkt«.[38] Wenn überhaupt, dann seien es die Erwartungen der Medienöffentlichkeit, die das Amt zu beeinflussen suchen.

»Wie kann man kommunikativ in einer Mediendemokratie als Bundespräsident wirken? Wie kann ich Probleme so übersetzen und inhaltliche Anstöße geben, dass sie auch über Medien transportiert werden? Wie geduldig gehen Medien heute mit Nachdenklichkeit über die Grundlagen unserer Demokratie um?«[39] Steinmeier sieht sich klar in der Rolle des Politikermöglichers. Welches Mantelthema er außer dem Kampf für die repräsentative Demokratie und die offene Gesellschaft noch findet, ist nach eineinhalb Jahren im Amt noch nicht wirklich absehbar. Er weiß um sein Handicap: Er wirkt bei Auftritten – nie jedoch im Nahgespräch – hölzern, emotionslos, als Mann des politischen Apparats. Umso intensiver wird er im Gespräch mit den Bürgern für das politische System werben.

Die vier Gesprächsporträts zeigen sehr unterschiedliche Bundespräsidenten mit ihrem jeweiligen Amtsverständnis und mit ihren Vorhaben. Gestaltungspotenziale nutzen alle in verschiedenen Formen und unterschiedlichen Dosen. Sie gehen dabei von eigener Gestaltungsmacht im Amt aus. Als wichtiges Instrument der Bundespräsidenten erweist sich – wenig überraschend – die Kraft der politischen Rede. Wie ist dieses Instrument machtvoll einzusetzen?

5.2 Rollenmuster präsidialer Gestaltungsmacht

Die Typologie der Themen folgt den Gestaltungsoptionen, die vom Amt des Bundespräsidenten ausgehen. Bundespräsidenten können mehr als nur »mahnen, warnen, ermuntern« (Herzog). In welchen Rollenmustern drückt sich die kommunikative Gestaltungsmacht aus? Was lässt sich aus den vorangestellten Beispielen strukturell zusammenfassen?

Meinungsbildner

Bundespräsidenten können öffentliche Meinungen prägen. Jede tagespolitische Einmischung ist dabei eine Meinungsäußerung.

Wenn sich Bundespräsident Steinmeier auf dem DGB-Kongress 2018 gegen das bedingungslose Grundeinkommen ausspricht, dann ist das eine Parteinahme. Ob daraus Meinungsführerschaft erwächst, hängt von medialen Resonanzverstärkern ab, die nicht kalkulierbar sind. Wer auf kurzfristigen Interventionsruhm aus ist, verliert dabei. Meinungsbildung als präsidiale Aufgabe bedeutet keineswegs nur, den vorhandenen Meinungskonsens abzubilden. Präsidiale Meinungsführerschaft verläuft auch über Deutungsautorität, die mit den großen, vielbeachteten Reden, wie der zum 8. Mai 1985 von Bundespräsident Weizsäcker oder auch der sogenannten »Ruck«-Rede von Bundespräsident Herzog, erfolgten. Orientierende Meinungsbildung stiftete beispielsweise auch der Satz von Gauck: »Unser Herz ist weit. Doch unsere Möglichkeiten, sie sind endlich.« Meinungsbildner sind auch immer in der Lage, die Urteilsfähigkeit mit komplexen Argumenten zu stärken. Präsidenten haben die Chance, das Rationalitätsniveau der öffentlichen Diskurse zu heben. Dabei bleibt die schlichte, aber schwer zu beantwortende Frage jeder Meinungsbildung: Wie erzählt sich Demokratie? Gestaltungsmacht der Meinungsbildner setzt Glaubwürdigkeit der Amtsinhaber voraus. Als Meinungsbildner sind sie immer auch zugleich Debattenöffner.

Versöhnungsstifter

Als Symbol der Einheit des Staates muss der Bundespräsident Integrations- und Repräsentationsaufgaben wahrnehmen. Er ist Interpret des Gemeinwohls, trotz radikaler Pluralität in einer ausdifferenzierten Gesellschaft mit einer extrem fragmentierten Öffentlichkeit. Er ist Brückenbauer zwischen Politik und Bürgern, zwischen denen offensichtlich Gesprächsstörungen bestehen. Er sollte für einen demokratischen Grundkonsens werben. Je polarisierter eine Gesellschaft ist, desto mehr Versöhnungsverantwortung hat der Bundespräsident: zwischen »oben und unten« sowie zwischen »denen und uns«. Mit der Re-Politisierung der Gesellschaft ging in den letzten Jahren auch die Polarisierung der Gesellschaft einher.

Ein Abbild dieser politischen Gräben findet sich in den Parlamenten wieder. Der Bundespräsident kann keine Verkörperung des Restkonsenses sein. Aber als Politikermöglicher sollte er den Weg weisen, das Verbindende zu suchen, das Auseinanderdriften zu minimieren, als Repräsentant aller Deutschen. Das gilt auch gerade für »vergiftete« Themen, wie etwa Islam, Migration, Eliten und Heimat. Die Parteien scheuen Themen, die sich aus sehr unterschiedlichen Gründen nicht zur Mobilisierung eignen, sei es, um die Gefolgschaft nicht zu verunsichern oder eine massive Gegenmobilisierung zu verhindern. Der Bundespräsident muss alles benennen können, weil er dem politischen Wettbewerb enthoben ist. Sein kommunikatives Machtdesign verpflichtet ihn zur inspirierenden Integration – ohne Themenscheu. Das ist oft eine schwierige Gratwanderung: Gaucks Herzmetapher versöhnte präsidial; Wulffs Islam-Satz spaltete parteipolitisch. Ihm blieb wenig Zeit, um das integrativ zu begleiten. So kann der Bundespräsident Themen zur Sprache bringen, die auf dem Forum der Öffentlichkeit sonst untergingen. Er bildet so auch eine Kompensation zu anderen Verfassungsorganen an, manchmal auch Gegengewichte zur Regierung.

Zivilitätswächter

Als Mit-Hüter der Verfassung sind Bundespräsidenten verpflichtet, für die »Würde des Menschen« zu kämpfen. Ein Rückzug darauf, nur ranghöchster Essayist zu sein, verspielt die Substanz einer inhaltlichen Gestaltungsmacht als Zivilitätswächter. Die aktuellen Befunde sind eindeutig: Unsere Gesellschaft ist ängstlich und verunsichert. Es fehlt Globalisierungsvertrauen. Die Kluft zum entfesselten Tempo der Globalisierung speist unweigerlich die Sehnsucht nach dem Verlorenen. Zeitgleich wächst die Angst vor dem Verlust des gesellschaftlichen Status. Das heizt die Spirale der Ausgrenzung an. Die Versuchung des Autoritären nimmt zu, die Sehnsucht nach einer ordnenden politischen Kraft ebenso. Dabei scheint es immer schwieriger zu werden, Verschiedenheit auszuhalten. Ambiguitätstoleranz schwindet. Abweichungstoleranz – als gelebter Pluralismus – geht verloren. So wächst dem Bundespräsidenten die Rolle des Zivilitätswächters zu: Er muss für die zivilisatorischen Standards der liberalen Demokratie kämpfen. Zivilitätswächter sind demokratieversessen. »Robuste Zivilität«[40] kann vom Amt des Bundespräsidenten ausgehen. Er betreibt diskursiv Legitimitätspolitik im Sinne des Grundgesetzes. Er ist Demokratieverteidiger. Wenn Bundespräsident Steinmeier sich tagespolitisch gegen AfD-Redepassagen einlässt, agiert er als Zivilitätswächter.[41] Das kommt dann angesichts der Verletzung demokratischer Spielregeln einer demokratischen Abmahnung gleich. Autorität und Glaubwürdigkeit erhält der Zivilitätswächter allerdings nur, wenn er diese Abmahnungen in alle parteipolitischen Lager versendet – nicht nur gegenüber der AfD. Er muss Minderheiten und Menschenrechte schützen – von allen Menschen in Deutschland. Dass der Zivilitätswächter als Demokratielotse immer auch Themen deutscher historischer Schuld problematisiert, gehört mit zu seiner Leitverantwortung, wenn er über Deutschland spricht und die Erinnerungskultur wachhält.

Weiterdenker

Wer einladend-berufende Kraft jederzeit einsetzen kann, sollte den wissensbasierten Think Tank auch nutzen. Die Wiedergewinnung des Politischen abseits parteipolitischer Interessen und Mehrheiten verleitet zur entschleunigten Zukunftsfähigkeit. Weiterdenker protzen mit der Souveränität der Langsamkeit. Wir haben dem Bundespräsidenten verfassungsrechtlich viel Freiraum gelassen und können deshalb als Bürger auch Ergebnisse jenseits des Gewöhnlichen erwarten. Bundespräsidenten sind ein »One Man House of Lords«,[42] eine präsidiale Akademie des Wissens, eine Zeitoase, ein Reputationsort. Wer Zeit- und Wissensressourcen hat, verfügt über Dispositionsmöglichkeiten der Freiheit. Daraus könnte eine Leitverantwortung erwachsen: origineller querzudenken, riskant zu denken, überraschend sanft zu provozieren, smart anzustupsen (»nudging«), verblüffend gegen den Mainstream zu reden, Probehandeln im Geiste anzubieten, Kontingenz-Kompetenz gedanklich auszuspielen. Dazu könnte auch gehören, in modernen Risikogesellschaften für eine Verunsicherungsfähigkeit zu werben. Daraus erwächst eine Zuversicht, mit Überraschungen des politischen Lebens souveräner umzugehen. Kein Think Tank kann die Zukunft voraussehen. Niemand sollte sich anmaßen zu sehen, was kommt. Aber der »Weiterdenker« muss nicht sehen, was eine Gesellschaft will oder was auf sie zukommt, sondern eher, was sie glaubt erwarten zu können. Dann verstehen wir auch eher, in welche Richtung sich die Entwicklung dreht. Wie bleibt die politische Zukunft offen? Darauf sollten Weiterdenker antworten. Denn Gesellschaften leben nicht allein von der Gegenwart, sie haben einen enormen Bedarf an Zukunftserwartung. Das Problem liegt darin, dass sich dabei der Erfahrungsraum immer weiter vom Erfahrungshorizont entfernt, wie es die Historiker umschreiben: Erfahrungen aus der Vergangenheit sind immer weniger in der Lage, als Grundlage für zukünftige Erwartungen zu fungieren.[43]

Die vier Rollenprofile bieten unterschiedliche Möglichkeiten, präsidiale Gestaltungsmacht wahrzunehmen. Vor einer Überforderung des Amtes muss ebenso gewarnt werden wie vor der Überhöhung des Präsidenten. Der Bedarf an präsidialer Orientierung ist in Zeiten des Gewissheitsschwundes nicht geringer geworden, aber die Möglichkeiten, zum Player in der Mediendemokratie zu werden, sind zugleich begrenzter. Als Merker, Meinungsmacher, Moralist gehören Bundespräsidenten idealerweise zu den Reflektoren gesellschaftlicher Wirklichkeit. Sie sind in dieser Rolle außeralltäglich unverzichtbar. Sie können dazu alle drei Gesichter der Macht nutzen. Wieviel demokratischer Trotz müsste vom Bundespräsidenten zukünftig zu hören sein, um die Qualität der offenen Gesellschaft zu sichern? Vermutlich reicht in einer Demokratie unter Druck die sonntagspolitische Rede nicht mehr aus. Alltagspolitisch könnte der Bundespräsident gefordert sein. Das »Wozu brauchen wir ihn?« bricht sich Bahn, besonders dann, wenn die Wahlen zum Europäischen Parlament 2019 die Europa- und Integrationsgegner sichtbar stärken; wenn nationalen Wahlen systematisch blockierte Regierungsbildungen folgen. Das Flüchtlingsthema hat viel an demokratischer Normalität aufgesogen und aufgewirbelt. Gesellschaftspolitische Risse sind in der Republik sichtbar. Der Bundespräsident wird »hard power« einsetzen müssen, um den Ansätzen einer post-legalen Politik – auch im bürgerlichen Lager – Einhalt zu gebieten. Wenn das postheroische Zeitalter sich dem Ende zuneigt, die Sehnsucht nach starker Führung wächst, öffnen sich zusätzliche Handlungsräume für den Bundespräsidenten. Auf die Rolle des Staatsnotars kann er sich dann nicht zurückziehen. Für das Gefühl der Grundgeborgenheit im Rechtsstaat muss er sich aktiv einsetzen. Nur verteidigen reicht dabei nicht aus. Neue Gestaltungsideen zum institutionellen Setting könnten notwendig werden, wenn eine wachsende Minderheit durch Regelverletzungen, nationalistisches Gehabe, völkischen Populismus und aggressive Formate den Zusammenhalt der Gesellschaft in verhetzter Atmosphäre angreift. Abgeleitete Reservemacht könnte bald auch bei der Reform des Bundeswahlgesetzes notwendig werden. Um zu verhindern, dass der Bundestag durch Überhangmandate nicht uferlos anwächst, sind Änderungen im Wahlrecht unumgänglich. Da sich die Bundestagsparteien, trotz des massiven Drucks des Bundestagspräsidenten, seit Jahren nicht auf eine Reform einigen können, bliebe ein Aktionsraum für den Bundespräsidenten. Wenn ein Bundeswahlgesetz ihn zum Mandatieren einer Experten-Kommission ermächtigt, deren Ergebnisse wiederum der Bundestag zu akzeptieren hätte, wäre das im besten Sinne eine Gestaltungsmacht im Kernbereich des parlamentarischen Systems.[44]

Die Dosis an »soft power« könnte ebenso zunehmen. Was der Bundespräsident hinter den Kulissen, ohne öffentlich sichtbare Entscheidungen, erwirkt, bleibt im Spiel mit anderen Verfassungsorganen wichtig. Die verborgene Macht. Noch ähneln sich Präsident und Kanzler. Sie laufen machtpolitisch im Gleichschritt. Merkel agiert mit ihrer gradualistischen Politik als Kanzlerpräsidentin. Sie ist unfähig, als Person zu polarisieren. Steinmeier punktet als Präsidialkanzler. Immer häufiger muss er sich öffentlich und nicht-öffentlich im Tagesgeschäft zu Wort melden und auch Regierungsvertreter maßregeln. Reicht es zukünftig aus, deeskalierend und unaufgeregt zu steuern? Neue Reibungen, vielleicht auch Verwerfungen zwischen Kanzler und Bundespräsident könnten absehbar entstehen, wenn die Nachfolge von Merkel das Agonale zwischen beiden Rollen stärker werden lässt. Ein Kanzler, der leidenschaftlich mit neuen Gestaltungszielen erklärungsreich führt? Daneben käme die smarte, diskursive Macht des Präsidenten schnell an ihre Grenzen. Oder wäre dies vielleicht ein Ansporn für die Bundesversammlung, ehrgeizige Kandidaten ins Amt zu wählen, welche die Reibungen mit dem Kanzler systematisch suchen? Vielleicht wäre das ein Zeichen, den verlorengegangenen Glauben vieler Bürger an die Lösungskompetenz der Eliten zurückzugewinnen.

Das Amt des Bundespräsidenten bleibt robust, wenn man etwas daraus macht. Wir sollten es als Bürger erwarten. Der Präsident muss in einer angegriffenen Demokratie »liefern«. Mit Themen, aber auch mit Respekt, Takt und Zivilität. Die verschiedenen Gesichter der Macht ermöglichen es.

DANK

Forschung ist ein sozialer Prozess. Andere gehören immer mit dazu, wenngleich das konkrete Schreiben phasenweise immer Einsamkeit bedeutet. Freiheit und Kooperation bahnen die Wege des Erkenntnisgewinns. Aus meiner persönlichen Sicht schwebte mir schon lange ein monographisch-kreativer Zugriff auf eine komplexe Struktur vor. Ob das gelungen ist, sollten die Leser individuell beurteilen. Am sozialen Prozess der Wissensaneignung und des dialogischen Austausches waren viele beteiligt. Denn über viele Jahre wuchs bei mir das Vorhaben, über die Gestaltungspotenziale von Bundespräsidenten zu forschen. An Anregungen und Gesprächen fehlte es nicht, nur an der Zeit. Die Fakultät für Gesellschaftswissenschaften der Universität Duisburg-Essen und unser Rektor, Prof. Dr. Ulrich Radtke, genehmigten schließlich dankenswerterweise einen Forschungskorridor, den ich nutzte. Viele intensive Gespräche, lebhafte Diskussionen und einprägsame Begegnungen mit den Studierenden im Masterstudiengang Politikmanagement, unseren Forschungskolloquien, meinem Team an der *NRW School of Governance* und Kollegen führten mit zu den Bausteinen des Buches.

In meinem fortwährenden politischen Diskurs – auch innerhalb der Berliner Republik – sind besonders zu nennen: Dr. Jochen Bittner, Peter Dausend, Stephan Detjen, Prof. Dr. Manuel Fröhlich, Rüdiger Frohn, Prof. Dr. Lutz Hachmeister, Dr. Jack Janes, Prof. Dr. Gerd Mielke, Prof. Dr. Manfred Mai, Prof. Dr. Ton Nijhuis, Michael Mertes, Stefan Raue, Bettina Schausten, Dr. Wulf Schmiese, Prof. Gert Scobel und Prof. Dr. Werner Weidenfeld.

Eine extrem intensive und reflektierte Themeneinstimmung lieferte Bundespräsident Christian Wulff, als er im Wintersemester 2016/17 eine Gastprofessur bei uns annahm und wir gemeinsam mit den Studierenden über viele Wochen Gespräche über das Politische führen konnten.

Eine kontinuierliche Ideenbegleitung erfuhr ich über das Team der *NRW School of Governance*, besonders von Prof. Dr. Christoph Bieber, Prof. Dr. Andreas Blätte, Lisa Debo M.A., Stephanie Delhees M.A., Jan Dinter M.A., Dr. Frank Gadinger, Anne Goldmann M.A., Markus Hoffmann M.A., Dr. Karina Hohl, Dennis Michels M.A., Sandra Plümer M.A., Dr. Max Schiffers, Christopher Smith M.A., Stephanie Streich M.A., Dr. Niko Switek, Dr. Kristina Weissenbach und Dr. Taylan Yildiz.

Teile des Manuskripts habe ich intensiv ausgetauscht mit den ersten Testlesern, im Einzelnen: Dr. Knut Bergmann, Dr. Martin Florack, Prof. Dr. Manuela Glaab, Dr. Timo Grunden, Prof. Dr. Andreas Kost, Jan Schoofs M.A. und Dr. Ursula Weidenfeld. Dies war stets eine intellektuelle Auseinandersetzung, von der ich sehr profitiert habe. Gute Testleser sind gnadenlos zum Text, aber zum Glück nicht zum Autor.

Die Gesamtredaktion lag in den Händen von Arno von Schuckmann M.A., der zusammen mit Dr. Ray Hebestreit im Produktionsprozess zu den Hauptlesern gehörte. Arno von Schuckmann behielt als wissenschaftlicher Projektleiter den souveränen Überblick. Philipp Richter half immer wieder in inspirierender Weise, Verborgenes in Texten aufzufinden. Christoph Roolf las als Wissenschaftslektor verlagsseitig akribisch mit.

Felix M. Müller und Erik Wenker verbrachten zahlreiche Stunden ihres Lebens im Bundesarchiv in Koblenz, um die nach 30 Jahren erstmals zugänglichen Akten aus der Zeit des Bundespräsidenten Richard von Weizsäcker systematisch mit zu sichten.

Aufmunternde, kreative und fachliche Unterstützung erfuhr ich jederzeit von Dr. Oliver Schmolke, dem Leiter der Abteilung Inland im Bundespräsidialamt. Jürgen Hotz, Lektor im Wissenschaftsprogramm des Campus-Verlags, verdanke ich nicht nur eine Anekdote zum Buch: Er verpasste fast den Ausstieg am Bahnhof, weil er sich, von der Lektüre meines Exposés gebannt, nicht rechtzeitig lösen konnte. Er hat ein gutes Gespür für Narrative, die mit dem Text zusammenhängen. Und er kann sie grafisch darstellen. Ich bin sehr froh, dass ich nach rund 20 Jahren wieder eine Monographie bei Campus veröffentlichen kann.

Ohne die begleitenden wissenschaftlichen Dienstleistungen – vom Terminmanagement mit den vielen Interviewpartnern bis zum Auffinden eines besonders entlegenen Quellenverweises – wird kein Buch druckreif. Zu nennen sind hier die Hilfen von Dagmar Bäcker, Jakob Kemper, Moriz Kühlberg und Jonathan Schneider.

Ihnen allen sei herzlich gedankt!

Duisburg, im »Heißzeit«-Sommer, September 2018
Karl-Rudolf Korte

ANMERKUNGEN

1. Prolog

1 Bis heute haben alle Bundespräsidenten an diesem Brauch festgehalten. Sie unterstützen damit den Sport in den Schulen. Rund 600.000 Urkunden überreicht der Bundespräsident jährlich in diesem Bereich.
2 Carstens 1983, S. 222 f.
3 Gewöhnlich gut unterrichtete Kreise deuten den Vorgang folgendermaßen: »sehr viel Zeit genommen« als typisches Zaudern des Bundespräsidenten Köhler und »um welche Uhrzeit« als unprofessionelle Kommunikations- und Medienarbeit.
4 Fernsehansprache von Bundespräsident Horst Köhler, 21.7.2005: http://www.bundespraesident.de/SharedDocs/Reden/DE/Horst-Koehler/Reden/2005/07/20050721_Rede.html (10.3.2018); dazu auch Korte 2007, S. 168–196.
5 Schröder hatte, bevor er und Müntefering in die Öffentlichkeit gingen, den Bundespräsidenten nicht eingeweiht – am Wahlabend der Landtagswahl in Nordrhein-Westfalen; vgl. dazu Langguth 2007, S. 283–289.
6 Berliner Rede von Bundespräsident Roman Herzog am 26.4.1997.
7 Dazu Schwarz, Patrik: »Mann ohne Möglichkeiten«, in: *Die Zeit*, 17.4.2008.
8 Persönlich bin ich bislang sechs Bundespräsidenten mehrfach begegnet: Weizsäcker, Herzog, Rau, Köhler, Wulff und Steinmeier.
9 Das ist anders bei Einbürgerungstests. Dort werden in der Regel mehrere Fragen zum Bundespräsidenten gestellt. Für Fragen zum Bundespräsidenten im Einbürgerungstest siehe: http://www.i-punkt-projekt.de/fileadmin/i-punkt/pdf/Test_Gesamtfragenkatalog_BAMF.pdf (29.4.2018).
10 Immer wieder sehr verdienstvoll waren die Grundlagenbücher von Heinz Rausch – auch zum Bundespräsidenten in mehrfach aktualisierten Auflagen; vgl. Rausch 1979. Einen Einschnitt für die wissenschaftliche Beschäftigung mit dem Bundespräsidenten bedeutete die Habilitationsschrift von Werner Kaltefleiter 1970, die er vergleichend angelegt hatte und in der er auf rund 80 Seiten bleibende Standards der politikwissenschaftlichen Analyse zum Bundespräsidenten setzte.
11 http://www.bundespraesident.de/SharedDocs/Downloads/DE/Reden/2018/09/180926-DVPW-Frankfurt.pdf?__blob=publicationFile (1.10.2018).

12 Baring 1984. Dort finden sich auf den ersten 24 Seiten zentrale atmosphärische Details, die man kennen sollte, wenn man das Bundespräsidialamt oder das Schloss Bellevue – früher die Villa Hammerschmidt – betritt.
13 Ebd., S. 13–16.
14 Es war daher auch kein Zufall, dass ich mich viele Jahre später in meiner Habilitationsschrift (Korte 1998) mit dem Entscheidungssystem der Bundeskanzler, also den Innenansichten der Bonner Republik, auseinandersetzte. Erneut kam darin auch der Bundespräsident vor, aber eher als Nebenakteur.
15 Konkret: Köhler (2004 und 2009), Wulff (2010), Gauck (2012), Steinmeier (2017).
16 Vgl. zu dieser Fragestellung auch in der Einführung der Publizisten Scholz/Süskind 2004, S. 12.
17 Mail von David Gill (heute Generalkonsul der Bundesrepublik Deutschland in New York) vom 28.2.2018 an den Verfasser und vertieft im Telefon-Interview vom 5.4.2018.
18 Grundsätzlich und weiterführend zum Protokoll im Schloss Bellevue vgl. Bergmann 2018; dazu ebenfalls Brissa 2018, S. 31ff.
19 Gemeinwohl kann auch als antiparlamentarisches Stereotyp in diesem Zusammenhang gewertet werden; vgl. dazu mit kritischer Sichtweise van Ooyen 2015, bes. S. 33–64.
20 Für Peter Graf Kielmansegg ist es die zentrale Demokratiefrage der Zukunft, in: Ders. 2013, S. 269; dazu auch Bieber u. a. (Hg.) 2017.
21 Koalitionsvertrag zwischen CDU, CSU und SPD vom 7.2.2018, S. 5.
22 Steinmeier benutzte in seiner Rede vom 23.5.2018 diese Begrifflichkeit, um die teils negativen Veränderungen und die daraus resultierenden Gefahren für die liberale Demokratie zu verdeutlichen; siehe hierzu: http://www.bundespraesident.de/SharedDocs/Downloads/DE/Reden/2018/05/180523-Forum-Bellevue.pdf?__blob=publicationFile (6.6.2018).
23 Meine eigenen Forschungen sind in den nachfolgenden Essay eingeflossen. Ich habe die Verweise nur in Ausnahmefällen im Text auch durch Anmerkungen kenntlich gemacht. Wer strukturiert und vertiefend einen Überblick zum Hintergrund des nachfolgenden Essays benötigt, kann sich folgende Texte von mir ansehen – zur Parteien- und Wahlforschung: Korte 2015, Korte 2017b, Korte u. a. 2018, Korte/Schoofs 2019; zur Regierungsforschung (Entscheiden/Steuern/Führen/Wissen/Macht): Hirscher/Korte 2001, Hirscher/Korte 2003, Korte 1994, Korte 1998, Korte 2002, Korte 2007, Korte 2010b, Korte 2010c, Korte 2011, Korte 2014, Korte/Fröhlich 2009, Korte/Glaab 2012, Korte/Grunden 2013; zur Kommunikationsforschung und Politischen Kultur: Korte/Hirscher 2000; Korte 1990; Korte 2015, S. 11–26; Weidenfeld/Korte 1991.
24 Im Literaturbericht von Timo Grunden finden sich systematisch die Beiträge; Grunden 2011, S. 153–185; auch Grunden in: www.Regierungsforschung.de, 20.1.2014.
25 Beispielsweise bei Görtemaker 1999.

26 Eine Dokumentation der Bundesversammlungen befindet sich im Anhang des Buches.
27 Eine Liste der Interviews und Hintergrundgespräche findet sich im Anhang des Buches.
28 Baring 1984, S. 16.

2. Gestaltungsoptionen

1 Während ich mich in diesem Kapitel den eher weichen Gestaltungsoptionen zuwende, ist dann im nachfolgenden Kapitel 3 (»Gestaltungswissen«) die verfassungspolitische »hard power« (z. B. der Reservemacht) zu entwickeln.
2 Baring 1984, S. 121 ff.
3 So beispielsweise Mannewitz 2014, S. 418–420; auch Decker/Jesse 2013, S. 193–211. Zum fehlenden Kontext zwischen Bundesversammlung und Koalitionsdemokratie vgl. Korte 2013b, S. 37–56.
4 Schwarz 2012, S. 152.
5 Vgl. Prantl, Heribert: »Präsident? Nein, danke!«, in: *Süddeutsche Zeitung*, 8.11.2016.
6 Vgl. ebd.
7 Zum Verlauf der geheimen Sondierungen vgl. Carstens, Peter: »Die Absage«, in: *FAS*, 20.11.2016, Nr. 46.
8 Der *Spiegel* hatte über das vertrauliche Treffen berichtet. In Berlin hält sich das Gerücht, dass es wohl CSU-Kreise waren, die das Zusammentreffen öffentlich machten. Feldenkirchen, Markus: »Kretschmann plädiert für Schwarz-Grün im Bund«, in: *Spiegel online*, 26.8.2016.
9 Merkel schlug Steinmeier als Kandidaten der Union am 14.11.2016 vor.
10 Dazu Bräth, Eva/Heyer, Laura: »Klares Ergebnis, klare Wort«, in: *Das Parlament*, 20.2.2017, Nr. 8. Addiert man die Stimmen für die vier anderen Kandidaten, bedeutet dies: Die Union stimmte nicht geschlossen für den Kandidaten Steinmeier – allerdings bleibt das eine rechnerische Spekulation, da die Wahl geheim ist.
11 Ihn ärgerte zudem auch, dass sich in den sozialen Netzwerken über »Hinterzimmer-Kungeleien« intensiv und diffamierend ausgetauscht wurde, wenngleich doch, wie bei jeder anderen Bundesversammlung, klar war, dass die Parteiräson nie das letzte Wort hatte. Die Bundesversammlung ist frei und hat historisch viele überraschende Eigendynamiken erlebt. In einer Bundesversammlung gibt es die Fraktion als institutionalisierten Ort der Vorentscheidung faktisch gar nicht. Dennoch hatten immer Parteibindungen wesentlichen Einfluss auf das Abstimmungsverhalten. Eine interessante Nachfrage wäre es, wenn man klären könnte, wann jeweils im Regierungslager ein spezifischer

Druck aufgebaut wurde, um die Präsidentenwahl auch mit einer »Vertrauensfrage« über die Kanzlerschaften gleichzusetzen; vgl. zu dieser Überlegung: Kielmansegg, Peter Graf: »Die Bundesversammlung ist frei!«, in: *FAZ*, 24.6.2010. Oft wurden diese Argumente der parteipolitisch motivierten Auswahl der Kandidaten auch mit der Frage einer Direktwahl des Präsidenten kombiniert.

12 Zastrow, Volker: »Schaf, Taube, Schlange, Wolf«, in: *FAS*, 20.11.2016, Nr. 46.
13 Stenographischer Bericht der 16. Bundesversammlung der Bundesrepublik Deutschland, Berlin, 12.2.2017, URL: http://dip21.bundestag.de/dip21/btp/18/18909.pdf (16.8.2018).
14 Selbst Eugen Gerstenmaier (CDU), der von 1954 bis 1969 Bundestagspräsident war, saß nur zweimal den Delegierten der Bundesversammlung vor, so wie später Rita Süssmuth (CDU) und Wolfgang Thierse (SPD); vgl. dazu Bannas, Günter: »Präsident«, in: *FAZ*, 11.2.2017, Nr. 36. Lammert hatte es als Bundestagspräsident mit den Bundespräsidenten Rau, Köhler, Wulff, Gauck und Steinmeier dienstlich zu tun.
15 Auch einer seiner Vorgänger, Bundestagspräsident Karl Carstens, wurde 1979 zum Bundespräsidenten gewählt – freilich, ohne die Bundesversammlung zu leiten. Das übernahmen seine damaligen Stellvertreter im Bundestagspräsidium.
16 Auf diesen Gedankengang verwies Navid Kermani in seiner Laudatio anlässlich der Verleihung des Leo-Baeck-Preises an den Bundestagspräsidenten a.D. Norbert Lammert in Berlin, abgedruckt in: *FAZ*, 5.2.2018. Weiter hinten im Teilkapitel 2.2 gehe ich auf diesen Gedanken nochmals ein, zumal Lammert im Interview dazu persönliche Einschätzungen formulierte.
17 Bei der Wahl 1957 gelang der rechtskonservativen Deutschen Partei (DP) durch ein vorab getroffenes Wahlabkommen mit der CDU der Einzug in den Bundestag.
18 Prantl, Heribert: »Bundespräsident. Vom Wert der Erfahrung«, in: *Süddeutsche Zeitung*, 13.2.2017.
19 Stenografischer Bericht 16. Bundesversammlung der Bundesrepublik Deutschland, Berlin, 12.2.2017, S. 4 f.
20 Stenografischer Bericht 16. Bundesversammlung der Bundesrepublik Deutschland, Berlin, 12.2.2017, S. 4 f.
21 Interview mit Lammert am 19.2.2018 in Berlin.
22 Ebd.
23 Ebd., S. 4.
24 Für das ZDF berichtete Bettina Schausten live von der Bundesversammlung in Berlin. Ich war als Experte mit am Schauplatz des Geschehens. Nach der Rede gab es während der Stimmabgabe und der Auszählung sehr viel Zeit, um mit anderen Gästen oder Delegierten zu sprechen.
25 Thomas Vitzthum betont, dass »Die Linke« Joachim Gauck stets abgelehnt

habe. Die Partei begründete dies vor der Wahl Gaucks zum Bundespräsidenten im Jahre 2012 vor allem mit seiner angeblichen Befürwortung des Finanzmarktkapitalismus und seiner abschätzigen Bemerkung über die damals aufkommende »Occupy«-Bewegung. Jedoch kann angenommen werden, dass auch die Rolle Gaucks bei der Aufklärung der Stasi-Vergangenheit ein wirkmächtiges Argument für die Partei war; vgl. Vitzthum, Thomas: »Ein Präsident der kalten Herzen‹. Linke lässt kein gutes Haar am Kandidaten und dem Verfahren, wie er gefunden wurde«, in: *Die Welt*, 21.2.2012.

26 Sehen wir uns konkreter die Redepassagen von Lammert an, in denen er sich mit den Gestaltungspotenzialen der Bundespräsidenten beschäftigte. Lammerts Redetext war doppelt so lang wie die bei den drei vorausgegangen, von ihm geleiteten Bundesversammlungen. Welche Erwartungshaltung hat Lammert gegenüber dem anderen Verfassungsorgan? In der vierten von Lammert in Serie geleiteten Bundesversammlung am 12. Februar 2017 betonte er, dass der Bundespräsident überparteilicher Integrationsstifter ist: »Der Bundespräsident hat [...] insbesondere den Auftrag, im Sinne der Integration des Gemeinwesens zu wirken.« Wie er diese Aufgabe wahrnimmt, entscheidet er dabei grundsätzlich autonom und – dem knappen Amtsverständnis Richard von Weizsäckers folgend – »überparteilich, aber nicht neutral und nicht meinungslos«. Der Bundespräsident sollte geistig-moralisch wirken: »Wir entscheiden heute in dieser Bundesversammlung über die Neubesetzung dieses Amtes, das aus Sicht der Hüter des Grundgesetzes die Einheit des Staates verkörpert und das, wie es die Mitglieder des Bundesverfassungsgerichts formuliert haben, auf ›vor allem geistig-moralische Wirkung angelegt‹ ist«. Der Bundespräsident sollte zum zivilisierten Streit ermuntern: »Ihnen, Herr Bundespräsident [gemeint war der anwesende Bundespräsident Gauck; d. Verf.], lag das solidarische Miteinander der Bürgerinnen und Bürger ganz besonders am Herzen [...]. Dabei haben Sie selbst einen bedeutenden Beitrag zum demokratischen Zusammenhalt geleistet, indem Sie entschieden das Recht und die Notwendigkeit zur politischen Auseinandersetzung, auch zum heftigen Streit, betonten und zugleich Respekt vor dem politischen Gegner und Augenmaß einforderten.« Der Bundespräsident artikuliert das Gemeinwohl: »Meine Damen und Herren, den demokratischen Grundkonsens zu artikulieren, ist schwieriger geworden in einer Gesellschaft, die immer mehr Einzelinteressen kennt, und in einer Öffentlichkeit, die gern das Trennende gegenüber dem Einigenden betont, das Besondere gegenüber dem Allgemeinen. Das macht die Aufgabe des Bundespräsidenten gewiss nicht einfacher, aber seine Bedeutung im Verfassungsgefüge umso größer, erst recht in einem Moment, der von manchen Beobachtern bereits zur beunruhigenden Zeitenwende dramatisiert wird.« Der Bundespräsident muss sich immer der historischen Verantwortung stellen: »[...] demokratische Haltung erwächst in Deutschland mehr noch als irgendwo sonst aus dem Wissen um die Geschichte mit ihren Abgründen, aus dem verantwortungsvollen Umgang mit der eigenen

Vergangenheit. Dazu haben unsere Bundespräsidenten [...] wichtige Beiträge geleistet als Seismografen des gesellschaftlichen Geschichtsbewusstseins und als Impulsgeber.« Lammert entwickelte keine normative Position, die auf einen regierenden Präsidenten hinausläuft. Aber er lieferte Anhaltspunkte, welche politische Rolle der Bundespräsident zu spielen hat. Er erinnert an die Ressourcen der kommunikativen Orientierungsmacht, die einem Bundespräsidenten zur Verfügung stehen: die Macht des Wortes und die Chancen, die sich auftun, wenn alle hohe Erwartungen gegenüber dem Amtsinhaber pflegen. Wie man aus dem Erwartungsmanagement konkrete Gestaltungsmacht ableiten kann, lässt Lammert wohlweislich offen.

27 Zum Zeitklima vgl. Weidenfeld 2017, hier bes. S. 7–26; Bieber u. a. 2017; Müller 2016.
28 Zum Hintergrund die Dokumentation von Carstens, Peter: »Die Absage«, in: *FAS*, 20.11.2016.
29 Herzog war bislang der einzige Bundespräsident, der explizit von Beginn an deutlich machte, für eine zweite Amtszeit nicht zur Verfügung zu stehen.
30 Zu dieser Problematik vgl. Kaltefleiter 1970, S. 206–208.
31 Luhmann 2017, S. 461.
32 Zuletzt Nida-Rümelin bei der Ehrung für Gauck mit dem Carlo-Schmid-Preis, in: *Süddeutsche Zeitung*, 5.2.2018.
33 In seinen Kurzgeschichten beschreibt der Sohn von Bundeskanzler Willy Brandt, der Schauspieler Matthias Brandt, der in Bonn mit seiner Familie in direkter Nachbarschaft zur Villa Hammerschmidt, dem Amtssitz des Bundespräsidenten, wohnte, seine Besuche als Kind beim bereits erkrankten Lübke (vgl. Brandt 2016). Aus Sicht des Kindes heißt es darin: »Vielleicht verstanden Herr Lübke und ich uns deshalb gut, weil seine Wahrnehmung sich damals aufgrund der Krankheit, unter der er litt, wieder der eines Kindes annäherte und unsere Entwicklungswege kreuzten«; ebd., S. 60. Allerdings bezieht sich Brandt zeithistorisch bereits auf eine Zeit unmittelbar nach dem Ausscheiden von Lübke aus dem Amt.
34 Zur Unterrichtung von Kiesinger vgl. Tagebuch des Leiters des Bundespräsidialamtes Staatssekretär Berger, Archiv für Christlich-Demokratische Politik (Sankt Augustin), I-226–010, zitiert nach Morsey 1996, S. 567.
35 Wulff 2014, S. 7.
36 Das gilt auch für jede neue Regierungsmannschaft; vgl. dazu Mertes 2001, S. 70.
37 Schwarz, Patrik: »Mann ohne Möglichkeiten«, in: *Die Zeit*, 17.4.2008.
38 Zur Heldentheorie bei politischen Spitzenakteuren vgl. Mielke 1999.
39 So wird dem Bundespräsidenten deutlich stärker vertraut als den anderen Verfassungsorganen. Lediglich das Bundesverfassungsgericht genießt ein noch größeres Vertrauen bei den Bürgern; vgl. z. B. https://www.stern.de/politik/deutschland/deutsche-vertrauen-eigenem-arbeitgeber-universitaeten-und-aerzten-umfrage-fuer-den-stern-6701676.html (8.7.2018) und https://de.statista.

com/statistik/daten/studie/3612/umfrage/institutionen-denen-die-deutschen-vertrauen (8.7.2018); zusammenfassend auch: Scholz/Süskind 2004, S. 10 f.

40 Vgl. dazu Oppelland 2001, S. 567.

41 Für Hans-Peter Schwarz waren alle Kandidaten, die nicht als Spitzenpolitiker antraten, »Verlegenheitskandidaten«; vgl. Schwarz 2012, S. 293.

42 Vgl. weiterführend Jochum 2000, S. 46. Von »krypto-monarchischer Natur des Amtes« schreibt Schwarz 1999, S. 38.

43 Maunz/Dürig, Art. 54 GG, Rn. 90.

44 http://www.bundespraesident.de/SharedDocs/Reden/DE/Frank-Walter-Steinmeier/Reden/2017/03/170322-Vereidigung.html (16.8.2018). Es gab dazu auch eine Vorgeschichte. Am Abend vor der Bundesversammlung postete der Berliner SPD-Landesverband: »Wir freuen uns auf den neuen sozialdemokratischen Schlossherrn«, was Empörung im Unionslager auslöste. Steinmeier setzte sich persönlich dafür ein, dass dies gelöscht wurde; vgl. dazu Bannas, Günter: »Vertrauen in stürmischen Zeiten«, in: *FAZ*, 13.2.2017. Da Steinmeier auch in Auszügen die sozialen Netze liest – zur Kenntnis nimmt, Informationen daraus erhält –, ist ihm nicht die Kritik an seiner Nominierung entgangen, die sich konkret auf die parteipolitisch intransparente Kandidatenkür bezog. »Hinterzimmerpolitik« wurde als Metapher dafür benutzt; vgl. auch http://www.spiegel.de/spiegel/print/d-149533937.html (9.7.2018).

45 Vgl. Kaltefleiter 1970, S. 206–208 und 215 ff.

46 Vgl. Oppelland 2001, S. 568.

47 Ebd.

48 Dazu auch Müller, Reinhard: »Die Kür«, in: *FAZ*, 11.2.17, Nr. 36.

49 Dies hat er in einem Interviewband getan: *Richard von Weizsäcker im Gespräch mit Gunter Hofmann und Werner A. Perger*, Frankfurt am Main 1992; dazu auch Pflüger 1993.

50 *Richard von Weizsäcker im Gespräch mit Gunter Hofmann und Werner A. Perger*, Frankfurt am Main 1992, S. 34.

51 Zum Debattenhintergrund vgl. Rudolph 2010, S. 256–258. Auch einordnend: Jäger 1994, S. 171; ebenso Wirsching 2006, S. 200 f.

52 Eine detaillierte und umfangreiche Bewertung und Einordnung dazu bei Langguth 2007, S. 229 ff.; und auch bei Hachmeister 2007, S. 217–240.

53 Interview mit Köhler am 31.5.2018, Berlin.

54 Ebd.

55 Dazu Korte 1998, z. B. S. 245, 325 und 330.

56 http://www.bundespraesident.de/SharedDocs/Downloads/DE/Reden/2017/12/171203-Doenhoff-Preis-T.pdf;jsessionid=1DCBBA01146EEA190F7BA9127F2812DE.2_cid387?__blob=publicationFile (9.7.2018).

57 Schwarz, Patrik: »Mann ohne Möglichkeiten«, in: *Die Zeit*, 17.4.2008.

58 Kohl 2005, S. 251–255.

59 Kohl wollte einerseits den populären Bürgermeister von Berlin nicht verlieren,

andererseits war er von der Kandidatur Weizsäckers nicht vollends überzeugt. Erst als der von Kohl favorisierte Kandidat, Ernst Albrecht, absagte, nominierte er Weizsäcker; siehe dazu ebd., S. 242–260.

60 So Pflüger 1993, S. 84–100, und ebenso in der Einschätzung Wirsching 2006, S. 183.
61 Dazu gab es eine konkrete Absprache mit Schröder und Lafontaine sowie mit Clement; vgl. dazu Bergmann 2002, S. 225 ff.
62 So Michael Krüger-Charlé (ehemaliger Büroleiter von Ministerpräsident Rau und Ministerpräsident Clement in der Staatskanzlei Nordrhein-Westfalen) am 21.3.2005 in einem Expertengespräch mit Markus Hoffmann, in: Hoffmann/Stock 2012, S. 261.
63 Dazu auch Huger/Schult, in: *Der Spiegel*, 11.2.2017. In diesem Artikel werden Steinmeier auch im Vorfeld konkrete Initiativen unterstellt, um sich angemessen und mit Druck auf die Kanzlerin zu positionieren.
64 Vgl. zu den Gründen Gauger 2012, S. 250 f.
65 Symptomatisch der *Bild*-Aufmacher: »Horst wer ...?«, in: *Bild*, 5.3.2004.
66 Im sozialwissenschaftlichen Umfeld stammt der Begriff ursprünglich von Lukes 1974.
67 Vertiefungen dazu mit einer Vielzahl von Belegen finden sich bei Göhler 2011.
68 Es ist nach der berühmten Machtdiktion von Max Weber die Chance, den eigenen Willen auch gegen Widerstand durchzusetzen, gleichgültig auf wieviel zustehender Kompetenz diese Chance beruht; ; zur Unterscheidung von hard power und soft power vgl. Nye 2011.
69 Die konkrete Anwendung der Reservemacht exemplifiziere ich in Kapitel 4.1.
70 Interview mit Schmolke am 1.2.2018, Berlin.
71 Nina Grunenberg, zitiert nach Rudolph 2010, S. 13. Die *Zeit*-Journalistin Grunenberg bezog sich mit ihrer Aussage auf Bundespräsident von Weizsäcker.
72 Vor allem das Kapitel 4.2 (»Der Bundespräsident als Gesprächsinstanz«) arbeitet konzeptionell mit diesem Gesicht der Macht.
73 Zu diesem Gedankengang vgl. auch Höreth 2015, S. 303–326; er wiederum bezieht sich auf Eschenburg 1956, S. 650.
74 Zur »hard power« siehe Kapitel 3 (»Gestaltungswissen«).
75 Sternberger 1991, S. 52–68.
76 So Steinmeier im Interview mit der *Zeit*, 7.6.2018, Nr. 24.
77 Interview mit Gauck am 7.2.2018, Berlin.
78 Vgl. Weiland, Severin: »Gauck spricht klar vom Völkermord an den Armeniern«, in: *Spiegel Online*, 23.4.2015. Siehe dazu auch Kade, Claudia: »Gauck spricht von Völkermord an den Armeniern«, in: *Die Welt*, 24.4.2015, S. 4.
79 Rede von Joachim Gauck vom 23.4.2015.
80 Antrag der Fraktionen CDU/CSU und SPD: Erinnerung und Gedenken an die Vertreibungen und Massaker an den Armeniern vor 100 Jahren, Drucksache 18/4684, 21.4.2015.

81 Rede von Joachim Gauck vom 23.4.2015, Berlin, S. 3.
82 Ebd.
83 Vgl. Weiland, Severin: »Gauck spricht klar vom Völkermord an den Armeniern«, in: *Spiegel Online*, 23.4.2015. Zur Rolle Steinmeiers als Außenminister in dem Konflikt vgl. Monath, Hans: »Botschaften an Erdogan und andere«, in: *Der Tagesspiegel*, 22.3.2017.
84 So auch Eschenburg 1979, S. 20.
85 Interview mit Köhler am 31.5.2018, Berlin.
86 Interview mit Köhler am 31.5.2018, Berlin.
87 Dazu die Studie von Druyen 2018. Ergänzend zu den Erfordernissen von Reformkommunikation vgl. Delhees u. a. 2008; Dräger u. a. 2014, S. 25 f.
88 Fried, Nico: »Ein Mann, ein Amt«, in: *Süddeutsche Zeitung*, 20.5.2009.
89 Interview mit Köhler am 31.5.2018, Berlin.
90 Erschienen in: *FAZ*, 20.8.2005.
91 So Horst Köhler in seiner Fernsehansprache vom 21.7.2005.
92 *FAZ*, 20.8.2005.
93 Vgl. Rosa 2016.
94 Dazu als Vergleichsstudie auch Korte/Dinter 2018.
95 Rosa 2016, S. 364.
96 Vgl. ebd., S. 370.
97 Zu diesem Gedanken vgl. Rosanvallon 2016, S. 290 f. In der konkreten Anwendung vgl. Simmel 2013, S. 274; dort wird es folgendermaßen beschrieben: »Vertrauen, als die Hypothese künftigen Verhaltens, die sicher genug ist, um praktisches Handeln darauf zu gründen, ist als Hypothese ein mittlerer Zustand zwischen Wissen und Nicht-Wissen um den Menschen. Der völlig Wissende braucht nicht zu vertrauen, der völlig Nicht-Wissende kann vernünftigerweise nicht einmal vertrauen.«
98 Zu diesem Gedanken vgl. Walter, Franz: »Vorwärts und nicht vergessen. Essay über die Heimatlosigkeit der Sozialdemokratie«, in: FAZ, 2.1.2018; vgl. Jochum 2000.
99 Weiterführend zu diesem Argument vgl. Kühl, Stefan: »Führung allein durch Vertrauen ist naiv«, in: *FAZ*, 23.4.2018.
100 Podschuweit/Geise 2015, S. 400–420.
101 Langguth 2007, S. 335.
102 Zum Missbrauch mit einem »falschen Steinmeier« bei Facebook vgl. Moritz, Sebastian: »Der falsche Präsident«, in: *Handelsblatt*, 25.3.2017. Vgl. auch den Artikel: »Was Steinmeier sieht, wenn er Facebook checkt«, in: *Die Welt*, 11.3.2018.
103 Vgl. Bieber 2017, S. 320.
104 In der Literatur taucht es oft als »Nixon goes to China«-Phänomen auf.
105 Jochum 1999, S. 181.
106 Interview mit Gauck am 7.2.2018, Berlin.
107 Ebd.

108 Es ist auch bezeichnend, dass Gauck der Festredner bei der Feier der SPD in Leipzig zu ihrem 150-jährigen Bestehen war. Gauck forderte in seiner Rede eine Anpassung der Parteien an neue, aus der gesellschaftlichen Komplexität erwachsende Anforderungen. Diese, so Gauck, könnten nur bewältigt werden, sofern die Parteien durch neue Partizipationsformate weiterhin in der Gesellschaft verwurzelt bleiben. Durch diese Verwurzelung würden auch unpopuläre, doch notwendige Entscheidungen trag- und vermittelbar; vgl. Gauck, Joachim: 150 Jahre Sozialdemokratische Partei Deutschlands, Leipzig, 23. Mai 2013.

109 Zu dieser Argumentation vgl. Jäger 1994, S. 182 f. Man erkennt das auch an den jeweils sehr unterschiedlichen Medienimages der Präsidenten; vgl. dazu Blume 2010.

110 Zu diesem Gedankengang vgl. auch nachfolgend das Interview mit Forudastan am 8.2.2018. Sie war schon zu Bonner Zeiten Parlamentskorrespondentin und wurde später die Sprecherin von Gauck.

111 Über missglückte Beispiele berichtet Wulff 2014, S. 126 ff.

112 Zum Hintergrund der »Mehrarbeit« auch Pieper/Schmidt 2012, S. 105.

113 Interview mit Köhler am 31.5.2018, Berlin.

114 Vgl. »Gauck fährt nicht«, in: *Zeit online*, 8.12.2013; vgl. Schmidt, Michael: »Eine wunderbare Geste«, in: *Der Tagesspiegel*, 9.12.2013, S. 4.

115 Köhler fuhr auch nicht zu den Olympischen Sommerspielen nach Peking 2008, aber zu den Paralympics.

116 Vgl. auch Grunden, in: www.Regierungsforschung.de, 20.1.2014, S. 3. Auch Patzelt 2005a, S. 306.

117 Abweichend die Hintergründe des Amtsverzichts bei Köhler. Hier weicht sicherlich auch der Sonderfall Wulff ab, der sich einer umfassenden Kampagne ausgesetzt sah; vgl. Wulff 2014.

118 Zit. nach Fried, Nico: »Praxistest für den Präsidenten«, in: *Süddeutsche Zeitung*, 23.12.2017, Nr. 295.

119 Für den Wissenschaftler Herzog war dies ein besonders wichtiges Anliegen; vgl. Beispiele dazu bei Jochum 2000, S. 57.

120 Begriff von Walter, Franz: »Zur Frage, ob wir einen Bundespräsidenten überhaupt noch brauchen«, in: *tageszeitung* (taz), 5./6.6.2010, S. 14.

121 Rosa, Hartmut, »Ändere doch wieder mal dein Leben«, in: *FAZ*, 27.7.2011.

122 Zum Protokoll vgl. Bergmann 2018.

123 In Kapitel 4.1 werde ich das näher im Kontext der Regierungsbildung erörtern.

124 Kritisch mit der Rolle Steinmeiers in den ersten 100 Tagen seiner Amtszeit setzte sich Constanze von Bullion auseinander. Sie unterstellt dem Bundespräsidenten eine Wohlfühltour mit gewollter Vermeidung des politischen Streits. Siehe dies.: »Im Neuland«, in: *Süddeutsche Zeitung*, 24.6.2017. Auch Martina Mair betont auf *tagesschau.de*, dass Steinmeier seine Rolle im Amt noch sucht; dies.: »Ein Präsident auf der Suche«, in: https://www.tagesschau.de/inland/steinmeier-100-tage-101.html (16.8.2018). Die ersten drei Monate Joachim

Gaucks wurden zwar ebenfalls kritisch betrachtet, jedoch zeigte er ein klareres Profil. Antje Sirleschtov schrieb dazu im *Tagesspiegel*, dass der Bundespräsident zwar noch seine Rolle suche, die sich zwischen Gauck und dem Bundespräsidenten einzufinden habe, dass er aber vor allem in der Bevölkerung bereits sehr beliebt sei. Vgl. dies.: »Wie Joachim Gauck zum Präsidenten der Herzen wurde«, in: *Der Tagesspiegel*, 23.6.2012.

125 *FAZ*, 22.11.2005.
126 Steinmeier im Interview mit der *Zeit*, in: *Die Zeit*, 7.6.2018. Passend dazu: Steinmeier empfiehlt Kindern zur Lektüre sein persönliches Lieblingsbuch, *Die Entdeckung der Langsamkeit* von Sten Nadolny, dazu Bundespräsident Steinmeier in: *Die Zeit*, 2.8.2018, S. 63.
127 Safranski 2009, S. 215.
128 Angeregt durch den österreichischen Ökonomen Otto Neurath, der diesen Gedanken 1919 entwickelte; vgl. dazu Randow, Gero von: »Wir brauchen Utopien«, in: *Die Zeit*, 28.12.2017, Nr. 1.
129 Musil 1978, S. 16.
130 Ebd., S. 16; auf dieses Zitat hat mich Claus Leggewie bei seinem Vortrag auf dem »Dies Academicus« der Universität Duisburg-Essen am 28. Juni 2017 gebracht.
131 Zu diesem Gedankengang vgl. Michelsen/Walter 2013, S. 7–10; zur Kontingenz im Kontext des Regierens vgl. Rüb 2011, S. 17–45.
132 Ulrich 2017, S. 274.
133 Luhmann 1977, S. 187; vgl. auch zu diesem Gedanken im Kontext des Entscheidens Schimank 2005, S. 42–44.
134 Vgl. Vogt 2014, S. 227–245.
135 Dazu Bauer 2018.
136 Zur Kontingenz im Alltag der Politik vgl. Rüb 2011, S. 19. Herbert Grönemeyer hat dazu einen treffenden Text geschrieben: »Bleibt alles anders?«
137 Oliver Schmolke im Interview am 1.2.2018.
138 Rede von Bundespräsident Wulff vom 3.10.2010: http://www.bundespraesident.de/SharedDocs/Reden/DE/Christian-Wulff/Reden/2010/10/20101003_Rede_Anlage.pdf?__blob=publicationFile&v=3 (17.8.2018), S. 6. Vgl. zum Entstehungshintergrund der Rede Wulff 2014, S. 134–143.
139 Zum wissenschaftlichen Hintergrund vgl. Yildiz 2016, S. 247–260.
140 Ebd., S. 248. Zum wissenssoziologischen Hintergrund vgl. Berger/Luckmann 1969.
141 Rede von Bundespräsident Horst Köhler vom 30.5.2005: http://www.bundespraesident.de/SharedDocs/Reden/DE/Horst-Koehler/Reden/2005/05/20050530_Rede_Anlage.pdf?__blob=publicationFile&v=2 (17.8.2018), S. 3 f. Zur begleitenden Kommentierung und Einordnung der Wissenspolitik und Wissenssoziologie vgl. Scobel 2008, S. 32 ff.

142 Formulierung von Bittner im Gespräch mit dem Autor am 26.4.2018 in Hamburg.
143 Alle Präsidenten sprachen ausführlich davon, welche Möglichkeiten darin bestehen, Wissen im Schloss zu generieren, indem man zu allen möglichen Themen Experten einlädt.
144 Vgl. zu den Wirkungskontexten und Typenklassifizierungen der Politikberatung Thunert 2013, S. 322.
145 Weingart 2006, S. 35; weiterführend zu diesem Dualismus auch Grunden/Korte 2013, S. 12–29.
146 Beispielsweise bestellte er die Leiter der Föderalismuskommission (Stoiber und Müntefering) ins Schloss Bellevue ein, als die Neuaufteilung der Kompetenzen zwischen Bund und Ländern 2004 scheiterte; siehe: https://www.handelsblatt.com/meinung/kommentare/kommentar-willkommene-einmischung/2463456.html (2.7.2018). Er mahnte öffentlich an, noch vor der regulären Bundestagswahl 2006 einen neuen Anlauf zu unternehmen; vgl. Langguth 2007, S. 270.
147 Am 1. Januar 1990 machte der Bundesfinanzminister Theo Waigel (CSU) Köhler zu seinem beamteten Staatssekretär.
148 Diese Differenzierung war auch ein Erkennungsmerkmal von Kanzler Kohl, der sein Politik- und Weltbild daran orientierte. Wer befindet sich in welcher Abhängigkeit? Wer hat sein politisches Amt, weil Kohl Parteivorsitzender der CDU ist, und wer hat es, weil Kohl Kanzler ist? Dazu auch Korte 1998, S. 25–31. Weiterführend zum historisch-wissenschaftlichen Kontext der Differenzierung Seibel 2017, S. 117 (dort auch der Hinweis auf die zugrundeliegende Typologie, die von Max Weber eingeführt wurde).
149 Er war »Sherpa« für Kohl; vgl. dazu Langguth 2012, S. 279.
150 Es hält sich die sarkastische Bemerkung in Berliner Kreisen über Köhler: Das Amt hat eigentlich nur einen Staatssekretär verkraftet, nicht zwei. Gemeint war mit dieser despektierlichen Anspielung die Amtsführung von Köhler, die in dieser Sichtweise eher einem beamteten Staatssekretär als einem Staatsoberhaupt entsprach.
151 Langguth 2012, S. 279.
152 Zur Informalität in Regierungszentralen: Florack/Grunden 2011.
153 Vgl. dazu Scobel 2008, hier bes. S. 32–170.
154 Ebd., S. 84.
155 Immer im Bewusstsein eines epistemologischen Gewissheitsschwundes – die Menge an Wissen produziert zeitgleich auch Nicht-Wissen (sicheres Wissen; Wissen über nicht-gewusstes Wissen; Nichtwissen dessen, was wir nicht wissen und nicht wissen können; Nicht-wissen-Wollen).
156 Steinmeier in seiner Antrittsrede: Stenografischer Bericht 16. Bundesversammlung der Bundesrepublik Deutschland, Berlin, 12.2.2017, S. 9.
157 Bernd Ulrich: »Die Welt aus den Fugen«, in: *Die Zeit*, 1.2.2018.
158 Interview mit Lammert am 19.2.2018, Berlin.

159 BT-Drucksache 16/3262 vom Oktober 2006.
160 Zum Hintergrund vgl. Langguth 2007, S. 270.
161 Zit. nach *Handelsblatt*, 20.12.2004; auch Langguth 2007, S. 270.
162 Leersch, Hans-Jürgen: »Köhler gibt Föderalismusreform neuen Impuls«, in: *Die Welt*, 12.1.2005; auch Langguth 2007, S. 270.
163 Rüdiger Frohn erinnerte im Interview am 14.5.2018 beispielsweise auch an die Auseinandersetzungen zwischen Bundeskanzler Schröder und Bundespräsident Rau – vor allem bei Bioethik-Themen sowie bei unterschiedlichen Interpretationen zur »uneingeschränkten Solidarität« nach dem 11. September 2001.
164 So Gauck im Interview am 7.2.2017, Berlin.
165 Ebd.
166 Lammert sprach davon, dass er in einer solchen Rolle sicher »depressiv« geworden wäre (Interview am 19.2.2018 in Berlin).
167 Interview mit Steinmeier am 26.2.2018 in Berlin.
168 So Stefan Raue in einer Mail an den Verfasser vom 12.6.2018.
169 Hier hat sich Gauck besonders hervorgetan, als er beispielsweise eine kurze Rede zum Absturz des Eurowings-Flugzeuges in den französischen Alpen hielt: http://www.bundespraesident.de/SharedDocs/Downloads/DE/Reden/2015/04/150417-Flugzeugabsturz-Trauerfeier-Koeln.pdf?__blob=publicationFile (9.7.2018).
170 Rüdiger Frohn sagte im Interview dazu: »Der Bundespräsident ist dem normalen Politik-Wettbewerb entzogen« (Interview am 14.5.2018).
171 Herzog 2009, Art. 54 GG, Rn. 96.
172 Vgl. zu diesen Ausführungen Müller, Reinhard: »Der Präsident – ein König«, in: *FAZ*, 23.4.2009.
173 Begriff »unverantwortlicher Ratgeber« nach Theodor Eschenburg auf einer Landespressekonferenz in Stuttgart, zit. nach: *Süddeutsche Zeitung*, 25./26.4.1959.
174 Herzog 2009, Art. 54 GG, Rn. 7.
175 Zum Begriff vgl. Reichertz 2009, S. 195.
176 Zum Handlungsspielraum vgl. auch die journalistische Einschätzung von Scholz/Süskind 2004, S. 18.
177 Zur Machtkonstellation vgl. Brost, Marc/Hildebrandt, Tina: »Schon Geschichte?«, in: *Die Zeit*, 18.1.2018; Hintergrund der Recherchen ist eine Macht-Studie von Hirscher/Korte 2001.
178 Begriff von Geis u. a. 2012.
179 Göhler verwendet diese Unterscheidung, die er in transitive und intransitive Macht differenziert; vgl. Göhler 2011, S. 237.

3. Gestaltungswissen

1 Baring 1969, S. 1.
2 Vgl. hierzu Niclauß 2015.
3 Baring 1969, S. 169–171. Fairerweise muss man ergänzen, dass im Kapitel »Gefolge« auch die Bundesregierung und der Bundestag mit abgehandelt werden, was die außerordentliche machtpolitische Stellung von Adenauer aus der Analyse von Baring (1969) nochmals unterstreicht.
4 Ebd., S. 169; das Zitat von Golo Mann findet sich in: Heuss 1965, mit dem Vorwort von Golo Mann, S. 13.
5 Vgl. Bracher 1965, S. 37.
6 Ebd., S. 43.
7 Ebd., S. 38.
8 Ebd.
9 Rausch 1979, S. 124 f.
10 Plenarprotokoll des Deutschen Bundestages Nr. 1/2 vom 12.9.1949, S. 9 f., URL: http://dip21.bundestag.de/dip21/btp/01/01002.pdf (6.6.2018).
11 Siehe dazu den vollständigen Text des fünften Kapitels des Grundgesetzes im Anhang des Buches.
12 Zur Auszählungsidee vgl. Waldhoff, Christian/Grefrath, Holger: »Das missverstandene Amt«, in: *FAZ*, 9.1.2012, S. 7.
13 Ebd.; dazu auch Herzog 2009, der vom »Ein-Mann-Organ« spricht (Art. 54 GG, Rn. 7).
14 Langguth 2012, S. 281; auch ders. 2007, S. 334.
15 Zum komplexen und einordnend-kritischen Literaturüberblick vgl. Grunden, in: www.Regierungsforschung.de, 20.1.2014; auch Grunden 2011, S. 153–185. Vgl. auch Korte/Fröhlich 2009, S. 58–62.
16 Schwarz, Patrik: »Mann ohne Möglichkeiten«, in: *Die Zeit*, 17.4.2008.
17 Nettesheim 2005, S. 1034.
18 Herzog 2009 in Maunz/Dürig, Art. 54 GG, Rn. 6; weiterführend dazu mit ausführlich gewürdigter Fachliteratur auch Möllers 2012.
19 Interviews mit Wulff in Duisburg im Zeitraum vom 22.11.2016 bis zum 7.2.2017.
20 Dazu im Detail Möllers 2012, S. 77–79. Ebenso markant zusammengefasst bei Butzer 1991, S. 497–524. Butzer verweist vor allem darauf, dass die operativen Möglichkeiten des Präsidialamtes zur Politikplanung und Politiksteuerung sehr begrenzt sind und sich daran seit Heuss nichts geändert hat. Als vergleichende verfassungsrechtliche Studie siehe Mehlhorn 2010.
21 Dazu Strohmeier 2008, S. 177.
22 Interview mit Köhler am 31.5.2018 in Berlin.
23 Ebd.
24 Zu den Hintergründen vgl. Langguth 2007, S. 265–269; auch andere Mitarbeiter

von Köhler erinnerten immer wieder an diese Auseinandersetzung mit dem Kanzler Schröder als Beispiel für Gestaltungsmacht.

25 Die »Gegenzeichnung« ist auch entstehungsgeschichtlich eine wichtige Verbindung im Kräftedreieck zwischen dem Staatsoberhaupt, der Regierung und dem Parlament. Sie ist auch Ausdruck der verfassungsrechtlich beabsichtigten Machtteilung; vgl. dazu Mehlhorn 2010, S. 69–72.
26 Wie weit das materielle Prüfungsrecht reicht, ist unter Juristen höchst umstritten; dazu Möllers 2012, S. 85. Das materielle Prüfungsrecht – als »hard power« – spielt im weiteren Verlauf meines Essays keine Rolle.
27 Aus der Fülle der Analysen: Rütters 2011, S. 862–885.
28 Ebd.; ergänzt ist die noch junge Amtszeit von Bundespräsident Steinmeier.
29 Dazu Butzer 2017, S. 210–215.
30 Herzog 2009, Art. 60 GG, Rn. 4.
31 Jochum differenziert zwischen Einfluss unter politischen Normalbedingungen und Einfluss in Krisen- und Ausnahmesituationen; vgl. Jochum 2000, S. 17 ff.
32 Wie es sich im Falle der Regierungsbildung 2017/18 abspielte, ist Gegenstand des nachfolgenden Kapitels.
33 Diese »hard power« spielt im weiteren Verlauf meines Essays keine entscheidende Rolle; gleichwohl steckt darin viel Gestaltungsmacht.
34 Vgl. Möllers 2012, S. 93–96.
35 Vgl. Jochum 2000, S. 42.
36 Jäger 1994, S. 128.
37 Heuss 1970, S. 19. Das Kapitel 4.2 (»Der Bundespräsident als Gesprächsinstanz«) folgt dieser Spur.
38 Zur Pfadabhängigkeit vgl. Grunden 2014, S. 28–32. Grundsätzlich: Mahoney 2000, S. 507–548; Pierson 2004.
39 Zur Tradition bzw. zum historischen Institutionalismus siehe bspw. Peters/Pierre/King 2005, S. 1275–1300.
40 Zu den Praktiken: Bueger/Gadinger 2014, S. 89–95. Zum Politikmanagement vgl. Korte/Fröhlich 2009.
41 Grunden 2014, S. 5. Er bezieht sich bei der »Logik der Angemessenheit« auf March 1989, S. 39–53.
42 Pikart 1976; an diese Studie anknüpfend Wengst 1999, S. 65–76; grundsätzlich auch ders. 1984.
43 Dazu auch ausführlich Kaltefleiter 1970 mit bewertenden Beispielen ab S. 224 ff.
44 Vgl. Pikart 1976, S. 77; auch Schwarz 1983; ebenso Merseburger 2012, S. 459–467.
45 Vgl. auch Rütters 2011, S. 867; und Birke 1999, S. 90 f.
46 Vgl. Hennecke 2017, S. 321; auch Birke 1999, S. 99.
47 Dazu vgl. Nicklaß 2015 und Korte 2013a.
48 Wulff 2014, S. 127.
49 Interviews mit Wulff im Zeitraum vom 22.11.2016 bis zum 7.2.2017.

50 Dazu Herzog 2009, Art. 54, Art. 60 GG, Rn. 4.
51 Dazu Interviews mit Wulff im Zeitraum vom 22.11.2016 bis zum 7.2.2017.
52 Vgl. Pikart 1976, S. 78.
53 Vgl. Spath 1993, S. 56.
54 Ebd., S. 78 f. Heuss schrieb 1953 in einem Brief: »Was die Funktion des Bundespräsidenten anlangt, so empfinde ich es als einen Hauptmangel, dass wir das nicht haben, was in Frankreich vorgesehen, ganz normale Gelegenheitssitzungen des Kabinetts unter dem Vorsitz des Präsidenten. Anregungen, die ich früher in diese Richtungen machte, das informell einzuführen, blieben ohne Echo, eben aus der Erwägung heraus, die Funktion des Bundespräsidenten tagespolitisch zu neutralisieren.« Zitiert nach: Diehl-Thiele, Peter: »Man kann aus dem Amt etwas machen«, in: *Süddeutsche Zeitung*, 16.11.1976, S. 5.
55 So Herzog 2009, Art. 54 GG, Rn. 19.
56 Zitiert nach Zundel, Rolf: »Die Häutungen des Walter Scheel«, in: *Die Zeit*, 13.5.1977, Nr. 21; Zundel schreibt davon, dass dieses Gross-Zitat zehn Jahre zurückliegen würde.
57 Vgl. Görtemaker 1999, zur Präsidentenkrise S. 365–370.
58 Hintergründe dazu auch bei Morsey 1996, S. 254–267.
59 Dazu auch Koerfer 1987, S. 227 ff.; Schwarz 1983, S. 177–192. Schwarz schreibt, dass die bestimmenden Überlegungen Adenauers bei seiner Kandidatur noch immer nicht völlig klar sind: »Es gibt Deutungen der Vorgänge« (ebd., S. 185).
60 Gemeint ist das Vorschlagsrecht des Bundespräsidenten nach Art. 63 GG; vgl. dazu Kapitel 4.1 in diesem Buch.
61 Der Vortrag ist enthalten in: Adenauer 1967, S. 500 ff.
62 Ebd.
63 So auch Pikart 1976, S. 136.
64 Ebenso in der Einschätzung vgl. Butzer 2017, S. 210 ff.
65 Adenauer 1967, S. 503.
66 Dazu auch Dönhoff, Marion: »Konrad Adenauer. Des Kanzlers großer Entschluss zur richtigen Stunde«, in: *Die Zeit*, 10.4.1959.
67 Zitiert nach: Eschenburg, Theodor: »Schweigen wäre besser«, in: *Die Zeit*, 8.2.1974, Nr. 7.
68 Ebd.
69 Dazu Becker, Kurt: »Ein alter Konflikt in Bonn ist von neuem entbrannt«, in: *Die Zeit*, 19.11.1976, Nr. 48; siehe auch den Bericht »Die Kunst, bis an die Grenzen zu gehen«, in: *Der Spiegel*, Nr. 47, 15.11.1976.
70 Ebd.; und Becker, Kurt: »Ein alter Konflikt in Bonn ist von neuem entbrannt«, in: *Die Zeit*, 19.11.1976.
71 Vgl. auch zum Hintergrund: Zundel, Rolf: »Die Häutungen des Walter Scheel«, in: *Die Zeit*, 13.5.1977, Nr. 21.
72 Karl Carstens antwortete auf die Frage: »Sie würden nicht für eine Ausweitung der Amtskompetenzen plädieren?« mit der Bemerkung »Nein, das würde ich

keinesfalls tun«. In seine Amtszeit fällt die Prüfung der Konsequenzen der von Bundeskanzler Kohl wie erwünscht verloren gegangenen Vertrauensfrage 1982, die zur Auflösung des Bundestages und zu vorzeitigen Neuwahlen führte. Das Carstens-Zitat findet sich in dem Artikel »Wir wissen nicht, wie glücklich wir sind«, in: *Die Zeit*, 22.6.1984, Nr. 26.

73 Carstens 1971, S. 101.
74 So Herzog 2009, Art. 58 GG, Rn. 55; ebenso in der besonders wichtigen Einschätzung der Rede: Schlaich 1987, S. 543.
75 Das Gespräch findet sich in: *Die Zeit*, 22.6.1984, Nr. 26.
76 Ebd.
77 Herzog 2009, Art. 56 GG, Rn 57.
78 So auch Butzer 2015, S. 119 ff.; ebenso Schlaich 1987, S. 562–564. Die Gegenzeichnung für Reden bleibt insofern nur theoretisch strittig, praktisch allerdings unbedeutend. Darauf verweist Patzelt 2005, S. 305.
79 Vgl. Kaltefleiter 1970, S. 271.
80 Interview mit Gauck am 7.2.2018, Berlin.
81 Ebd.
82 Vgl. ebd.
83 In der Amtszeit von Steinmeier ist das anders, was sicher auch damit zusammenhängt, dass er vorher das Amt des Außenministers innehatte. Beispielsweise war es auch üblich, jeweils einen Tag vor den sogenannten »Berliner Reden« des Bundespräsidenten den Text der Rede dem Kanzleramt zu übermitteln; weiterführende Hinweise dazu bei Kaltefleiter 1970, S. 269–274.
84 Vgl. Schlaich 1987, S. 562.
85 Urteil des Zweiten Senats vom 10.6.2014; 2 BvE4/13, in: https://www.bundesverfassungsgericht.de/SharedDocs/Entscheidungen/DE/2014/06/es20140610_2bve000413.html (7.6.2018).
86 Dazu beispielsweise Janisch, Wolfgang: »Ein Hauch von Monarchie«, in: *Süddeutsche Zeitung*, 11.6.2014.
87 Urteil des Zweiten Senats vom 10.6.2014; 2 BvE4/13.
88 Ebd.
89 Ebd.
90 Begriff in diesem Kontext von Bundespräsident Carstens, in: *Die Zeit*, 22.6.1984.
91 Butzer 2017, S. 213.
92 Interviews mit Bundespräsident Wulff im Zeitraum vom 22.11.2016 bis zum 7.2.2017, Duisburg.
93 Allemann 1959, S. 9.
94 Umfang- und detailreich zum Aufbau und zur Arbeitsweise des Bundespräsidialamtes, vor allem aus verfassungs- und verwaltungsrechtlicher Sicht: Spath 1993; Butzer, Hermann: »Der Bundespräsident und sein Präsidialamt«, in: Verwaltungs-Archiv, Nr. IV, 1.10.1991, S. 497–525; Pieper/Schmidt 2012, S. 99–110.

95 Der Organisationsplan des Bundespräsidenten/des Bundespräsidialamtes befindet sich im Anhang.
96 http://www.bundespraesident.de/DE/Amt-und-Aufgaben/Bundespraesidialamt/bundespraesidialamt-node.html (8.7.2018).
97 Ebd.
98 Metapher von Rüdiger Frohn im Interview am 14.5.2018.
99 Mit dabei waren außerdem die Parteivorsitzenden Merkel (CDU) und Stoiber (CSU).
100 Vgl. dazu Hujer, Marc/Schult, Christoph: »Der Bescheidenheitsprotz«, in: *Der Spiegel*, 11.2.2017.
101 Köhler arbeitete mit drei verschiedenen Chefs des Bundespräsidialamtes zusammen (Jansen, der im Amt verstorbene Haller, Wolff), was die strategische Ausrichtung im Amt erschwerte. Zu den personalpolitischen Hintergründen vgl. Bannas, Günter: »Auch Zurückhaltung gehört zu Deutschland«, in: *FAZ*, 12.12.2013, Nr. 289, S. 2; auch Berg, Stefan: »Aufbruch im Schloss«, in: *Der Spiegel*, Nr. 15/2010.
102 Dazu kritisch der Bericht »Kritik an Amtsführung. Schlechte Stimmung im Bellevue«, in: *FAZ.net*, 15.6.2017; auch Bullion, Constanze von: »Zank im Bundespräsidialamt«, in: *Süddeutsche Zeitung*, 17.6.2017.
103 Pieper/Schmidt 2012, S. 110.
104 So beispielsweise idealtypisch ein Vermerk des Staatssekretärs Blech (Leiter des Bundespräsidialamtes in der Zeit von Bundespräsident Richard von Weizsäcker) für den Bundespräsidenten Weizsäcker, 30.5.1987, in: Bundesarchiv Koblenz (BAK), B 122/47558; diese Akten spielen im Kapitel 4.3 bei der Untersuchung des Staatsbesuchs in Moskau eine Rolle.
105 Mertes 2003, S. 62.
106 Dazu Grunden 2009; Florack 2013.
107 https://www.bundeshaushalt-info.de/#/2017/soll/ausgaben/einzelplan.html (8.7.2018).
108 So die Einschätzung bei König 2015, S. 234; ebenso Butzer, Hermann: »Der Bundespräsident und sein Präsidialamt«, in: Verwaltungs-Archiv, Nr. IV, 1.10.1991, S. 497–525, hier S. 497 ff.
109 Dazu König 2015, S. 231. Diese kommunikative Interdependenz findet sich auch in der Geschäftsordnung der Bundesregierung wieder: »Der Bundeskanzler unterrichtet den Bundespräsidenten laufend über seine Politik und die Geschäftsführung der einzelnen Bundesminister durch Übersendung der wesentlichen Unterlagen, durch schriftliche Berichte über Angelegenheiten von besonderer Bedeutung sowie nach Bedarf durch persönlichen Vortrag.« (§ 5 der Geschäftsordnung der Bundesregierung vom 11.5.1951)
110 Den Begriff verwendet dafür Carstens 1993, S. 537.
111 Ebd., S. 537.
112 Köhler sagte, dass er in der Regel jedes Quartal Merkel zum Vier-Augen-Ge-

spräch traf (Interview am 31.5.2018 in Berlin); vgl. auch Hoffmann/Stock 2012, S. 262, zum bilateralen Austausch zwischen Rau und Schröder.

113 Adenauer, Konrad/Heuss, Theodor/Mensing, Hans Peter (Bearb.): *Unter vier Augen. Gespräche aus den Gründerjahren 1949–1959*, Berlin 1997.

114 Umfangreich dokumentiert in: BAK, B 122 Anhang/85.

115 Adenauer/Heuss: *Unter vier Augen* (1997) – in der Einführung von Mensing werden die einzelnen Gespräche spezifischen Themenbereichen hilfreich zugeordnet.

116 Hintergrundinformationen zum Personal- und Aufgabenprofil bei Bundespräsident Köhler vgl. Langguth 2009, S. 250–264.

117 Im Anhang des Buches findet sich eine Liste mit den Namen aller Chefs des Bundespräsidialamtes.

118 Rüdiger Frohn im Interview am 14.5.2018.

119 Ebd.

120 Wenn Machtmakler wechseln, kommt es deshalb sehr häufig zu Reibungsverlusten des Politikmanagements. So war es auch bei Köhler, als sein erster Amtschef wechselte.

121 Vgl. Lohse, Eckart: »Wesensnah«, in: *FAZ*, 21.3.2017.

122 Als ich Steinmeier, damals noch Chef des Kanzleramtes und selber in der Rolle des Machtmaklers gegenüber Kanzler Schröder, bei einer öffentlichen Veranstaltung mit dem Begriff des Machtmaklers konfrontierte, wehrte er ab. Der Begriff sei doppelt negativ besetzt: Kein Chef des Kanzleramtes würde öffentlich zugeben, dass er viel Macht habe, und zudem sei der Begriff des Maklers im Kontext der Immobilienbranche auch öffentlich negativ konnotiert. Dennoch konnte er sich mit der Substanz des Begriffs anfreunden. Ich hatte damals dazu die Chefs des Kanzleramtes von Schmidt, Kohl und Schröder in Berlin im Presse- und Informationsamt der Bundesregierung eingeladen – im Rahmen der Vorstellung meines Buches *Information und Entscheidung*, die wiederum vom *Deutschlandfunk* damals übertragen wurde.

123 So Schäuble im Interview am 12.6.1996, Bonn; weiterführende Einordnung dazu bei Korte 1998, S. 209–213.

124 Köhler im Interview am 31.5.2018, Berlin.

125 Bereits 2006 erfolgte sein Hinweis, wonach sich »die internationalen Finanzmärkte zu einem Monster entwickelt haben«. Und: »Es geht mir nicht darum, den Kapitalismus in Frage zu stellen. Globalisierung ist Realität. Aber sie kann zum Monster werden. Mit Globalisierung ist Entgrenzung verbunden« (*Der Spiegel*, 13.6.2005).

126 http://www.bundespraesident.de/SharedDocs/Reden/DE/Horst-Koehler/Reden/2009/03/20090324_Rede.html (29.8.2018); außerdem dazu: Nass, Matthias, »Verlust des Anstandes«, in: *Die Zeit*, 26.3.2009.

127 http://www.bundespraesident.de/SharedDocs/Reden/DE/Horst-Koehler/Reden/2009/03/20090324_Rede.html (29.8.2018).

128 Mail von Schmolke an den Verfasser vom 22.2.2018.
129 Zur Lagebesprechung bei Bundespräsident von Weizsäcker vgl. Pflüger 1990, S. 17–25. Zur Lagebesprechung bei Bundespräsident Köhler vgl. Langguth 2007, S. 250–257. Ein Organigramm des Bundespräsidialamtes findet sich im Anhang des Buches.
130 Solange Bundespräsidenten im Amt sind, existieren über diese sehr vertraulichen Lagerunden keine Informationen, die man über Gespräche belegen könnte.
131 Zu den Personalkonstellationen bei Köhler vgl. Langguth 2009, S. 250–257; bei Bundespräsident Carstens vgl. Carstens 1993, S. 541 f.
132 Ein umfangreiches Dossier ist über ihre Aktivitäten der ersten Monate erschienen, in: *Die Zeit*, 31.8.2017
133 Mail von Schmolke an den Verfasser am 22.2.2018.
134 Erzählt bei Scholz/Süskind 2004, S. 473; wiederentdeckt bei Pieper/Schmidt 2012, S. 107.
135 Wulff 2014, S. 103 f.
136 Mail von Schmolke an den Autor am 22.2.2018.
137 Vgl. Bergmann 2018, S. 132–135.
138 http://www.bundespraesident.de/DE/Amt-und-Aufgaben/Bundespraesidialamt/Arbeitsbereiche/Zentrale-Angelegenheiten/abteilung-zentrale-angelegenheiten-node.html (9.7.2018).
139 Spath 1993, S. 136. Grundsätzlich zum Protokoll des Bundespräsidenten Bergmann 2018.
140 Zur Symbolik der Staatsbesuche vgl. Günther 2006; zum präsidentiellen Staatszeremoniell vertiefend Hartmann 2000; im Vergleich zu anderen Staaten bei Rauchensteiner 2011; in theoretischer Durchdringung bei Göhler 2010, S. 691–720; zum Zusammenhang von Ritual und Politik vgl. Sarcinelli 1998 und Edelman 1976.
141 Brandt 2005, S. 36–48.
142 So eine Einschätzung von Wulff in Interviews in Duisburg im Zeitraum vom 22.11.2016 bis 7.2.2017.
143 Zum Personal und zu Personalspekulationen in der Startphase vgl. Thumann, Michael/Dausend, Peter: »La Mannschaft wechselt ins Schloss Bellevue«, in: *Die Zeit*, 11.2.2017, Nr. 7.
144 Pieper/Schmidt 2012, S. 105.
145 Bundespräsident Steinmeier im Interview am 26.2.2018, Berlin. Das bezog sich vor allem auf den Bereich der Regierungsbildung.
146 Mail von Schmolke an den Verfasser am 22.2.2018.
147 Ebd.
148 So die Zuordnung durch Schmolke im Interview am 1.2.2018, Berlin.
149 Thumann, Michael/Dausend, Peter: »La Mannschaft wechselt ins Schloss Bellevue«, in: *Die Zeit*, 9.2.2017, Nr. 7.

150 Einen exzellenten und prototypisch verallgemeinerbaren Überblick liefert Mielke 2003, S. 122–137.
151 Ebd., S. 129.
152 Ebd., S. 130.
153 In der Anwendung auf Staatskanzleien vgl. Klein 2015 und Florack 2013.
154 Interview mit Schmolke am 1.2.2018, Berlin.
155 Einen guten Überblick bietet Streich 2018.
156 Interview mit Steinmeier am 26.2.2018, Berlin.
157 Ebd.
158 Interview mit Gauck am 7.2.2018, Berlin. Dabei erinnerte er mit diesem Generalthema an einige Reden und Interviews, in denen er diese Formulierung verwendet hatte.
159 Ebd.
160 Interview mit Fallois am 31.1.2018, Berlin.
161 Herzog 1998, S. 523–541.
162 Interview mit Kleine-Brockhoff am 20.3.2018, Berlin. Thomas Ellerbeck (stellvertretender Pressesprecher und Büroleiter von Herzog) verweist auf die Gesamtorchestrierung der Rede im politischen Programm von Herzog; vgl. Ellerbeck, Thomas: »Die Ruck-Rede Roman Herzogs«, in: Pressesprecher, Nr. 3/2011.
163 Jochum 2000, S. 38. Ebenso dazu Interview mit Kleine-Brockhoff am 20.3.2018, Berlin.
164 Bei Herzog wurde beispielsweise die Zusammenarbeit mit der Bertelsmann-Stiftung intensiviert; vgl. kritisch Schuler 2010.
165 So Gauck im Interview am 7.2.2018, Berlin.
166 So Schmolke im Interview am 1.2.2017, Berlin. Im Kontext der problematischen Regierungsbildung 2017/18 gab es im Schloss Bellevue Konsultationen mit dem Präsidenten des Bundesverfassungsgerichts, Voßkuhle, sowie dem Bundestagspräsidenten Schäuble.
167 So Jochum 2000, S. 39.

4. Gestaltungsräume

1 Das Grundgesetz kennt nur das generische Maskulinum.
2 Im vorherigen Kapitel ist das bereits eingeordnet worden. Dazu Möllers 2012, S. 96 f.
3 So auch Lippert 1973, S. 64.
4 Mit 32,9 Prozent der Wählerstimmen erreichte die Union das zweitschlechteste Ergebnis in ihrer Wahlgeschichte.
5 Der Anteil der ersten Großen Koalition (1965) an der Sitzverteilung betrug ca.

90 Prozent, die zweite Große Koalition aus dem Jahr 2005 hatte einen Anteil von etwa 73 Prozent, die dritte aus dem Jahr 2013 stellte knapp 80 Prozent der Abgeordneten. Der Anteil der aktuellen Regierung an der Sitzverteilung im Bundestag nach der Bundestagwahl 2017 schließlich ist auf etwas über 56 Prozent gesunken.

6 Am Beispiel der kontrafaktischen Außenpolitik vgl. Hartenstein 2015.
7 Ebd., S. 17.
8 Ebd., S. 59.
9 Weiterführende Informationen zum Alltagsmanagement und zu den Gestaltungschancen einer geschäftsführenden Regierung bietet: »›Lamentieren statt regieren geht gar nicht‹. Interview mit Roland Koch«, in: *Die Zeit*, 23.11.2017, Nr. 48.
10 Dazu hat der ehemalige Verfassungsrichter Hans-Jürgen Papier vorgeschlagen, das Grundgesetz zu ändern. Demnach solle das Vorschlagsrecht des Bundespräsidenten künftig ausdrücklich mit einer Fristenregelung versehen werden. »Davon würde auch von Anfang an ein gewisser zeitlicher Druck auf Koalitionsverhandlungen ausgehen«. Vgl.: *Westdeutsche Allgemeine Zeitung* (WAZ), 8.1.2018.
11 Dazu weitere Informationen im Kapitel 2.2 und dort im Teilkapitel »Optionen durch Entschleunigung«.
12 So der Abgeordnete Katz im Parlamentarischen Rat, Hauptausschuss, 33. Sitzung, 8.1.1949, S. 407 f.
13 Die Auseinandersetzung wird sehr kontrovers geführt. Zur Kontroverse vgl. Gu 1999, S. 761–771.
14 Kaltefleiter 1970, S. 276.
15 Dazu auch beispielsweise: Horst 1995, S. 586–595.
16 Vgl. Carstens 1971, S. 101–103.
17 Ebd., S. 101, Rn. 511.
18 Kaltefleiter 1970, S. 49.
19 Die Möglichkeiten bei der Regierungsbildung sind vor allem im Kontrast zur Bundesrepublik Österreich gut sichtbar. Bundespräsident Van der Bellen griff 2017 – von der österreichischen Verfassung legitimiert – intensiv in die Regierungsbildung der ÖVP-FPÖ-Koalition ein. Er begleitete die Koalitionsgespräche eng und verlangte neben einer proeuropäischen Ausrichtung die parteipolitische Trennung von Justiz- und Innenministerium. Zudem soll er sich aktiv in die Personalauswahl der Minister und Staatssekretäre eingebracht haben. Diese Machtfülle ist vom Grundgesetz nicht gedeckt. Ein regierender Präsident ist nicht vorgesehen. Zu den politischen Gestaltungsmöglichkeiten des Bundespräsidenten in der Bundesrepublik Österreich siehe Ucakar/Gschiegl 2012, S. 133 ff.; vgl. dazu auch den Artikel »Van der Bellens bedeutende Rolle bei der Regierungsbildung«, in: *Neue Zürcher Zeitung* (NZZ), 19.12.2017.
20 Zum Prozedere vgl. Herzog 2009, Art. 63 GG, Rn. 15, 16.
21 Ebd., Rn. 17.

22 Herzog 2009, Art. 54 GG, Rn. 93.
23 Ebd.
24 Ebd., Rn. 18.
25 Zu diesem Gedanken vgl. Ipsen 2006, S. 217–222.
26 Baring 1984, S. 176.
27 Zu den Hintergründen mit entsprechenden Quellenverweisen vgl. Morsey 1996, S. 345–352; dazu auch Rausch 1979, S. 78.
28 Vgl. Schwarz 1983, S. 228.
29 Vgl. Herzog 2009, Art. 54 GG, Rn. 86.
30 Dazu vgl. Küchenhoff 1966, S. 675 ff.; auch Rausch 1979, S. 75.
31 Vgl. ebd., S. 75.
32 Das war schon bei Heuss gegen Adenauer der Fall. Vgl. dazu Kapitel 3.2; außerdem: Rütters 2011, S. 867–870.
33 Dazu Morsey 1996, S. 347–349.
34 Dazu ebd., S. 456–462; und auch Spath 1993, S. 63.
35 Ebd.
36 Ebd., S. 458.
37 Ebd., S. 458 f.
38 Wolfrum 2006, S. 224.
39 Im ACDP (Sankt Augustin) ist der Nachlass von Hans Berger einsehbar; I-400-015/1; dazu Morsey 1996, S. 458.
40 Vgl. dazu Jochum 2000, S. 28–30. Zum Hintergrund auch: Hennecke 2003, S. 44–47.
41 Die Begrifflichkeit des »Magdeburger Modells« ist während der rot-grünen Regierungsbildung im Jahre 1994 in Sachsen-Anhalt geprägt worden. Charakteristisch hierbei war, dass die Regierungskoalition aus SPD und Bündnis 90/Die Grünen nicht über eine eigene Mehrheit im Landesparlament verfügte und deshalb darauf angewiesen war, von der damaligen PDS toleriert zu werden; vgl. hierzu Träger 2017, S. 165.
42 Jochum 2000, S. 29.
43 Zum Hintergrund vgl. Müller, Reinhard: »Als Angela Merkel beinahe nicht Kanzlerin wurde«, in: *FAZ*, 27.10.2009; auch dazu Butzer 2017, S. 210–215.
44 O. Verf.: »Handeln im Sinne der Verfassung«, in: *Der Spiegel*, 21.11.2005.
45 Interview mit Köhler am 31.5.2018, Berlin. Vgl. auch Langguth 2007, S. 298 f.
46 Interview mit Köhler am 31.5.2018, Berlin.
47 Zur Prüfungskompetenz des Bundespräsidenten gehört es zu ermitteln, ob der zu ernennende Kanzler gegen das Verfassungsrecht verstößt. Zur Ausnahme einer Ernennungspflicht gehören, »dass der gewählte Bewerber die [...] auch auf die Kanzlerwahl anwendbaren Bedingungen der Wahl in den Bundestag nicht erfüllt bzw. keine Gewähr für seine Verfassungstreue gibt« – so Herzog 2009, Art. 63 GG, Rn. 51; vgl. auch Strohmeier 2008, S. 183.
48 Hierzu Interview mit Gauck am 7.2.2018, Berlin.

49 Vgl. Interview mit Gauck am 7.2.2018, Berlin; dazu auch Bannas, Günter: »Auch Zurückhaltung gehört zu Deutschland«, in: *FAZ*, 12.12.2013.
50 Dazu auch Einschätzungen bei Braun/Szymanski: »Gauck wills wissen«, in: *Süddeutsche Zeitung*, 30.9.2013; »Gauck und Merkel treffen sich zu vertraulichen Gesprächen« und »Präsident Gauck hat ein Recht auf Information«, beide in: *Die Welt*, 30.9.2013; Mayntz, Gregor: »Kanzlerwahl vor Weihnachten«, in: *Rheinische Post*, 2.10.2013.
51 Zur inhaltlichen Linie dieser Argumentation gehört, dass sich Gauck vermutlich auch nicht bei seiner ersten Kandidatur als Bundespräsident – gegen den Kandidaten Wulff – mit den Stimmen der Linken zum Bundespräsidenten hätte wählen lassen.
52 Ebd. An einen weiteren Informationsvorsprung erinnerte Frohn im Interview mit dem Verfasser am 14.5.2018: Steinmeier war schon als Chef des Kanzleramtes unter Bundeskanzler Schröder häufig als Emissär des Kanzlers im Schloss Bellevue zu Gesprächen mit Rau gewesen. Schröders Verhältnis zu Rau war konfliktreich. Da bot es sich an, Steinmeier zu Rau für Vorsondierungen zu schicken. Steinmeier und Rau verstanden sich sehr gut.
53 Interview mit Gauck am 7.2.2018, Berlin. Gerade in Startjahren ist es schwer, bereits ein Thema zu positionieren. Gauck wechselte zudem auch den Planungschef, Wolfgang Stierle, nach knapp einem Jahr aus. An seine Stelle trat Thomas Kleine-Brockhoff.
54 Für die CDU war es das zweitschlechteste Wahlergebnis ihrer Parteigeschichte.
55 Dazu Grassert/Hennecke 2017.
56 Vgl. dazu Korte 2017c, S. 4–9.
57 Vgl. Hennecke 2017, S. 328.
58 »Regelwerk zur Migration« vom 9.10.2017. Es lieferte später in den weiteren Verhandlungen eine besondere Referenzgröße.
59 Zur Chronologie der Regierungsbildung hier die Daten: 24.9.2017 Bundestagswahl; 15.10.2017 Landtagswahl in Niedersachsen; 20.10.2017 Beginn der Jamaika-Sondierungen von Union, Grüne, FDP; 19.11.2017 Abbruch der Jamaika-Sondierungen – das Jamaika-Aus; 7.–9.12.2017 Ordentlicher Parteitag der SPD (Berlin), der Sondierungen für eine »GroKo« zustimmt (Wahl des Parteivorsitzenden Schulz – zweite Amtszeit); 7.1.2018 Beginn der Sondierungen von Union und SPD; 21.1.2018 SPD-Sonderparteitag (Bonn) soll über die Aufnahme von Koalitionsverhandlungen entscheiden. Mehrheit stimmt mit Ja; 25.1.2018 Start der Koalitionsverhandlungen zur Neuauflage einer »GroKo«; 7.2.2018 Union und SPD schließen einen Koalitionsvertrag; 8./9.2.2018 die Führungsgremien der CSU und die bayerische Landtagsfraktion stimmen dem Koalitionsvertrag zu; 26.2.2018 CDU-Bundesparteitag (Berlin) stimmt dem Koalitionsvertrag zu; 4.3.2018 positiver Mitgliederentscheid der SPD zum ausgehandelten Koalitionsvertrag; 14.3.2018 Wahl des Bundeskanzlers und Ernennung der Mitglieder der Bundesregierung. Zum Verlauf der Regierungs-

bildung vgl. Florack 2017, S. 47–52; auch mit zahlreichen chronologischen Details Siefken 2018, S. 407–443; sowie Florack 2019.
60 Vgl. dazu Weckenbrock 2017, S. 172; auch Hickmann: »Alles klar. Oder?«, in: *Süddeutsche Zeitung*, 12.10.2013, sowie Susanne Höll/Nico Fried: »Aus Schwarz-Grün wird nichts«, in: Ebd., 16.10.2013.
61 https://www.tagesschau.de/inland/jamaika-sondierungen-111.html (28.6.2018); bereits vier Monate zuvor war in Kiel eine erste schwarz-grün-gelbe Koalition erfolgreich gebildet worden: https://www.abendblatt.de/region/schleswig-holstein/article210902401/Jamaika-Koalition-in-Kiel-steht.html (28.6.2018).
62 Bullion, Constanze von u. a.: »Jamaika-Chronik des Scheiterns«, in: *Süddeutsche Zeitung*, 25.11.2017, S. 2. Eine Einladung in die Berliner *Phoenix*-Runde ist auch in diesen Zeiten nichts Ungewöhnliches. Allerdings soll die Sendung live gesendet werden, was sehr selten vorkommt. Seit etwa 20 Uhr war ich im Besitz des ersten umfassenden Papiers der Sondierungsunterhändler. Es enthielt viele Klammern, also noch offene Punkte. Doch auch am späten Abend kam aus der Parlamentarischen Gesellschaft kein Zeichen des Abschlusses. Als ich um 4.15 Uhr den Wecker höre, um den ersten Flug nach Frankfurt zu erreichen, sehe ich die Eilmeldung von 4.12 Uhr mit der Schlagzeile »Sondierungen vertagt«.
63 *Tagesschau.de*, 18.11.2017.
64 Ebd.
65 Ebd.
66 Ebd.
67 Interview in: *Welt am Sonntag*, 19.11.2017, Nr. 47.
68 Ebd.
69 Das Interview wurde seitens des Präsidialamtes bereits antizipierend problembewusst geführt, da zumindest im Präsidialamt auch ein Scheitern der Sondierungen nicht ausgeschlossen wurde – zumindest als eine mögliche Option, ohne den Zeitpunkt des Scheiterns vorhersagen zu können.
70 Zuletzt hatten die schwarz-gelben Sondierungen und Koalitionsverhandlungen in Düsseldorf exemplarisch und professionell vorgeführt, wie solche bilateralen Gesprächsformate zum Erfolg führen können. Damals galt oberste Verschwiegenheit. Aber in regelmäßigen Abständen wurden Pressetermine inszeniert, bei denen wichtige Zwischenergebnisse über einzelne Politikfelder der Öffentlichkeit mitgeteilt wurden. Aus den Verhandlungen erfuhr die Öffentlichkeit jedoch nichts. Selbst das Personaltableau der CDU für Ministerämter war bis zur Wahl des Ministerpräsidenten Laschet öffentlich unbekannt. Am 29.6.2017 wurden die Minister des Kabinetts durch Laschet vorgestellt; siehe: https://rp-online.de/nrw/landespolitik/das-sind-die-minister-2017-der-schwarzgelben-koalition-in-nrw_aid-17638161 (9.7.2018).
71 Zum Hintergrund vgl. die ausführliche Dokumentation »Sondierungen«, in: *FAS*, 26.11.2017, S. 3–5. Außerdem: http://www.zeit.de/news/2017–11/20/parteien-ein-fast-historischer-tag—-wie-jamaika-scheiterte-20135013 (21.8.2018).

72 https://www.tagesschau.de/inland/jamaika-endspurt-111.html (28.6.2018). Der Logik folgten dann auch zunächst die Medien. Für 19.10 Uhr hatte ich einer möglichen Schaltung für »Berlin direkt« dem ZDF auf dem Lerchenberg in Mainz zugesagt, die nur zustande kommen sollte, wenn bis dahin die Sondierungen abgebrochen wären. Da dies minütlich passieren konnte, wartete ich gesprächsbereit im Nachrichtenstudio auf die Zuschaltung, die aber ausblieb. Für 20.45 Uhr hatte das »heute-Journal« ebenso angefragt, so dass die Zeit bis dahin gut zu überbrücken war. Denn die Verlautbarungen der Parteien aus den Sondierungen erfolgten stakkatohaft am Sonntagabend und reichten so weit, dass der CSU-Finanzexperte Michelbach den angeblichen Durchbruch beim »Soli« verkündete, was er wenige Minuten später als Falschmeldung wieder einkassierte. Das klang alles nicht nach geordneten Verhandlungen, sondern nach Chaos-Sondierungen über komplexe Politikfelder. Claus Kleber traf mich in der Maske. Wir sprachen über das Durcheinander der unterschiedlichen Meldungen aus der Landesvertretung. Ich sagte, dass ich angesichts der stockenden Regierungsbildung auf den Bundespräsidenten setze. Dieser hatte sich am Tag zuvor erstmals öffentlich in einem Interview dazu geäußert, was mit außergewöhnlicher Zeitplanung passgenau an diesem Sonntag publiziert wurde. Vor dem Hintergrund meiner Forschungen zum Gestaltungspotenzial der Bundespräsidenten – eben auch im Fall der Regierungsbildungen – war ich auf historische Einmischungsversuche von Lübke, Herzog und Köhler gestoßen. Ich erinnerte im kurzen Vorgespräch mit Claus Kleber daran, dass der Bundespräsident ein Kanzlermacher sein könnte und der Geburtshelfer neuer Koalitionen. Kleber meinte, dass dies aus seiner Sicht eine neue Perspektive auf das Thema wäre und er sehr gerne darüber mit mir in der Sendung sprechen möchte. Das »heute-Journal« wurde schließlich mit abwechselnden Schaltungen nach Berlin gesendet. Unser Livegespräch folgte im »heute-Journal« direkt nach dem Studio-Gespräch mit Andrea Nahles (SPD), die nochmals die Absage der SPD an eine Große Koalition vehement unterstrich. Ich wiederum erinnerte in einer Gesprächssequenz mit Kleber an die präsidentielle Rolle bei der Regierungsbildung und in einem anderen Gesprächsteil an die Chancen von Minderheitsregierungen in Deutschland. Ein »heute-Journal Spezial« setzte das ZDF für 23.25 Uhr an, in dem wir nochmals diese Themen ansprachen. Eigentlich wollte ich nach diesem »Spezial« aufbrechen, da ich für das »Morgenmagazin« bereits angefragt war, doch Kleber und der Redaktionsleiter Wulf Schmiese fragten, ob ich nicht noch beim letzten kurzen »Spezial« (geplant für 0.05 Uhr) dabei sein könnte. Ich folgte beiden in die Redaktion, um dort zu warten. Wir waren wenige Minuten in den Redaktionsräumen des »heute-Journals«, als gegen 23.46 Uhr ein Mitarbeiter laut rief: »Gescheitert. Ende«. Wir versammelten uns vor einem Bildschirm und hörten die Erklärung von Lindner (FDP), die er einem vorbereiteten Redezettel entnahm. Bettina Schausten berichtete, dass Kubicki, Buschmann und Lindner

direkt danach in ein vorfahrendes Auto stiegen und sich wegfahren ließen, während der Rest der FDP-Delegation frierend und etwas konsterniert wirkend vor der Landesvertretung alleine zurückblieb. Die weitere Sonderausgabe des »heute-Journal Spezial« startete kurze Zeit später. Kleber und ich hatten sehr viel Zeit redend-spekulierend zu überbrücken, bis gegen 1.15 Uhr die Kanzlerin eine offizielle Erklärung abgab.

73 Die Grünen wählten am 27.1.2018 Annalena Baerbock und Robert Habeck zu ihren Vorsitzenden; die SPD wählte am 22.4.2018 Andrea Nahles zu ihrer Parteivorsitzenden.

74 Diese Idee hatte ich bereits Sonntagabend öffentlich benannt; Trittin (Die Grünen) griff dies vor der Landesvertretung auf und verneinte sofort, weil dann die Grünen »das letzte Rad am Wagen« wären.

75 Das hätte allerdings mehrere Wahlgänge vorausgesetzt.

76 Details dazu vgl. »Labyrinth«, in: *FAS*, 3.12.2017.

77 Geplant war u.a. der Antrittsbesuch des Bundespräsidenten in Nordrhein-Westfalen.

78 http://www.bundespraesident.de/SharedDocs/Reden/DE/Frank-Walter-Steinmeier/Reden/2017/11/171120-Statement-Regierungsbildung.html (28.6.2018).

79 Interview mit Schmolke am 1.2.2018, Berlin.

80 http://www.bundespraesident.de/SharedDocs/Reden/DE/Frank-Walter-Steinmeier/Interviews/2017/171119-Interview-Welt-am-Sonntag.html (28.6.2018)

81 So Steinmeier im Interview mit der *Zeit*, 7.6.2018.

82 Poschardt, Ulf: »Die feinen Gesten des ersten Mannes«, in: *Die Welt*, 1.12.2017.

83 So auch bereits im Interview mit der *Welt am Sonntag*: http://www.bundespraesident.de/SharedDocs/Reden/DE/Frank-Walter-Steinmeier/Interviews/2017/171119-Interview-Welt-am-Sonntag.html (28.6.2018).

84 »Ich werde in den kommenden Tagen Gespräche mit den Vorsitzenden aller an den bisherigen Sondierungen beteiligten Parteien führen, aber auch Gespräche mit den Vorsitzenden von Parteien, bei denen programmatische Schnittmengen eine Regierungsbildung nicht ausschließen.« Siehe: http://www.bundespraesident.de/SharedDocs/Reden/DE/Frank-Walter-Steinmeier/Reden/2017/11/171120-Statement-Regierungsbildung.html (28.6.2018).

85 Interview mit Steinmeier am 26.2.2018, Berlin.

86 Vgl. Fried, Nico: »Sie weiß etwas, was du nicht weißt«, in: *Süddeutsche Zeitung*, 3./4.3.2018, S. 3.

87 Ebd.

88 Siebeneinhalb Jahre war Steinmeier Außenminister im Kabinett Merkel und vier Jahre Oppositionsführer gegen die schwarz-gelbe Merkel-Regierung.

89 So zitiert bei Fried, Nico: »Kanzlerin und Präsident«, in: *Süddeutsche Zeitung*, 22.11.2017.

90 Merkel sprach routinemäßig als Kanzlerin mit vielen Bundespräsidenten: Köhler, Wulff, Gauck und schließlich Steinmeier.
91 Neuwahlen waren immer nur möglich, wenn zuvor der Bundestag aufgelöst worden wäre.
92 Interview mit Steinmeier am 26.2.2018, Berlin.
93 So Steinmeier im Gespräch mit journalistischem Nachwuchs am Rande des Antrittsbesuchs in Rheinland-Pfalz, in: *Allgemeine Zeitung* (Mainz), 20.3.2018, S. 3.
94 So Steinmeier im Interview mit der *Zeit*, 7.6.2018.
95 Das Gespräch fand am 23.11.2017 statt; https://www.zeit.de/news/2017–11/23/parteien-steinmeier-spricht-mit-schulz-und-schaeuble-23002802 (28.6.2018).
96 Interview mit Steinmeier am 26.2.2018, Berlin. In dieser diplomatischen Formulierung stecken die Verweigerung der FDP, an einer Regierungsbildung teilzunehmen, ebenso wie die frühe Festlegung der SPD auf die Oppositionsrolle.
97 Ebd.; weitere Beispiele, in denen er konkrete Gestaltungsspielräume aus dem Amt heraus sieht, werden in Kapitel 4.2 geschildert.
98 Ebd.
99 Gespräch am 30. 11.2017: https://www.tagesspiegel.de/politik/regierungsbildung-steinmeier-empfing-merkel-seehofer-und-schulz/20657860.html (28.6.2018).
100 Zur Wirkungsmacht von politischen Bildern vgl. Ballensiefen 2009.
101 Noch wesentlich diplomatischer formuliert der Vatikan »Vorladungen« an bestimmte Kardinäle: »Den Vorsitzenden der Deutschen Bischofskonferenz hat der Wunsch des Heiligen Vaters erreicht, wonach dieser vorschlägt, in der Sache ein Gespräch in Rom zu führen.« Sprachliche Camouflage!
102 Vgl. zur Einschätzung auch Poschardt, Ulf: »Die feinen Gesten der ersten Mannen«, in: *Die Welt*, 1.12.2017.
103 Dieser Begriff wurde zum Wort des Jahres 2017 gewählt.
104 https://www.bundestag.de/parlament/praesidium/reden/2017/008/532188 (2.7.2018).
105 Martin Schulz beim außerordentlichen Parteitag der SPD vom 21.1.2018: https://www.spd.de/fileadmin/Dokumente/Reden/Martin_Schulz_Rede_Bonn.pdf (28.6.2018).
106 https://twitter.com/MartinSchulz/status/934032907353645056 (29.8.2018).
107 So die Formulierung von Thomas Kleine-Brockhoff im Interview am 20.2.2018, Berlin.
108 Noch war nicht öffentlich sichtbar, dass auch die Union an kollektivem Führungsversagen litt. Anders ist nicht zu erklären, wie es im Sommer 2018 fast zur Aufkündigung der Fraktionsgemeinschaft zwischen CDU und CSU im Bundestag gekommen wäre.
109 Interview mit Steinmeier am 26.2.2018, Berlin – vor allem in Bezug auf Auswertungen der heftigen Reaktionen in den sozialen Netzwerken.
110 So in den Interviews mit Steinmeier am 26.2.2018 und mit Schmolke am 1.2.2018, jeweils Berlin.

111 Vgl. zu dieser Einschätzung Kaltefleiter 1970, S. 217.
112 Ebd., S. 218.
113 Ebd.
114 So ausführlich dazu Herzog 2009, Kommentar zum Art. 63 GG, 2008, hier: Rn. 31.
115 Vgl. zu den Raffinessen der Verhandlungsführung Quadbeck, Eva: »Die Stunde des Bundespräsidenten«, in: *Rheinische Post*, 28.11.2017.
116 Dazu Interview mit Schmolke am 1.2.2018, Berlin.
117 Auch zu den folgenden Überlegungen Interview mit Schmolke am 1.2.2018, Berlin. Dazu auch ein Artikel von Bannas, Günter: »Wenn das Unaussprechliche passieren sollte«, in: *FAZ*, 2.3.2018; aus politikwissenschaftlicher und verfassungsrechtlicher Perspektive Kaltefleiter 1970, S. 220–222.
118 Dazu auch Brost, Marc: »Im Dschungel«, in: *Die Zeit*, 15.2.2018.
119 http://www.bundespraesident.de/SharedDocs/Reden/DE/Frank-Walter-Steinmeier/Reden/2017/12/171225-Weihnachtsansprache-2017.html (28.6.2018).
120 http://www.bundespraesident.de/SharedDocs/Reden/DE/Frank-Walter-Steinmeier/Reden/2018/01/180109-Buerger-NJE.html (28.6.2018).
121 Vgl. Bannas, Günter: »Es reicht«, in: *FAZ*, 24.1.2018; und Fried, Nico: »Steinmeier drängt zur Eile«, in: *Süddeutsche Zeitung*, 23.1.2018.
122 Zit. nach Fried, Nico: »Sie weiß etwas, was du nicht weißt«, in: *Süddeutsche Zeitung*, 3./4.4.2018.
123 http://www.bundespraesident.de/SharedDocs/Reden/DE/Frank-Walter-Steinmeier/Reden/2018/03/180314-Ernennung-Bundeskabinett.html# (28.6.2018).
124 Ebd.
125 Steinmeiers Einmischungen im Hinblick auf die Stabilität der Regierung hörten nicht auf. Den heftigen Unionsstreit vom Sommer 2018 über »Zurückweisungen« von Flüchtlingen nutzte er für Mahnungen zur Mäßigung. Vgl. dazu Kapitel 4.2.
126 So Steinmeier im Interview mit der *FAZ*, 29.6.2018.
127 Begriff bei Fritz 2001, Art. 54 GG, Rn. 62.
128 So Wolfgang Herles bei »Maischberger« im Fernsehen, in: *Süddeutsche Zeitung*, 15.2.2018.
129 So seine Selbstbezeichnung im Interview mit Joachim Gauck am 7.2.2018, Berlin.
130 Dazu Reents, Edo: »Sonntagsfahrer«, in: *FAZ.net*, 21.2.2012: https://www.zeit.de/politik/deutschland/2012-02/gauck-taxifahrer-anruf (2.7.2018); auch Bullion, Constanze von/Fried, Nico: »Präsident für die Freiheit«, in: *SZ.de*, 20.2.2012: http://www.sueddeutsche.de/politik/gauck-praesident-fuer-die-freiheit-1.1288296 (2.7.2018).
131 Zum zeitgeschichtlichen Hintergrund des Präsidentenpokers und der No-

minierung Gaucks siehe bspw.: http://www.spiegel.de/politik/deutschland/naechtlicher-praesidenten-poker-ist-das-gaucks-handy-nummer-a-816452.html (2.7.2018); zu den Folgewirkungen auf die Koalitionspartner FDP und CDU/CSU siehe Das Gupta, Oliver: »FDP sehnt Gauck-Effekt herbei«, in: *SZ.de*, 22.2.2012: http://www.sueddeutsche.de/politik/nach-dem-gewonnenen-praesidenten-poker-fdp-sehnt-gauck-effekt-herbei-1.1290632 (2.7.2018).

132 Einige Gründe benennt Stefan Willeke in seinem Essay über »König Jochen«, in: *Die Zeit*, 31.7.2014 (Dossier).

133 Gauck hatte im Interview mit dem Verfasser selber darauf hingewiesen, dass er Frank-Walter Steinmeier nicht darum beneidet hat, Präsident in Zeiten der Regierungsbildungskrise 2017/18 zu sein.

134 Hebestreit, Steffen/Vates, Daniela: »Gauck-Entscheidung lässt Koalition beinahe platzen«, in: *Frankfurter Rundschau*, 21.2.2012.

135 Hier ließe sich Ursula von der Leyen nennen, die durchaus als Kandidatin gehandelt wurde. Dazu: https://www.handelsblatt.com/politik/deutschland/bundespraesident-die-suche-laeuft-auf-ursula-von-der-leyen-zu/3449862-all.html (2.7.2018); siehe auch https://www.zeit.de/politik/deutschland/2010–06/koehler-nachfolger/komplettansicht (2.7.2018).

136 Interviews mit Wulff im Zeitraum vom 22.11.2016 bis zum 7.2.2017, Duisburg.

137 Vgl. dazu Ferber, Martin: »Schweigen und arbeiten in Abgeschiedenheit«, in: *Main-Post*, 20.3.2017.

138 http://www.bundespraesident.de/DE/Amt-und-Aufgaben/Wirken-im-Inland/wirken-im-inland-node.html;jsessionid=-F66529B0CF95B8F789326DA241557D8B.1_cid387 (21.8.2018).

139 http://www.bundespraesident.de/DE/Amt-und-Aufgaben/Wirken-im-Inland/Repraesentation-und-Integration/repraesentation-und-integration.html (21.8.2018).

140 Adjektivische Zuschreibungen dazu im Aufsatz von Gauger 2012, S. 251 – er bezieht sich wiederum auf Artikel von Robert Leicht in der *Zeit*. Herzog war auch bislang der einzige Bundespräsident, der von Beginn an seine Amtszeit öffentlich begrenzte. Er wollte nur eine Amtszeit dienen.

141 Es ist auch kein Zufall, dass im Präsidialamt mit der Anstellung des über die Bertelsmann-Stiftung finanzierten Referenten Michael Jochum ein teilnehmend begleitender Wissenschaftler von Beginn an dabei war, als Zeuge und Anreger für die Ideenwerkstatt.

142 Zuordnung auch nach Einschätzung von Kleine-Brockhoff im Interview am 20.3.2018, Berlin.

143 Scholz/Süskind 2004, S. 322.

144 Ebd., S. 323.

145 Siehe dazu https://www.deutschlandfunkkultur.de/der-wanderpraesident.1352.de.html?dram:article_id=197199 (2.7.2018); vgl. ebenfalls Carstens 1993, S. 643 ff.

146 Leitgedanke aus Kohls Regierungserklärung nach der Bundestagswahl von 1987.
147 Die Rede findet sich unter: http://www.bundespraesident.de/SharedDocs/Reden/DE/Richard-von-Weizsaecker/Reden/1985/05/19850508_Rede.html (3.7.2018).
148 Zum Entstehungshintergrund des präsidialen Aktes einer Rede vgl. Pflüger 1993, S. 105–110, und Rudolph 2010, S. 192–201. Dort auf S. 192 heißt es dazu in Kurzfassung: »Die Vorbereitungen beginnen schon im Wahljahr 1984 [gemeint ist die Bundesversammlung mit der Wahl des Bundespräsidenten; d. Verf.] – der neue Bundespräsident residiert noch in einem Provisorium, weil in der Villa Hammerschmidt die Heizungsrohre erneuert werden müssen. ›Mit keiner Ansprache‹ – so wissen wir von Friedbert Pflüger, der ihm von Berlin nach Bonn gefolgt ist, nun als sein Pressesprecher – ›hat Weizsäcker so sehr ›gelebt‹ wie mit der Rede zum 8. Mai 1985. Bereits im Dezember fing er an, geziehlt Material zu sammeln und zahllose Gespräche zu führen: mit dem Zentralrat der Juden, mit Sinti und Roma, mit den Vertriebenenverbänden, mit dem Deutschen Frauenrat, mit Vertretern aller Parteien und mit seinen Mitarbeitern, allen voran mit seinem damaligen Redenschreiber Michael Engelhard.‹ Über Ostern zieht er sich in sein Ferienhaus bei Bad Tölz zurück, um eine erste Fassung zu schreiben. Zwei Tage vor dem Gedenktag findet eine Generalbesprechung im Kreis der Mitarbeiter statt, bei der das Manuskript Absatz für Absatz durchgegangen wird. Am 7. Mai schreibt Weizsäcker die Endfassung.« – soweit der Biograf Hermann Rudolph. Im Interview sagte mir Bundespräsident Gauck, dass nach seiner Einschätzung nur maximal ein Drittel aller umfangreichen Vorarbeiten und Textmaterialien in die Schlussfassung von zentralen Reden des Bundespräsidenten Eingang findet; vgl. Interview mit Gauck am 7.2.2018 in Berlin. Grundsätzlich zum Entstehungskontext großer politischer Reden vgl. auch Korte 2002, S. 11–32.
149 Die Scheel-Rede ist zitiert nach Grosser 1986, S. 65.
150 Vgl. Kelly 1986, S. 137–143. Weitere Vergleiche auch bei Merseburger, Peter: »Von Weizsäcker. Der ideale Bundespräsident«, in: *Die Welt*, 23.3.2010.
151 Dr. Michael Engelhard war auch Redenschreiber bei Bundeskanzler Helmut Schmidt und Außenminister Hans-Dietrich Genscher.
152 Rede von Engelhard anlässlich des 1. Redenschreiberkongresses in Berlin am 6.9.2000, Ausdruck des Redemanuskriptes.
153 Damit war auch immer gleichzeitig eine politisch-biografische Trennungslinie zum Kanzler gezogen, die unaufhebbar erschien. Konnte man aus Sicht des Kanzleramtes die Reden des Bundespräsidenten zur Deutschland- und Ostpolitik und zum Geschichtsbewusstsein als Kompensation des familiären Schicksals interpretieren? Im Umfeld von Kohl beantworteten alle dies mit einem eindeutigen Ja. Weizsäcker war Jahrgang 1920 und erlebte Glanz und Elend der alten deutschen Führungsschichten familiär hautnah. Sein Vater

Ernst von Weizsäcker war im Dritten Reich Staatssekretär im Auswärtigen Amt. Als sein Hilfsverteidiger hat Richard von Weizsäcker ihn beim Kriegsverbrecherprozess vor dem Nürnberger Gerichtshof selber mit verteidigt. Vgl. dazu Rudolph 2010, S. 14 f.
154 Zum Hintergrund vgl. Jochum 2000, S. 53; vgl. auch Wolfrum 2006, S. 363, und Wirsching 2006, S. 478–481.
155 Zum politisch-kulturellen Umfeld vgl. Korte 1990, S. 147–149.
156 Kohl 2005, S. 258.
157 So auch eine Einschätzung bei Rudolph 2010, S. 201. Zum Gegenbild vgl. auch Küsters 2012, S. 238 f.
158 Sternberger 1979, S. XI.
159 Dazu Pflüger 1993, S. 113–118. Historiker sahen auch im sogenannten »Historikerstreit« der kommenden Jahre die Saat durch Weizsäckers Rede gelegt.
160 Jochum 2000, S. 55.
161 Rede von Gauck am 31. März 2015, URL: http://www.bundespraesident.de/SharedDocs/Reden/DE/Joachim-Gauck/Reden/2015/03/150331-Altersbilder.html (21.8.2018).
162 Interview mit Steinmeier am 26.2.2018, Berlin.
163 Erste Einschätzungen im »Dossier« der *Zeit*, 31.8.2017, mit dem Titel »Die erste Frau im Staat«.
164 Interview mit Steinmeier am 26.2.2018, Berlin.
165 Anja Karliczek im Gespräch mit Manuel J. Hartung, in: *Die Zeit*, 28.3.2018, S. 73.
166 Zu den vielschichtigen Initiativen im Bildungsbereich bei Herzog vgl. Jochum 2000, S. 56 f., mit dem Verweis auf den damaligen Hauptkooperationspartner des Präsidialamtes beim Megathema Bildung – die Bertelsmann-Stiftung.
167 Dazu Gschwendtner, Christian: »Bundespräsident. Zwischen Leimtopf und Sägespänen«, in: *Süddeutsche Zeitung*, 18.4.2018.
168 Zum Dilemma zwischen Führung und Integration vgl. grundsätzlich Grasselt/Korte 2007.
169 Zu diesem Grundgedanken vgl. Jochum 2000, S. 51 f.
170 Jochum 2000, S. 51.
171 https://www.bundesregierung.de/Content/DE/Regierungserklaerung/2018/2018-03-22-regierungserklaerung-merkel.html;jsessionid=9D1C3DEDC8B1B8808F80AF20496773F8.s1t1 (21.8.2018).
172 Ebd.
173 Zum Verlauf und Hintergrund vgl. Alexander 2017; zum einordnenden Zeitklima und Geschehen vgl. Weidenfeld 2017.
174 Bieber u. a. 2017; Rüb 2014.
175 Podschuweit/Geise 2015, S. 400–420.
176 Mit der Veröffentlichung des Buches *Deutschland schafft sich ab – Wie wir unser Land aufs Spiel setzen* von Thilo Sarrazin (2010) gelangte eine eth-

nisierende Spielart der Einwanderungsdebatte in den öffentlichen Diskurs. Dabei bediente sich Sarrazin einer biologistischen Argumentation, welche jeder wissenschaftlich redlichen Grundlage entbehrte. Für eine Übersicht zu den Thesen Sarrazins siehe: http://www.faz.net/aktuell/feuilleton/sarrazin/die-thesen/integrationsdebatte-was-schreibt-sarrazin-eine-handreichung-in-thesen-11043348-p2.html (6.9.2018); für eine weitere Auseinandersetzung siehe: https://www.sueddeutsche.de/kultur/debatte-um-sarrazin-alles-fuer-ein-aha-erlebnis-1.995422 (6.9.2018). Schließlich sei hier noch auf eine Studie von Foroutan 2011 hingewiesen, in der die Thesen Sarrazins einer empirischen Prüfung unterzogen werden.

177 Zu den neuen »Cleavages« vgl.: Merkel 2015, S. 492; Eith/Mielke 2017, S. 39–61; und Kriesi 2006, S. 921–956. Dieser neue Grundkonflikt taucht in der Literatur mit unterschiedlichen Begrifflichkeiten immer wieder auf: Bude 2014 (Angst der Mitte; Statuspanik); Rosa 2016 (Resonanzverluste); Nassehi 2017 (digitale vs. analoge Lebenswelten); Reckwitz 2017 (Öffnung und Schließung).

178 Zum Hintergrund Datenmaterial bei Debus 2017; Schoofs 2017.

179 Alexander 2017, S. 27.

180 Ebd., S. 30–32.

181 *Stern*, Nr. 30, 16.07.2015.

182 Sie fand am 22. Mai 2014 im Schloss Bellevue statt.

183 Dies hat er rückblickend nochmals zusammenfassend in seiner Gastprofessur-Rede an der Universität Düsseldorf deutlich gemacht; vgl. »Das Eigene und das Fremde«, abgedruckt in: *Die Zeit*, 19.4.2018.

184 http://www.bundespraesident.de/SharedDocs/Downloads/DE/Reden/2014/05/140522-Einbuergerung-Integration.pdf?__blob=publicationFile (21.8.2018).

185 Interview mit Fallois am 31.1.2018, Berlin.

186 Interview mit Gauck am 7.2.2018, Berlin.

187 Ebd.; der Kontext entsteht durch den Impuls von Wulff, die »bunte Republik« (Antrittsrede) zu fördern.

188 Interview mit Gauck am 7.2.2018, Berlin.

189 Ebd.

190 Ebd.

191 Ebd.

192 Die Kanzlerin spricht im öffentlich-rechtlichen Fernsehen an Silvester, der Bundespräsident an Weihnachten. Im Präsidialamt spielt diese Rede eine herausgehobene Rolle, die lange und intensiv vorbereitet wird. Sie gehört zu den sogenannten »wichtigen Reden« im Jahreskalender des Präsidialamtes.

193 http://www.bundespraesident.de/SharedDocs/Reden/DE/Joachim-Gauck/Reden/2012/12/121225-Weihnachtsansprache.html (30.8.2018).

194 http://www.bundespraesident.de/SharedDocs/Reden/DE/Joachim-Gauck/Reden/2013/12/131225-Weihnachtsansprache-2013.html (30.8.2018).

195 Ebd.

196 http://www.bundespraesident.de/SharedDocs/Reden/DE/Joachim-Gauck/Reden/2014/12/141225-Weihnachtsansprache-2014.html (30.8.2018).
197 Ebd.
198 Weihnachtsansprache Gauck vom 25.12.15, URL: www.http://www.bundespraesident.de/SharedDocs/Reden/DE/Joachim-Gauck/Reden/2015/12/151225-Weihnachtsansprache-2015.html (30.10.2018).
199 http://www.bundespraesident.de/SharedDocs/Reden/DE/Roman-Herzog/Reden/1994/07/19940701_Rede.html.
200 Bezugspunkt waren unsere Gespräche in Duisburg im Zeitraum vom 22.11.2016 bis zum 7.2.2017.
201 Dies bezieht sich auf ein Interview, dass Steinmeier der Tageszeitung *Al Ghad* in Jordanien gab; zit. nach *Allgemeine Zeitung* (Mainz), 29.1.2018.
202 Deutsche Übersetzung des Interviews mit *Al Ghad*: http://www.bundespraesident.de/SharedDocs/Reden/DE/Frank-Walter-Steinmeier/Interviews/2018/180128-Interview-Jordanien-AlGhad.html (5.9.2018).
203 Zum Hintergrund vgl. auch:»Steinmeier will bei Flüchtlingen differenzieren«, in: *NZZ*, 30.1.2018.
204 Man sieht als Zuschauer, was Merkel denkt, ohne dass sie es ausspricht; vgl. dazu das Merkel-Interview mit Anne Will, in: *Süddeutsche Zeitung*, 14.4.2007.
205 Merkel sagte dies gegenüber der Presse am Tag nach der Bundestagwahl 2017.
206 Angela Merkel am 19.9.2016 in Berlin bei einer Pressekonferenz zum Ausgang der Berliner Abgeordnetenhauswahl. Da in der Regel die Redepassagen einer Pressekonferenz nicht verschriftlicht werden, kann hier lediglich auf das Video zur Pressekonferenz hingewiesen werden: https://www.youtube.com/watch?v=-42XVMeraWoM (30.8.2018).
207 Zu dem Kontext über Erzählstrategien politische Legitimation herzustellen vgl. Yildiz u. a. 2018, S. 138.
208 Politische Sprache ist, wie man an diesem Beispiel gut erkennt, immer kontingent und mehrdeutig. Der Stoff der Politik entwickelt sich mit dieser zentralen Erkenntnis. Die unterschiedlichen Konnotationen und Varianten der Interpretationsräume zum Kernsatz »Wir schaffen das« finden sich anschaulich und pointiert bei: Bieber 2017b, S. 124; außerdem: Raue 2017, S. 155–161.
209 So Gill im Interview am 5.4.2018.
210 Interview mit Gauck am 7.2.2018, Berlin.
211 http://www.bundespraesident.de/SharedDocs/Reden/DE/Joachim-Gauck/Reden/2016/06/160621-Rumaenien-Europa-Rede.html (21.8.2018).
212 Zit. nach Alexander 2017, S. 70.
213 Interview mit Gauck am 7.2.2018, Berlin.
214 Alexander 2017, S. 70 f.
215 Interview mit Gauck am 7.2.2018, Berlin.
216 Noch wirkte die Münchener Sicherheitskonferenz vom Sommer 2014 nach,

in der Gauck sein zentrales Thema, die deutsche Verantwortung in der Welt, gesetzt hatte. Aber was sollte dem folgen? Dazu Kapitel 4.3.
217 So Gauck im Interview am 7.2.2018 in Berlin.
218 Das Thema Europa blieb nach einer schwachen Rede von 2013 (Bellevue-Format) für Gauck ein Desiderat. Weder Gauck noch sein Team fanden einen packenden Zugang, ein plakatives Narrativ, um die Zukunft der EU und des Euro als Gestaltungspotenzial des Präsidenten zu nutzen.
219 Der Streit um Obergrenzen ist nur eine Facette der monatelangen Auseinandersetzungen vor allem zwischen CDU und CSU.
220 Interview mit Gauck am 7.2.2018, Berlin.
221 Gauck beim Weltwirtschaftsforum in Davos mit der Rede »Über die Hoffnung auf Wohlstand. Anmerkungen zu Einwanderung und Flucht nach Europa«, 20.1.2016, URL: http://www.bundespraesident.de/SharedDocs/Reden/DE/Joachim-Gauck/Reden/2016/01/160120-Davos-Weltwirtschaftsforum.html (21.8.2018).
222 Stenografischer Bericht vom 17.2.2016. Der Fraktionsvorsitzende der SPD, Thomas Oppermann, wurde deutlicher im Hinblick auf die Quelle, ohne sie explizit zu nennen: »weil inzwischen sogar diejenigen, die den Flüchtlingen wohlgesonnen sind, sagen: Unsere Fähigkeit, Flüchtlinge aufzunehmen, ist begrenzt.« (Ebd., S. 15136) Konkreten Bezug auf Gauck nahmen im Bundestag Stephan Mayer (Altötting) (CDU/CSU) (Stenografischer Bericht vom 1.10.2015, S. 12284), Andrea Lindholz (CDU/CSU) (Stenografischer Bericht vom 15.10.2015, S. 12589) und Nina Warken (CDU/CSU) (Ebd., S. 12585) – in der Summe also nicht viele Abgeordnete und auch sicher nicht die prominentesten.
223 Die Forscher über Internationale Beziehungen sprechen angesichts der Dimension einer aus den »Fugen geratenen Welt« von dem »Narrativ multipler Krisen«, so z. B. Hellmann, Gunther in: *Aus Politik und Zeitgeschichte*, B 28–29/2016, S. 6; auch Korte 2016b.
224 Und dieser Deutungsmachtkampf führte zu sehr unterschiedlichen Erzählungen über gelungene oder misslungene Integration; zu den Erzählstrategien vgl. Koschorke 2012, S. 224–247.
225 Man könnte den existentialistischen Grundton bei Gauck von einem eher moralischen bei Steinmeier unterscheiden. Steinmeier als Kandidat des politischen Establishments erinnert eher die Parteien an ihre grundgesetzlich verankerte Verantwortung. Das sind auf der normativen (politisch-moralischen) Dimension die Werte, die dem System zugrunde liegen; vgl. zur Differenzierung zwischen moralischen und existentialistischen Zugängen: Forst 2002.
226 Dazu vgl. Grundmann 2017.
227 Vogt 2014, S. 252.
228 Auf diesen Zusammenhang macht Graf Kielmansegg aufmerksam; in: *FAZ*, 29.4.2015.
229 Ebd.

230 http://www.bundespraesident.de/SharedDocs/Reden/DE/Joachim-Gauck/Reden/2016/01/160120-Davos-Weltwirtschaftsforum.html (22.8.2018).
231 In der Musik ist der Kontrapunkt im Bereich der Harmonielehre gängig. Noten setzt dabei der Komponist variierend (oft auch improvisierend) zu gegebenen Noten hinzu. Universale Harmonie entsteht für Hörer dabei selten, kann sich aber durchaus einstellen. Die Gesetze des Kontrapunkts und der harmonischen Bewegungen liegen im Kampf miteinander, wie der Komponist David Cope erläutert (das Interview ist enthalten im von Alard von Kittlitz verfassten *Zeit*-Dossier »Bach? Meer sollte er heißen!«, in: *Die Zeit*, 28.3.2018, Nr. 14). Und weiter: »Denn im Kontrapunkt bestimmt jede Stimme, was die andere darf. Denn die Töne beider Stimmen klingen ja gleichzeitig, und wenn die eine Stimme die andere ignoriert, klingt es schief. Zugleich aber gehorcht jede Stimme einem eigenen inneren melodischen Gesetz, auf einen Ton kann kein beliebiger nächster folgen. Beide Stimmen muss man ständig beschwichtigen.« (Ebd.) Das ist in der Musik extrem schwierig. Offenbar konnte nur das Universalgenie Johann Sebastian Bach kontrapunktisch durchkomponieren.
232 http://www.bundespraesident.de/SharedDocs/Reden/DE/Joachim-Gauck/Reden/2016/01/160120-Davos-Weltwirtschaftsforum.html (22.8.2018).
233 Ebd.
234 Bogner 2011.
235 Zu diesem Hintergrund vgl. Bieber 2017, hier S. 125–127; auch Ezazi 2016.
236 Gauck im Interview am 7.2.2018, Berlin.
237 Rausch 1979, S. 98. Weniger »monströs« ausgedrückt findet sich die Integrations- und Repräsentationsfigur des Bundespräsidenten bei Jochum 2000, S. 41–43.
238 Das persönliche Team entstammt nicht nur dem Auswärtigen Amt, sondern auch aus der Kanzleramtszeit und der Zeit als Oppositionsführer und Fraktionsvorsitzender.
239 https://www.bundesregierung.de/Content/DE/_Anlagen/2018/03/2018-03-14-koalitionsvertrag.pdf;jsessionid=A4DA856679FEF5BB61F4DA2DDD8174DC.s7t1?__blob=publicationFile&v=6 (22.8.2018).
240 Ebd.
241 https://www.bundespraesident.de/SharedDocs/Reden/DE/Frank-Walter-Steinmeier/Reden/2017/03/170322-Vereidigung.html (3.9.2018).
242 Ebd.
243 »Ihr macht mir Mut!« – als Eingangszitat seiner Dankrede, in: http://www.bundespraesident.de/SharedDocs/Reden/DE/Frank-Walter-Steinmeier/Reden/2017/02/170212-Bundesversammlung.html (3.9.2018).
244 Zumal es, wie bei allen Vorhaben im Bundespräsidialamt, immer auch eine wissenschaftliche Begleitung gibt. Beim Demokratie-Thema ist es naheliegend, sich mit dem Wissenschaftszentrum Berlin forschend abzustimmen.
245 Steinmeier rückte dieses Vorhaben im Interview mit an die vorderste Stelle der

Instrumente, die er zur Nutzung der Gestaltungsmacht zur Verfügung habe; vgl. Interview mit Steinmeier am 26.2.2018 in Berlin.

246 Daten entnommen aus: https://www.die-zeitungen.de/argumente/reichweiten.html. Andere Quellen bestätigen den Trend: https://www.bdzv.de/fileadmin/bdzv_hauptseite/aktuell/publikationen/2017/ZDF_2017.pdf (3.9.2018). Weiterführende Informationen finden sich bei Bentlage/Rauh 2010.

247 Vgl. Engel/Rühle 2017, S. 396 f. »Im lokalen Kommunikationsraum kann am besten das menschliche Bedürfnis befriedigt werden, gesellschaftliche Komplexität zu reduzieren.« (Möhring 2017, S. 4)

248 Das Vertrauen in ein bestimmtes Medium ist weniger vom Raumbezug abhängig als von der unterstellten Professionalität. Die »Mediensozialisation« bestimmt in einem hohen Maße das Vertrauen in ein Medium; vgl. Vogel u. a. 2015; van Eimeren 2017, S. 546.

249 Die Besuche gelten dann den Gemeindeparlamenten, den Betriebsräten, den auf Zusammenhalt und Engagement setzenden Vereinen, den zahlreichen ehrenamtlichen Initiativen. Steinmeier ergänzte nach dem Antrittsjahr seine Reisen in ländliche Gebiete: »Land in Sicht – Zukunft ländlicher Raum« – so lautete das offizielle Motto, um das Landleben durch die Währung einer präsidialen Aufmerksamkeit aufzuwerten. Für weiterführende Informationen siehe: http://www.bundespraesident.de/DE/Bundespraesident/Land-in-Sicht/Land-in-Sicht-node.html (20.9.2018).

250 Interview mit Köhler am 31.5.2018, Berlin.

251 http://www.bundespraesident.de/SharedDocs/Reden/DE/Frank-Walter-Steinmeier/Reden/2017/10/171003-TdDE-Rede-Mainz.html (28.8.2018).

252 Ebd.

253 http://www.bundespraesident.de/SharedDocs/Reden/DE/Frank-Walter-Steinmeier/Reden/2017/12/171225-Weihnachtsansprache-2017.html (28.8.2018).

254 Seit 2009 war Steinmeier Direktkandidat im Bundestagswahlkreis 60 (Brandenburg an der Havel – Potsdam Mittelmark I – Havelland III – Teltow-Fläming I).

255 So auch im Interview mit Steinmeier am 26.2.2018, Berlin.

256 Zu dieser Idee vgl. auch Münkler u. a. 2018.

257 Definitionen bei Luhmann 2017, S. 90–108; Analogien finden sich auch bei Baecker 2013, indem er das Betriebssystem Theater systemtheoretisch ausdeutet und über die Beobachtungen zweiter Ordnung Rückschlüsse auf gesellschaftliches Handeln zieht.

258 Der Begriff entstammt der Kampagnen-Strategie der Generalsekretärin der CDU, Annegret Kramp-Karrenbauer, um über die Zuhör-Tour zu einer Antwort-Tour zu gelangen. Dabei soll ein neues Grundsatzprogramm der Partei entstehen.

259 Vgl. beispielsweise dazu »Steinmeier empfängt Cottbuser wegen Flüchtlings-

streit«, in: *Zeit Online*, 20.2.2018. Am 23.6.2018 setzte er die Gespräche in Cottbus aktiv weiter fort.

260 Zum Abschluss der Deutschlandreise bilanzierte Steinmeier im Rahmen der Veranstaltungsreihe »Forum Bellevue« seine Ergebnisse; für weitere Informationen sei hier auf die Internetseite des Bundespräsidenten verwiesen.

261 Dazu eine Einordnung im Verhältnis zu verschiedenen Demokratietheorien bei Hebestreit/Korte 2015.

262 Arendt 2017, S. 96 f.

263 So Podschuweit/Geise 2015.

264 Schäuble im Interview mit der *Welt am Sonntag*, 22.4.2018; zu den Bürger-Kammern mit Zufalls-Bürgern vgl. auch Nanz/Leggewie 2016; dazu auch Leggewie/Nanz 2016.

265 Zu diesen Ansätzen vgl. Glaab 2016.

266 Stiftungen verbreitern auch für das Demokratie-Projekt die Wirkung. Erinnert werden kann für zurückliegende Amtszeiten auch an »Land der Ideen«, vgl. https://land-der-ideen.de (3.9.2018), oder an spezifische Initiativen der Herrhausen-Gesellschaft unter dem Titel »Denk ich an Deutschland«.

267 Herzog in Maunz/Dürig 2009, Art. 54 GG, Rn. 97.

268 Steinmeier im Interview mit der *FAZ*, 29.6.2018.

269 Siehe dazu »Steinmeier verurteilt Beleidigung von Türkischstämmigen durch AfD-Politiker«, in: *FAZ*, 16.2.2018; siehe auch »Rassismusvorwürfe nach ›Kameltreiber‹-Rede«, in: *Zeit Online*, 15.2.2018.

270 So beispielsweise Steinmeier am 8. Juli 2918: Er warnte davor, sich einer Sprache zu bedienen, die »spalterisch wirken kann«. Zwar halte er überhaupt nichts davon, eine übertriebene politische Korrektheit zu pflegen, aber Politik und vor allem Regierungsparteien müssten auf eine »gewisse Disziplin bei der Sprache« achten, in: *Süddeutsche Zeitung*, 9.7.2018; ganz ähnlich auch der Präsident des Bundesverfassungsgerichts, Andreas Voßkuhle, im *SZ*-Interview, in: *Süddeutsche Zeitung*, 26.7.2018.

271 *New York Times* (Internationale Ausgabe), 21.11.2017, S. 1.

272 Dazu ausführlich Günther 2006; ein aktueller Zugang bei Goldmann 2018.

273 Dies gilt sowohl für die Staatsbesuche im Ausland als auch die Staatsbesuche, die in Deutschland für internationale Gäste zu organisieren waren; vgl. Derix 2009. Für die jüngste Zeit vgl. Bergmann 2018.

274 Der Ölberg im arabischen Ostteil Jerusalems wird für gewöhnlich aufgrund des umstrittenen Status von deutschen Politikern gemieden.

275 Dazu im Detail vgl. Brissa 2018, S. 191. Auch dazu Bergmann 2018.

276 Vertiefend Hartmann 2000.

277 Fried, Nico: »Spaß beiseite«, in: *Süddeutsche Zeitung*, 28./29.4.2018.

278 Sie traf als Kanzlerin auf drei US-Präsidenten: Bush (Jr.), Obama, Trump.

279 Wann war der letzte explizite Staatsbesuch eines Bundespräsidenten in Washington? Das ist nicht ganz einfach zu beantworten, da die Bericht-

erstattung oftmals sehr ungenau ist, was die Abgrenzung eines Staatsbesuches von anderen Besuchen anbelangt. Gaucks Besuch bei Obama im Oktober 2015 war laut Bundespräsidialamt nur ein offizieller Besuch. Für den Besuch Roman Herzogs im Juli 1997 gibt es eine Pressemitteilung des Weißen Hauses, die den Besuch (u. a. ein Treffen mit Clinton) als Staatsbesuch deklariert: https://de.usembassy.gov/de/besuch-von-bundesprasident-herzog-in-den-usa (9.7.2018). In der Zwischenzeit hat definitiv kein Staatsbesuch stattgefunden.

280 Interview mit Köhler am 31.5.2018 in Berlin.
281 http://www.bundespraesident.de/DE/Amt-und-Aufgaben/Wirken-im-Ausland/wirken-im-ausland-node.html (28.8.2018).
282 Dazu Jäger/Link 1987, S. 141–143.
283 Dazu auch Eschenburg, Theodor: »Schweigen wäre besser«, in: *Die Zeit*, 8.2.1974.
284 Interview mit Steinmeier am 26.2.2018, Berlin.
285 Ebd.
286 Vgl. Carstens, Peter: »Die SPD und Moskau«, in: *FAZ*, 30.5.2018. Steinmeier kennt durchaus auch die Angst der unmittelbaren Nachbarn Russlands. In keiner anderen Region Europas war Steinmeier als Außenminister so häufig unterwegs wie im Baltikum. Auch eine seiner ersten Reisen als Bundespräsident führte ihn am 23.8.2017, dem Jahrestag des Hitler-Stalin-Pakts, nach Tallinn; dazu: *FAZ*, 16.7.2018.
287 https://www.bundespraesident.de/SharedDocs/Reden/DE/Frank-Walter-Steinmeier/Reden/2017/03/170322-Vereidigung.html (28.8.2018). Gemeint war ein Journalist der *Welt*, der als deutscher Staatsbürger ohne Anklage und Verfahren in der Türkei in Haft saß. Dieser Linie folgte Steinmeier offensiv, der sich bei Auslandsreisen heute eher undiplomatisch direkt zeigt; vgl. dazu mit Beispielen Leithäuser, Johannes: »Parteiisch und undiplomatisch«, in: *FAZ*, 30.5.2018. Zur Einordnung auch die Biografie von Kohlmann 2017 – dort werden allerdings nur auf drei Seiten Hinweise zu Steinmeiers Zeit als Bundespräsident gegeben.
288 Zeitgleich war ohnehin Außenminister Gabriel in die Verhandlungen rund um die Freilassung von Yüzel intensiv involviert.
289 Interview mit Gauck am 7.2.2018, Berlin.
290 Vgl. hierzu Interview mit Nico Fried am 15.5.2018, der sich als begleitender Journalist in Israel an die heftigen Diskussionen auch vor Ort – im Team der Journalisten – lebhaft daran erinnerte. Vgl. auch Fried, Nico: »Er darf nur reden«, in: *Süddeutsche Zeitung*, 1.6.2012.
291 https://www.bild.de/politik/aktuelles/dr-frank-walter-steinmeier/steinmeier-warnt-vor-saebelrasseln-gegenueber-46366040.bild.html (28.8.2018).
292 Zum konkreten Hintergrund und zu den Äußerungen von Gauck in Bukarest: Weiland, Severin: »Warum Steinmeier irritiert«, in: *Spiegel Online*, 20.6.2016. Dazu auch »Früher war alles besser«, in: *FAZ*, 3.6.2018.

293 Deshalb häuften sich die kritischen Fragen der Journalisten: »Manche wünschen sich von Ihnen mehr Zurückhaltung, andere erwarten von einem einstigen DDR-Kritiker deutlichere Worte. Hat das Amt Sie eingefangen?«, so die *Süddeutsche Zeitung* im Interview; Gauck antwortete: »Das Amt ist nicht geschaffen, einer einzelnen Person eine Bühne zu geben. Wer es innehat, muss sich in einem bestimmten, unter anderem von der Verfassung gesetzten Rahmen bewegen.« Sie klingt eher nach Gestaltungsabstinenz als nach Gestaltungskraft im Amt. Die *SZ* pointiert entsprechend: »Das klingt, als hätten sie Opfer gebracht«; Gauck: »Ach was, das habe ich nicht. Auch wenn man sich in diesem Amt hier und da mit seiner persönlichen Meinung zurückhalten muss, heißt das noch lange nicht, dass man sich verleugnet.« Siehe *Süddeutsche Zeitung*, 2.5.2015.

294 Vgl. ebd.

295 Dazu Spath 1993, S. 132–141; außerdem Biedermann 2005, S. 50–53.

296 Zahlenangabe nach Langguth 2007, S. 259.

297 Ein Beispiel, auf das Rüdiger Frohn, Chef des Bundespräsidialamtes unter Rau, hinwies (Interview am 14.5.2018), war die EU-Ächtung gegenüber Österreich, nachdem die FPÖ im Jahre 2000 erstmals in die Regierung eingetreten war. Rau empfing den österreichischen Bundespräsidenten Klestil in Berlin und trug mit dazu bei, die Isolierung Österreichs abzumildern. »Mit einem leichten Seitenhieb ging der deutsche Bundespräsident auch darauf ein. ›Ich freue mich, dass ich Klestil zu einem nachbarschaftlichen Treffen empfangen kann, wie dies in Europa üblich ist.‹« Bei den Gesprächen über »Europa als Wertegemeinschaft« seien »viele gemeinsame Übereinstimmungen festgestellt« worden. Vgl. Der Standard, Print-Ausgabe, 7.12.2000: derstandard.at/412699/Klestil-bei-Rau-Nichts-zu-deblockieren.

298 Steinmeier lud 2018 auch überraschend den türkischen Präsidenten Erdogan zum Staatsbesuch nach Deutschland ein. Nicht miteinander zu reden, schien keine Alternative. Hinter verschlossenen Türen konnte Steinmeier dem türkischen Präsidenten die politische Sicht Deutschlands auf die Türkei mitteilen. Erdogan musste es zuhörend ertragen, ohne es inhaltlich zu teilen. Wer sonst könnte direkte Kritik am türkischen Regierungshandeln üben? Sicher auch die Kanzlerin, die im Rahmen des Staatsbesuchs ebenso in Berlin mit dem türkischen Präsidenten sprach.

299 Das gilt in der Regel für die ständigen Mitglieder des UN-Sicherheitsrates.

300 Eine Gegenzeichnung von Reden des Bundespräsidenten im Ausland existiert nicht; vgl. dazu Kapitel 3.2. Bundespräsident Carstens meinte dazu: »[...] bei meinen Reden im Ausland und bei den zahlreichen Reden, die ich hier im Inland an die Adresse von Ausländern gerichtet habe [...]. Alle meine Reden auf Staatsbesuchen – sei es Staatsbesuche ausländischer Staatsoberhäupter hier oder meine Staatsbesuche im Ausland – sind vom Auswärtigen Amt mitgelesen worden.« Siehe: *Die Zeit*, 22.6.1984.

301 *Welt am Sonntag*, 15.4.2018.
302 Dazu auch »›Raushalten ist keine Option‹. Interview mit dem Außenminister Steinmeier«, in: *Die Zeit*, 23.10.2014.
303 Interview mit Gauck am 7.2.2018, Berlin.
304 Zum Beispiel zum 70. Jahrestag der Befreiung vom Nationalsozialismus besuchte Gauck eine Kriegsgräberstätte in Brandenburg, um der sowjetischen Kriegstoten zu gedenken. Zwei Tage zuvor besuchte er Lager, in denen sowjetische Kriegsgefangene interniert waren: die Gedenkstätte Schloss Holte-Stukenbrock bei Bielefeld. Dazu SZ-Interview, in: *Süddeutsche Zeitung*, 2.5.2015.
305 Dazu liegen Beispielgeschichten vor von Jochum 1999, S. 177–190, hier S. 184–186.
306 Herzog 1995, S. 42–44.
307 Zum Hintergrund vgl. Jochum 1999, S. 185, mit den dortigen Hinweisen und Fundstellen zum Presse-Echo in Polen.
308 Zum Hintergrund und zur Einordnung vgl. Goldmann 2018.
309 Dazu Derix 2009. Zum Hintergrund vgl. Brissa 2017, S. 190–194; Bergmann 2018.
310 Zum Umfeld vgl. Manow 2017, S. 66 f.
311 So Gill im Interview am 5.4.2018.
312 Brissa 2018, S. 192.
313 Interview mit Gill am 5.4.2018.
314 Ebd.
315 Erinnert werden sollte an dieser Stelle an Lübke, der schon Anfang der 1960er Jahre intensiv die sogenannte Dritte Welt als Bundespräsident bereiste. Seine Reisen sind vorwiegend durch Anekdoten in Erinnerung geblieben, eröffneten aber für die damalige deutsche Außenpolitik neue Handlungsräume; vgl. dazu Biedermann 2005, S. 48.
316 Zit. nach Naß, in: *Die Zeit*, 16.4.2018. Der Schriftsteller Hans Christoph Buch begleitete Köhler auf Afrika-Reisen und schrieb danach: »Er [Köhler; d. Verf.] redete keinem nach dem Mund und wurde nicht müde, politische Missstände anzuprangern, korrupte Eliten zu kritisieren und die Zivilgesellschaft zu ermutigen, allen voran die Frauen, ohne deren Beitrag zur Familie der Kontinent noch tiefer im Elend versinken würde.«
317 So z. B. erst nach Südkorea bzw. in die Mongolei und danach erst nach China; Interview mit Gauck am 7.2.2018, Berlin.
318 Zum Besuchshintergrund z. B. Leicht, Robert: »Niemals normal«, in: *Die Zeit*, 21.11.2012.
319 Dafür besuchte er aber sowohl die Olympischen Spiele in London als auch einige Wochen später die Paralympics, die ebenfalls in London stattfanden. Noch weiter zur Abgrenzung: Wulff hatte seine erste Reise außerhalb der EU als Staatsbesuch nach Moskau angetreten (abgesehen vom WM-Besuch in Südafrika).

320 https://www.wiwo.de/politik/deutschland/bundespraesidenten-wahl-horst-koehler-hofft-auf-wiederwahl/5543020.html (9.7.2018).
321 https://www.stuttgarter-nachrichten.de/inhalt.rueckblick-auf-gaucks-amtszeit-elf-fakten-ueber-den-scheidenden-bundespraesidenten-page5.daf89239-e916–4e75–9f77–7661fc67b67a.html (9.7.2018); https://www.dpa-video.com/video/15533802/gauck-tritt-letzte-bundesprasidenten-reisen-an-1 (9.7.2018); https://www.merkur.de/politik/analyse-war-gauck-ein-grosser-bundespraesident-7386123.html (9.7.2018).
322 So Gauck im Interview am 7.2.2018 in Berlin und Gill im Interview am 5.4.2018.
323 Für eine detaillierte Übersicht sei hier auf den Anhang verwiesen.
324 »Nicht übereinander reden, sondern miteinander: Anmerkungen zum türkisch-deutschen Dialog«; Rede vom 28.4.2014. Weitere Hintergrundinformationen zur Einordnung auch bei van Ooyen 2015, S. 24 f.
325 So beispielsweise *FAZ*, 28.4.2014.
326 *Spiegel Online*, 19.5.2014.
327 Zastrow, Volker: »Gauck schürt mehr Unmut im Ausland, als gut ist«, in: *FAS*, 4.5.2014.
328 Gauck wies auf diese Beispiele einer konstruktiven Arbeitsteilung besonders hin. Seine Lebensgefährtin Daniela Schadt konnte bei heiklen Auslandsreisen Programmpunkte realisieren, die dem Bundespräsidenten verwehrt worden waren; so im Interview mit Gauck am 7.2.2018 in Berlin.
329 So Braun, Stefan, in: *Süddeutsche Zeitung*, 18.3.2013.
330 Es wäre verwunderlich, wenn nicht auch gegensätzliche Einschätzungen dazu vorliegen: Paternalistisches Kümmern kann als unangemessene Einmischung ausgelegt werden.
331 *Die Zeit*, Nr. 49/1996.
332 Matthias Naß begleitete (auch) den Bundespräsidenten Herzog auf seiner Reise nach China; zit. nach: *Die Zeit*, 29.11.1996.
333 Interview mit Köhler am 31.8.2018, Berlin.
334 Als einen gelungenen Wendepunkt einer aktiven Rolle bei der Erklärung, Deutung und Interpretation der Weltfinanzkrise wird in den Medien häufig die Rede von Köhler in der Elisabethkirche am 24.3.2008 genannt. Auf ein solches Wort vom Weltökonomen Köhler hatten die Medien offenbar lange gewartet: Ursachen der Krise, Auswege aus der Krise: »Es braucht einen starken Staat, der dem Markt Regeln setzt und für ihre Durchsetzung sorgt.« Die Krise zeige: »Schrankenlose Freiheit bringt Zerstörung, der Markt braucht Regeln und Moral.« Die gesamte Rede des Bundespräsidenten Köhler findet sich unter: http://www.bundespraesident.de/SharedDocs/Reden/DE/Horst-Koehler/Reden/2009/03/20090324_Rede.html (20.9.2018).
335 Letztlich führte ein solches Gesprächssetting auf Köhlers Rückreise (von China und Afghanistan) zu dessen Rücktritt.
336 Eine ausführliche tabellarische Übersicht findet sich im Anhang.

337 Auch Köhler absolvierte im Juli 2004 seinen ersten Auslandsbesuch in Warschau und Danzig. Vorher musste er – ungeplant – nach Wien zu den Trauerfeierlichkeiten für den verstorbenen österreichischen Bundespräsidenten Klestil; dazu Langguth 2007, S. 258. Die Reise in den Osten hatte auch biografische Hintergründe.

338 Zum Hintergrund vgl. »Die Macht des Besuchs« und »Polen ist das europäische Land der Freiheit«, beide in: *FAZ*, 28.3.2012.

339 Gauck selbst hatte bei seiner ersten Kandidatur für das Amt des Bundespräsidenten 2010 den Medien in Interviews übermittelt, dass seine erste Reise ihn nach Polen führen würde, sollte er gewählt werden. Er hob damals die Bedeutung Polens für die Freiheit Europas hervor. Vgl. »Gauck: Polen ist das europäische Land der Freiheit«, in: *FAZ*, 28.3.2012.

340 Nonnenmacher, Günther, in: *FAZ*, 28.3.2012, S. 8.

341 Als Außenminister war Steinmeier rund 30 Mal in Frankreich. Alle Infos zum Antrittsbesuch vgl. »Neues Kapitel für Europa«, in: *FAZ*, 31.3.2017; »Ein Unparteiischer ergreift Partei«, in: *Die Welt*, 31.3.2017; »Paris-Besuch in bewegter Zeit«, in: *Der Tagesspiegel*, 31.3.2017.

342 http://www.bundespraesident.de/SharedDocs/Reden/DE/Joachim-Gauck/Reden/2013/10/131003-Tag-deutsche-Einheit.html (28.8.2018).

343 Ebd.

344 Zum Thema der zweiten Hälfte seiner Amtszeit entwickelten sich die Problematik und die Herausforderungen der Einwanderungsgesellschaft, was im Kapitel 4.2 thematisiert wurde.

345 Interview mit Ischinger im *Deutschlandfunk* am 6.2.2018 um 6.07 Uhr, geführt von Christoph Heinemann.

346 Zum Hintergrund der Debatte und der operativen Konsequenzen der neuen deutschen Außenpolitik vgl. Hellmann u. a. 2015; auch ders. 2016; essayistische Einordnung der Debatte bei Münkler 2015.

347 Eröffnung der Münchener Sicherheitskonferenz am 31.1.2014; http://www.bundespraesident.de/SharedDocs/Reden/DE/Joachim-Gauck/Reden/2014/01/140131-Muenchner-Sicherheitskonferenz.html (28.8.2018).

348 Bundesministerium der Verteidigung 2016, S. 22.

349 »Ich möchte sprechen über die Rolle Deutschlands in der Welt«, in: Ebd.

350 Vgl. diesen Gedanken im Interview mit Gauck am 7.2.2018.

351 Ebd.; das hing vermutlich auch damit zusammen, dass die Öffentlichkeit nach einem Thema suchte, welches mit der Präsidentschaft zu verbinden war. Gab es bei Gauck mehr als die »ewige Freiheitsplatte« zu hören? So fragte am 6.3.2014 Matthias Geis in der *Zeit*.

352 Willeke, Stefan: »König Jochen«, in: *Die Zeit*, 31.7.2014.

353 Er war auch für den *German Marshall Fund* Mitveranstalter des Projektes zur Neuausrichtung der deutschen Außenpolitik; vgl. Stiftung Wissenschaft und Politik/German Marshall Fund of the United States 2013.

354 Ebd.
355 Ulrich 2017, S. 143.
356 Westerwelle hatte sich im UN-Sicherheitsrat der Stimme enthalten. Er sprach sich gegen ein militärisches Eingreifen in Libyen aus – allerdings gegen das Votum der engsten Verbündeten Frankreich, USA und Großbritannien, was Gauck missfiel.
357 Interview mit Gauck am 7.2.2018, Berlin.
358 45 Prozent der Deutschen meinten 2004, dass sich die Bundeswehr an zu vielen Auslandseinsätzen beteiligt; Zahlen der Umfrage zit. nach: *Der Tagesspiegel*, 31.1.2004.
359 Reeh, Martin: »Der Schlafwandler aus Berlin«, in: *taz*, 2.2.2014.
360 Steinmeier 2015, S. 3.
361 In Anlehnung an den Buchtitel von Haftendorn 2001.
362 In Anlehnung an den Titel von Schwarz 1985.
363 Geheime Akten (Verschlusssachen) unterliegen einer dreißigjährigen Schutzfrist. Die Schutzfrist für die Verschlusssachen endete am 31.12.2017. Meine Auswertungen im Bundesarchiv Koblenz begannen im Januar 2018.
364 Es kann in diesem Kontext allerdings auf die Bundespräsidialamts-Akte B 122/30157 im Bundesarchiv Koblenz hingewiesen werden. Dort findet sich eine detaillierte Punktation, die insbesondere die politischen Gestaltungsmöglichkeiten für die deutsch-sowjetischen Beziehungen im Anschluss an den Moskaubesuch systematisch auflistet und analysiert – aus Sicht des Bundespräsidialamtes. Bereits in der Vorbemerkung zur Punktation wird deutlich, dass sich die bilateralen Beziehungen durch die Moskau-Reise in einzelnen Politikfeldern verbessern konnten. Die entsprechende Passage liest sich wie folgt: »In einigen Einzelfragen haben die Gespräche des Bundespräsidenten und von BM Genscher in Moskau [...] bereits Fortschritte gebracht.« (Ebd.)
365 Dazu aus Sicht des Bundespräsidenten Pflüger 1990, S. 426 f.; vgl. zur Einschätzung auch Kohl 1996; dazu auch ders. 2005, S. 181.
366 Zum Hintergrund der Nominierung durch Kohl, der den niedersächsischen Ministerpräsidenten Ernst Albrecht bevorzugt hätte, vgl. Kohl 2005, S. 258; zum gesamten »Präsidentschaftspoker« ebd., S. 242–260. Zur kritischen Einordnung vgl. Görtemaker 1999, S. 693. Kohl wollte zudem Weizsäcker als populären Regierenden Bürgermeister von Berlin nicht verlieren.
367 Kohl 2005, S. 258.
368 Das zeigen die Auswertungen der internationalen Presse zum Moskau-Besuch; Vermerk von Friedhelm Ost (Regierungssprecher), 9.7.1987, in: BAK, B 145/15145, AZ 431-SOW/2.
369 Rudolph 2010, S. 258–259.
370 Hintergrundinformationen und Einordnungen zum Entscheidungshintergrund bei Korte 1998, S. 439–445. Vgl. auch Wirsching 2006, S. 554–560; Vgl. zum Hintergrund von Kohl die Einschätzungen von Eisel 2012, S. 64–71.

371 So Kohl im Interview mit Diekmann/Reuth: Kohl 1996, S. 39.
372 Ausführlich dazu Weidenfeld 1998.
373 Kohl versäumte es nicht, darauf hinzuweisen, dass er vor Genscher den neuen Kreml-Chef persönlich kennenlernte. Genscher konnte seine Brasilien-Reise nicht abbrechen, um nach Moskau zu kommen; vgl. Kohl 2005, S. 323. Gestorben waren drei KPdSU-Generalsekretäre in kurzer Zeit: Breschnew, Andropow und Tschernenko. Zum zeitgeschichtlichen Hintergrund aus deutscher Sicht: Rödder 2004.
374 Kohl 2005, S. 320.
375 Grundsätzlich Garton Ash 1993, S. 148–188.
376 Vgl. dazu Korte 1998, S. 185–208; auch Schöllgen 1996, S. 390–406.
377 Zur sowjetischen Deutschlandpolitik bis 1988 vgl. Zimmer 1988, S. 223–243; Garton Ash 1993, S. 148–188; Oldenburg 1994.
378 *Newsweek*, 27.10.1986. Eine leicht abgewandelte Übersetzung (statt Öffentlichkeitsarbeit wird Public Relations verwandt) in: Kohl 2005, S. 450.
379 Vgl. dazu Ackermann 1994, S. 265; zum Hintergrund vgl. auch Genscher 1995, S. 517–521; weitere Ausführungen zur Panne, die der Regierungssprecher Friedhelm Ost zu verantworten hatte, vgl. Kohl 2005, S. 450.
380 Über seine persönliche Vorbereitung vgl. Genscher 1995, S. 490–494; zum Verlauf ebd., S. 493–505.
381 Beispielsweise in der Hausbesprechung des Kanzleramtes; siehe Vermerk Ref. 213, 19.5.1987, in: BAK, B 136/30157.
382 Vgl. Genscher 1995, S. 543–546; Garton Ash 1993, S. 162.
383 Strauß 1989, S. 612–626. Die erste Einladung an Strauß zu einem Moskau-Besuch erging noch von Breschnew an Strauß. Es bedurfte deshalb keiner besonderen Hilfe seitens des Bundeskanzlers, dass Strauß nach Moskau eingeladen wurde; so sieht es Siebenmorgen im Gespräch mit dem Verfasser am 3.10.1996 in München (im Kontext des Buch- und Forschungsprojektes »Deutschlandpolitik in Helmut Kohls Kanzlerschaft«; Korte 1998).
384 Als Vorbote kündigte schließlich der baden-württembergische Ministerpräsident, Lothar Späth, den Kanzler an; dazu Garton Ash 1993, S. 166 f. Zum Gesamtprozess: Gorbatschow 1995, S. 702 f. Auch zum »Botencharakter« vgl. Kohl 2005, S. 651.
385 Ebd.
386 Zum nachfolgenden Hintergrund der abgestimmten Besuchsdiplomatie vgl. Blech im Gespräch mit dem Autor am 3.10.1996 und am 20.3.1997 in München (im Rahmen des Buch- und Forschungsprojektes »Deutschlandpolitik in Helmut Kohls Kanzlerschaft«).
387 Kohl 2005, S. 651.
388 Das zieht sich wie ein roter Faden durch die Vorbereitungen des Staatsbesuchs. Alle deutsch-sowjetischen Gespräche auf Arbeitsebene sowie die internen Abstimmungen zwischen Auswärtigem Amt, Bundeskanzler und Bundesprä-

sident legen nahe, dass ein Signal für den Moskau-Besuch des Bundeskanzlers vom Staatsbesuch des Bundespräsidenten ausgehen sollte.
389 So übermittelte es der Bundespräsident auch dem sowjetischen Botschafter in Bonn, Kwizinkij; dazu vgl. Kwizinskij 1993, S. 417ff.
390 Vgl. auch zu dieser Einschätzung Rudolph 2010, S. 206.
391 Vortragender Legationsrat (VLR) Dr. Heyken, 15.7.1987, in: BAK, B 122/47558.
392 Mitschrift des Gesprächs Weizsäcker/Gorbatschow, in: Ebd.
393 Der erste Staatsbesuch erfolgte durch Scheel im November 1975; dazu Jansen 2012, S. 207–215.
394 Vgl. Blech im Gespräch mit dem Autor am 3.10.1996 in München (im Rahmen des Buch- und Forschungsprojektes »Deutschlandpolitik in Helmut Kohls Kanzlerschaft«; Korte 1998). Zu einer formellen Anfrage, ob der Bundespräsident vor dem Kanzler nach Polen fahre, kam es nicht. Im Bundespräsidialamt hatte man zwar ›atmosphärisch‹ davon gehört, dass es solche Gedankenspiele gab, zu einer förmlichen Initiative kam es jedoch nicht, da Weizsäcker darauf nicht einging.
395 Pflüger 1990, S. 272–275.
396 Gorbatschow 1995, S. 705.
397 Vgl. insgesamt: BAK, B 122/47559; in den Memoiren bei Genscher 1995 auf S. 493–504.
398 Siehe BAK, B 122/47560.
399 Siehe Dr. Kaestner, 25.3.1987, BAK B 136/30157.
400 Auflistung vom 29.5.1987, in: BAK, B 122/47561.
401 Ebd.
402 Vermerk Dr. Heyken, 15.7.1987, in: BAK, B 122/47558.
403 Etwa ein Schreiben des damaligen Vorsitzenden der Deutschen Bischofskonferenz, Joseph Kardinal Höffner, 10.6.1987, in: BAK, B 122/47561.
404 BAK, B 122/47562, 3.7.1987.
405 Vgl. dazu VLR I Dr. Kaestner vom 15.7.1987, in: BAK, B 136/30157.
406 Vgl. dazu Vermerk von Teltschik (Bundeskanzleramt), 25.6.1987, in: BAK, B 136/30157.
407 Ebd.
408 Im ZDF sagte Weizsäcker dazu: »Gewiss verändert ein Besuch nicht alle Probleme, doch diese Reise soll ein Glied in einer Kette sein, die weitergehen wird, weitere Besuche gegenseitiger Art und Vertiefung der Möglichkeiten der Zusammenarbeit.« ZDF-Interview vom 4.7.1987
409 Vermerk Bundespräsidialamt vom 29.6.1987, in: BAK, B 122/47559.
410 Zum Gesprächsverlauf siehe insgesamt: BAK, B 122/47558; vgl. dazu in Auszügen auch: Galkin/Tschernjajew 2011, S. 38–48.
411 Vgl. dazu auch die Einschätzung des Sprechers von Weizsäckers, Pflüger 1990, S. 288. Dort schreibt Pflüger: »Mit anderen Worten: Newsweek gehört der Vergangenheit an, eine ›neue Ära‹ kann beginnen. Was Helmut Kohl heute Abend

wohl empfindet, wenn er das ›Heute-Journal‹ ansieht? Unter dem Strich kann er zufrieden sein, denn ohne Zweifel liegt der Weizsäcker-Besuch ganz unmittelbar auch in seinem Interesse. Dies deutet übrigens auch Regierungssprecher Ost an, mit dem ich wenig später im Auto sitze, das uns zum Danilow-Kloster fährt, wo Weizsäcker mit russisch-orthodoxen Kirchenvertretern über ihre Lage sprechen wird.« Ebenda ein ausführliches Kapitel zum Gesamtverlauf des Staatsbesuchs aus Sicht Weizsäckers/Pflügers, S. 275–308. Dieses Zitat verdeutlicht auch ein weiteres pikantes Detail – die Teilnahme des Regierungssprechers Friedhelm Ost am Staatsbesuch in Moskau. Die Entscheidung hatte Bundeskanzler Kohl getroffen, wie aus den Akten des Bundespräsidialamtes hervorgeht; siehe hierzu BAK, B 122/47563. Hierbei muss betont werden, dass ein Regierungssprecher i.d.R. nicht an Reisen des Bundespräsidenten teilnimmt. Die Presse begleitete die Entscheidung entsprechend kritisch und fragte, ob Ost als Aufpasser für Weizsäcker nach Moskau reise. Vgl. BAK, B 145/15145.

412 Kohl 2005, S. 649.
413 Vgl. Wirsching 2006, S. 556.
414 BAK, B 122/47558, 15.7.1987.
415 Ebd.
416 Zur Interpretation vgl. Cramer 1987, S. 792–794; auch Tschernajew 1993, S. 144; und Gorbatschow 1987, S. 260f.
417 Kohl 2005, S. 258.
418 Dazu die Analyse der Regierungspolitik in: Korte 1998, zusammenfassend S. 479–484; auch Rödder 2009, S. 30–37.
419 BAK, B 122/47558, 15.7.1987.
420 Zur Urteilsbildung vgl. auch Küsters 2012, S. 241.
421 BAK, B 122/47559, v. 19.6.1987.
422 BAK, B 122/47558, v. 15.7.1987.
423 Dazu Korte 1998, S. 361 f.; Belege dazu in: SAPMO – BA Berlin (BAB), J IV/894.
424 Kohl 2005, S. 562.
425 Die gesamte Pressedokumentation findet sich in den Ordnern des Bundespresse- und Informationsamtes, in: BAK, B 145/15145, AZ 43113-SOW/2.
426 Zusammenfassung des Medienechos von Bergsdorf (Leiter Abt. Inland BPA), 14.7.1987, in: BAK, B 145/15145.
427 Zusammenfassung des Medienechos von Bergsdorf (Leiter Abt. Inland BPA), 14.7.1987, in: BAK, B 145/15145. Er kam dennoch wenige Monate später in die Bundesrepublik.
428 Ebd.
429 Brief von Schenk (Bundespräsidialamt) an AA, 4.8.1987, in: BAK, B 122/47562, und Besprechungsvermerke vom 25.8.1987, in: Ebd.
430 Aktenauswertungen dazu zeigen erneut, wie in Bonn sehr unterschiedlich die Möglichkeit des Honecker-Besuchs eingeschätzt wurde. Kanzleramt und Prä-

sidialamt reklamierten jeder für sich, »Geburtshelfer« gewesen zu sein; dazu Korte 1998, S. 325 (dort auch die Verweise auf die Quellen).
431 Besondere Aufmerksamkeit fand in Moskau eine angebliche Äußerung von Horst Teltschik (Abteilungsleiter Außenpolitik im Kanzleramt) in Bonn, was als Kalte-Kriegs-Propaganda gewertet wurde. Es galt den Journalisten als Beleg, dass Kohl inhaltlich die Annäherung an Moskau, die Weizsäcker wollte, nicht hinreichend unterstützte. Angeblich hatte Teltschik im Rahmen einer Buchvorstellung in Bonn davon gesprochen, dass Moskau unverändert an seiner offensiven Militärstrategie festhalte; dazu Pflüger 1990, S. 290; vgl. auch BAK, B 122/47558.
432 Dazu BAK, B 145/15145, v. 14.7.1987.
433 Weizsäcker hielt seine Rede beim Abendessen des Bürgermeisters, nicht auf dem Friedhof, am 9.7.1987; vgl. dazu auch Meyer-Landrut 2003, S. 197.
434 So eine Einschätzung aus dem Kanzleramt von Richthofen vom 15.7.1987, in: BAK, B 122/47558.
435 Im *Time Magazine* vom 20.7.1987 wird Weizsäcker von den Autoren als »Icebreaker« bezeichnet.
436 Brandt 2005, S. 36.

5. Epilog

1 Zu den verbreiteten Standardlegenden vgl. Bannas, Günter: »Feine Sitten im Schloss Bellevue«, in: *FAZ*, 10.2.2017.
2 Das gilt auch für den zweiten Dienstsitz, die Villa Hammerschmidt in Bonn.
3 Vgl. zur saloppen Einordnung Steinbeis 2012, S. 35.
4 Schwarz 2012b, S. 285–306.
5 Das ist für Köhler ein besonderer Ort, da er von 1993 bis 1998 selbst Präsident des Sparkassen- und Giroverbandes war. Er wurde während seiner Amtszeit als Bundespräsident auch oft spöttisch-despektierlich als »Sparkassen-Direktor« tituliert. Der als »a.D.« ausgewiesene Amtssitz hing allerdings damit zusammen, dass in diesen Räumen des Sparkassenverbandes sich Bundespräsident Rau nach seiner Amtszeit niedergelassen hatte. Köhler übernahm dessen Räumlichkeiten, um auch Kosten für neue Umbauten aus Sicherheitsgründen in anderen Berliner Gebäudekomplexen zu vermeiden.
6 Interview mit Köhler am 31.5.2018, Berlin.
7 Eine differenzierte Dokumentation der Abläufe bei: Sturm, Daniel Friedrich: »Die Flucht«, in: *Welt am Sonntag*, 22.5.2011.
8 http://www.bundespraesident.de/SharedDocs/Reden/DE/Horst-Koehler/Reden/2010/05/20100531_Rede.html (3.9.2018).
9 Ebd.

10 Interview mit Köhler am 31.5.2018, Berlin.
11 Ebd.
12 Ebd.
13 Ebd.
14 Ebd.
15 Dies hatte Köhler im Rahmen der ARD-Sendung »Sabine Christiansen« am 24.6.2007 angedeutet: https://www.welt.de/politik/article972646/Koehler-fuer-Direktwahl-des-Bundespraesidenten.html (10.7.2018).
16 Interview mit Köhler am 31.5.2018, Berlin.
17 Wulff 2014, S. 7.
18 Interview mit Köhler am 31.5.2018, Berlin.
19 Ebd.
20 Mail von Wulff vom April 2018 und Interviews in Duisburg mit Wulff im Zeitraum vom 22.11.2016 bis zum 7.2.2017.
21 Ebd.
22 In dieser Rede sagte er: »Aber der Islam gehört inzwischen auch zu Deutschland.«
23 Mail von Wulff vom April 2018 und Interviews in Duisburg mit Wulff im Zeitraum vom 22.11.2016 bis zum 7.2.2017.
24 Interview mit Gauck am 7.2.2018, Berlin.
25 Ebd.
26 Ebd.
27 Ebd.
28 Ebd.
29 Ebd.; auch Steinmeier benutzt diese Metapher: »Wir alle spüren, dass etwas ins Rutschen geraten ist in den liberalen Demokratien.« Vgl. http://www.bundespraesident.de/SharedDocs/Reden/DE/Frank-Walter-Steinmeier/Reden/2018/05/180523-Forum-Bellevue.html (10.7.2018).
30 Interview mit Steinmeier am 26.2.2018, Berlin.
31 Ebd.
32 Ebd.
33 Ebd.
34 Ebd.
35 Keiner kann allerdings ausschließen, dass es vorher zu Neuwahlen kommt (verfassungsrechtlich komplex nach Art. 63 oder 68 GG), beispielsweise durch den Rücktritt von Merkel nach drei Jahren oder dem Austritt eines Koalitionspartners aus der Regierung. Die SPD wird aus strategischen und mobilisierungstechnischen Gründen im Bundestag sicher keine neue Kanzlerin oder neuen Kanzler mitwählen, der bis zum Ende der Legislaturperiode regiert. Dem Entlassungsverlangen des Bundeskanzlers hat der Bundespräsident zu entsprechen, wenngleich der Rücktritt des Bundeskanzlers nicht ausdrücklich im Grundgesetz geregelt ist. Dann müsste es zu Neuwahlen kommen.

36 Interview mit Steinmeier am 26.2.2018, Berlin.
37 Ebd.
38 Ebd.
39 Ebd.
40 Garton Ash 2016, S. 316.
41 So kritisierte Steinmeier deutlich die Rede des ehemaligen AfD-Politikers Poggenburg am politischen Aschermittwoch 2018, in der dieser Menschen mit türkischem Migrationshintergrund beleidigte; siehe: https://www.tagesschau.de/inland/poggenburg-107.html (10.7.2018). Auch übte er deutliche Kritik an der Rede des AfD-Fraktionsvorsitzenden Gauland, der am 2.6.2018 in einer Rede vor der Jugendorganisation der AfD die Bedeutung der Nazi-Zeit im Kontext der deutschen Geschichte als einen »Vogelschiss« bezeichnete; vgl.: http://www.spiegel.de/politik/deutschland/frank-walter-steinmeier-bittet-um-vergebung-fuer-unrecht-an-homosexuellen-a-1210927.html (10.7.2018).
42 Interview mit Bittner am 26.4.2018, Hamburg.
43 So Koselleck 1979, S. 349–375; vgl. zum Grundgedanken auch Rüb 2015, S. 206.
44 Vgl. dazu Daniel Deckers, »Nichts ist unmöglich«, in: *FAZ*, 27.10.2018.

LITERATUR UND QUELLEN

Literatur

Ackermann, Eduard: *Mit feinem Gehör. Vierzig Jahre in der Bonner Politik*, Bergisch Gladbach ³1994.

Adenauer, Konrad: *Erinnerungen 1955–1959*, Stuttgart 1967.

Adenauer, Konrad/Heuss, Theodor/Mensing, Hans Peter (Bearb.): *Unter vier Augen. Gespräche aus den Gründerjahren 1949–1959*, Berlin 1997.

Alexander, Robin: *Die Getriebenen: Merkel und die Flüchtlingspolitik. Report aus dem Innern der Macht*, München 2017.

Allemann, Fritz René: »Verfassungswirklichkeit – morgen. Wenn Adenauer Bundespräsident wird, dann ...«, in: *Der Monat* 11, Heft 129, Juni 1959, S. 9–17.

Arendt, Hannah: *Was ist Politik*, München/Berlin ⁶2017.

Baecker, Dirk: *Wozu Theater*, Berlin 2013.

Ballensiefen, Moritz: *Bilder machen Sieger – Sieger machen Bilder. Die Funktion von Pressefotos im Bundestagswahlkampf 2005*, Wiesbaden 2009.

Baring, Arnulf: *Außenpolitik in Adenauers Kanzlerdemokratie*, München u. a. 1969.

Baring, Arnulf: *Machtwechsel. Die Ära Brandt-Scheel*, München 1984.

Bauer, Thomas: *Die Vereindeutigung der Welt. Über den Verlust an Mehrdeutigkeit und Vielfalt*, Stuttgart ²2018.

Bentlage, Michael/Rauh, Jürgen: »›Alte‹ und ›neue‹ Medien in Deutschland: Angebot, Nutzung und Anwendung in einer räumlichen Perspektive«, in: *Europa Regional* 16 (2008), Nr. 4, S. 154–166.

Berger, Peter L./Luckmann, Thomas: *Die gesellschaftliche Konstruktion der Wirklichkeit. Eine Theorie der Wissenssoziologie*, Frankfurt am Main 1969.

Bergmann, Knut: *Der Bundestagswahlkampf 1998. Vorgeschichte, Strategien, Ergebnis*, Wiesbaden 2002.

Bergmann, Knut: *Mit Wein Staat machen – eine Geschichte der Bundesrepublik Deutschland*, Frankfurt am Main 2018.

Bieber, Christoph: »Auf dem Weg zu einer Ethik des Lecks? Wikileaks als programmierte Öffentlichkeit«, in: Baxmann, Inge u. a. (Hg.): *Soziale Medien. Neue Massen*, Zürich/Berlin 2017a, S. 301–323.

Bieber, Christoph: »Politikberatung in der Flüchtlingskrise. Ein Fall für den Ethikrat?«, in: Ders./Blätte, Andreas/Korte, Karl-Rudolf/Switek, Niko (Hg.): *Regieren in der Ein-*

wanderungsgesellschaft. Impulse zur Integrationsdebatte aus der Sicht der Regierungsforschung, Wiesbaden 2017b, S. 123–127.

Bieber, Christoph/Blätte, Andreas/Korte, Karl-Rudolf/Switek, Niko (Hg.): *Regieren in der Einwanderungsgesellschaft. Impulse zur Integrationsdebatte aus Sicht der Regierungsforschung*, Wiesbaden 2017.

Biedermann, Stefan: »Der Bundespräsident in der Außenpolitik«, in: Brandt, Enrico/Bruck, Christian (Hg.): *Auswärtiges Amt. Diplomatie als Beruf*, Wiesbaden ⁴2005, S. 48–56.

Birke, Adolf M.: »Präsidiales Entscheidungshandeln in politischen Krisensituationen«, in: Jäckel, Eberhard/Möller, Horst/Rudolph, Hermann (Hg.): *Von Heuss bis Herzog. Die Bundespräsidenten im politischen System der Bundesrepublik*, Stuttgart 1999, S. 87–99.

Blätte, Andreas: »Politikberatung aus sozialwissenschaftlicher Perspektive«, in: Falk, Svenja u. a. (Hg.): *Handbuch Politikberatung*, Wiesbaden 2018, o. S.

Blume, Jan/Harden, Lars/Heisig, Annika: »Die Medienimages von Amtsinhaber Horst Köhler und Herausforderin Gesine Schwan im Vorfeld zur Wahl des Bundespräsidenten«, in: *Zeitschrift für Politikberatung* (2010), Heft 3, S. 229–239.

Böhret, Carl: *Die Zeit des Politikers – Zeitverständnis, Zeitnutzung und Zeitmandat, Rektoratsrede anlässlich der Eröffnung des Wintersemesters 1989/1990* (Speyerer Vorträge, Heft 14), Speyer 1989.

Bogner, Alexander: *Die Ethisierung von Technikkonflikten. Studien zum Geltungswandel des Dissenses*, Weilerswist 2011.

Bracher, Karl Dietrich: *Theodor Heuss und die Wiederbegründung der Demokratie in Deutschland*, Tübingen 1965.

Brandt, Enrico: »Nur nichts dem Zufall überlassen: Das Protokoll«, in: Ders./Bruck, Christian (Hg.): *Auswärtiges Amt. Diplomatie als Beruf*, Wiesbaden ⁴2005, S. 36–48.

Brandt, Matthias: *Raumpatrouille*, Köln 2016.

Brissa, Enrico: *Auf dem Parkett. Kleines Handbuch des weltläufigen Benehmens*, Berlin 2018.

Bude, Heinz: *Gesellschaft der Angst*, Hamburg 2014.

Bueger, Christian/Gadinger, Frank: »Die Formalisierung der Informalität: Praxistheoretische Überlegungen«, in: Bröchler, Stephan/Grunden, Timo (Hg.): *Informelle Politik. Konzepte, Akteure und Prozesse*, Wiesbaden 2014, S. 81–98.

Bundesministerium der Verteidigung: *Weißbuch 2016 zur Sicherheitspolitik und zur Zukunft der Bundeswehr*, Berlin 2016.

Bundeszentrale für politische Bildung: *Wahrheit* (Themenheft von: Aus Politik und Zeitgeschichte 67, 2017, Nr. 13), Bonn 2017.

Busse, Volker/Hofmann, Hans: *Bundeskanzleramt und Bundesregierung: Aufgaben, Organisation, Arbeitsweise*, München u. a. 2010.

Butzer, Hermann: »Der Bundespräsident und sein Präsidialamt«, in: *Verwaltungs-Archiv* IV, 1.10.1991, S. 497–525.

Butzer, Hermann: »Im Streit: Die Äußerungsbefugnisse des Bundespräsidenten«, in: *Zeitschrift für Gesetzgebung* (2015), Heft 2, S. 97–127.

Butzer, Hermann: »Hat Adenauer damals richtig hingeschaut? Anmerkungen zur These von der politischen Machtlosigkeit des Bundespräsidentenamtes«, in: *Neue Juristische Wochenschrift* (2017), Heft 4, S. 210–215.

Carstens, Karl: *Politische Führung. Erfahrungen im Dienst der Bundesregierung*, Stuttgart 1971.

Carstens, Karl: *Reden und Interviews*, Bd. 4, Bonn 1983.

Carstens, Karl: *Erinnerungen und Erfahrungen*, Boppard am Rhein 1993.

Cramer, Dettmar: »Der Bundespräsident in der Sowjetunion«, in: *Deutschland-Archiv* 20 (1987), S. 792–794.

Dahrendorf, Ralf: »Kulturpessimismus vs. Fortschrittshoffnung«, in: Habermas, Jürgen (Hg.): *Stichworte zur geistigen Situation der Zeit*, Frankfurt am Main ²1982, S. 213–228.

Debus, Marc: »Die Thematisierung der Flüchtlingskrise im Vorfeld der Landtagswahlen 2016: Mangelnde Responsivität als eine Ursache für den Erfolg der AfD?«, in: Bieber, Christoph/Blätte, Andreas/Korte, Karl-Rudolf/Switek, Niko (Hg.): *Regieren in der Einwanderungsgesellschaft. Impulse zur Integrationsdebatte aus Sicht der Regierungsforschung*, Wiesbaden 2017, S. 91–98.

Decker, Frank: »Über Jamaika zur Fortsetzung der Großen Koalition. Die Entwicklung des Parteiensystems vor und nach der Bundestagswahl 2017«, in: Korte, Karl-Rudolf/Schoofs, Jan (Hg.): *Die Bundestagswahl 2017. Analysen der Wahl-, Parteien-, Kommunikations- und Regierungsforschung*, Wiesbaden 2019 (im Erscheinen).

Decker, Frank/Jesse, Eckhard: »Mythos oder Realität? Die koalitionspolitische Signalfunktion von Bundespräsidentenwahlen«, in: Dies. (Hg.): *Die deutsche Koalitionsdemokratie vor der Bundestagswahl 2013: Parteiensystem und Regierungsbildung im internationalen Vergleich*, Baden-Baden 2013, S. 193–211.

Delhees, Stefanie/Korte, Karl-Rudolf/Schartau, Florian/Switek, Niko/Weissenbach, Kristina: *Wohlfahrtsstaatliche Reformkommunikation: Westeuropäische Parteien auf Mehrheitssuche*, Baden-Baden 2008.

Derix, Simone: *Bebilderte Politik. Staatsbesuche in der Bundesrepublik Deutschland 1949–1990*, Göttingen 2009.

Dettling, Warnfried: *Parteien auf der Suche* (Thinktank #8 – Wertewandel – neue Ideen für alte Werte), Berlin 2007.

Diermann, Melanie: *Regierungskommunikation in modernen Demokratien: Eine modellbasierte Analyse sozialpolitischer Diskurse im internationalen Vergleich*, Wiesbaden 2011.

Dörner, Andreas: »Politainment. Thesen zum Zusammenhang von Politik und Unterhaltung in der deutschen Gegenwartsgesellschaft«, in: Grünewald, Robert/Güldenzopf, Ralf/Piepenschneider, Melanie (Hg.): *Politische Kommunikation. Beiträge zur politischen Bildung*, Münster 2011, S. 25–33.

Dräger, Jörg/Tillmann, Christina/Frick, Frank: *Wie politische Ideen Wirklichkeit werden*, Baden-Baden 2014.

Druyen, Thomas (Hg.): *Die ultimative Herausforderung – über die Veränderungsfähigkeit der Deutschen*, Wiesbaden 2018.

Edelman, Murray: *Politik als Ritual. Die symbolische Funktion staatlicher Institutionen und politischen Handelns*, Frankfurt am Main 1976.

Eimeren, Birgit van/Simon, Erik/Riedl, Andreas: »Medienvertrauen und Informationsverhalten von politischen Zweiflern und Entfremdeten«, in: *Media Perspektiven* (2017), Heft 11, S. 538–554.

Eisel, Stephan: *Helmut Kohl: Nahaufnahme*, Bonn ²2012.

Eith, Ulrich/Mielke, Gerd: »Gesellschaftlicher Strukturwandel und soziale Verankerung der Parteien«, in: Wiesendahl, Elmar (Hg.): *Parteien und soziale Ungleichheit*, Wiesbaden 2017, S. 39–61.

Engel, Bernhard/Rühle, Angela: »Medien als Träger politischer Information«, in: *Media Perspektiven* (2017), Heft 7–8, S. 388–407.

Eschenburg, Theodor: *Staat und Gesellschaft in Deutschland*, Stuttgart 1956.

Eschenburg, Theodor: »Einleitung«, in: *Gustav W. Heinemann. Präsidiale Reden*, Frankfurt am Main 1979, S. 11–22.

Ezazi, Gordian: *Ethikräte in der Politik. Genese, Selbstverständnis und Arbeitsweise des Deutschen Ethikrates*, Wiesbaden 2016.

Florack, Martin: *Transformation der Kernexekutive. Eine neo-institutionalistische Analyse der Regierungsorganisation in NRW 2005–2010*, Wiesbaden 2013.

Florack, Martin: »Anpassen, ergänzen, ersetzen, personalisieren. Regieren in der Einwanderungsgesellschaft als Prozess der kernexekutiven Selbstorganisation«, in: Bieber, Christoph/Blätte, Andreas/Korte, Karl-Rudolf/Switek, Niko (Hg.): *Regieren in der Einwanderungsgesellschaft. Impulse zur Integrationsdebatte aus Sicht der Regierungsforschung*, Wiesbaden 2017, S. 47–52.

Florack, Martin/Grunden, Timo (Hg.): *Regierungszentralen. Organisation, Steuerung und Politikformulierung zwischen Formalität und Informalität*, Wiesbaden 2011.

Florack, Martin/Grunden, Timo/Korte, Karl-Rudolf: »No Governance without Government. Political Management at the State Level. The Case of North Rhine-Westphalia«, in: Schmitt-Beck, Rüdiger/Debiel, Tobias/Korte, Karl-Rudolf (Hg.): *Governance and Legitimacy in a Globalized World*, Baden-Baden 2008, S. 59–74.

Forschungsgruppe Wahlen: *Eine Analyse der Wahl vom 24.9.2017* (Berichte der Forschungsgruppe Wahlen, Nr. 170), Mannheim 2017.

Forst, Rainer: »Politische Moral«, in: Greiffenhagen, Martin/Greiffenhagen, Sylvia (Hg.): *Handwörterbuch zur politischen Kultur der Bundesrepublik Deutschland*, Wiesbaden 2002, S. 401–407.

Fritz, Gernot: »Kommentar zu Artikel 54 des Grundgesetzes«, in: Dolzer, Rudolf u.a. (Hg.): *Bonner Kommentar zum Grundgesetz*, 95. Lieferung, München 2001, S. 121–140.

Galkin, Aleksandr/Tschernjajew, Anatolij (Hg.): *Michail Gorbatschow und die deutsche Frage. Sowjetische Dokumente 1986–1991*, deutsche Ausgabe hg. von Helmut Altrichter, München 2011.

Ganghof, Steffen/Hönnige, Christoph/Stecker, Christian (Hg.): *Parlamente, Agendasetzung und Vetospieler. Festschrift für Herbert Döring*, Wiesbaden 2009.

Garton Ash, Timothy: *Im Namen Europas. Deutschland und der geteilte Kontinent*, München u. a. 1993.

Garton Ash, Timothy: *Redefreiheit. Prinzipien für eine vernetzte Welt*, München 2016.

Gauger, Jörg-Dieter: »Roman Herzog als politische Persönlichkeit und Bundespräsident«, in: Ooyen, Robert Chr. van/Möllers, Martin H. W. (Hg.): *Der Bundespräsident im politischen System*, Wiesbaden 2012, S. 245–258.

Geis, Anna/Nullmeier, Frank/Daase, Christopher (Hg.): *Der Aufstieg der Legitimitätspolitik. Rechtfertigung und Kritik politisch-ökonomischer Ordnungen* (Leviathan, Sonderband), Baden-Baden 2012.

Genscher, Hans-Dietrich: *Erinnerungen*, Berlin 1995.

Gill, Ulrich/Steffani, Winfried (Hg.): *Eine Rede und ihre Wirkung: Die Rede des Bundespräsidenten Richard von Weizsäcker vom 8. Mai 1985 anläßlich des 40. Jahrestages der Beendigung des Zweiten Weltkrieges; Betroffene nehmen Stellung*, Berlin 1986.

Glaab, Manuela: »Partizipative Politikberatung«, in: Falk, Svenja/Glaab, Manuela/Römmele, Andrea/Schober, Henrik/Thunert, Martin (Hg.): *Handbuch Politikberatung*, Wiesbaden 2016, o. S.

Göhler, Gerhard: *Institution – Macht – Repräsentation: Wofür politische Institutionen stehen und wie sie wirken*, Baden-Baden 1997.

Göhler, Gerhard: »Macht«, in: Ders./Iser, Mattias/Kerner, Ina (Hg.): *Politische Theorie. 25 umkämpfte Begriffe*, Wiesbaden ²2011, S. 224–240.

Göhler, Gerhard u. a.: »Steuerung jenseits von Hierarchie«, in: *Politische Vierteljahresschrift* (2010), Heft 4, S. 691–720.

Goldmann, Anne: *Protokollarischer Zwang oder individuelle Themensetzung? Eine qualitative Analyse des 1. Amtsjahres des Bundespräsidenten im Bereich der Außenpolitik am Beispiel Joachim Gauck und Frank-Walter Steinmeier*, unveröffentlichte Masterarbeit Universität Duisburg-Essen 2018.

Gorbatschow, Michail: *Perestroika. Die zweite russische Revolution. Eine neue Politik für Europa und die Welt*, München 1987.

Gorbatschow, Michail: *Erinnerungen*, Berlin 1995.

Görtemaker, Manfred: *Geschichte der Bundesrepublik Deutschland*, München 1999.

Grasselt, Nico/Korte, Karl-Rudolf: *Führung in Politik und Wirtschaft. Instrumente, Stile und Techniken*, Wiesbaden 2007.

Grassert, Philipp/Hennecke, Hans J. (Hg.): *Koalitionen in der Bundesrepublik. Bildung, Management und Krisen von Adenauer bis Merkel*, Paderborn u. a. 2017.

Grosser, Alfred: »Mitverantwortung für die Freiheit«, in: Gill, Ulrich/Steffani, Winfried (Hg.): *Die Rede und ihre Wirkung*, Berlin 1986, S. 63–70.

Grunden, Timo: *Politikberatung im Innenhof der Macht. Zu Einfluss und Funktion der persönlichen Berater deutscher Ministerpräsidenten*, Wiesbaden 2009.

Grunden, Timo: »Informelles Regieren. Untersuchungsgegenstände, Analysezugänge und Perspektiven der Forschung«, in: *Zeitschrift für Politikwissenschaft* (2011), Heft 1, S. 153–185.

Grunden, Timo: »Informelle Machtarchitekturen im parlamentarischen Regierungssystem«, in: Bröchler, Stephan/Grunden, Timo (Hg.): *Informelle Politik. Konzepte, Akteure und Prozesse*, Wiesbaden 2014, S. 17–50.

Grunden, Timo: »Wozu ein Bundespräsident? Amt und Amtsführung des deutschen Staatsoberhauptes in der staatswissenschaftlichen Forschung«, in: www.Regierungsforschung.de, 20.1.2014.

Grunden, Timo/Korte, Karl-Rudolf: »Über die Regierung: Gegenstände der Regierungsforschung und neue Konturen des Regierens«, in: Korte, Karl-Rudolf/Grunden, Timo (Hg.): *Handbuch Regierungsforschung*, Wiesbaden 2013, S. 12–29.

Grundmann, Sven S.: »Politik und Ethik. Geschichte und Gegenwart einer schwierigen Beziehung«, in: *Zeitschrift für Politikwissenschaft* (2013), Sonderband Ethik und Politikmanagement, S. 99–118.

Grundmann, Sven S.: »Wicked Problems und Policy-Analyse: Zur Praxisorientierung politikwissenschaftlicher Forschung«, in: *Zeitschrift für Politikwissenschaft* (2017), Heft 2, S. 239–257.

Gu, Xuewu: »Die Vorbeugungsfunktion des Bundespräsidenten«, in: *Zeitschrift für Parlamentsfragen* (1999), Heft 3, S. 761–771.

Günther, Frieder: *Heuss auf Reisen: Die auswärtige Repräsentation der Bundesrepublik durch den ersten Bundespräsidenten*, Stuttgart 2006.

Hachmeister, Lutz: *Nervöse Zone: Politik und Journalismus in der Berliner Republik*, München 2007.

Haftendorn, Helga: *Deutsche Außenpolitik zwischen Selbstbeschränkung und Selbstbehauptung*, München 2001.

Hartenstein, Hendrik: *Deutsche Außenpolitik gegenüber Amerika nach 9/11. Eine kontrafaktische Außenpolitikanalyse*, Wiesbaden 2015.

Hartmann, Jürgen: *Staatszeremoniell*, Köln u. a. 32000.

Hebestreit, Ray/Korte, Karl-Rudolf: »Partizipation und politisches Entscheiden. Politische Beteiligung im Kontext aktueller Entscheidungszumutungen in der Politik«, in: Harles, Lothar/Lange, Dirk (Hg.): *Zeitalter der Partizipation*, Schwalbach (Taunus) 2015, S. 20–36.

Heinemann, Gustav W.: *Präsidiale Reden*, Frankfurt am Main 1975.

Hellmann, Gunther/Jacobi, Daniel/Stark Urrestarazu, Úrsula (Hg.): »*Früher, entschiedener und substantieller*«? *Die neue Debatte über Deutschlands Außenpolitik*, Wiesbaden 2015.

Hellmann, Gunther: »Zwischen Gestaltungsmacht und Hegemoniefalle«, in: *Aus Politik und Zeitgeschichte*, B 28–29/2016, S. 4–12.

Hennecke, Hans J.: *Die dritte Republik. Aufbruch und Ernüchterung*, München 2003.

Hennecke, Hans J.: »Regieren in Koalitionen seit 1949. Bilanz und Perspektive«, in: Grassert, Philipp/Hennecke, Hans J. (Hg.): *Koalitionen in der Bundesrepublik*.

Bildung, Management und Krisen von Adenauer bis Merkel, Paderborn u. a. 2017, S. 315–330.

Hennis, Wilhelm: »Die Rolle des Parlaments und die Parteiendemokratie«, in: Ders.: *Die missverstandene Demokratie*, Freiburg 1973, S. 15–43.

Herzog, Roman: »Ansprache in Warschau anlässlich des Gedenkens an den 50. Jahrestag des Warschauer Aufstands, 1.8.1994«, in: Ders.: *Reden und Interviews*, Bd. 1, Teilband 1: *1. Juli 1994 – 30. Juni 1995*, hg. vom Presse- und Informationsamt der Bundesregierung, Bonn 1995, S. 42–44.

Herzog, Roman: *Reden und Interviews*, Bd. 3, Bonn 1998.

Herzog, Roman, in: Maunz, Theodor/Dürig, Günter u. a.: Grundgesetz, Loseblatt-Kommentar, 53. Ergänzungslieferung, München 2009, Art. 54, Art. 56, Art. 58, Art. 60, Art. 63.

Heuss, Theodor: *Die großen Reden. Der Staatsmann*, Tübingen 1965.

Heuss, Theodor: *Tagebuchbriefe: 1955–1963. Eine Auswahl aus Briefen an Toni Stolper*, hg. von Eberhard Pikart, Tübingen 1970.

Hirscher, Gerhard/Korte, Karl-Rudolf (Hg.): *Aufstieg und Fall von Regierungen*, München 2001.

Hirscher, Gerhard/Korte, Karl-Rudolf (Hg.): *Information und Entscheidung. Kommunikationsmanagement der politischen Führung*, Wiesbaden 2003.

Höreth, Marcus: »Vom ›Kustos‹ zurück zum ›Gestus‹. Die Bundespräsidenten unter der zweiten Regierung Merkel (2009–2013)«, in: Zohlnhöfer, Reimut/Saalfeld, Thomas (Hg.): *Politik im Schatten der Krise. Eine Bilanz der Regierung Merkel 2009–2013*, Wiesbaden 2015, S. 303–326.

Hoffmann, Markus/Stock, Alexander: »Um des Konsenses willen. Johannes Rau (1999–2004)«, in: Ooyen, Robert C. van/Möllers, Martin H. W. (Hg.): *Der Bundespräsident im politischen System*, Wiesbaden 2012, S. 259–273.

Horst, Patrick: »Präsident der Bundesrepublik Deutschland. Der Rang des Amtes und die Folge der Amtsinhaber 1949–1994«, in: *Zeitschrift für Parlamentsfragen* (1995), Heft 4, S. 586–595.

Ipsen, Jörn: »Regierungsbildung im Mehrparteiensystem«, in: Juristen-Zeitung (2006), Nr. 5, S. 217–222.

Jäger, Wolfgang: *Wer regiert die Deutschen? Innenansichten der Parteiendemokratie*, Zürich 1994.

Jäger, Wolfang/Link, Werner: *Republik im Wandel*, Bd. 2: *Die Ära Schmidt*, Stuttgart 1987.

Jansen, Hans-Heinrich: »›Hummer per Düsenjet‹ – der Besuch des Bundespräsidenten Scheel in Moskau im November 1975«, in: Ooyen, Robert C. van/Möllers, Martin H. W. (Hg.): *Der Bundespräsident im politischen System*, Wiesbaden 2012, S. 207–215.

Jochum, Michael: »Funktion und Wirkung symbolischer Akte«, in: Jäckel, Eberhard/Möller, Horst/Rudolph, Hermann (Hg.): *Von Heuss bis Herzog. Die Bundespräsidenten im politischen System der Bundesrepublik*, Stuttgart 1999, S. 177–190.

Jochum, Michael: *Worte als Taten. Der Bundespräsident im demokratischen Prozess der Bundesrepublik Deutschland*, Gütersloh 2000.

Jullien, Francois: *Es gibt keine kulturelle Identität*, Frankfurt am Main 2017.

Kaltefleiter, Werner: *Die Funktionen des Staatsoberhauptes in der parlamentarischen Demokratie*, Köln/Opladen 1970.

Kelly, Petra A.: »Eine selbstverständliche Rede und eine andere Wirklichkeit«, in: Gill, Ulrich/Steffani, Winfried (Hg.): *Die Rede und ihre Wirkung*, Berlin 1986, S. 137–143.

Kielmansegg, Peter: *Die Grammatik der Freiheit*, Baden-Baden 2013.

Klatt, Johanna/Walter, Franz: »Politik und Gesellschaft am Ende der Zweiten Großen Koalition und was folgt? Konklusion und Ausblick«, in: Butzlaff, Felix/Harm, Stine/Walter, Franz (Hg.): *Patt oder Gezeitenwechsel? Deutschland 2009*, Wiesbaden 2009, S. 295–322.

Klein, Matthias: *Landesvaterdemokratie: Die Regierungsstile der Ministerpräsidenten Bernhard Vogel und Kurt Beck*, Wiesbaden 2015.

Koerfer, Daniel: *Kampf ums Kanzleramt*, Stuttgart 1987.

Kohl, Helmut: »*Ich wollte Deutschlands Einheit*«, dargestellt von Kai Diekmann und Ralf Georg Reuth, Berlin 1996.

Kohl, Helmut: *Erinnerungen 1982–1990*, München 2005.

Kohlmann, Sebastian: *Frank-Walter Steinmeier: Der Weg ins Schloss Bellevue*, München 2017.

König, Klaus: *Operative Regierung*, Tübingen 2015.

Korte, Karl-Rudolf: *Der Standort der Deutschen: Akzentverlagerungen der deutschen Frage in der Bundesrepublik Deutschland seit den siebziger Jahren*, Köln 1990.

Korte, Karl-Rudolf: *Die Chance genutzt? Die Politik zur Einheit Deutschlands*, Frankfurt am Main 1994.

Korte, Karl-Rudolf: *Deutschlandpolitik in Kohls Kanzlerschaft. Regierungsstil und Entscheidungen 1982–1989*, Stuttgart 1998.

Korte, Karl-Rudolf: »Die Regierungserklärung. Visitenkarten und Führungsinstrument der Kanzler«, in: Ders. (Hg.): »*Das Wort hat der Herr Bundeskanzler«. Eine Analyse der Großen Regierungserklärungen von Adenauer bis Schröder*, Wiesbaden 2002, S. 11–32.

Korte, Karl-Rudolf: »Maklermacht: Der personelle Faktor im Entscheidungsprozess von Spitzenakteuren«, in: Hirscher, Gerhard/Korte, Karl-Rudolf (Hg.): *Information und Entscheidung. Kommunikationsmanagement der politischen Führung*, Wiesbaden 2003, S. 15–28.

Korte, Karl-Rudolf: »Der Pragmatiker des Augenblicks. Das Politikmanagement von Bundeskanzler Gerhard Schröder«, in: Egle, Christoph/Zohlnhöfer, Reimut (Hg.): *Ende des rot-grünen Projektes*, Wiesbaden 2007, S. 168–196.

Korte, Karl-Rudolf: »Kommunikation und Entscheidungsfindung von Regierungen. Das Beispiel einer Reformkommunikation«, in: Sarcinelli, Ulrich/Tenscher, Jens (Hg.): *Politikherstellung und Politikdarstellung. Beiträge zur politischen Kommunikation*, Köln 2008, S. 20–43.

Korte, Karl-Rudolf: »Die Bundestagswahl 2009. Konturen des Neuen«, in: Ders. (Hg.): *Die Bundestagswahl 2009. Analysen der Wahl-, Parteien-, Kommunikations- und Regierungsforschung*, Wiesbaden 2010a, S. 9–32.

Korte, Karl-Rudolf: »Präsidentielles Zaudern. Der Regierungsstil von Angela Merkel in der Großen Koalition«, in: Bukow, Sebastian/Seemann, Wenke (Hg.): *Die Große Koalition: Regierung – Politik – Parteien 2005–2009*, Wiesbaden 2010b, S. 102–122.

Korte, Karl-Rudolf: »Strategie und Regierung. Politikmanagement unter den Bedingungen von Komplexität und Sicherheit«, in: Raschke, Joachim/Tils, Ralf (Hg.): *Strategie in der Politikwissenschaft. Konturen eines neuen Forschungsfelds*, Wiesbaden 2010c, S. 211–232.

Korte, Karl-Rudolf: »Risiko als Regelfall. Über Entscheidungszumutungen in der Politik«, in: *Zeitschrift für Politikwissenschaft* (2011), Heft 3, S. 465–478.

Korte, Karl-Rudolf: »Besondere Herausforderungen der angewandten Regierungsforschung«, in: Glaab, Manuela/Korte, Karl-Rudolf (Hg.): *Angewandte Politikforschung*, Wiesbaden 2012, S. 91–98.

Korte, Karl-Rudolf: »Machtwechsel in der Kanzlerdemokratie: Aufstieg und Fall von Regierungen«, in: Ders./Grunden, Timo (Hg.): *Handbuch Regierungsforschung*, Wiesbaden 2013a, S. 411–421.

Korte, Karl-Rudolf: »Sinkt der Einfluss der Wähler auf die Koalitionsbildung?«, in: Decker, Frank/Jesse, Eckhard (Hg.): *Die deutsche Koalitionsdemokratie vor der Bundestagswahl 2013: Parteiensystem und Regierungsbildung im internationalen Vergleich*, Baden-Baden 2013b, S. 37–56.

Korte, Karl-Rudolf: »Politisches Entscheiden unter den Bedingungen des Gewissheitsschwundes: Konzeptionelle Antworten der Regierungsforschung«, in: Neuner, Peter (Hg.): *Zufall als Quelle von Unsicherheit*, München 2014, S. 123–162.

Korte, Karl-Rudolf: »Die Bundestagswahl 2013 – ein halber Machtwechsel: Problemstellungen der Wahl-, Parteien-, Kommunikations- und Regierungsforschung«, in: Ders. (Hg.): *Die Bundestagswahl 2013. Analysen der Wahl-, Parteien-, Kommunikations- und Regierungsforschung*, Wiesbaden 2015a, S. 9–31. .

Korte, Karl-Rudolf (Hg.): *Emotionen und Politik – Begründungen, Konzeptionen, und Praxisfelder einer politikwissenschaftlichen Emotionsforschung*, Baden-Baden 2015b.

Korte, Karl-Rudolf: »Politikberatung von innen«, in: Falk, Svenja/Glaab, Manuela/Römmele, Andrea/Schober, Henrik/Thunert, Martin (Hg.): *Handbuch Politikberatung*, Wiesbaden 2016a, o. S.

Korte, Karl-Rudolf (Hg.): *Politik in unsicheren Zeiten: Kriege, Krisen und neue Antagonismen*, Baden-Baden 2016b.

Korte, Karl-Rudolf: »Identitätsfragen als neue demokratische Herausforderung des Politikmanagements«, in: Bieber, Christoph u. a. (Hg.): *Regieren in der Einwanderungsgesellschaft. Impulse zur Integrationsdebatte aus Sicht der Regierungsforschung*, Wiesbaden 2017a, S. 9–18.

Korte, Karl-Rudolf: *Wahlen in Deutschland. Grundsätze, Verfahren und Analysen*, Bonn ^{9}2017b.

Korte, Karl-Rudolf: »Was entscheidet die Wahl? Zu Themen und Wahlmotiven im Superwahljahr 2017«, in: *Aus Politik und Zeitgeschichte*, B 38–39/2017c, S. 4–9.

Korte, Karl-Rudolf: »Die Bundestagswahl 2017: Ein Plebiszit über die Flüchtlingspolitik«, in: Ders./Schoofs, Jan (Hg.): *Die Bundestagswahl 2017. Analysen der Wahl-, Parteien-, Kommunikations- und Regierungsforschung*, Wiesbaden 2019 (im Erscheinen).

Korte, Karl-Rudolf/Dinter, Jan: *Bürger, Medien und Politik im Ruhrgebiet. Einstellungen – Erwartungen – Erklärungsmuster*, Wiesbaden 2019.

Korte, Karl-Rudolf/Fröhlich, Manuel: *Politik und Regieren in Deutschland. Strukturen, Prozesse, Entscheidungen*, 3., aktual. und überarb. Auflage, Paderborn u. a. 2009.

Korte, Karl Rudolf/Grunden, Timo (Hg.): *Handbuch Regierungsforschung*, Wiesbaden 2013.

Korte, Karl-Rudolf/Hirscher, Gerhard (Hg.): *Darstellungspolitik oder Entscheidungspolitik? Über den Wandel von Politikstilen in westlichen Demokratien*, München 2000.

Korte, Karl-Rudolf/Schoofs, Jan (Hg.): *Die Bundestagswahl 2017. Analysen der Wahl-, Parteien-, Kommunikations- und Regierungsforschung*, Wiesbaden 2019.

Korte, Karl-Rudolf u. a.: *Parteiendemokratie in Bewegung. Organisations- und Entscheidungsmuster der deutschen Parteien im Vergleich*, Baden-Baden 2018.

Koschorke, Albrecht: *Wahrheit und Erfindung. Grundzüge einer allgemeinen Erzähltheorie*, Frankfurt am Main 2012.

Koselleck, Reinhart: *Vergangene Zukunft. Zur Semantik geschichtlicher Zeiten*, Frankfurt am Main 1979.

Kriesi, Hanspeter u. a.: »Globalization and the Transformation of the National Political Space«, in: *European Journal of Political Research* 45 (2006), Nr. 6, S. 921–956.

Küchenhoff, Erich: »Präsentationskapitulation des Bundeskanzlers gegenüber dem Bundespräsidenten«, in: *Die öffentliche Verwaltung* (1966), S. 675–684.

Küsters, Hanns Jürgen: »Richard von Weizsäcker. Bundespräsident in Zeiten der Wiedervereinigung«, in: Ooyen, Robert C. van/Möllers, Martin H. W. (Hg.): *Der Bundespräsident im politischen System*, Wiesbaden 2012, S. 233–243.

Kwizinskij, Julij A.: *Vor dem Sturm. Erinnerungen eines Diplomaten*, Berlin 1993.

Langguth, Gerd: *Horst Köhler*, München 2007.

Langguth, Gerd: *Kohl, Schröder, Merkel: Machtmenschen*, München 2009.

Langguth, Gerd: »Köhler – der scheue Patriot«, in: Ooyen, Robert C. van/Möllers, Martin H. W. (Hg.): *Der Bundespräsident im politischen System*, Wiesbaden 2012, S. 275–281.

Leggewie, Claus: *Mut statt Wut: Aufbruch in eine neue Demokratie*, Hamburg 2011.

Leggewie, Claus/Nanz, Patrizia: »Stärkung der Demokratie durch Institutionalisierung von Bürgerbeteiligung?«, in: *Zeitschrift für Politikwissenschaft* (2016), Heft 3, S. 335–341.

Linsen, Bastian/Russius, Ilona: *Die Amtspraxis der Bundespräsidenten*, unveröffentlichtes Manuskript, Duisburg 2016.

Lippert, Michael R.: *Bestellung und Abberufung der Regierungschefs und ihre funktionale*

Bedeutung für das parlamentarische Regierungssystem. Entwickelt am Beispiel des deutschen Bundeskanzlers und des britischen Premierministers, Berlin (West) 1973.

Lübbe, Hermann: *Zeit-Erfahrungen. Sieben Begriffe zur Beschreibung moderner Zivilisationsdynamik*, Stuttgart 1996.

Luhmann, Niklas: *Funktion der Religion*, Frankfurt am Main 1977.

Luhmann, Niklas: *Systemtheorie der Gesellschaft*, Frankfurt am Main 2017.

Lukes, Steven: *Power. A Radical View*, London 1974.

Mahoney, James: »Path dependence in historical sociology«, in: *Theory and Society* 29 (2000), S. 507–548.

Mahoney, James/Thelen, Kathleen: *A Theory of Gradual Institutional Change. Ambiguity, Agency and Power*, Cambridge 2010.

Mai, Manfred: *Regieren in der modernen Gesellschaft. Governance aus Sicht der Ministerialbürokratie*, Opladen u. a. 2016.

Mannewitz, Tom: »Bundespräsidentenwahlen als Vorboten von Bundestagswahlen?«, in: Jesse, Eckhard/Sturm, Roland (Hg.): *Bilanz der Bundestagswahlen 2013. Voraussetzungen, Ergebnisse, Folgen*, Baden-Baden 2014, S. 399–420.

Manow, Philip: *Die zentralen Nebensächlichkeiten der Demokratie. Von Applausminuten, Föhnfrisuren und Zehnpunkteplänen*, Hamburg 2017.

March, James G./Olsen, Johan P.: *Rediscovering Institutions. The Organizational Basics of Politics*, New York 1989.

Mau, Steffen: *Das metrische Wir*, Frankfurt am Main 22017.

Maunz, Theodor/Dürig, Günter (Hg.): *Kommentar zum Grundgesetz. Loseblatt-Sammlung*, 53. Ausgabe, München 2009.

Mehlhorn, Lutz: *Der Bundespräsident der Bundesrepublik Deutschland und der Republik Österreich*, Baden-Baden 2010.

Merkel, Wolfgang: »Schluss. Ist die Krise der Demokratie eine Erfindung?«, in: Ders. (Hg.): *Demokratie und Krise*, Wiesbaden 2015, S. 473–498.

Merseburger, Peter: *Theodor Heuss: Der Bürger als Präsident*, München 2012.

Mertes, Michael: »Der Zauber des Aufbruchs. Die Banalität des Endes: Zyklen des Regierens«, in: Hirscher, Gerhard/Korte, Karl-Rudolf (Hg.): *Aufstieg und Fall von Regierungen. Machterwerb und Machterosionen in westlichen Demokratien*, München 2001, S. 65–80.

Mertes, Michael: »Bundeskanzleramt und Bundespresseamt. Das Informations- und Entscheidungsmanagement der Regierungszentrale«, in: Hirscher, Gerhard/Korte, Karl-Rudolf (Hg.): *Information und Entscheidung. Kommunikationsmanagement der politischen Führung*, Wiesbaden 2003, S. 52–78.

Meyer-Landrut, Andreas: *Mit Gott und langen Unterhosen. Erlebnisse eines Diplomaten in der Zeit des Kalten Krieges*, 2003.

Michelsen, Danny/Walter, Franz: *Unpolitische Demokratie: Zur Krise der Repräsentation*, Frankfurt am Main 2013.

Mielke, Gerd: »1999 – Schicksalsjahr für die SPD«, in: *Forschungsjournal Neue Soziale Bewegungen* 12 (1999), Heft 4, S. 32–39.

Mielke, Gerd: »Politische Planung in der Staatskanzlei Rheinland-Pfalz«, in: Hirscher, Gerhard/Korte, Karl-Rudolf (Hg.): *Information und Entscheidung.* Kommunikationsmanagement der politischen Führung, Wiesbaden 2003, S. 122–137.

Mikfeld, Benjamin/Turowski, Jan: »Sprache. Macht. Denken«, in: Denkwerk Demokratie (Hg.): *Sprache. Macht. Denken. Politische Diskurse verstehen und führen*, Frankfurt am Main 2014, S. 15–50.

Mitchell, Sandra: *Komplexitäten. Warum wir erst anfangen, die Welt zu verstehen*, Frankfurt am Main 2008.

Möhring, Wiebke: »Vertrauensgut lokale Medien? Strukturen und Charakteristika lokaler medialer Öffentlichkeit in Nordrhein-Westfalen. Forschungspapier«, in: www. Regierungsforschung.de, 2.3.2017.

Möllers, Martin H. W.: »Staats- und verfassungsrechtliche Aufgaben und Kompetenzen«, in: Ooyen, Robert C. van/Möllers, Martin H. W. (Hg.): *Der Bundespräsident im politischen System*, Wiesbaden 2012, S. 75–98.

Morsey, Rudolf: *Heinrich Lübke: Eine politische Biographie*, Paderborn u. a. 1996.

Müller, Jan-Werner: *Was ist Populismus?* Berlin 2016.

Münkler, Herfried: *Macht in der Mitte. Die neuen Aufgaben Deutschlands in Europa*, Hamburg 2015.

Münkler, Herfried u. a.: *Staatserzählungen. Die Deutschen und ihre politische Ordnung*, Berlin 2018.

Musil, Robert: *Mann ohne Eigenschaften*, Hamburg 1978.

Nanz, Patrizia/Leggewie, Claus: *Die Konsultative: Mehr Demokratie durch Bürgerbeteiligung*, Berlin 2016.

Nassehi, Armin: *Die letzte Stunde der Wahrheit. Kritik der komplexitätsvergessenen Vernunft*, Hamburg 2017.

National Intelligence Council: *Die Welt im Jahr 2033*, München 2017.

Nettesheim, Martin: »Amt und Stellung des Bundespräsidenten in der grundgesetzlichen Demokratie«, in: Isensee, Josef/Kirchhof, Paul (Hg.): *Handbuch des Staatsrechts. Demokratie – Bundesorgane*, Bd. 3, Heidelberg ³2005, S. 1031–1072.

Niclauß, Karlheinz: *Kanzlerdemokratie*, Wiesbaden ³2015.

Nye, Joseph: *Macht im 21. Jahrhundert: politische Strategien für ein neues Zeitalter*, München 2011.

Oldenburg, Fred: *Das Dreieck Moskau – Ost-Berlin – Bonn. Aus den Akten des SED-Archivs*, Bonn 1994.

Ooyen, Robert C. van: *Das Amt des Bundespräsidenten: Fehldeutungen im parlamentarischen Regierungssystem*, Wiesbaden 2015.

Oppelland, Torsten: »(Über-)Parteilich? Parteipolitische Konstellationen bei der Wahl des Bundespräsidenten und ihr Einfluss auf die Amtsführung«, in: *Zeitschrift für Politikwissenschaft* (2001), Heft 2, S. 551–572.

Patzelt, Werner: »Der Bundespräsident«, in: Gabriel, Oscar W./Holtmann, Everhard (Hg.): *Handbuch Politisches System der Bundesrepublik Deutschland*, München/Wien 2005a, S. 291–308.

Patzelt, Werner (Hg.): *Parlamente und ihre Macht: Kategorien und Fallbeispiele institutioneller Analyse*, Baden-Baden 2005b.

Paulmann, Johannes: *Pomp und Politik. Monarchenbegegnungen in Europa zwischen Ancien Régime und Erstem Weltkrieg*, Paderborn u. a. 2000.

Peters, Guy/Pierre, Jon/King, Desmond S.: »The Politics of Path Dependency: Political Conflict in Historical Institutionalism«, in: *The Journal of Politics* 67 (2005), Nr. 4, S. 1275–1300.

Pflüger, Friedbert: *Richard von Weizsäcker: Ein Portrait aus der Nähe*, Stuttgart 1990.

Pflüger, Friedbert: *Richard von Weizsäcker*, Stuttgart u. a. 1993.

Pieper, Stefan U./Schmidt, Georg: »Das Bundespräsidialamt«, in: Ooyen, Robert C. van/Möllers, Martin H. W. (Hg.): *Der Bundespräsident im politischen System*, Wiesbaden 2012, S. 99–110.

Pierson, Paul: *Politics in time. History, institutions, and social analysis*, Princeton 2004.

Pikart, Eberhard: *Theodor Heuss und Konrad Adenauer. Die Rolle des Bundespräsidenten in der Kanzlerdemokratie*, Stuttgart/Zürich 1976.

Podschuweit, Nicole/Geise, Stephanie: »Wirkungspotenziale interpersonaler Wahlkampfkommunikation. Eine Analyse der Strategien direkter und medienvermittelter Wähleransprache im Thüringer Landtagswahlkampf 2014«, in: *Zeitschrift für Politik* 62 (2015), Nr. 4, S. 400–420.

Priddat, Birger P.: *Politik unter Einfluss. Netzwerke, Öffentlichkeiten, Beratungen, Lobby*, Wiesbaden 2009.

Przeworski, Adam: *Democracy and the Market. Political and Economic Reforms in Eastern Europe and Latin America*, Cambridge 1991.

Raschke, Joachim/Tils, Ralf: *Politische Strategie. Eine Grundlegung*, Wiesbaden 2007.

Rauchensteiner, Meinhard: *Das kleine ABC des Staatsbesuchs*, Wien 2011.

Raue, Stefan: »›Wir schaffen das‹ – weil es nicht zu ändern ist? Angela Merkel als Krisenkommunikatorin«, in: Bieber, Christoph/Blätte, Andreas/Korte, Karl-Rudolf/Switek, Niko (Hg.): *Regieren in der Einwanderungsgesellschaft. Impulse zur Integrationsdebatte aus Sicht der Regierungsforschung*, Wiesbaden 2017, S. 155–161.

Rausch, Heinz: Der Bundespräsident, München 1979.

Reckwitz, Andreas: *Die Gesellschaft der Singularitäten. Zum Strukturwandel der Moderne*, Berlin 2017.

Reichertz, Jo: *Kommunikationsmacht. Was ist Kommunikation und was vermag sie? Und weshalb vermag sie das?* Wiesbaden 2009.

Riescher, Gisela: *Zeit und Politik. Zur institutionellen Bedeutung von Zeitstrukturen in parlamentarischen und präsidentiellen Regierungssystemen*, Baden-Baden 1994.

Rödder, Andreas: *Die Bundesrepublik Deutschland 1969–1990*, München 2004.

Rödder, Andreas: *Deutschland einig Vaterland. Die Geschichte der Wiedervereinigung*, München 2009.

Rosa, Hartmut: *Beschleunigung. Die Veränderung der Zeitstrukturen in der Moderne*, Frankfurt am Main 2005.

Rosa, Hartmut: *Resonanz. Eine Soziologie der Weltbeziehung*, Frankfurt am Main ²2016.

Rosanvallon, Pierre: *Die gute Regierung*, Hamburg 2016.

Rudolph, Hermann: *Richard von Weizsäcker. Eine Biographie*, Berlin 2010.

Rüb, Friedbert W.: »Politisches Entscheiden. Ein prozess-analytischer Versuch«, in: Bandelow, Nils C./Hegelich, Simon (Hg.): *Pluralismus, Strategien, Entscheidungen*, Wiesbaden 2011, S. 17–45.

Rüb, Friedbert W.: »Informelles Regieren – oder: Vergeblicher Versuch, die Farbe eines Chamäleons zu bestimmen«, in: Bröchler, Stephan/Grunden, Timo (Hg.): *Informelle Politik*, Wiesbaden 2014a, S. 51–79.

Rüb, Friedbert W. (Hg.): *Rapide Politikwechsel in der Bundesrepublik* (Zeitschrift für Politik, Sonderband 6), 2014b.

Rüb, Friedbert W.: »Die Zeit und die Unzeit der Politik«, in: *Leviathan* 30 (2015), S. 195–217.

Rütters, Peter: »Worüber wir reden, wenn wir über den Bundespräsidenten reden«, in: *Zeitschrift für Parlamentsfragen* (2011), Heft 4, S. 863–885.

Safranski, Rüdiger: *Goethe und Schiller. Geschichte einer Freundschaft*, München 2009.

Sarcinelli, Ulrich: »Symbolische Politik und politische Kultur«, in: *Politische Vierteljahresschrift* (1989), Heft 2, S. 292–309.

Sarcinelli, Ulrich: »Politische Inszenierung im Kontext des aktuellen Politikvermittlungsgeschäfts«, in: Arnold, Sabine R./Fuhrmeister, Christian/Schiller, Dietmar (Hg.): *Politische Inszenierung im 20. Jahrhundert. Zur Sinnlichkeit der Macht*, Wien u.a. 1998a, S. 146–157.

Sarcinelli, Ulrich (Hg.): *Politikvermittlung und Demokratie in der Mediengesellschaft. Beiträge zur politischen Kommunikationskultur*, Opladen/Wiesbaden 1998b.

Sarcinelli, Ulrich/Tenscher, Jens (Hg.): *Machtdarstellung und Darstellungsmacht. Beiträge zu Theorie und Praxis moderner Politikermittlung*, Baden-Baden 2003.

Schimank, Uwe: *Die Entscheidungsgesellschaft. Komplexität und Rationalität der Moderne*, Wiesbaden 2005.

Schlaich, Klaus: »Die Funktionen des Bundespräsidenten im Verfassungsgefüge«, in: Isensee, Josef/Kirchhof, Paul (Hg.): *Handbuch des Staatsrechts*, Bd. 2, Heidelberg 1987, S. 541–583.

Schöllgen, Gregor: *Geschichte der Weltpolitik von Hitler bis Gorbatschow: 1941–1991*, München 1996.

Schöllgen, Gregor: *Gerhard Schröder. Die Biographie*, München 2015.

Scholz, Günther/Süskind, Martin E.: *Die Bundespräsidenten. Von Heuss bis Köhler*, München 2004.

Schoofs, Jan: »Der flüchtlings- und integrationspolitische Wettbewerb bei den Landtagswahlen im März 2016. Die Wahl-O-Mat-Positionen der Parteien im Vergleich«, in: Bieber, Christoph/Blätte, Andreas/Korte, Karl-Rudolf/Switek, Niko (Hg.): *Regieren in der Einwanderungsgesellschaft. Impulse zur Integrationsdebatte aus Sicht der Regierungsforschung*, Wiesbaden 2017, S. 109–113.

Schuler, Thomas: *Bertelsmann-Republik Deutschland: Eine Stiftung macht Politik*, Frankfurt am Main 2010.

Schwarz, Hans-Peter: *Die Ära Adenauer. Epochenwechsel: 1957–1963*, Stuttgart u. a. 1983.

Schwarz, Hans-Peter: *Die gezähmten Deutschen. Von der Machtbesessenheit zur Machtvergessenheit*, Stuttgart 1985.

Schwarz, Hans-Peter: »Von Heuss bis Herzog«, in: Jäckel, Eberhard/Möller, Horst/Rudolph, Hermann (Hg.): *Von Heuss bis Herzog. Die Bundespräsidenten im politischen System der Bundesrepublik*, Stuttgart 1999, S. 17–41.

Schwarz, Hans-Peter: *Helmut Kohl. Eine politische Biographie*, München 2012a.

Schwarz, Hans-Peter: »Von Heuss bis Köhler: Die Entwicklung des Amtes im Vergleich der Amtsinhaber«, in: Ooyen, Robert C. van/Möllers, Martin H. W. (Hg.): *Der Bundespräsident im politischen System*, Wiesbaden 2012b, S. 285–306.

Scobel, Gert: *Weisheit. Über das, was uns fehlt*, Köln 2008.

Seibel, Wolfgang: *Verwaltung verstehen*, Frankfurt am Main 22017.

Siefken, Sven T.: »Regierungsbildung ›wider Willen‹ – der mühsame Weg zur Koalition nach der Bundestagswahl 2017«, in: *Zeitschrift für Parlamentsfragen* (2018), Heft 2, S. 407–436.

Simmel, Georg: *Soziologie. Untersuchungen über die Formen der Vergesellschaftung*, Berlin ⁷2013.

Spath, Franz: *Das Bundespräsidialamt*, Düsseldorf ⁵1993.

Steinbeis, Maximilian: »Möglichst wenig peinlich. Zur Würde des Amtes des Bundespräsidenten«, in: Kemmerer, Alexandra/Möllers, Christoph/Steinbeis, Maximilian (Hg.): *Gebändigte Macht. Verfassung im europäischen Nationalstaat* (Verfassungsblog, Bd. II), Baden-Baden 2012, S. 35–39.

Steinmeier, Frank-Walter: »Vorwort«, in: Hellmann, Gunther/Jacobi, Daniel/Stark Urrestarazu, Ursula (Hg.): *Früher, entschiedener und substantieller? Die neue Debatte über Deutschlands Außenpolitik*, Sonderheft der Zeitschrift für Außen- und Sicherheitspolitik, Heft 8, S. 1–3.

Sternberger, Dolf (Hg.): *Reden der deutschen Bundespräsidenten Heuss, Lübke, Heinemann, Scheel*, eingeleitet von Dolf Sternberger, München 1979.

Sternberger, Dolf: »Auch Reden sind Taten«, in: Ders.: *Schriften*, Bd. XI: *Sprache und Politik*, Frankfurt am Main 1991, S. 52–68.

Stiftung Wissenschaft und Politik/German Marshall Fund of the United States: *Neue Macht neue Verantwortung. Elemente einer deutschen Außen- und Sicherheitspolitik für eine Welt im Umbruch*, Berlin/Washington 2013.

Strauß, Franz Josef: *Die Erinnerungen*, Berlin ²1989.

Streich, Stephanie: *Wortpolitische Gestaltungspotenziale in den Reden deutscher Bundespräsidenten. Eine Analyse der Inaugurationsreden der Staatsoberhäupter Wulff, Gauck, Steinmeier*, unveröffentlichte Masterarbeit Universität Duisburg-Essen 2018.

Strohmeier, Gerd: »Der Bundespräsident: Was er kann, darf und muss bzw. könnte, dürfte und müsste«, in: *Zeitschrift für Politikwissenschaft* (2008), Heft 2, S. 175–198.

Stüwe, Klaus: *Die Rede des Kanzlers: Regierungserklärungen von Adenauer bis Schröder*, Wiesbaden 2005.

Thunert, Martin: »Regieren und Politikberatung: Akteure, Einfluss und Legitimation«, in: Korte, Karl-Rudolf/Grunden, Timo (Hg.): *Handbuch Regierungsforschung*, Wiesbaden 2013, S. 317–326.

Tils, Ralf: *Politische Strategieanalyse. Konzeptionelle Grundlagen und Anwendung in der Umwelt- und Nachhaltigkeitspolitik*, Wiesbaden 2005.

Träger, Hendrik: »Koalitionen in Sachsen-Anhalt: Ein kleines Land mit Magdeburger Modell und Kenia-Koalition als bundesweiter Trendsetter«, in: Ders./Priebus, Sonja (Hg.): *Politik und Regieren in Sachsen-Anhalt*, Wiesbaden 2017, S. 165–180.

Tschernajew, Anatoli: *Die letzten Jahre einer Weltmacht. Der Kreml von innen*, Stuttgart 1993.

Ucakar, Karl/Gschiegl, Stefan: *Das politische System Österreichs und die EU*, Wien ³2012.

Ulrich, Bernd: *Guten Morgen, Abendland. Der Westen am Beginn einer neuen Epoche*, Köln 2017.

Vogel, Ines C. u. a.: »Glaubwürdigkeit und Vertrauen von Online-News«, in: *Datenschutz und Datensicherheit* (2015), Heft 5, S. 312–316.

Vogl, Joseph: *Über das Zaudern*, Berlin 2007.

Vogt, Markus: »Handeln unter der unsicheren Bedingung«, in: Neuner, Peter (Hg.): *Zufall als Quelle von Unsicherheit*, München 2014, S. 227–245.

Walter, Franz: *Charismatiker und Effizienzen. Porträts aus 60 Jahren Bundesrepublik*, Frankfurt am Main 2009.

Weber, Max: *Wirtschaft und Gesellschaft*, Tübingen ⁵1990.

Weckenbrock, Christoph: *Schwarz-grün für Deutschland? Wie aus politischen Erzfeinden Bündnispartner wurden*, Bielefeld 2017.

Weidenfeld, Ursula: »Nur in der Krise kommt das Land voran«, in: Korte, Karl-Rudolf (Hg.): *Politik in unsicheren Zeiten: Kriege, Krisen und neue Antagonismen*, Baden-Baden 2016, S. 117–130.

Weidenfeld, Ursula: *Regierung ohne Volk. Warum unser politisches System nicht mehr funktioniert*, Berlin 2017.

Weidenfeld, Werner: *Außenpolitik für die deutsche Einheit. Die Entscheidungsjahre 1989/90*, Stuttgart 1998.

Weidenfeld, Werner/Korte, Karl-Rudolf: *Die Deutschen. Profil einer Nation*, Stuttgart 1991.

Weingart, Peter: »Erst denken, dann handeln? Wissenschaftliche Politikberatung aus der Perspektive der Wissens(chafts)soziologie«, in: Falk, Svenja u.a. (Hg.): *Handbuch Politikberatung*, Wiesbaden 2006, S. 35–44.

Richard von Weizsäcker im Gespräch mit Gunter Hofmann und Werner A. Perger, Frankfurt am Main 1992.

Wengst, Udo: *Staatsaufbau und Regierungspraxis 1948–1953. Zur Geschichte der Verfassungsorgane der Bundesrepublik Deutschland*, Düsseldorf 1984.

Wengst, Udo: »Die Prägung des präsidialen Selbstverständnisses durch Theodor Heuss 1949–1959«, in: Jäckel, Eberhard/Möller, Horst/Rudolph, Hermann (Hg.): *Von Heuss bis Herzog. Die Bundespräsidenten im politischen System der Bundesrepublik Deutschland*, Stuttgart 1999, S. 65–76.

Willke, Helmut: *Regieren. Politische Steuerung komplexer Gesellschaften*, Wiesbaden 2014.

Wirsching, Andreas: *Abschied vom Provisorium: 1982–1990* (Geschichte der Bundesrepublik Deutschland, Bd. 6), München 2006.

Wolfrum, Edgar: *Die geglückte Demokratie. Geschichte der Bundesrepublik Deutschland von ihren Anfängen bis zur Gegenwart*, Stuttgart 2006.

Wulff, Christian: *Ganz oben, ganz unten*, München 2014.

Yildiz, Taylan: »Konstruktivistische Ansätze in der vergleichenden Politikwissenschaft«, in: Lauth, Hans-Joachim/Kneuer, Marianne/Pickel, Gert (Hg.): *Handbuch vergleichende Politikwissenschaft*, Wiesbaden 2016, S. 247–260.

Yildiz, Taylan/Gadinger, Frank/Smith, Christopher: »Narrative Legitimierung«, in: *Leviathan* 46 (2018), Heft 1, S. 135–162.

Zimmer, Paul E.: »Gorbatschows Politik gegenüber der Bundesrepublik Deutschland. Eine Zwischenbilanz«, in: *Europa-Archiv* (1988), Nr. 8, S. 223–243.

Quellen

Bundesarchiv Berlin-Lichterfelde:
SED-Akten
Stiftung Archiv der Parteien und Massenorganisationen der DDR im Bundesarchiv (SAPMO-BArch) Berlin-Lichterfelde
Bundesarchiv Koblenz:
Akten des Bundespräsidialamtes (B 122)
Akten des Bundeskanzleramtes (B 136)
Akten des Auswärtigen Amtes (Dieser Bestand findet sich, soweit es die auswärtigen Vorgänge des Bundespräsidenten betrifft, auch in den Akten des Bundespräsidialamtes.)
Akten des Presse- und Informationsamtes der Bundesregierung (B 145)

Interviews und Hintergrundgespräche

Neben den hier nachfolgend aufgelisteten Interviews habe ich rund 15 weitere Hintergrundgespräche mit Vertretern wichtiger politischer Institutionen und Parteien geführt. Aus individuell sehr unterschiedlichen Gründen, die ich zu akzeptieren hatte, konnte ich zwar die Inhalte der Gespräche verwenden, aber keine konkreten Zitate oder Verweise aufnehmen.

Von den nachfolgend aufgeführten Gesprächen sind nur die direkten Zitate durch Anmerkungen im Text belegt. Weiterführende Ideen, die sich in und aus den Gesprächen entwickelt haben, sind angesichts des Essay-Textformats nicht gesondert ausgewiesen.

Folgende Interviews – in alphabetischer Reihenfolge – konnten von mir geführt werden:

Robin Alexander (Chefreporter der *Welt*), 31.1.2018 in Berlin.

Dr. Jochen Bittner (Journalist der *Zeit*, Ressort Europa- und Sicherheitspolitik), 26.4.2018 in Hamburg (zudem Mail vom 28.5.2018 an den Verfasser).

Eva Christiansen (Abteilungsleiterin Politische Planung, Innovation, Digitalpolitik im Bundeskanzleramt; leitende Mitarbeiterin von Bundeskanzlerin Angela Merkel), 22.6.2018 (Telefon-Interview).

Stephan Detjen (Chefkorrespondent, Leiter Hauptstadtstudio Berlin und Studio Brüssel des *Deutschlandfunks*), 12.1.2018 in Berlin.

Anne von Fallois (zuletzt Leiterin Abteilung Inland im Bundespräsidialamt unter Wulff und Gauck; zuvor seit 1994 unter Herzog, Rau und Köhler in verschiedenen Abteilungen, u. a. der Pressestelle und dem Bildungs-Referat, tätig; heute bei der Unternehmensberatung Kienbaum tätig), 31.1.2018 in Berlin.

Ferdos Forudastan (Ressortleiterin Innenpolitik bei der *Süddeutschen Zeitung*, ehemals Sprecherin von Bundespräsident Gauck 2012–2017), 8.2.2018 (Telefon-Interview).

Nico Fried (Leiter der Redaktion Berlin der *Süddeutschen Zeitung*), 15.5.2018 in Berlin.

Rüdiger Frohn (Staatssekretär a.D.; Chef des Bundespräsidialamtes unter Bundespräsident Rau 1999–2004; Vorsitzender des Beirats der Stiftung Mercator, Essen), 14.5.2018 (Telefon-Interview).

Joachim Gauck (Bundespräsident 2012–2017), 7.2.2018 in Berlin.

David Gill (Staatssekretär a.D.; Chef des Bundespräsidialamtes unter Bundespräsident Gauck 2012–2017; heute Generalkonsul des deutschen Generalkonsulats New York), 5.4.2018 (Telefon-Interview).

Thomas Kleine-Brockhoff (Leiter des Planungs- und Redenstabs von Bundespräsident Gauck 2013–2017; heute Leiter des Berliner Büros und des Europa-Programms des *German Marshall Fund*), 20.3.2018 in Berlin.

Prof. Dr. Horst Köhler (Bundespräsident 2004–2010), 31.5.2018 in Berlin.

Prof. Dr. Norbert Lammert (Bundestagspräsident 2005–2017; heute Vorsitzender der Konrad-Adenauer-Stiftung), 19.2.2018 in Berlin.

Michael Mertes (Ministerialdirektor i. e.R.; Mitarbeiter und zuletzt Leiter der Planungs- und Kommunikationsabteilung im Bundeskanzleramt in Bonn unter Bundeskanzler Kohl 1987–1998), 27.3.2018 in Bonn.

Matthias Naß (Internationaler Korrespondent der *Zeit*; journalistischer Begleiter von vier Bundespräsidenten bei zahlreichen Staatsbesuchen, vor allem in Asien), 3.11.2017 und 26.4.2018 in Berlin bzw. Hamburg.

Dr. Ulf Poschardt (Chefredakteur der *Welt*), 12.12.2017 (Telefon-Interview).

Cornelia Quennet-Thielen (Staatssekretärin i. e.R.; Leitung Abteilung Inland Bundespräsidialamt 2004–2006; Leiterin Zentral- und Rechtsabteilung Bundespräsidialamt unter Bundespräsident Köhler 2006–2008; anschließend stellvertretende Chefin des Bundespräsidialamtes; zuletzt Staatssekretärin im Bundesministerium für Bildung und Forschung), 26.3.2018 (Telefon-Interview).

Dr. Oliver Schmolke (Leiter Abteilung Inland im Bundespräsidialamt unter Bundespräsident Steinmeier seit 2017; vormals Leiter der Leitungs- und Planungsabteilung im Bundeswirtschaftsministerium 2013–2017), 1.2.2018 in Berlin.

Dr. Frank-Walter Steinmeier (Bundespräsident seit 2017), 26.2.2018 in Berlin.

Prof. Dr. Bernhard Vogel (CDU, Ministerpräsident von Rheinland-Pfalz 1976–1988 und von Thüringen 1992–2003; Bundesratspräsident und in dieser Eigenschaft Stellvertretung der Bundespräsidenten Scheel und Weizsäcker vom 3.12.1976 bis 31.10.1977 bzw. vom 1.11.1987 bis 31.10.1988), 16.5.2018 in Berlin.

Christian Wulff (Bundespräsident 2010–2012), 22.11.2016 bis 7.2.2017 in Duisburg (Interviews und Gespräche im Rahmen einer Gastprofessur Wulffs an der Universität Duisburg-Essen).

ANHANG

1. Grundgesetz der Bundesrepublik Deutschland

Kapitel V: Der Bundespräsident

Artikel 54

(1) Der Bundespräsident wird ohne Aussprache von der Bundesversammlung gewählt. Wählbar ist jeder Deutsche, der das Wahlrecht zum Bundestage besitzt und das vierzigste Lebensjahr vollendet hat.

(2) Das Amt des Bundespräsidenten dauert fünf Jahre. Anschließende Wiederwahl ist nur einmal zulässig.

(3) Die Bundesversammlung besteht aus den Mitgliedern des Bundestages und einer gleichen Anzahl von Mitgliedern, die von den Volksvertretungen der Länder nach den Grundsätzen der Verhältniswahl gewählt werden.

(4) Die Bundesversammlung tritt spätestens dreißig Tage vor Ablauf der Amtszeit des Bundespräsidenten, bei vorzeitiger Beendigung spätestens dreißig Tage nach diesem Zeitpunkt zusammen. Sie wird von dem Präsidenten des Bundestages einberufen.

(5) Nach Ablauf der Wahlperiode beginnt die Frist des Absatzes 4 Satz 1 mit dem ersten Zusammentritt des Bundestages.

(6) Gewählt ist, wer die Stimmen der Mehrheit der Mitglieder der Bundesversammlung erhält. Wird diese Mehrheit in zwei Wahlgängen von keinem Bewerber erreicht, so ist gewählt, wer in einem weiteren Wahlgang die meisten Stimmen auf sich vereinigt.

(7) Das Nähere regelt ein Bundesgesetz.

Artikel 55

(1) Der Bundespräsident darf weder der Regierung noch einer gesetzgebenden Körperschaft des Bundes oder eines Landes angehören.

(2) Der Bundespräsident darf kein anderes besoldetes Amt, kein Gewerbe und keinen Beruf ausüben und weder der Leitung noch dem Aufsichtsrate eines auf Erwerb gerichteten Unternehmens angehören.

Artikel 56

Der Bundespräsident leistet bei seinem Amtsantritt vor den versammelten Mitgliedern des Bundestages und des Bundesrates folgenden Eid:

»Ich schwöre, daß ich meine Kraft dem Wohle des deutschen Volkes widmen, seinen Nutzen mehren, Schaden von ihm wenden, das Grundgesetz und die Gesetze des Bundes wahren und verteidigen, meine Pflichten gewissenhaft erfüllen und Gerechtigkeit gegen jedermann üben werde. So wahr mir Gott helfe.«

Der Eid kann auch ohne religiöse Beteuerung geleistet werden.

Artikel 57

Die Befugnisse des Bundespräsidenten werden im Falle seiner Verhinderung oder bei vorzeitiger Erledigung des Amtes durch den Präsidenten des Bundesrates wahrgenommen.

Artikel 58

Anordnungen und Verfügungen des Bundespräsidenten bedürfen zu ihrer Gültigkeit der Gegenzeichnung durch den Bundeskanzler oder durch den zuständigen Bundesminister. Dies gilt nicht für die Ernennung und Entlassung des Bundeskanzlers, die Auflösung des Bundestages gemäß Artikel 63 und das Ersuchen gemäß Artikel 69 Abs. 3.

Artikel 59

(1) Der Bundespräsident vertritt den Bund völkerrechtlich. Er schließt im Namen des Bundes die Verträge mit auswärtigen Staaten. Er beglaubigt und empfängt die Gesandten.

(2) Verträge, welche die politischen Beziehungen des Bundes regeln oder sich auf Gegenstände der Bundesgesetzgebung beziehen, bedürfen der Zustimmung oder der Mitwirkung der jeweils für die Bundesgesetzgebung zuständigen Körperschaften in der Form eines Bundesgesetzes. Für Ver-

waltungsabkommen gelten die Vorschriften über die Bundesverwaltung entsprechend.

Artikel 60

(1) Der Bundespräsident ernennt und entläßt die Bundesrichter, die Bundesbeamten, die Offiziere und Unteroffiziere, soweit gesetzlich nichts anderes bestimmt ist.

(2) Er übt im Einzelfalle für den Bund das Begnadigungsrecht aus.

(3) Er kann diese Befugnisse auf andere Behörden übertragen.

(4) Die Absätze 2 bis 4 des Artikels 46 finden auf den Bundespräsidenten entsprechende Anwendung.

Artikel 61

(1) Der Bundestag oder der Bundesrat können den Bundespräsidenten wegen vorsätzlicher Verletzung des Grundgesetzes oder eines anderen Bundesgesetzes vor dem Bundesverfassungsgericht anklagen. Der Antrag auf Erhebung der Anklage muß von mindestens einem Viertel der Mitglieder des Bundestages oder einem Viertel der Stimmen des Bundesrates gestellt werden. Der Beschluß auf Erhebung der Anklage bedarf der Mehrheit von zwei Dritteln der Mitglieder des Bundestages oder von zwei Dritteln der Stimmen des Bundesrates. Die Anklage wird von einem Beauftragten der anklagenden Körperschaft vertreten.

(2) Stellt das Bundesverfassungsgericht fest, daß der Bundespräsident einer vorsätzlichen Verletzung des Grundgesetzes oder eines anderen Bundesgesetzes schuldig ist, so kann es ihn des Amtes für verlustig erklären. Durch einstweilige Anordnung kann es nach der Erhebung der Anklage bestimmen, daß er an der Ausübung seines Amtes verhindert ist.

2. Die Bundespräsidenten und die Bundeskanzler seit 1949

Bundespräsidenten					
Name	Amtszeit	Geboren	Gestorben	Partei	Konfession
Theodor Heuss	1949–1959	31. Januar 1884 in Brackenheim	12. Dezember 1963 in Stuttgart	FDP	evangelisch
Heinrich Lübke	1959–1969	14. Oktober 1894 in Enkhausen	6. April 1972 in Bonn	CDU	katholisch
Gustav Heinemann	1969–1974	23. Juli 1899 in Schwelm	7. Juli 1976 in Essen	SPD	evangelisch
Walter Scheel	1974–1979	8. Juli 1919 in Solingen	24. August 2016 in Bad Krozingen	FDP	evangelisch
Karl Carstens	1979–1984	14. Dezember 1914 in Bremen	30. Mai 1992 in Meckenheim	CDU	evangelisch
Richard von Weizsäcker	1984–1994	15. April 1920 in Stuttgart	31. Januar 2015 in Berlin	CDU	evangelisch
Roman Herzog	1994–1999	5. April 1934 in Landshut	10. Januar 2017 in Bad Mergentheim	CDU	evangelisch
Johannes Rau	1999–2004	16. Januar 1931 in Wuppertal	27. Januar 2006 in Berlin	SPD	evangelisch
Horst Köhler	2004–2010	22. Februar 1943 in Skierbieszów		CDU	evangelisch
Christian Wulff	2010–2012	19. Juni 1959 in Osnabrück		CDU	katholisch
Joachim Gauck	2012–2017	24. Januar 1940 in Rostock		Parteilos	evangelisch
Frank-Walter Steinmeier	seit 2017	5. Januar 1956 in Detmold		SPD	evangelisch

Ausbildung	Tätigkeit vor Amtsantritt
Studium der Nationalökonomie und Kunstgeschichte	Mitglied des Parlamentarischen Rates sowie erster Bundesvorsitzender der FDP
Studium der Landwirtschaft, Geodäsie, Kulturtechnik sowie Volkswirtschaft, Verwaltungsrecht und Boden- und Siedlungsrecht	Bundesminister für Ernährung, Landwirtschaft und Forsten
Studium der Rechtswissenschaften, Volkswirtschaft und Geschichte	Bundesjustizminister
Banklehre	Bundesaußenminister
Studium der Rechtwissenschaften	Präsident des Deutschen Bundestages
Studium der Rechtswissenschaften und Geschichte	Regierender Bürgermeister von Berlin
Studium der Rechtswissenschaften	Präsident des Bundesverfassungsgerichts
Lehre als Vertragsbuchhändler	Stellvertretender Vorsitzender der SPD und Ministerpräsident des Landes Nordrhein-Westfalen
Studium der Wirtschaftswissenschaften	Geschäftsführender Direktor des Internationalen Währungsfonds (IWF) in Washington, D.C.
Studium der Rechtswissenschaften	Ministerpräsident des Landes Niedersachsen
Studium der Theologie	Bundesvorsitzender der Vereinigung »Gegen Vergessen – Für Demokratie e.V.«
Studium der Rechtswissenschaften und Politikwissenschaften	Bundesaußenminister

Bundeskanzler

Name	Amtszeit	Geboren	Gestorben	Partei
Konrad Adenauer	1949–1963	5. Januar 1876 in Köln	19. April 1967 in Rhöndorf	CDU
Ludwig Erhard	1963–1966	3. Februar 1897 in Fürth	5. Mai 1977 in Bonn	CDU
Kurt Georg Kiesinger	1966–1969	6. April 1904 in Ebingen (heute Albstadt)	9. März 1988 in Tübingen	CDU
Willy Brandt	1969–1974	18. Dezember 1913 in Lübeck als Herbert Ernst Karl Frahm	8. Oktober 1992 in Unkel	SPD
Walter Scheel (geschäftsführend)	1974	8. Juli 1919 in Solingen	24. August 2016 in Bad Krozingen	FDP
Helmut Schmidt	1974–1982	3. Dezember 1918 in Hamburg	10. November 2015 in Hamburg	SPD
Helmut Kohl	1982–1998	3. April 1930 in Ludwigshafen am Rhein	16. Juni 2017 in Ludwigshafen am Rhein	CDU
Gerhard Schröder	1998–2005	7. April 1944 in Mossenberg		SPD
Angela Merkel	seit 2005	17. Juni 1954 in Hamburg		CDU

Konfession	Ausbildung	Tätigkeit vor Amtsantritt
katholisch	Studium der Rechtswissenschaften	Oberbürgermeister der Stadt Köln, Präsident des Parlamentarischen Rates
evangelisch	Studium der Wirtschaftswissenschaften	Bundesminister für Wirtschaft und Stellvertreter des Bundeskanzlers
katholisch	Studium der Pädagogik, Germanistik, Geschichte und Rechtswissenschaften	Ministerpräsident des Landes Baden-Württemberg
evangelisch	Abitur	Bundesaußenminister und Vizekanzler
evangelisch	Banklehre	Bundesaußenminister
evangelisch	Studium der Volkswirtschaftslehre und der Staatswissenschaften	Bundesfinanzminister
katholisch	Studium der Rechtswissenschaften und Geschichte sowie der Politikwissenschaften	Vorsitzender der CDU/CSU-Fraktion im Deutschen Bundestag und Bundesvorsitzender der CDU
evangelisch	Lehre zum Einzelhandelskaufmann und Studium der Rechtswissenschaften	Ministerpräsident des Landes Niedersachsen
evangelisch	Studium der Physik	Vorsitzende der CDU/CSU-Fraktion im Deutschen Bundestag

3. Die Chefs des Bundespräsidialamtes (Staatssekretäre)

Name	Amtszeit
Manfred Klaiber (Bundespräsident Heuss)	1949–1957
Karl Theodor Bleek (Bundespräsident Heuss und Bundespräsident Lübke)	1957–1961
Hans-Heinrich Herwarth von Bittenfeld (Bundespräsident Lübke)	1961–1965
Hans Berger (Bundespräsident Lübke)	1965–1969
Dietrich Spangenberg (Bundespräsident Heinemann)	1969–1974
Paul Frank (Bundespräsident Scheel)	1974–1979
Hans Neusel (Bundespräsident Carstens)	1979–1984
Klaus Blech (Bundespräsident von Weizsäcker)	1984–1989
Andreas Meyer-Landrut (Bundespräsident von Weizsäcker)	1989–1994
Wilhelm Staudacher (Bundespräsident Herzog)	1994–1999
Rüdiger Frohn (Bundespräsident Rau)	1999–2004
Michael Jansen (Bundespräsident Köhler)	2004–2006
Gert Haller (Bundespräsident Köhler)	2006–2009
Hans-Jürgen Wolff (Bundespräsident Köhler)	2009–2010
Lothar Hagebölling (Bundespräsident Wulff)	2010–2012
David Gill (Bundespräsident Gauck)	2012–2017
Stephan Steinlein (Bundespräsident Steinmeier)	seit 2017

4. Bundesversammlungen – Termine, Wahlen, Ergebnisse

Die folgenden Informationen wurden alle der Internetpräsenz des Deutschen Bundestages entnommen: https://www.bundestag.de/parlament/aufgaben/bundesversammlung/bundesversammlungen_seit_1949

1. Bundesversammlung (12. September 1949)		
Zusammensetzung nach Parteien[1])		
CDU/CSU	280	(+ 4 Berliner)
SPD	279	(+ 9 Berliner)
FDP	87	(+ 3 Berliner)
Sonstige	158	
Insgesamt	804	(+ 16 Berliner)
[1]) Die Berliner Mitglieder waren in der 1. Bundesversammlung nicht stimmberechtigt.		
Zahl der von den Volksvertretungen der Länder zu wählenden Mitglieder		
Baden	12	
Bayern	78	
Berlin	8	
Bremen	5	
Hamburg	13	
Hessen	36	
Niedersachsen	58	
Nordrhein-Westfalen	109	
Rheinland-Pfalz	25	
Schleswig-Holstein	23	
Württemberg	33	
Württemberg-Hohenzollern	10	
Tagungsort und Tagesstätte: Bonn, Bundeshaus		
Präsident der Bundesversammlung: Bundestagspräsident Dr. Erich Köhler		
Wahlergebnis	1. Wahlgang	2. Wahlgang
Theodor Heuss (FDP)	377	416
Kurt Schumacher (SPD)	311	312
Rudolf Amelunxen (Zentrum)	28	30
Sonstige	9	2
Enthaltungen	76	37
ungültig	2	3
abgegebene Stimmen insgesamt	803	800
Gewählt: Theodor Heuss im 2. Wahlgang mit 416 Stimmen[2]) [2]) erforderliche Mehrheit: 403 Stimmen		
Amtszeit: 13. September 1949 bis 12. September 1954		

2. Bundesversammlung (17. Juli 1954)

Zusammensetzung nach Parteien

CDU/CSU	431	KPD	10
SPD	347	Hamburg-Block	9
FDP	112	SSW	1
GB/BHE	61	DRP	1
DP	15	fraktionslos	4
BP	15		
Zentrum	12	insgesamt	1.018

Zahl der von den Volksvertretungen der Länder zu wählenden Mitglieder[1])

Baden-Württemberg	68	Hessen	44
Bayern	91	Niedersachsen	65
Berlin	22	Nordrhein-Westfalen	141
Bremen	6	Rheinland-Pfalz	32
Hamburg	17	Schleswig-Holstein	23

[1]) Bekanntmachung der Bundesregierung vom 17. Mai 1954 (BGBl. I S. 125, Nr. 13 vom 18. Mai 1954)

Tagungsort und Tagesstätte: Berlin, Ostpreußenhalle

Präsident der Bundesversammlung: Bundestagspräsident Dr. Hermann Ehlers

Wahlergebnis

	1. Wahlgang
Theodor Heuss (Vorschlag CDU/CSU)	871
Alfred Weber[2]) (Vorschlag KPD)	12
Sonstige	6
Enthaltungen	95
ungültig	3
abgegebene Stimmen insgesamt	987

[2]) Wahlvorschlag der KPD. Prof. Alfred Weber teilte mit, dass er die Kommunistische Fraktion in der Bundesversammlung weder aufgefordert noch ermächtigt habe, ihn als Kandidaten für das Amt des Bundespräsidenten vorzuschlagen, und dass er sich entschieden gegen diesen Missbrauch seines Namens verwahre.

Gewählt: Theodor Heuss im 1. Wahlgang mit 871 Stimmen[3])
– Wiederwahl –
[3]) erforderliche Mehrheit: 510 Stimmen

Amtszeit: 13. September 1954 bis 12. September 1959

3. Bundesversammlung (1. Juli 1959)

Zusammensetzung nach Parteien

CDU/CSU	517	GB/BHE	20
SPD	386	BP	6
FDP	82	DPS	3
DP	24	insgesamt	1.038

Zahl der von den Volksvertretungen der Länder zu wählenden Mitglieder[1])

Baden-Württemberg	70	Niedersachsen	62
Bayern	88	Nordrhein-Westfalen	147
Berlin	21	Rheinland-Pfalz	32
Bremen	6	Saarland	10
Hamburg	17	Schleswig-Holstein	22
Hessen	44		

[1]) Bekanntmachung der Bundesregierung vom 19. Mai 1959 (BGBl. I S. 260, Nr. 17 vom 16. Mai 1959)

Tagungsort und Tagesstätte: Berlin, Ostpreußenhalle

Präsident der Bundesversammlung: Bundestagspräsident D. Dr. Eugen Gerstenmaier

Wahlergebnis

	1. Wahlgang	2. Wahlgang
Heinrich Lübke (Vorschlag CDU/CSU)	517[2])	526
Carlo Schmid (Vorschlag SPD)	385	386
Max Becker (Vorschlag FDP)	104	99
Enthaltungen	25	22
abgegebene Stimmen insgesamt	1.031	1.033

[2]) Bei der ersten Zählung wurden für Lübke 516 Stimmen gezählt.

Gewählt: Heinrich Lübke im 2. Wahlgang mit 526 Stimmen[3])
[3]) erforderliche Mehrheit: 520 Stimmen

Amtszeit: 13. September 1959 bis 12. September 1964

4. Bundesversammlung (1. Juli 1964)

Zusammensetzung nach Parteien

CDU/CSU	485
SPD	445
FDP	104
Sonstige	8
insgesamt	1.042

Zahl der von den Volksvertretungen der Länder zu wählenden Mitglieder[1]

Baden-Württemberg	73
Bayern	89
Berlin	20
Bremen	6
Hamburg	17
Hessen	45
Niedersachsen	61
Nordrhein-Westfalen	147
Rheinland-Pfalz	32
Saarland	10
Schleswig-Holstein	21

[1] Bekanntmachung der Bundesregierung vom 22. April 1969 (BGBl. I S. 295, Nr. 20 vom 28. April 1964)

Tagungsort und Tagesstätte: Berlin, Ostpreußenhalle

Präsident der Bundesversammlung: Bundestagspräsident D. Dr. Eugen Gerstenmaier

Wahlergebnis

	1. Wahlgang
Heinrich Lübke (Vorschlag CDU/CSU)	710
Ewald Bucher (Vorschlag FDP)	123
Enthaltungen	187
ungültig	4
abgegebene Stimmen insgesamt	1.024

Gewählt: Heinrich Lübke im 1. Wahlgang mit 710 Stimmen [2]
– Wiederwahl –
[2] erforderliche Mehrheit: 522 Stimmen

Amtszeit: 13. September 1964 bis 30. Juni 1969

5. Bundesversammlung (5. März 1969)

Zusammensetzung nach Parteien

CDU/CSU	482
SPD	449
FDP	83
Sonstige	22
insgesamt	1.036

Zahl der von den Volksvertretungen der Länder zu wählenden Mitglieder[1]

Baden-Württemberg	75
Bayern	89
Berlin	18
Bremen	6
Hamburg	16
Hessen	46
Niedersachsen	60
Nordrhein-Westfalen	145
Rheinland-Pfalz	31
Saarland	10
Schleswig-Holstein	22

[1]) Bekanntmachung der Bundesregierung vom 28. Januar 1969 (BGBl. I S. 98, Nr. 10 vom 31. Januar 1969)

Tagungsort und Tagesstätte: Berlin, Ostpreußenhalle

Präsident der Bundesversammlung: Bundestagspräsident Kai-Uwe von Hassel

Wahlergebnis

	1. Wahlgang	2. Wahlgang	3. Wahlgang
Gustav Heinemann (Vorschlag SPD)	514	511	512
Gerhard Schröder (Vorschlag CDU/CSU)	501	507	506
Enthaltungen	5	5	5
ungültig	3	-	-
abgegebene Stimmen insgesamt	1.023	1.023	1.023

Gewählt: Gustav Heinemann im 3. Wahlgang mit einfacher Mehrheit mit 512 Stimmen [2]
[2]) erforderliche Mehrheit: für den 1. und 2. Wahlgang: 519 Stimmen

Amtszeit: 1. Juli 1969 bis 30. Juni 1974

6. Bundesversammlung (15. Mai 1974)

Zusammensetzung nach Parteien

CDU/CSU	501
SPD	470
FDP	65
insgesamt	1.036

Zahl der von den Volksvertretungen der Länder zu wählenden Mitglieder[1]

Baden-Württemberg	74
Bayern	91
Berlin	17
Bremen	6
Hamburg	15
Hessen	46
Niedersachsen	62
Nordrhein-Westfalen	143
Rheinland-Pfalz	32
Saarland	10
Schleswig-Holstein	22

[1] Bekanntmachung der Bundesregierung vom 11. Februar 1979 (BGBl. I S. 180, Nr. 14 vom 16. Februar 1974)

Tagungsort und Tagesstätte: Bonn, Beethovenhalle

Präsident der Bundesversammlung: Bundestagspräsidentin Annemarie Renger

Wahlergebnis

	1. Wahlgang
Walter Scheel (Vorschlag SPD und FDP)	530
Richard von Weizsäcker (Vorschlag CDU/CSU)	498
Enthaltungen	5
abgegebene Stimmen insgesamt	1.033

Gewählt: Walter Scheel im 1. Wahlgang mit 530 Stimmen [2])
[2]) erforderliche Mehrheit: mindestens 519 Stimmen

Amtszeit: 1. Juli 1974 bis 30. Juni 1979

7. Bundesversammlung (23. Mai 1979)

Zusammensetzung nach Parteien

CDU/CSU	531
SPD	438
FDP	66
Sonstige	1
insgesamt	1.036

Zahl der von den Volksvertretungen der Länder zu wählenden Mitglieder[1]

Baden-Württemberg	75
Bayern	92
Berlin	16
Bremen	6
Hamburg	14
Hessen	46
Niedersachsen	63
Nordrhein-Westfalen	143
Rheinland-Pfalz	31
Saarland	9
Schleswig-Holstein	23

[1] Bekanntmachung der Bundesregierung vom 23. Januar 1979 (BGBl. I S. 121) über die Zahl der von den Volksvertretungen der Länder zu wählenden Mitglieder der Bundesversammlung.

Tagungsort und Tagesstätte: Bonn, Beethovenhalle

Präsident der Bundesversammlung: Bundestagsvizepräsident Richard Stücklen, Bundestagsvizepräsident Dr. Hermann Schmitt-Vockenhausen, Bundestagsvizepräsident Liselotte Funcke

Wahlergebnis

	1. Wahlgang
Karl Carstens (Vorschlag der CDU/CSU)	528
Annemarie Renger (Vorschlag der SPD)	431
Enthaltungen	72
ungültig	1
abgegebene Stimmen insgesamt	1.032

Gewählt: Karl Carstens im 1. Wahlgang mit 528 Stimmen [2]

[2] erforderliche Mehrheit: mindestens 519 Stimmen

Amtszeit: 1. Juli 1979 bis 30. Juni 1984

8. Bundesversammlung (23. Mai 1984)

Zusammensetzung nach Parteien

CDU/CSU	525
SPD	426
FDP	47
Die Grünen [1]	39
Sonstige [2]	3
insgesamt	1.040

[1] einschließlich Alternative Liste (AL) und Grün-Alternative Liste (GAL)
[2] Fraktionslose

Zahl der von den Volksvertretungen der Länder zu wählenden Mitglieder[3]

Baden-Württemberg	77
Bayern	94
Berlin	15
Bremen	6
Hamburg	13
Hessen	46
Niedersachsen	64
Nordrhein-Westfalen	141
Rheinland-Pfalz	32
Saarland	9
Schleswig-Holstein	23

[3] Bekanntmachung der Bundesregierung vom 16. Januar 1984 (BGBl. I S. 96) über die Zahl der von den Volksvertretungen der Länder zu wählenden Mitglieder der Bundesversammlung.

Tagungsort und Tagesstätte: Bonn, Beethovenhalle

Präsident der Bundesversammlung: Bundestagspräsident Dr. Rainer Barzel

Wahlergebnis

	1. Wahlgang
Richard von Weizsäcker (Vorschlag CDU/CSU)	832
Luise Rinser (Vorschlag Die Grünen)	68
Enthaltungen	117
ungültige Stimmen	11
abgegebene Stimmen insgesamt	1.028

Gewählt: Richard von Weizsäcker im 1. Wahlgang mit 832 Stimmen

[4] erforderliche Mehrheit: 521 Stimmen

Amtszeit: 1. Juli 1984 bis 30. Juni 1989

9. Bundesversammlung (23. Mai 1989)

Zusammensetzung nach Parteien

CDU/CSU	479
SPD	419
FDP	71
Die Grünen[1]	67
Sonstige[2]	2
insgesamt	1.038

[1] einschließlich Alternative Liste (AL) und Grün-Alternative Liste (GAL)
[2] 1 Fraktionslose und 1 Republikaner

Zahl der von den Volksvertretungen der Länder zu wählenden Mitglieder[3]

Baden-Württemberg	77
Bayern	94
Berlin	16
Bremen	5
Hamburg	13
Hessen	46
Niedersachsen	63
Nordrhein-Westfalen	141
Rheinland-Pfalz	32
Saarland	9
Schleswig-Holstein	23

[3] Bekanntmachung der Bundesregierung vom 17. Januar 1989 (BGBl. I S. 90) über die Zahl der von den Volksvertretungen der Länder zu wählenden Mitglieder der Bundesversammlung.

Tagungsort und Tagungsstätte: Bonn, Beethovenhalle

Präsident der Bundesversammlung: Bundestagspräsidentin Frau Prof. Dr. Rita Süssmuth

Wahlergebnis

	1. Wahlgang
Richard von Weizsäcker	
(Vorschlag der CDU/CSU, FDP und SPD)	
Ja-Stimmen	881
Nein-Stimmen	108
Enthaltungen	30
ungültige Stimmen	3
abgegebene Stimmen insgesamt	1.022

Gewählt: Richard von Weizsäcker im 1. Wahlgang mit 881 Stimmen[4]
– **Wiederwahl** –
[4] erforderliche Mehrheit: 520 Stimmen

Amtszeit: 1. Juli 1989 bis 30. Juni 1994

10. Bundesversammlung (23. Mai 1994)

Zusammensetzung nach Parteien

CDU/CSU	620
SPD	502
FDP	112
Bündnis 90/Die Grünen	43
PDS	34
Sonstige[1]	13
insgesamt	1.324

[1] Fraktionslose, REP, Fraktion Unabhängiger Abgeordneter (FUA), Deutsche Liga für Volk und Heimat (DLVH)

Zahl der von den Volksvertretungen der Länder zu wählenden Mitglieder[2]

Baden-Württemberg	79
Bayern	96
Berlin	28
Brandenburg	22
Bremen	5
Hamburg	13
Hessen	46
Mecklenburg-Vorpommern	16
Niedersachsen	63
Nordrhein-Westfalen	141
Rheinland-Pfalz	32
Saarland	9
Sachsen	41
Sachsen-Anhalt	25
Schleswig-Holstein	23
Thüringen	23

[2] Bekanntmachung der Bundesregierung vom 29. Dezember 1993 (BGBl. 1994 I S. 71) über die Zahl der von den Volksvertretungen der Länder zu wählenden Mitglieder der Bundesversammlung.

Tagungsort und Tagesstätte: Berlin, Reichstagsgebäude

Präsident der Bundesversammlung: Bundestagspräsidentin Frau Prof. Dr. Rita Süssmuth

Wahlergebnis

	1. Wahlgang	2. Wahlgang	3. Wahlgang
Roman Herzog (Vorschlag CDU/CSU)	604	622	696
Johannes Rau (Vorschlag SPD)	505	559	605
Hildegard Hamm-Brücher (Vorschlag FDP)	132	126	-
Jens Reich (Vorschlag Bündnis 90/Die Grünen)	62	-	-
Hans Hirzel (Vorschlag REP)	12	11	11
Enthaltungen	2	-	7
ungültige Stimmen	2	1	1
abgegebene Stimmen	1.319	1.319	1.320

Gewählt: Roman Herzog im 3. Wahlgang mit 696 Stimmen[3]

[3] erforderliche Mehrheit für den 1. und 2. Wahlgang: 663 Stimmen

Amtszeit: 1. Juli 1994 bis 30. Juni 1999

11. Bundesversammlung (23. Mai 1999)

Zusammensetzung nach Parteien

SPD	565
CDU/CSU	547
Bündnis 90/Die Grünen	96
FDP	56
PDS	65
Sonstige	9
insgesamt	1.338

Zahl der von den Volksvertretungen der Länder zu wählenden Mitglieder[1])

Baden-Württemberg	82
Bayern	98
Berlin	27
Brandenburg	23
Bremen	5
Hamburg	13
Hessen	47
Mecklenburg-Vorpommern	16
Niedersachsen	65
Nordrhein-Westfalen	143
Rheinland-Pfalz	33
Saarland	9
Sachsen	39
Sachsen-Anhalt	24
Schleswig-Holstein	23
Thüringen	22

[1]) Bekanntmachung der Bundesregierung vom 10. Februar 1999 (BGBL. I S. 141, Nr. 6 vom 18. Februar 1999) über die Zahl der von den Volksvertretungen der Länder zu wählenden Mitglieder der Bundesversammlung

Tagungsort und Tagesstätte: Berlin, Reichstagsgebäude

Präsident der Bundesversammlung: Bundestagspräsident Wolfgang Thierse

Wahlergebnis

	1. Wahlgang	2. Wahlgang
Johannes Rau (Vorschlag SPD)	657	690
Dagmar Schipanski (Vorschlag CDU/CSU)	588	572
Uta Ranke-Heinemann (Vorschlag PDS)	69	62
Enthaltungen	17	8
ungültige Stimmen	2	1
abgegebene Stimmen	1.333	1.333

Gewählt: Johannes Rau im 2. Wahlgang mit 690 Stimmen[2])
[2]) erforderliche Mehrheit für den 1. und 2. Wahlgang: 670 Stimmen

Amtszeit: 1. Juli 1999 bis 30. Juni 2004

12. Bundesversammlung (23. Mai 2004)

Zusammensetzung nach Parteien

CDU/CSU	539
SPD	459
FDP	83
Bündnis 90/Die Grünen	90
PDS	31
Sonstige	3
insgesamt	1.205

Zahl der von den Volksvertretungen der Länder zu wählenden Mitglieder [1])

Baden-Württemberg	75
Bayern	90
Berlin	24
Brandenburg	20
Bremen	5
Hamburg	12
Hessen	43
Mecklenburg-Vorpommern	13
Niedersachsen	60
Nordrhein-Westfalen	129
Rheinland-Pfalz	30
Saarland	8
Sachsen	34
Sachsen-Anhalt	20
Schleswig-Holstein	21
Thüringen	19

[1]) Bekanntmachung der Bundesregierung vom 16. Januar 2004 (BGBL. I S. 79, Nr. 3 vom 21. Januar 2004) über die Zahl der von den Volksvertretungen der Länder zu wählenden Mitglieder der Bundesversammlung

Tagungsort und Tagesstätte: Berlin, Reichstagsgebäude

Präsident der Bundesversammlung: Bundestagspräsident Dr. h. c. Wolfgang Thierse

Wahlergebnis

	1. Wahlgang
Horst Köhler (Vorschlag CDU/CSU; FDP)	604
Gesine Schwan (Vorschlag SPD)	589
Enthaltungen	9
ungültige Stimmen	2
abgegebene Stimmen	1.204

Gewählt: Horst hler im 1. Wahlgang mit 604 Stimmen[2])
[2]) erforderliche Mehrheit: 603 Stimmen

Amtszeit: 1. Juli 2004 bis 30. Juni 2009

13. Bundesversammlung (23. Mai 2009)

Zusammensetzung nach Parteien

CDU/CSU	497
SPD	418
FDP	107
Bündnis 90/Die Grünen	95
Die Linke	89
Sonstige[1])	17
insgesamt	1.223

1) FW, DVU, NPD, Fraktionslose, SSW

Zahl der von den Volksvertretungen der Länder zu wählenden Mitglieder[2])

Baden-Württemberg	78
Bayern	93
Berlin	24
Brandenburg	20
Bremen	5
Hamburg	12
Hessen	44
Mecklenburg-Vorpommern	13
Niedersachsen	61
Nordrhein-Westfalen	131
Rheinland-Pfalz	31
Saarland	8
Sachsen	33
Sachsen-Anhalt	19
Schleswig-Holstein	22
Thüringen	18

[2]) Bekanntmachung der Bundesregierung vom 27. Januar 2009 (BGBL. I S. 135, Nr.5 vom 30. Januar 2009) über die Zahl der von den Volksvertretungen der Länder zu wählenden Mitglieder der Bundesversammlung

Tagungsort und Tagesstätte: Berlin, Reichstagsgebäude

Präsident der Bundesversammlung: Bundestagspräsident Prof. Dr. Norbert Lammert

Wahlergebnis

	1. Wahlgang
Horst Köhler (Vorschlag CDU/CSU, FDP)	613
Gesine Schwan (Vorschlag SPD, Bündnis 90/Die Grünen)	503
Peter Sodann (Vorschlag Die Linke)	91
Frank Rennicke (Vorschlag DVU, NPD)	4
Enthaltungen	10
ungültige Stimmen	2
abgegebene Stimmen insgesamt	1.223

Gewählt: Horst Köhler im 1. Wahlgang mit 613 Stimmen[3])
Wiederwahl
[3]) erforderliche Mehrheit: 613 Stimmen

Amtszeit: 1. Juli 2009 bis 31. Mai 2010

14. Bundesversammlung (30. Juni 2010)

Zusammensetzung nach Parteien

CDU/CSU	496
SPD	333
FDP	148
Bündnis 90/Die Grünen	128
Die Linke	124
Sonstige[1])	15
insgesamt	1.244

[1]) FW, GAL, NPD, SSW

Zahl der von den Volksvertretungen der Länder zu wählenden Mitglieder[2])

Baden-Württemberg	79
Bayern	95
Berlin	25
Brandenburg	20
Bremen	5
Hamburg	13
Hessen	45
Mecklenburg-Vorpommern	13
Niedersachsen	62
Nordrhein-Westfalen	133
Rheinland-Pfalz	31
Saarland	8
Sachsen	34
Sachsen-Anhalt	19
Schleswig-Holstein	22
Thüringen	18

[2]) Bekanntmachung der Bundesregierung vom 2. Juni 2010 (BGBL 2010 I S.698f.) über die Zahl der von den Volksvertretungen der Länder zu wählenden Mitglieder der Bundesversammlung

Tagungsort und Tagesstätte: Berlin, Reichstagsgebäude

Präsident der Bundesversammlung: Bundestagspräsident Prof. Dr. Norbert Lammert

Wahlergebnis

	1. Wahlgang	2. Wahlgang	3. Wahlgang
Christian Wulff (Vorschlag CDU/CSU, FDP)	600	615	625
Dr. h.c. Joachim Gauck (Vorschlag SPD, Bündnis 90/Die Grünen)	499	490	494
Dr. Lukrezia Jochimsen (Vorschlag Die Linke)	126	123	-
Frank Rennicke (Vorschlag NPD)	3	3	-
Enthaltungen	13	7	121
ungültige Stimmen	1	1	2
abgegebene Stimmen insgesamt	1.242	1.239	1.242

Gewählt: hristian Wul im 3. Wahlgang mit 625 Stimmen[3])
[3]) erforderliche Mehrheit für den 1. und 2. Wahlgang: 623 Stimmen

Amtszeit: 30. Juni 2010 bis 17. Februar 2012

15. Bundesversammlung (18. März 2012)

Zusammensetzung nach Parteien

CDU/CSU	486
SPD	332
Bündnis 90/Die Grünen	146
FDP	136
Die Linke	124
Sonstige[1]	16
insgesamt	1.240

1) FW, NPD, Piratenpartei, SSW

Zahl der von den Volksvertretungen der Länder zu wählenden Mitglieder[2]

Baden-Württemberg	79
Bayern	95
Berlin	25
Brandenburg	20
Bremen	5
Hamburg	13
Hessen	45
Mecklenburg-Vorpommern	13
Niedersachsen	61
Nordrhein-Westfalen	133
Rheinland-Pfalz	31
Saarland	8
Sachsen	33
Sachsen-Anhalt	19
Schleswig-Holstein	22
Thüringen	18

[2] Bekanntmachung der Bundesregierung vom 22. Februar 2012 (BGBL 2012 I S.208) über die Zahl der von den Volksvertretungen der Länder zu wählenden Mitglieder der Bundesversammlung

Tagungsort und Tagesstätte: Berlin, Reichstagsgebäude

Präsident der Bundesversammlung: Bundestagspräsident Prof. Dr. Norbert Lammert

Wahlergebnis

	1. Wahlgang
Dr. h.c. Joachim Gauck (Vorschlag CDU/CSU, FDP, SPD, Bündnis 90/Die Grünen)	991
Beate Klarsfeld (Vorschlag Die Linke)	126
Dr. Olaf Rose (Vorschlag NPD)	3
Enthaltungen	108
ungültige Stimmen	4
abgegebene Stimmen insgesamt	1.232

Gewählt: Dr. h.c. Joachim Gauck im 1. Wahlgang mit 991 Stimmen[3]

[3] erforderliche Mehrheit für den 1. Wahlgang: 621 Stimmen

Amtszeit: 18. März 2012 bis 17. März 2017

16. Bundesversammlung (12. Februar 2017)

Zusammensetzung nach Parteien

CDU/CSU	539
SPD	384
Bündnis 90/Die Grünen	147
FDP	36
Die Linke	95
AfD	35
Sonstige[1])	24
insgesamt	1.260

[1]) Brandenburger Vereinigte Bürgerbewegung (BVB), Freie Wähler Bayern (FW), parteilos, Piratenpartei, Südschleswigscher Wählerverband (SSW)

Zahl der von den Volksvertretungen der Länder zu wählenden Mitglieder[2])

Baden-Württemberg	80
Bayern	97
Berlin	26
Brandenburg	21
Bremen	5
Hamburg	13
Hessen	45
Mecklenburg-Vorpommern	13
Niedersachsen	63
Nordrhein-Westfalen	135
Rheinland-Pfalz	31
Saarland	8
Sachsen	34
Sachsen-Anhalt	18
Schleswig-Holstein	23
Thüringen	18

[2]) Bekanntmachung der Bundesregierung über die Zahl der von den Volksvertretungen der Länder zu wählenden Mitglieder der 16. Bundesversammlung vom 28. September 2016 / Bundesgesetzblatt Jahrgang 2016 Teil I Nr. 46

Tagungsort und Tagesstätte: Berlin, Reichstagsgebäude

Präsident der Bundesversammlung: Bundestagspräsident Prof. Dr. Norbert Lammert

Wahlergebnis

	1. Wahlgang
Dr. Christoph Butterwegge (Vorschlag Die Linke)	128
Albrecht Glaser (Vorschlag AfD)	42
Alexander Hold (Vorschlag Freie Wähler Bayern)	25
Engelbert Sonneborn (Vorschlag Piratenpartei)	10
Dr. Frank-Walter Steinmeier (Vorschlag CDU/CSU, SPD)	931
Enthaltungen	103
ungültige Stimmen	14
abgegebene Stimmen insgesamt	1.253

Gewählt: Dr. Frank-Walter Steinmeier im 1. Wahlgang mit 931 Stimmen[3])
[3]) erforderliche Mehrheit für den 1. Wahlgang: 631 Stimmen

Amtszeit: 18. März 2017 bis 17. März 2022

5. Übersicht über den Haushalt des Bundespräsidenten und des Bundespräsidialamtes sowie über Kosten aus Anlass von Staatsbesuchen und Dienstreisen

Abbildung 1: Ausgaben des Bundespräsidialamtes

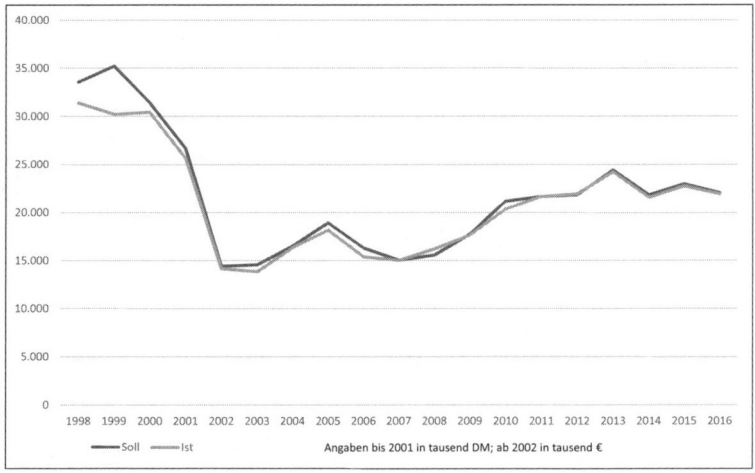

Quelle: Eigene Berechnung auf Basis der Berichte zur Haushalts- und Vermögensrechnung des Bundes (1998–2016); insbesondere Einzelplan 01 (Bundespräsident und Bundespräsidialamt)

Abbildung 2: Kosten aus Anlass von Staatsbesuchen und Reisen des Bundespräsidenten im Ausland (absolut)

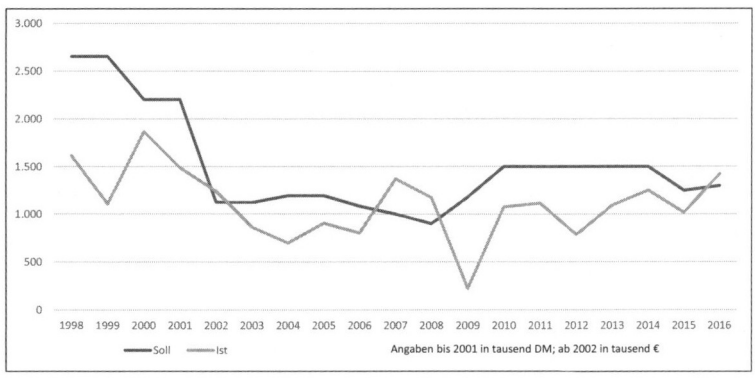

Quelle: Eigene Berechnung auf Basis der Berichte zur Haushalts- und Vermögensrechnung des Bundes (1998–2016); insbesondere Einzelplan 01 (Bundespräsident und Bundespräsidialamt)

Abbildung 3: Kosten aus Anlass von Staatsbesuchen und Reisen des Bundespräsidenten im Ausland (in Prozent)

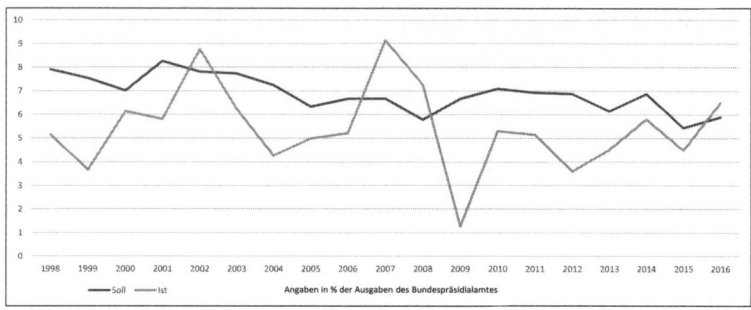

Quelle: Eigene Berechnung auf Basis der Berichte zur Haushalts- und Vermögensrechnung des Bundes (1998–2016); insbesondere Einzelplan 01 (Bundespräsident und Bundespräsidialamt)

6. Auslandsreisen von Joachim Gauck und Frank-Walter Steinmeier in den ersten zwölf Monaten ihrer Amtszeit

Übersicht der Auslandsreisen von Joachim Gauck in den ersten zwölf Monaten seiner Amtszeit

	Datum	Ziel der Reise
1	26./27.3.2012	Antrittsbesuch Polen
2	16./17.4.2012	Besuch Europäische Union, NATO, Ministerpräsident Belgien (Brüssel, Straßburg)
3	4.5.2012	Offizieller Besuch Schweden
4	5./6.5.2012	Reise in die Niederlande
5	28.–31.5.2012	Staatsbesuch Israel und Palästinensische Gebiete
6	11.6.2012	Treffen deutschsprachiger Staatsoberhäupter, Schweiz
7	15.6.2012	Antrittsbesuch Italien
8	2.7.2012	Antrittsbesuch Frankreich
9	27./28.7.2012	Olympische Spiele, London
10	2.8.2012	Besuch Polen
11	16.8.2012	Antrittsbesuch Österreich
12	29./30.8.2012	Paralympics, London
13	12.9.2012	Antrittsbesuch Dänemark
14	10.10.2012	Besuch Tschechische Republik
15	13.11.2012	Antrittsbesuch Großbritannien
16	19./20.11.2012	Trilaterales Präsidententreffen Neapel
17	5./6.12.2012	Reise in den Vatikan
18	6.–8.12.2012	Besuch Kroatien
19	17.–19.12.2012	Offizieller Besuch Islamische Republik Afghanistan
20	25./26.2.2013	Reise zum Thema Menschenrechte nach Genf
21	17.–20.3.2012	Reise Äthiopien

Übersicht der Auslandsreisen von Frank-Walter Steinmeier in den ersten zwölf Monaten seiner Amtszeit

	Datum	Ziel der Reise
1	30.3.2017	Antrittsbesuch Frankreich
2	4.4.2017	Besuch Europäische Union (Straßburg)
3	7./8.4.2017	Antrittsbesuch Griechenland
4	3./4.5.2017	Antrittsbesuch Italien
5	6.–9.5.2017	Antrittsbesuch Israel und Palästinensische Gebiete
6	19.5.2017	Antrittsbesuch Polen
7	11./12.7.2017	Offizieller Besuch Kasachstan
8	13.7.2017	Offizieller Besuch Islamische Republik Afghanistan
9	14./15.7.2017	Antrittsbesuch Österreich
10	22./23.8.2017	Offizieller Besuch Estland
11	23./24.8.2017	Offizieller Besuch Lettland
12	24./25.8.2017	Offizieller Besuch Litauen
13	14.9.2017	Arraiolos-Treffen, Malta
14	27.9.2017	Treffen deutschsprachiger Staatsoberhäupter, Luxemburg
15	8./9.10.2017	Reise in den Vatikan
16	25.10.2017	Besuch in Moskau
17	1.–3.11.2017	Staatsbesuch Singapur
18	3.–5.11.2017	Staatsbesuch Australien
19	5.–8.11.2017	Staatsbesuch Neuseeland
20	17.11.2017	Antrittsbesuch Slowakische Republik
21	11.–13.12.2017	Staatsbesuch Ghana
22	13./14.12.2017	Staatsbesuch Gambia
23	27.–29.1.2018	Offizieller Besuch Jordanien
24	29.–31.1.2018	Offizieller Besuch Libanon
25	5.–7.2.2018	Besuch in Japan
26	7.–11.2.2018	Offizieller Besuch Südkorea

Grau hinterlegt = Überschneidungen zwischen Gauck und Steinmeier in der Zielauswahl der Reisen

Quelle: Goldmann 2018.

BILDNACHWEIS

Fassade von Schloss Bellevue in Berlin (15.8.2013) © Shutterstock.com/ tourpics_net
Amtszimmer des Bundespräsidenten in Schloss Bellevue in Berlin (31.8.2013) © Shutterstock.com/Andrii Shepeliev
Blick aus einem Fenster des Schlosses Bellevue in Berlin (29.6.2010) © picture alliance/ dpa

PERSONENREGISTER

Adenauer, Konrad 81, 89, 90, 92, 93, 94, 95, 97, 101, 106, 107, 131, 133, 134, 135, 143, 147, 298, 300, 307
Adorno, Theodor W. 62
Albrecht, Ernst 292
Alexander, Robin 188
Allemann, Fritz René 100
Arendt, Hannah 66, 205

Bach, Johann Sebastian 320
Baerbock, Annalena 311
Bagger, Thomas 110, 111
Baring, Arnulf 10, 11, 81, 133, 298
Bauer, Thomas 65
Berger, Hans 136, 307
Birthler, Marianne 24, 31, 152
Blech, Klaus 246, 247, 302
Böhrnsen, Jens 265
Bracher, Karl-Dietrich 81
Brandt, Willy 10, 11, 132, 133, 217, 290
Brandt, Matthias 290
Buch, Hans Christoph 325
Büdenbender, Elke 111, 175, 176
Bullion, Constanze von 294
Buschmann, Marco 310
Butzer, Hermann 100, 298

Carstens, Karl 7, 8, 37, 96, 106, 129, 133, 170, 288, 300, 324
Clement, Wolfgang 40, 292

Dahrendorf, Ralf 49
Dinger, Dörte 110

Ellerbeck, Thomas 305
Engelhard, Michael 171, 315
Engelke, Anna 110, 111
Erdogan, Recep Tayyip 44, 215, 218, 228, 324
Erhard, Ludwig 93, 95, 134, 135, 136
Eschenburg, Theodor 95

Fallois, Anne von 116
Frank, Paul 95
Frohn, Rüdiger 107, 297

Gabriel, Sigmar 22, 23, 24, 25, 31, 114, 323
Garton Ash, Timothy 241
Gauck, Joachim 9, 12, 15, 17, 18, 22, 23, 26, 27, 29, 30, 33, 35, 36, 45, 46, 53, 55, 56, 57, 58, 64, 65, 72, 73, 77, 91, 97, 102, 103, 104, 106, 113, 115, 116, 117, 118, 136, 139, 140, 164, 165, 166, 169, 174, 175, 177, 179, 180, 181, 182, 183, 185, 187, 188, 189, 190, 191, 192, 193, 194, 195, 196, 197, 198, 199, 200, 204, 211, 216, 217, 218, 221, 222, 223, 224, 225, 226, 227, 228, 229, 232, 234, 235, 236, 237, 238, 239, 264, 269, 270, 271, 275, 276, 288, 289, 294, 295, 297, 308, 312, 314, 315, 319, 323, 324, 325, 326, 327, 328
Gauland, Alexander 210, 334
Genscher, Hans-Dietrich 40, 243, 244, 245, 246, 247, 315, 328, 329
Gerstenmaier, Eugen 134, 288
Gill, David 12

Goebbels, Joseph 244, 249
Gorbatschow, Michail 243, 244, 255, 246, 247, 248, 249, 250, 251, 252, 253, 255, 256
Görtemaker, Manfred 10, 11
Gromyko, Andrei 248, 250, 256
Grönemeyer, Herbert 295
Gross, Johannes 92
Grosser, Alfred 171
Gündogan, Ilkay 44

Habeck, Robert 311
Haller, Gert 302
Heil, Hubertus 148
Heinemann, Gustav 10, 21, 22, 37, 76, 132, 133, 171
Heitmann, Steffen 41
Herzog, Roman 9, 23, 36, 37, 40, 41, 53, 75, 76, 92, 96, 97, 116, 117, 118, 119, 130, 134, 136, 137, 166, 169, 173, 183, 223, 229, 260, 274, 275, 285, 290, 294, 305, 310, 314, 323
Heuss, Theodor 15, 16, 32, 37, 55, 81, 82, 83, 87, 88, 89, 90, 91, 92, 93, 94, 97, 99, 100, 101, 106, 114, 135, 211, 298, 300
Hindenburg, Paul von 84
Honecker, Erich 54, 244, 251, 252, 253, 254, 331

Ischinger, Wolfgang 234

Jochum, Michael 54, 117, 137, 173, 314
Jansen, Michael 302

Kaltefleiter, Werner 158, 285
Karliczek, Anja 176
Kauder, Volker 144
Kelly, Petra 171
Kermani, Navid 288
Kielmansegg, Peter Graf von 194, 286, 319
Kiesinger, Kurt Georg 34

Kleber, Claus 310
Kleine-Brockhoff, Thomas 117, 236, 308
Klestil, Thomas 324
Kohl, Helmut 7, 8, 17, 38, 39, 40, 41, 54, 69, 108, 137, 170, 172, 187, 240, 241, 242, 243, 244, 245, 246, 247, 249, 250, 251, 252, 253, 254, 256, 291, 292, 296, 301, 303, 315, 328, 329, 330, 331, 332
Köhler, Horst 8, 9, 18, 26, 32, 33, 36, 38, 39, 41, 47, 48, 49, 53, 56, 57, 68, 69, 70, 72, 73, 75, 76, 83, 84, 85, 102, 103, 104, 106, 109, 117, 118, 136, 137, 138, 166, 183, 201, 213, 219, 221, 225, 226, 230, 264, 265, 266, 267, 268, 270, 271, 285, 286, 288, 294, 296, 299, 302, 303, 310, 312, 325, 326, 327, 332
Kramp-Karrenbauer, Annegret 123, 125, 126, 321
Kretschmann, Winfried 23
Kubicki, Wolfgang 144, 310
Kwizinski, Juli 247, 330

Lammert, Norbert 23, 26, 27, 28, 29, 30, 46, 72, 74, 91, 166, 288, 289, 290, 297
Langguth, Gerd 83
Laschet, Armin 309
Leggewie, Claus 295
Le Pen, Marine 233
Leyen, Ursula von der 314
Lindner, Christian 144, 145, 146, 310
Lübke, Heinrich 32, 34, 37, 55, 89, 93, 133, 134, 135, 139, 152, 265, 290, 310, 325

Macron, Emmanuel 212
Mende, Erich 134
Merkel, Angela 9, 23, 24, 25, 27, 29, 31, 32, 54, 61, 69, 73, 77, 103, 106, 107, 123, 124, 125, 126, 127, 130, 137, 138, 140, 146, 152, 153, 154, 156, 160, 161, 165, 177, 178, 179, 180, 182, 185, 186, 187, 189, 190, 191, 192, 193, 195, 196, 210,

212, 216, 236, 237, 241, 271, 272, 279, 280, 287, 302, 311, 312, 318, 333
Meyer-Landrut, Andreas 248
Michelbach, Hans 310
Mielke, Gerd 116
Morsey, Rudolf 135, 136
Müntefering, Franz 73, 285, 296
Musil, Robert 63

Nahles, Andrea 126, 148
Naß, Matthias 326
Neurath, Otto 295

Obama, Barack 212, 322, 323
Oppeland, Torsten 37
Ost, Friedhelm 331
Özil, Mesut 44

Paul, Frank 95
Pikart, Eberhard 89
Pflüger, Friedbert 315
Poggenburg, André 210, 334
Prantl, Heribert 23, 28
Putin, Wladimir 217

Rau, Johannes 23, 37, 40, 76, 107, 112, 166, 168, 169, 222, 226, 271, 285, 288, 292, 297, 308, 324, 332
Rausch, Heinz 285
Reagan, Ronald 172
Rosa, Hartmut 50
Rösler, Philipp 165
Rudolph, Hermann 242, 315
Ruge, Undine 114

Sacharow, Andrei 248
Safranski, Rüdiger 62
Sahwil, Reem 179
Sarrazin, Thilo 90, 91, 179, 316, 317
Schäuble, Wolfgang 108, 123, 154, 155, 208, 305
Schausten, Bettina 8, 288, 310

Scheel, Walter 7, 10, 11, 23, 40, 95, 133, 171, 213, 214, 226, 241, 330
Schiller, Friedrich 62
Schlunck, Angelika 110, 112
Schmid, Carlo 93
Schmidt, Helmut 7, 40, 95, 106, 132, 303, 315
Schmiese, Wulf 310
Schmolke, Oliver 73, 86, 110, 114, 116, 196, 282
Scholz, Olaf 163
Schröder, Gerhard (CDU) 135
Schröder, Gerhard (SPD) 8, 40, 54, 69, 84, 108, 137, 153, 198, 214, 222, 271, 285, 292, 297, 299, 303, 308
Schulz, Martin 25, 124, 126, 148, 151, 153, 154, 156, 164, 308
Schwarz, Hans-Peter 22, 291, 300
Seehofer, Horst 24, 29, 32, 154, 156
Silbermann, Wolfgang 110, 114
Sirleschtov, Antje 295
Spangenberg, Dietrich 133
Spath, Franz 112
Späth, Lothar 245, 329
Staudacher, Wilhelm 169
Steinlein, Stephan 107, 108, 110, 112, 210
Steinmeier, Frank-Walter 10, 12,13, 15, 16, 17, 18, 21, 22, 23, 24, 25, 31, 32, 33, 37, 39, 41, 44, 45, 52, 53, 55, 56, 59, 61, 70, 74, 75, 100, 103, 104, 106, 107, 108, 109, 110, 112, 114, 115, 116, 118, 123, 125, 126, 127, 130, 140, 142, 145, 148, 149, 150, 151, 152, 153, 154, 155, 156, 157, 158, 160, 161, 162, 163, 164, 166, 175, 177, 184, 185, 198, 199, 200, 201, 202, 203, 204, 205, 206, 208, 209, 210, 213, 214, 215, 217, 218, 221, 222, 226, 229, 232, 233, 236, 238, 241, 264, 271, 272, 273, 274, 275, 277, 279, 285, 286, 287, 288, 291, 292, 294, 301, 303, 308, 311, 312, 313, 314, 319, 320, 321, 322, 323, 324, 327, 333, 334

Sternberger, Dolf 44, 173
Stierle, Wolfgang 308
Stoiber, Edmund 73, 296, 302
Strauß, Franz Josef 245, 329
Strohmeier, Gerd 84
Süssmuth, Rita 288

Teltschik, Horst 247, 332
Thierse, Wolfgang 288
Töpfer, Klaus 165
Trittin, Jürgen 145, 165, 311
Trump, Donald J. 28, 212, 233

Ulrich, Bernd 71

Van der Bellen, Alexander 306
Vitzthum, Thomas 288
Voßkuhle, Andreas 22, 154, 161, 305

Waigel, Theo 296
Weber, Max 42, 292, 296

Weizsäcker, Richard von 9, 17, 23, 32, 38, 39, 40, 75, 107, 166, 169, 171, 172, 173, 187, 211, 222, 223, 225, 226, 234, 239, 240, 241, 242, 243, 245, 246, 247, 248, 249, 250, 251, 252, 253, 254, 255, 256, 275, 282, 285, 289, 292, 302, 315, 316, 328, 330, 331, 332
Weizsäcker, Ernst von 316
Westerwelle, Guido 103, 237, 328
Wilhelm II. 211
Wolff, Hans-Jürgen 302
Wolfrum, Edgar 136
Wulff, Christian 9, 18, 23, 26, 33, 34, 35, 56, 67, 84, 90, 91, 100, 102, 103, 106, 112, 113, 165, 166, 184, 211, 223, 226, 264, 267, 268, 270, 276, 281, 285, 286, 288, 294, 308, 312, 317, 325

Yücel, Deniz 215

Zastrow, Volker 24
Zundel, Rolf 300